U0629651

权威・前沿・原创

皮书系列为
"十二五""十三五"国家重点图书出版规划项目

BLUE BOOK

智 库 成 果 出 版 与 传 播 平 台

医保基金监管蓝皮书

BLUE BOOK OF HEALTHCARE SECURITY
FUND SUPERVISION

中国医疗保障基金监督管理
发展报告（2021）

REPORT ON DEVELOPMENT OF THE SUPERVISION AND MANAGEMENT OF
CHINA'S HEALTHCARE SECURITY FUND (2021)

研创 /《中国医疗保险》杂志社

主　编 / 郝春彭　谭中和

副主编 / 刘允海

社会科学文献出版社
SOCIAL SCIENCES ACADEMIC PRESS (CHINA)

图书在版编目（CIP）数据

中国医疗保障基金监督管理发展报告. 2021/《中
国医疗保险》杂志社研创. -- 北京：社会科学文献出版
社，2021.12
（医保基金监管蓝皮书）
ISBN 978 - 7 - 5201 - 9267 - 5

Ⅰ.①中…　Ⅱ.①中…　Ⅲ.①医疗保险 - 基金管理 -
研究报告 - 中国 - 2021　Ⅳ.①F842.613

中国版本图书馆 CIP 数据核字（2021）第 217047 号

医保基金监管蓝皮书

中国医疗保障基金监督管理发展报告（2021）

研　　创 /《中国医疗保险》杂志社
主　　编 / 郝春彭　谭中和
副 主 编 / 刘允海

出 版 人 / 王利民
组稿编辑 / 任文武
责任编辑 / 高振华
责任印制 / 王京美

出　　版 / 社会科学文献出版社·城市和绿色发展分社（010）59367143
　　　　　　地址：北京市北三环中路甲 29 号院华龙大厦　邮编：100029
　　　　　　网址：www.ssap.com.cn
发　　行 / 市场营销中心（010）59367081　59367083
印　　装 / 天津千鹤文化传播有限公司

规　　格 / 开　本：787mm × 1092mm　1/16
　　　　　　印　张：26.5　字　数：399 千字
版　　次 / 2021 年 12 月第 1 版　2021 年 12 月第 1 次印刷
书　　号 / ISBN 978 - 7 - 5201 - 9267 - 5
定　　价 / 220.00 元

《中国医疗保障基金监督管理发展报告（2021）》编委会

鲁　蓓　吕建设　马迎花　彭海青　乔阁超
任芳芳　孙　华　孙　麟　孙　烨　谭中和
王　震　王二锋　徐善坤　徐向英　杨　洋
杨晓涛　应亚珍　占伊扬　张　兵　张蘅
张　卿　张　群　朱佳英　朱派毅　朱新然

主 编 简 介

郝春彭 清华大学硕士，现任中国医疗保险研究会副秘书长，兼《中国医疗保险》杂志社社长、编委会副主任、工作指导委员会主任委员，《中国医疗保障年鉴》编委会办公室副主任，首都医科大学国家医疗保障研究院特聘研究员。长期从事医疗保障制度政策研究、技术标准研究及医药行业数据分析。参与并完成国家软科学及人力资源和社会保障部、国家医保局和中国医疗保险研究会 20 余项课题研究，主编《中国医保改革与发展》等图书。

谭中和 中国医疗保险研究会特聘研究员，中国劳动学会薪酬专业委员会会长，中国劳动和社会保障科学研究院特约研究员，中国社会科学院世界社会保障研究中心执行研究员，中国社会科学院大学硕士生导师，中国劳动和社会保障科学研究院原副院长、研究员。长期从事社会保障和收入分配领域的研究。在医疗保障领域主持完成 60 多项国家和省部级有关医保法律法规政策、医保筹资机制、医保待遇确定调整机制和支付标准、基金监管技术和方法、医保基金收支监测预测预警、医保支付方式改革、医保信用体系和智能化建设、医保经办管理服务体系建设、管理信息化和标准化等的研究项目及 6 项医保方面的国家行业标准制定。出版《医疗保险信息化管理》《社会保障管理服务》等专著 10 余部，主编 2 部"薪酬蓝皮书"，参与多部"劳动保障蓝皮书"的编撰。发表专业学术论文 140 余篇。

前　言

医疗保障制度是唯一覆盖全民的社会保障制度，医疗保障基金是支撑这一制度正常发展的物质基础。切实维护医疗保障基金安全，不仅是关乎所有参保人切身利益的大事，也是确保医疗保障制度可持续发展的根本所在。因此，加强对医疗保障基金的监管，构成了健全医疗保障制度的必要且重要的内容。

回顾我国医疗保障制度改革与发展历程，可以发现，医疗保障基金在一定程度上被当成了"唐僧肉"，各种欺诈骗保和浪费现象较为普遍，每年因此损失巨大，进而影响到医疗保障制度的健康持续发展。2018 年国家医疗保障局的成立，为扭转这种局面创造了条件。在党中央、国务院的高度重视下，伴随主管部门的主动作为、有效作为，医疗保障基金监管被动的局面迅速好转。然而，要彻底治理医疗保障领域的违法乱纪现象，真正维护医疗保障基金安全，还需要付出更加艰辛的努力。

在这样的背景下，由郝春彭、谭中和同志领衔的研究团队编撰了《中国医疗保障基金监督管理发展报告（2021）》一书，这是我国医疗保障制度改革以来编撰的第一部"医保基金监管蓝皮书"，它不仅全面回顾和总结了我国近年来医疗保障基金监管工作的进展及面临的新挑战，而且从医保基金法治化、信用体系、智能监控、监管执法队伍建设、经办机构风险防范、反医保欺诈、行业自律等多个专题立体式地展示了医保基金监管现状，同时加入丰富的地方案例，使我们首次看到了医疗保障基金监督管理发展的全貌。因此，本书填补了我国医疗保障基金监管方面具有智库性质的图书出版空白，并因数据资料权威翔实、机制创新案例典型等特点而具有相应的权威性，既可以为读者提供具有价值的参考，又能够为全国医疗保障基金监督管理工作者提供有益的指导。

建设高质量的中国特色医疗保障制度作为我国的既定目标，已经处在加速进行时，而医疗保障基金监督管理则是相伴医疗保障制度发展始终的重大任务。本书作为首部"医保基金监管蓝皮书"，难免存在缺陷与不足，但它的出版无疑是一个有益于促进医疗保障基金监督管理健康发展的良好开端，希望能够持续下去，以便不断总结医疗保障基金监督管理工作的经验教训，进而在维系医疗保障基金安全可靠的条件下实现医疗保障制度健康持续发展。

最后，作为本书的顾问，除了祝贺本书正式出版外，还应当向支持本书编撰出版的国家医疗保障局和各级医保部门、所有作者和参与者表示衷心感谢！

中国社会保障学会会长

郑功成

2021 年 11 月 8 日于北京

摘　要

　　医保基金监管是一个世界性难题，本书作为中国首部基本医疗保障基金监督管理方面的专题报告，总结提炼了我国医疗保障基金监管的理论研究和改革实践创新成果。全书共分五个部分：第一部分为总报告，对我国医疗保障基金监管体系架构、改革发展脉络、主要措施、成效经验和医疗保障制度改革不断深化下基金监管面临的新矛盾和新问题进行了总结分析，并对医疗保障基金监管制度改革前景进行了展望。第二部分为专题报告，共13篇，分别从医疗保障基金监管的法治建设、制度创新、监管技术和方式创新、打击欺诈骗保情况、行业自律建设等方面进行了深入研讨，同时还介绍了典型国家医疗保障基金监管的经验和教训，作为他山之石。第三部分为地方探索，选取4个省级行政区和5个地级市，对医保基金监管改革成效和创新经验进行了总结分析。第四部分为医院医保管理，选取定点公立与非公、综合性与专科等6家医疗机构，对其内部医保基金监管的做法和经验进行论述。第五部分为附录，收录了2020年医疗保障基金监管相关数据、国家医保局公开通报的欺诈骗保典型案例及政策法规。本报告的出版，能够让读者对维护医疗保障基金安全有更客观、更全面、更深入的认识，对促进医保基金监管事业发展具有很强的理论和实践指导意义。

　　关键词： 医保基金　监督管理　智能监控　信用体系

Abstract

The supervision of healthcare security fund is a worldwide problem. As the first special report on the supervision and management of healthcare security fund in China, this book summarizes and refines the theoretical research, reform practice and innovation achievements. The book is in five parts. The first part is general report, which summarizes and analyzes the structure, the reform and development context, main measures, effective experience of healthcare security fund supervision system, and the new contradictions and problems under the deepening reform of healthcare security system, and looks forward to the reform prospect of healthcare security fund supervision system. The second part is special report with a total of 13 articles which has conducted in-depth discussions from the aspects of legal construction, system innovation, regulatory technology and mode innovation, the fight against fraud behaviors, and industry self-discipline construction respectively. This part also introduces the experience of healthcare security fund supervision in typical countries as a reference. The third part mainly focuses on local exploration, which selects 4 provinces and 5 prefecture level cities to summarize and analyze the effectiveness and innovation experiences of healthcare security fund supervision reform. The fourth part is about medical insurance management of hospital, which selects 6 medical institutions, including designated public and non-public, comprehensive and specialized, to discuss practices and experience of internal medical insurance fund supervision. The fifth part is the appendix, which contains relevant data of healthcare security fund supervision of 2020, typical cases of fraud behaviors publicly notified by National Healthcare Security Administration, as well as policies and regulations. This report can make readers have a more objective, comprehensive and in-depth understanding of

maintaining healthcare security fund safety, and it has strong theoretical and practical guiding significance for promoting the development of healthcare security fund supervision.

Keywords：Healthcare Security Fund；Supervision and Management；Intelligent Monitoring；Credit System

目 录

Ⅰ 总报告

Ⅱ 专题报告

Ⅲ　地方探索

IV　医院医保管理

V　附录

皮书数据库阅读**使用指南**

CONTENTS

I General Report

II Special Reports

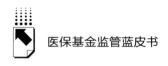
III   Local Exploration

Ⅳ Medical Insurance Management of Hospital

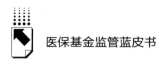
V   Appendix

总 报 告
General Report

B.1

2020年度中国医疗保障基金
监督管理发展报告

郝春彭　谭中和*

摘　要：　自1998年国务院发布《关于建立城镇职工基本医疗保险制度的决定》以来，医保基金监管制度体系建设经历了从无到有，从弱到强，从单一行政监管到党委领导下政府负责、法治保障、社会协同、公众参与、智能支撑的全方位监管的发展历程。2018年国家医保局成立以来，连续3年部署医保基金专项治理取得显著成效。我国医疗保障已经发展到新的阶段，基金监管面临新形势、新挑战和新矛盾。今后应全面贯彻实施《医疗保障基金使用监督管理条例》，并以此为契机，

* 郝春彭，中国医疗保险研究会副秘书长、《中国医疗保险》杂志社社长、首都医科大学国家医疗保障研究院特聘研究员；谭中和，中国医疗保险研究会特聘研究员，中国劳动和社会保障科学研究院特约研究员，中国社会科学院世界社会保障研究中心执行研究员，中国劳动学会薪酬专业委员会会长，中国劳动和社会保障科学研究院原副院长、研究员。

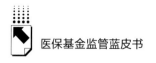

进一步健全完善基金监管法治体系，创新并完善监管方式,推进医保基金监管全覆盖，深入开展专项治理,强化智能监管。加强部门联动，构建协同监管新格局。查处惩罚与教育引导并重，促进形成全社会守护基金安全的良好生态。建设一支政治素质过硬、专业化的基金监管执法队伍，坚定地守护好人民群众的"保命钱"和"救命钱"，为医疗保障制度高质量可持续发展夯实基础。

关键词： 医保基金监管　飞行检查　两试点一示范　智能监控

本报告所讨论的医疗保障基金（以下简称"医保基金"）监督管理，主要指职工基本医疗保险基金和城乡居民基本医疗保险基金的使用及其监督管理。医保基金是医疗保障体系运行和发展的物质基础和保障，是实现医疗保障制度目标的源泉和关键，更是关乎人民群众健康和过上幸福美好生活的最直接最现实的利益。众所周知，医疗保障的最大特点是第三方付费，这使得医保基金在管理、使用、支付等各环节中，存在各种各样的道德风险，包括被欺诈、骗取，低效甚至无效使用和浪费等。以习近平同志为核心的党中央高度重视医保基金安全，把医保基金作为人民群众的"保命钱""救命钱"，将维护基金安全作为医保工作的首要任务，并纳入各级党委和政府的重要工作日程。党委领导、政府负责、法治保障、社会协同、公众参与、智能支撑的医保基金监管体系框架基本形成，有力地保障了基金安全，为新阶段我国医疗保障事业高质量可持续发展打下了坚实基础。

一　中国医疗保障基金监管体系的改革与发展

我国医疗保障基金监管体系随着医疗保障制度的改革发展而逐步建立和

趋于完善。以1998年国务院发布《关于建立城镇职工基本医疗保险制度的决定》（国发〔1998〕44号，下称"44号文件"）为标志，医保基金的监管经历了监管能力由小到大、从弱到强，监管手段从单一监管到综合施治，监管方式从以行政为主到依法治理、从医保常规工作到医保首要任务的发展演变。基金监管的笼子越扎越牢，基金监管的高压态势持续巩固，基金监管的长效机制不断强化和完善，为医疗保障事业的高质量可持续发展营造了良好的法治、社会和舆论环境，也是人民群众的医疗保障获得感、幸福感、安全感不断提升的重要保证。

（一）我国医保基金监管发展历程及阶段性特征

我国的医疗保障基金监管工作起步于20世纪90年代开始的城镇职工基本医疗保险制度改革。1998年国务院44号文件要求在全国范围内建立城镇职工基本医疗保险制度，以此为标志，医保基金监管大致经历了以下三个阶段。

第一阶段为医保基金监管的雏形时期。时间大致从1998年到2011年《中华人民共和国社会保险法》（以下简称《社会保险法》）实施之前。1998年12月国务院发布的44号文件，要求在基金模式上实行社会统筹和个人账户相结合。在统筹基金和个人账户基金的监管上，文件明确要求"健全基本医疗保险基金的管理和监督机制"，其主要措施和内容：一是基金实行严格的收支两条线管理，专款专用，各级政府和部门不得挪用医保基金；二是要求各级医保（社保）经办机构要建立健全预决算制度、财务会计制度和内部审计制度，并不得从基金中提取管理费；三是明确各级劳动保障和财政部门对基本医疗保险基金实施监督管理。审计部门定期对社保（医保）经办机构进行审计，并提出统筹地区设立由政府有关部门代表、用人单位代表、医疗机构代表、工会代表和有关专家参加的医疗保险基金监督组织，实施对基本医疗保险基金的社会监督。同时提出要加强医疗服务管理，要加强医疗机构和药店的内部管理，规范医疗服务行为。由此看出，44号文件提出的基金监管从内容上主要是对基金收支和管理情况的监管，监管对象主要是医保经办机构，监管手段主要是经办机构内部控制、稽核以及外部审计，监管主体主要有劳动保

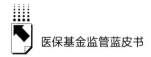

障部门、财政部门、审计部门和由多方机构代表组成的监管组织，监管目标主要是保证医保基金应收尽收、不准挪用及合理使用医保基金等。在职工基本医疗保险制度建立初期，这些规定对维护基金安全，实现职工医保基金"以收定支、收支平衡"的目标发挥了重要作用。

第二阶段为医保基金监管的探索阶段。时间大致从 2011 年《社会保险法》实施到 2018 年国家医疗保障局成立。2012 年 3 月 5 日，温家宝同志在十一届全国人大五次会议上作政府工作报告，总结 2011 年的工作时宣布：13 亿城乡居民参保，全民医保体系初步形成。随着我国医疗保障制度覆盖全民目标的实现，医保基金收支规模不断扩大，医保基金管理和使用中的各种违规违法现象也不断增多，医保基金反欺诈工作逐渐提上议事日程。2011 年 7 月实施的《社会保险法》，对包括基本医疗保险基金在内的基金监管做出进一步规定，主要内容包括：一是监管对象扩大到经办机构、金融机构、参保单位和参保个人、定点医疗机构和定点零售药店等；二是监管内容明确为"一切与基金有关的行为"，包括基金的征缴、管理和支付；三是监管主体明确为各级人民代表大会，各级人民政府社会保险行政部门、财政部门、审计机关，及任何组织和个人；四是监管可以采取查阅、复制、封存、询问、基金收支信息公开、投诉举报、制止并责令改正等手段；五是对违法机构和个人可以依法申请行政复议或者提起行政诉讼；六是对医疗机构、药品经营单位等服务机构以欺诈、伪造证明材料或者其他手段骗保的行为，社会保险行政部门要责令其退回骗取的基金，并处以罚款、解除服务协议、依法吊销其执业资格，直至依法追究刑事责任。2012 年，审计署首次对包括基本医疗保险在内的全国社会保障基金进行审计，审计结果表明，欺诈骗取医保基金行为十分严重①，医保基金损失数额巨大。2014 年，人力资源和社会保障部印发《关于进一步加强基本医疗保险医疗服务监管的意见》（人社部发〔2014〕54 号），要

①　部分单位和个人违规牟取不正当利益。有 4 家药品经销企业通过虚开增值税发票 6.76 亿元，虚增药品成本牟取非法利益；6 个省本级、75 个市本级和 226 个县的医疗机构等单位通过虚假发票、虚假病例、挂床住院、滥开药物、虚报人数等手段套取医保资金 2.87 亿元；部分医疗机构采取违规加价等方式乱收费 1.94 亿元。

求将监管对象延伸到医务人员，建立医疗保险监控系统，要求定点医疗机构实现事前提示、事中监控预警和事后责任追溯。经办机构要将定点医疗机构、医务人员的医疗服务信息和参保人员的就医购药信息纳入监控范围。多数地区依托人社部门的劳动监察机构实施监管，上海、天津等地建立了专门的医疗保障基金执法队伍。总之，这一时期基金监管的重点由第一阶段的保障基金不被挪用，开始转移到定点医疗机构、定点零售药店，以及医药服务人员的骗保行为。在监管手段上开始重视应用计算机网络系统以及监控指标和数据的分析。

第三阶段为创新基金监管方式，构建基金监管长效机制时期。时间从国家医保局成立至今。2018年国家医疗保障局成立，做好医保基金监管、保障基金安全成为医保工作的首要任务和头等大事，中国特色的医保基金监管法律和体制机制基础不断夯实。一是以习近平同志为核心的党中央高度重视医保基金安全，把维护好基金安全作为维护人民群众根本利益、为人民群众谋健康谋幸福的重要内容。习近平总书记多次强调，医保基金是人民群众的"保命钱""救命钱"，一定要守护好，要对欺诈骗保行为零容忍。基金监管有了坚强的政治保障，为做好基金监管工作指明了方向。《中共中央　国务院关于深化医疗保障制度改革的意见》（中发〔2020〕5号）和《国务院办公厅关于推进医疗保障基金监管制度体系改革的指导意见》（国办发〔2020〕20号）强调，医保基金监管不仅是一项专业性工作，而且是各级党委政府必须抓好抓实的关乎群众切身利益的重要任务。二是《医疗保障基金使用监督管理条例》（以下简称《条例》）颁布实施，为基金监管工作和保障医保基金安全提供了法律武器，是我国医保基金监管工作的重要里程碑。三是基金监管的相关制度不断健全完善。常态化的日常检查，突击性的飞行检查，借助大数据、人工智能等信息技术的智能监控，褒扬与惩戒并重推行的行业自律和信用体系建设，以及通过政府购买第三方服务、发挥公民和媒体等的社会监督作用，等等，从更高要求、更宽范围、更深层面形成了纵向到底、横向到边，立体化、全链条、全天候、无死角的监管网络。一个以讲诚信不想骗、靠法治不敢骗、智能化无处骗、各种形式的监督检查无法骗的基金监管生态正在逐渐形成，基金监管的长效机制建设取得了显著成效。

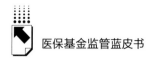

（二）医保基金监管创新探索及实践

国家医保局成立以来，一直致力于医保基金监管的顶层设计和创新探索。目前，基金监管顶层设计的框架已经确立，监管制度体系不断探索创新，并在维护基金使用安全的实践中彰显威力。

1. 顶层设计基本完成，监管体系框架基本形成

基金监管顶层设计的核心是《中共中央　国务院关于深化医疗保障制度改革的意见》（以下简称《意见》），《意见》明确要求健全严密有力的基金监管机制，改革完善医保基金监管体制，完善创新基金监管方式，依法追究欺诈骗保行为责任。以党和政府最高规格文件对医保基金监管向全党发出号召，足以说明医保基金监管的重要性和紧迫性。国务院办公厅印发的《关于推进医疗保障基金监管制度体系改革的指导意见》，则是对《意见》的进一步落实提出具体指导意见，对医保基金监管体系建设应遵循的基本原则、目标任务、制度设计、监管能力等方面提出更加具体明确的要求。这一顶层设计是"十四五"期间乃至今后 10 年，我国医保基金监管制度体系改革发展的基本遵循，是医保基金监管的指导思想、行动指南和衡量标准。必须坚定不移地贯彻落实党中央、国务院做出的顶层设计，确保基金监管严密有力，确保医保基金合理使用、安全高效。深刻理解党中央、国务院对医保基金监管做出的顶层设计，大致可归结为图 1 所示的几个方面。

2. "五位一体"的基金监管新格局

我国形成了党委领导、政府监管、社会监督、行业自律和个人守信相结合的"五位一体"监管新格局。明确了在基金监管中党政、社会组织、行业和公民个人的责任和义务。首先，突出了各级党委在基金监管方面的领导责任，同时纪委监委将在基金监管中发挥重要作用，这体现了我国的鲜明特色，也对以公立医院、国有企业等为主体的医药相关机构党员领导干部和党员个人必须严格遵守医保基金监管的法律法规和政策划出了红线和警戒线。其次，县以上政府医保部门代表人民政府行使监督管理权，政府可以通过法

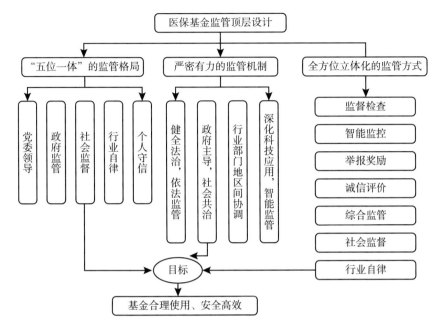

图1 医保基金监管的基本格局

资料来源：作者根据有关文件和法规绘制。

律、行政、经济、信息、市场化等多种手段对医保基金进行监管。同时，强调充分发挥社会组织的监督监管作用，实践中社会组织和机构在提供医保监管技术支持、参与医保经办方面，发挥了对医保基金的监管作用。在这一监管格局中，从内在逻辑看，监管既治标也治本，强调行业自律和个人守信是从行业内部动力机制和个人价值观方面，着力于建立基金安全的良好行为准则。这也正好反映了医保基金监管被称为"世界性难题"的根源，"第三方付费"机制导致医药服务的需求方和提供方均存在道德风险，甚至产生"利益共谋"，而加强行业尤其是医药服务行业的自律和个人价值观的培养，是降低道德风险的最根本途径。国家医保局开展的医保基金监管"两试点一示范"工作中，基金监管信用体系建设试点，就是力图从底层逻辑上为建立基金监管的长效机制打下基础。

3.法治、共治、协同和智能化的监管机制深入推进

国家医保局成立以来，坚决贯彻落实习近平总书记重要批示精神，积极

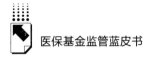
推进基金监管立法，常抓不懈，实施了基金监督检查全覆盖、分类推进专项治理、规范执法、健全长效机制、加强《条例》的宣传和提升监管能力六大工程。《条例》有效推动基金监管有法可依，确保各监管主体依法履职。将2020年作为医保基金监管规范年，国家医保局印发了《规范年建设实施方案》，立足"执法权限规范化、执法依据规范化、执法文书规范化、执法程序规范化、行政处罚规范化"目标，推进"双随机一公开"监管，完善飞行检查工作机制等，着力推进基金监管透明、规范、合法、公正，确保依法履职。深入推进"两试点一示范"工作，鼓励地方开展基金监管方式创新试点、信用体系建设试点和智能监控示范点建设。适应基金监管新形势，满足基金监管新要求，协同推进"互联网＋医保"相关工作，严厉打击各类利用"互联网＋"医保服务进行的欺诈骗保行为。

二　基本经验

综观我国医疗保障基金监管工作的发展和取得的成效，很有必要总结其中的经验，为今后更好地维护基金安全，持续扎紧扎牢医保基金监管的笼子，实现医疗保障制度改革发展目标提供借鉴。

（一）坚持党的领导，坚持以人民为中心的理念

这是做好基金监管工作的强大内生动力。基金监管不仅是医保业务工作，也是维护人民群众根本利益的大事。因此，各级医保部门和广大医保工作者要秉承维护基金安全就是维护群众权益的理念，饱含一颗对群众健康和生命关爱的赤诚之心，这是做好基金监管的动力源泉。只有坚持这一理念和价值观，才能严查严打欺诈骗保，毫不懈怠地维护基金使用安全。

（二）坚持依法治理，将法治贯穿于医保基金监管全过程

这不仅是实现医保基金治理体系和治理能力现代化的要求，而且是医保基金监管工作应对基金使用涉及利益主体多、环节多、链条长、情况复杂和

信息不对称等特点的需要。这是因为，法治是治国的利器和重器。在全面推进法治国家、法治政府、法治社会建设的今天，医保监管坚持依法治理是大势所趋、威力所在、治本之计。坚持法治的条件业已成熟，国家的《条例》已于2021年5月1日起实施。这是我国医保基金管理的第一部专门行政法规，对医保基金相关各主体使用、管理医保基金情形做出了明确规定，对监管者的职责、监管方式方法以及各种不同违约违规和违法情形的处罚措施等做出了明确规范。认真贯彻执行《条例》，并在实践中不断完善，是维护好基金安全的法治保证。

（三）坚持政府主导，多方参与，公众监督

基本医疗保险是基本公共服务，维护医保基金安全和合理有效使用是政府的责任。但政府负责并不是所有事务都由政府经办，需要多方参与，凝聚合力，充分发挥社会力量的作用。一是借力强化监管。实践中，许多地方探索引入商保公司、网络大数据公司等参与检查和给予技术支持，为监管赋能添力，这种做法应当坚持并不断完善。二是充分依靠参保群众强化监管。广大群众既是参保者、待遇享受者，也是基金安全的维护者、捍卫者。在全民参保的背景下，充分发挥亿万群众在医保基金使用中的知情权、监督权作用，基金监管的网络才能织大织密织牢，欺诈骗保行为就会难以得逞，不法分子就会无处藏身，进而形成不能骗、不敢骗的社会氛围。因此，要广泛、持续实施对违法违规行为的举报奖励制度，形成长效机制，不断做大做强群众监督这一最大监督网。

（四）坚持科技创新，提升监管效率

在"两试点一示范"中，试点地区建立起了医保基金智能监控系统，依靠区块链、大数据和人工智能等技术，实现全天候、无死角监控，有效助力基金监管网越扎越牢，既能及时发现和识别可能的欺诈行为及风险点，又起到了震慑作用，还促进了医保管理服务、医药服务及就医等流程科学化、信息标准化、服务规范化和管理精细化，这正是建设高质量医疗保障体系所

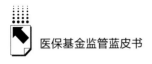
需要的，应该继续加强信息科技在基金监管中的应用，使之为基金监管不断赋能。

（五）坚持处罚与教育培养并重

提升素质，全民养成良好道德习惯，是解决因道德风险引发的各种违法违规行为的治本之策。处罚违法违规行为与道德教育引导都是提升全民素质的需要，二者应该并重推进。国家医保局在组织开展对违法违规行为严查严打的同时，积极推动医保基金监管诚信评价体系建设，大力倡导行业自律、个人守信，这就是二者并重和两手一起抓的实际表现。据了解，在"两试点一示范"中开展信用制度建设试点的城市，其发生的违法违规行为呈显著下降趋势。这说明通过信用制度建设，"不想骗"的现象在增加，即维护基金安全的正气上升，欺诈骗保的邪气下降。长期坚持并不断完善信用制度建设，必将收到更大的成效。

三　2018～2020年医保违法违规行为查处情况报告

（一）2018年以来打击欺诈骗取医疗保障基金专项行动主要举措

1. 深入开展打击欺诈骗保专项治理

2018年以来连续3年部署医保基金专项治理工作。2018年，国家医保局联合国家卫健委、公安部和国家药监局等部门，印发《关于开展打击欺诈骗取医疗保障基金专项行动计划》（医保发〔2018〕13号），国家医保局牵头成立专项治理领导小组和办公室，结合智能监控筛查疑点、投诉举报线索，结合随机抽样，对医保基金使用情况开展专项检查。检查重点为定点医疗机构的9种通过违法违规和欺诈骗保等手段，骗取、套用医保基金的行为；定点零售药店的进销存台账是否存在串换药品、物品，刷社保卡套取医保基金的行为；参保人员异地就医手工报销、就诊频次较多和使用医保基金较多的就医购药行为。2019年国家医保局印发《国家医保局关于做好2019年医保基金监管工作的通知》（医保发〔2019〕14号），细化部署基金监管10项27条重点任务，并明确激励问责机制，强化责任落实。2020年6月，国家医保局联合国家卫生健康委印发《关于开展医保定点医疗机构规范使用医保基金行为专项治理工作的通知》（医保函〔2020〕9号），在全国组织开展医保定点医疗机构规范使用医保基金行为专项治理，并细化工作目标、工作原则及治理内容。

2. 建立健全飞行检查工作机制

逐步完善飞行检查工作流程和操作规范，2019年7月印发《医疗保障基金监管飞行检查规程》，明确飞行检查流程要求，推进政府购买服务。国家医保局抽调地方监管力量，购买第三方服务，邀请相关部门和新闻媒体参加飞行检查，并逐步加大飞行检查力度，飞行检查覆盖全国30个省（自治区、直辖市）。

3. 落实举报奖励措施

2018年，国家医保局设立了全国打击欺诈骗保举报投诉电话，并开通了信访、网站、微信公众号等举报投诉渠道。2019年，国家医保局办公室联合财政部办公厅印发《欺诈骗取医疗保障基金行为举报奖励暂行办法》，各地陆续出台举报奖励实施细则并开始执行。

4. 加大曝光力度

2019年在全国部署开展"打击欺诈骗保，维护基金安全"集中宣传月活动，统一制作动漫宣传片、宣传海报、折页，全方位宣传解读医疗保障基金监管法律法规与政策规定，强化定点医疗机构和参保人员法治意识，努力构建全社会关注并自觉维护医疗保障基金安全的良好氛围。集中宣传月活动期间，全国共印发宣传折页（单）690万份，张贴海报197万张，印发政策类宣传资料1211万份，发放动漫光盘4万张，曝光典型案例65件，召开媒体通气会93场，播放动漫宣传片2.2万次，发送宣传短信1180万条。集中宣传月活动取得了预期效果，进一步提升了全社会对这项工作的了解和认知。同时，为强化基金监管高压震慑效应，积极引导各地建立欺诈骗保典型案例曝光机制，巩固了打击欺诈骗保成果和高压态势。此外，为加强对各地

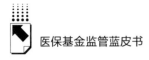
欺诈骗保大案要案的跟踪调度，建立要情报告制度，及时掌握各地欺诈骗取医疗保障基金要情。

5. 开展专项治理"回头看"

2020 年 12 月，结合媒体曝光的安徽太和部分医院欺诈骗保行为，国家医保局会同国家卫生健康委在全国范围开展对定点医疗机构专项治理情况"回头看"，集中打击诱导住院、虚假住院等欺诈骗保行为。

6. 加快推进基金监管法制建设

《医疗保障基金使用监督管理条例》已开始实施。按照统筹规划、分步实施原则，有序开展《条例》释义、实施细则等配套规章和规范性文件的制定工作，推动基金监管有法可依，确保依法履职。将 2020 年作为医保基金监管规范年，印发《规范年建设实施方案》，立足"执法权限规范化、执法依据规范化、执法文书规范化、执法程序规范化、行政处罚规范化"目标，重点围绕建立健全"三项制度"、推进"双随机一公开"监管、完善飞行检查机制等工作，着力推进基金监管透明、规范、合法、公正，确保依法履职。

7. 积极推动基金监管制度体系改革

贯彻落实《国务院办公厅关于推进医疗保障基金监管制度体系改革的指导意见》（国办发〔2020〕20 号）文件精神，积极推进医疗保障基金监管制度体系改革。目前，全国已有 10 多个省（自治区、直辖市）成立了医保基金监管专职机构，配备了专业队伍和必要的设施设备，监管能力和装备能力不断增强。上海、天津、北京等地结合实际先后建立了专业化的医保监管行政执法队伍，专门负责医保行政执法工作。

8. 部署推进"两试点一示范"

"两试点一示范"即基金监管方式创新试点、基金监管信用体系建设试点和智能监控示范点建设。它涵盖了基金监管体制机制改革和发展的三个关键方面，是推进监管长效机制建设的重要抓手，也是破解基金监管瓶颈问题的有益途径。2019 年 5 月印发的《关于开展医保基金监管"两试点一示范"工作的通知》（医保办发〔2019〕17 号），在全国确定了 26 个基金监管方式创新试点、17 个信用体系建设试点、32 个智能监控示范点作为国家级试点（示范点）。试点近两年来，各地在创新监管方式、诚信评价体系建设和智能监控方面积累了一批可推广、可复制的实践经验。监管方式创新试点方面，大部分地区采取各种形式引入相关机构参与基金监管，借他山之石，提升监管力量和监管技能。部分地区建立健全"社会监督员"制度，从各级人大代表、政协委员、离退休医务工作者、社区居委会、普通参保人员中选聘监督员，协助医保部门查找发现违法违规问题线索。安徽省滁州市积极推行基层监管"网格化"管理，通过组建乡镇（街道）医保管理员和村级（社区）医保监管信息员队伍，有效破解了基层监管力量薄弱、"最后一公里"沦为盲区等难点问题。吉林省四平市通过社会监督员、万人评议、定点医药机构现场述职等方式强化社会监督作用，并与定点医药机构的年度考核结果紧密衔接，让违法违规行为在人民群众的广泛监督下无处藏身。信用体系建设试点方面，建立基金监管信用评价指标体系和定点医药机构动态管理机制，推进行业自律，开展联合惩戒等。智能监控示范点建设方面，截至2019 年 5 月，全国除西藏自治区尚未建设医保智能监控系统外，其余 31 个省（自治区、直辖市）基本完成医保智能监控信息系统建设，全国医保智能监控系统建设覆盖率达到 95%，较 2017 年提高了 11 个百分点。

9. 推进部门联合监管

国家医保局成立后，以构建"横向到边、纵向到底"的监管格局为目标，积极主动与卫生健康、市场监管、公安、审计等相关部门加强联系，推进部门间联合执法、信息共享和互联互通，健全协同执法、一案多处工作机制，促进监管结果协同运用。同时，积极参与医疗卫生行业综合监管督察和医药行业会计信息质量检查等相关工作。全国各级医保部门积极与当地卫健、公安、市场监管、审计及纪检监察等部门开展联合执法、案件移送、联合惩戒等。部分地区建立了部门联席会议制度。如湖南省长沙市实施"行刑衔接""政企协作""警企协作"的联合打击机制，引入第三方数据公司，搭建反欺诈数据平台，成立反医疗欺诈大数据实验室，打通医保、公安数据壁垒，通过公安、医保数据比对发现欺诈骗保疑点，实施协同联查。

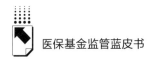

（二）欺诈骗取医保基金主要违法违规行为

打击骗取医保基金的法律法规和制度政策主要包括《社会保险法》（2011年7月1日实施）、《中华人民共和国刑法》第二百六十六条（2014年4月24日第十二届全国人大常委会第八次会议通过）、《医疗保障基金使用监督管理条例》，以及国家医保局、地方政府和医保部门打击骗取医保基金行为的文件。以这些法律法规和政策文件为依据，欺诈骗取医保基金的行为主要具有以下几个方面特点。

第一，欺诈骗保主体包括定点医疗机构及其工作人员、定点零售药店及其工作人员、参保人（患者）、医保经办机构工作人员等。有些骗保行为是合谋，如定点机构与参保人合谋、医保经办机构工作人员和定点医疗机构合谋等。

第二，从欺诈骗保行为和动机分析，大致分为三个层面：一是违约，主要是定点医药机构违反定点服务协议；二是违规，即行为主体违反国家和地方的规章制度和政策等；三是违法，即违反国家法律法规。这三类行为往往交织在一起，增加了处理的复杂性。

第三，欺诈骗保具有动态性、隐蔽性。动态性主要体现在随着医疗保障制度改革的不断深化，欺诈骗取医保基金的方式方法不断更新。如在支付方式改革过程中，定点医疗机构欺诈行为更多地由过去的"过度医疗"向"服务不足"转变。隐蔽性是由就医过程的隐私性，以及医疗服务提供过程的信息不对称造成的。动态性和隐蔽性要求医保基金监管必须不断创新，以适应新形势下维护基金安全的要求。

总结已查处的骗保案件，涉及定点医药机构及其工作人员的欺诈骗保行为大致可归为4类14种。①诊疗类：过度诊疗、过度检查、分解处方、超量开药、重复开药、提供不必要的医药服务6种；②收费类：重复收费、超标准收费、分解项目收费3种；③支付类：超范围支付1种；④综合类：分解住院、挂床住院、串换药品（医用耗材、诊疗项目和服务设施）、为转卖药品提供便利4种。

（三）欺诈骗取医保基金典型案例①

典型案例：辽宁省锦州市锦京医院欺诈骗保案

经锦州市医保局与公安局联合调查，发现锦京医院院长黄某某伙同医院内外多人通过借用职工、居民、学生医保卡在锦京医院医保系统刷卡办理虚假住院，骗取医保基金 2906083.15 元的违法事实，该案全部违法资金 2906083.15 元已被追回并返还医保基金账户。经当地法院审理判决如下：1. 被告人黄某某，锦京医院院长，犯诈骗罪，判处有期徒刑 8 年 8 个月，并处罚金人民币 50 万元；2. 被告人田某某，锦京医院法人，犯诈骗罪，判处有期徒刑 9 年，并处罚金人民币 50 万元；3. 被告人徐某某，锦京医院医生，犯诈骗罪，判处有期徒刑 7 年 3 个月，并处罚金人民币 30 万元；4. 被告人段某某，锦京医院财务人员，犯诈骗罪，判处有期徒刑 5 年 6 个月，并处罚金人民币 25 万元；5. 被告人杨某某，锦州九泰药业有限责任公司职工，犯诈骗罪，判处有期徒刑 4 年，并处罚金人民币 15 万元；6. 被告人韩某某，辽宁石化职业技术学院教师，犯诈骗罪，判处有期徒刑 3 年，缓刑 3 年，并处罚金人民币 5 万元。

参保人员涉及 3 种欺诈骗保行为，包括伪造假医疗服务票据、出借医保凭证或冒名就医、套取医保药品耗材倒买倒卖等。

典型案例：江苏省连云港市朱某某欺诈骗保案

经连云港市医保局调查，参保人毕某某儿媳朱某某存在联合医生蒋某某故意隐瞒第三方责任并通过伪造《外伤审批表》等手段使用医保基金报销医疗费用 22859.82 元（该费用不应由医保基金支付）的违法事实，涉嫌欺诈骗保。案件移交连云港市海州公安分局后，查证以上情况属实。经当地法

---

① 资料来源：国家医疗保障局官网"曝光台"。

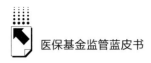

院审理判决如下：被告朱某某犯诈骗罪，判处有期徒刑 6 个月，缓刑 1 年，并处罚金人民币 2 万元，退还 22859.82 元至医保基金账户。

医保机构工作人员的违法违规行为，主要有为不属于医疗保障范围的人员办理医保待遇手续，违反规定支付医疗保障费用，监守自盗、内外勾结等。

典型案例：云南省红河州蒙自市医疗保障局工作人员李某某

涉嫌利用职务之便套取医保基金案

蒙自市医疗保障局工作人员李某某在 2017 年 6 月 24 日至 2017 年 9 月 24 日期间，利用其曾主持过医保中心工作便利条件向系统工程师索要手工调账授权。于 2018 年 10 月至 2019 年 9 月期间利用其手工调账的授权，分别向亲朋好友的医保卡个人账户划入大额医保基金，然后通过医药机构以刷卡买药、保健品的方式进行消费或套取现金。李某某涉嫌贪污医保基金被移交司法机关追究刑事责任，蒙自市人民法院认定李某某犯贪污罪，判处有期徒刑 4 年，并处罚金 40 万元，追缴违法所得。

（四）查处的各类违规机构人员及处罚指标情况

2018 年国家医保局成立以来，始终坚持把加强基金监管、维护基金安全作为首要任务，以"零容忍"态度坚决查处医疗保障领域违法违规行为。以下分别从专项整治查处、处罚相关机构和个人、追回违法违规基金、对违法违规案件曝光，以及举报奖励等，对 2019 年和 2020 年的情况进行分析①。

2019 年，全国共检查医保定点医药机构（含村卫生室）81.5 万家（见表 1），占全部定点医药机构的 99.45%；处理 26.4 万家，占检查机构的 32.39%，其中暂停医保服务协议 27664 家、解除医保服务协议 6730 家、行

---

① 国家医疗保障局于 2018 年 5 月 31 日挂牌成立，查处违法违规基金情况和统计数据从 2019 年开始统计。

政处罚 6638 家、移交司法机关 357 家（见表 2）。收回资金 115.56 亿元，其中，追回基金本金 79.54 亿元、处违约金 25.76 亿元、行政罚款 4.87 亿元。2019 年飞行检查先后派出 66 个飞检组，覆盖全国 30 个省（自治区、直辖市），查出涉嫌违规资金 11.25 亿元（见表 3）。

表 1　2019 年、2020 年专项检查查处违法违规定点医药机构总体情况

单位：万家，%

年份	检查定点医药机构	占定点医药机构总数比重	处理违法违规定点医药机构	占被检查定点医药机构比重
2019	81.50	99.45	26.40	32.39
2020	62.74	99.84	40.07	63.87

注：2019 年检查的 81.5 万家定点医药机构中，医疗机构 462819 家、零售药店 352144 家。
资料来源：国家医疗保障局官网。

表 2　2019 年、2020 年专项检查处理违法违规定点医药机构详细情况统计

年份	处理违法违规定点机构（万家）	其中			
		暂停医保服务协议（家）	解除医保服务协议（家）	行政处罚（家）	移交司法机关（家）
2019	26.40	27664	6730	6638	357
2020	40.07	19108	6008	5457	286

资料来源：国家医疗保障局官网。

表 3　2019 年、2020 年飞行检查查处违法违规情况统计

单位：家，亿元

年份	定点医疗机构	医保经办机构	商业保险公司	涉嫌违法违规资金	已追回资金
2019	32	—	—	11.25	—
2020	91	56	40	5.4	3.23

2020 年，各级医保部门克服新冠肺炎疫情影响，持续以"零容忍"态度查处医疗保障领域违法违规行为。全年共检查定点医药机构 62.74 万家，检查数量占定点医药机构总数的 99.84%，处理违法违规定点医药机构 40.07 万家，比 2019 年增加 13.67 万家，占被检查机构的 63.87%（见表1），其中暂停医保服务协议 19108 家、解除医保服务协议 6008 家、行政处

罚 5457 家、移交司法机关 286 家（见表 2）；处理参保人员 26098 人，其中约谈 14262 人、暂停医保卡结算 3162 人、移交司法机关 2062 人。全年共追回资金 223.11 亿元，是 2019 年追回资金的近 2 倍。

2020 年国家医疗保障局共组织 2 批次 61 个飞行检查组赴全国各省（自治区、直辖市）开展现场检查，除天津、上海受疫情影响只检查一轮外，其余各省（自治区、直辖市）均实现了飞行检查两轮覆盖。飞行检查组共现场检查定点医疗机构（含医养结合机构）91 家、医保经办机构 56 家、承办城乡居民医保和大病保险的商业保险公司 40 家，共查出涉嫌违法违规资金 5.4 亿元（见表 3）。

两轮飞行检查侧重点不同。第一轮主要发现了医保经办机构经办管理制度有缺失、岗位设置有风险、财务管理不严格、系统建设有漏洞、政策落实不到位等问题，商保承办机构存在资金拨付不及时、招标程序不严谨、承办政策有缺陷等问题，医养结合机构存在医养不分、小病大养、挂床住院、诱导住院等问题。针对医保经办机构的飞检发挥了刀刃向内、查漏补缺的内审作用，加固了医保部门防范基金跑冒滴漏的第一道防线。第二轮主要发现定点医疗机构存在医保管理制度缺失、医院医保管理人员政策水平不足、财务账目不清、进销存账实不符以及分解住院、挂床住院、违规诊疗、过度诊疗、过度检查、重复收费等问题。经飞检组与被检查医疗机构确定，14 个省（自治区、直辖市）24 家被查定点医疗机构违规定量金额合计 2.33 亿元。

自 2018 年 11 月国家医保局面向全社会开通举报渠道以来，截至 2019 年底全国接到欺诈骗保举报 11411 起，国家医保局向地方移交举报线索 1586 起，已办结 1513 起，办结率达 95.40%。31 个省（自治区、直辖市）出台举报奖励具体办法，已举报奖励 601 人次，涉及案件 699 个，奖励金额 86.80 万元。2020 年全国共发放举报奖励金 214.16 万元。同年，国家医保局官网共曝光重大案情 5 例，各地医保部门共计主动曝光欺诈骗保案情 42108 例。

总结近 3 年医保基金监督检查指标及其数据情况，可以得到如下几点结论。

一是医保基金监督检查覆盖面广。2019 年、2020 年全国检查医保定点医药机构分别占当年全部定点医药机构的 99.45%、99.84%，几近全覆盖。监督检查重点覆盖各个层面。从规模上看，从较大规模的定点医药机构到基层定点医药服务机构，乃至村卫生室全覆盖；从机构属性看，从以民营医疗机构为主拓展到各级公立定点医药机构；从业务范围看，从定点医药机构扩展到医保经办机构及参与经办职工医保大病和城乡居民医保业务的商业保险公司。医保基金监管基本做到检查全覆盖、监管无死角。

二是查处欺诈骗保行为更专业。2019年处理违法违规医药机构26.40万家，占被检查机构的32.39%，2020年处理违法违规医药机构40.07万家，占被检查机构的63.87%，更多更为隐秘的违法违规违约行为被发现，检查处罚力度逐年加大。

三是协议管理、行政监管和司法惩戒相结合。从对违法违规定点医药机构实际处理情况看，医保基金监管常用暂停或解除医保服务协议、移交司法机关、行政罚款、拒付/追回资金、约谈、限期整改、通报批评等惩处方式，其中又以前三种方式的震慑力最强，2019年被施以暂停或解除医保服务协议、移交司法机关、行政罚款的定点机构达41389家，2020年为30859家，协议管理、行政监管和司法惩戒三种监管手段联合发力，行刑衔接，共同形成综合监管高压态势。

四是社会监督力量参与度越来越高。自2018年11月国家医保局面向全社会开通举报渠道以来，媒体和群众等社会力量参与监督的积极性显著提高，生态不断改善，逐步形成良好的社会监督氛围。2019年媒体公开曝光违法违规典型案例8031例，国家奖励举报人数601人，发放奖励金86.80万元；2020年国家共奖励举报人1133人次，发放奖励金214.16万元。

四 医保基金使用监管存在的主要问题与挑战

在党中央、国务院领导下，国家医保局统筹协调和指挥，锐意改革和创新，基金监管工作取得了巨大成就。但应当清醒地看到，随着外部环境的变化和医疗保障制度改革的深化，基金监管工作还面临一些矛盾和困难。这些矛盾和困难，既有长期积累的问题，更有支付方式改变等带来的新矛盾、新问题。

（一）主要问题

1. 基金监管的法治化规范化建设存在短板

我国虽已实施《医疗保障基金使用监督管理条例》，但从欺诈骗保的种种行为看，仅有一部行政法规还不够。一方面，需要上位法的支持，从法律体系看，对违约、违规责任的追究可分别依据医保协议和《条例》，但对违法行为追究刑事责任还缺少法律制度，《社会保险法》因过于原则等原因，难以适应医疗保障基金监管的需要，迫切需要加快制定《医疗保障法》；另一方面，为保证规范执法，应在《条例》出台的同时，相应出台配套的医疗保障基金监管业务规范或标准指南，对监督的适用范围、基本原则、组织、内容、类型与方式、程序、自由裁量基准、处罚等作出明确界定，保证医疗保障执法的公平公正。还有一个问题，目前执法主体比较薄弱，多数统筹地区尚未建立专业化、职业化的医保基金监管执法队伍，即使已经建立了执法队伍的地区，机构性质、人员设施的配备等也难以适应监管的要求，多数监管人员缺乏医学、药学、法律、计算机、临床实践等专业背景，从而影响了规范执法效率。

2. "互联网+"医药监管存在盲区

2018年，国务院办公厅印发《关于促进"互联网+医疗健康"发展的意见》，明确提出允许依托医疗机构发展互联网医院，允许在线开展部分常见病、慢性病复诊并开具处方；支持医疗卫生机构、符合条件的第三方机构搭建互联网信息平台，开展远程医疗、健康咨询、健康管理服务。[①] 2019年8月，国家医疗保障局印发《关于完善"互联网+"医疗服务价格和医保支付政策的指导意见》，首次提出为适应"互联网+医疗健康"发展，允许针对不同的诊疗服务主体、对象和内容，制定具有操作性的价格和医保支付政策，这是国家层面首次出台关于互联网诊疗服务的价格管理及医保结算的

---

① 国务院办公厅：《关于促进"互联网+医疗健康"发展的意见》（国办发〔2018〕26号），http：//www.gov.cn/zhengce/content/2018-04/28/content_5286645.htm。

政策文件。新冠肺炎疫情期间，参保人员对互联网医疗服务和药品供给的需求不断增加，"互联网＋医药服务"的品种和数量快速增长。据统计，截至2018年底，全国建成互联网医院100余家；截至2021年3月，有7700余家二级以上医院建立了预约诊疗制度，提供线上服务，全国建成互联网医院已经超过1100家，而未建立互联网医院但开展互联网诊疗服务的医疗机构数量更多。① 国家医保局明确表示，符合条件的"互联网＋医疗服务"也可以纳入基本医疗保障范围。对符合条件的网上医药服务，基金也可以按规定给予支付。② 从"互联网＋医疗服务"的模式看，主要包含互联网健康咨询、互联网诊疗、互联网医院、远程医疗、第三方医疗服务平台等。"互联网＋医药服务"的法规体系尚不健全，医疗保障基金支付和诊疗项目等具体政策尚不明晰，因而存在的法律漏洞和风险都较大。如"互联网＋医疗服务"诊疗过程中，对患者的身份认证、提供服务机构的资质和医疗服务范围等，都需要进行严格的监管和审查。对电子病历、电子处方、就医者的信息数据安全及用户隐私保护等也提出更高要求，医保部门实施对"互联网＋医药服务"使用医保基金的监管面临更大的挑战。

3. 基金监管数据共享和交换仍存在障碍

医保基金监管数据共享和交换存在的障碍主要体现在以下几个方面：一是医保制度建立之初，参保单位和参保个人的基础信息收集不完整、不准确，基础未打牢。二是医保机构和定点医药机构数据交换不畅不足。表现在医疗机构信息系统（HIS）建设大多起步早于医保系统，而且医药机构往往只将与医保三个目录及政策有关的信息传送到医保数据中心，医保中心的数据不是建立在就医者第一手资料数据之上，而是被整理过的信息，很难保证信息的完整准确。另外，一些医药机构开发的系统不完善，大多是从医院管理起步逐步延伸到临床，如建立医生和护士工作站、电子化病例及智能化查房下医嘱等，采集的最重要信息往往存在隐患。三是部

---

① 《国家卫生健康委：全国建成互联网医院已超过1100家》，光明网，2021年3月23日。

② 建立健全职工基本医疗保险门诊共济保障机制国务院政策例行吹风会，国务院新闻办公室，2021年4月22日，http：//www. nhsa. gov. cn/art/2021/4/22/art_ 14_ 4920. html。

门间的数据交换不畅。目前，很多地区的医保数据与公安、卫健、市场监管、财政、药监等部门还未建立起顺畅的衔接通道。同时，跨地区的医保数据交换也存在障碍。

（二）主要挑战

1. 欺诈骗保行为不断翻新和隐秘的挑战

在持续打击下，一些骗保行为开始变换花样。如对有些身患多种疾病的患者分解就医，加重病人负担和痛苦；有的一次治疗要求患者挂多个号；也有的在打包付费后，又针对包内的部分材料、服务项目等重复计算费用。骗保手段也更加隐蔽，从台上欺诈转入地下。如有的定点药店在网上开设了购物平台，本来是为了方便群众，却将一些在线下用基金换取生活用品的做法引入线上，规避药店进销存消费清单监管等。

2. 医保制度改革深化带来的新挑战

尽管我国的基本医疗保障制度框架已经健全，但具体政策及政策参数还处于不断改革完善之中。医保政策的改革会牵扯基金使用的变化，从而对监管提出新要求。一是持续进行的支付方式改革。在一些 DRG 和 DIP 试点地区，出现了就诊人次和住院率持续上升的现象，医疗机构从轻重症患者"来者不拒"变得"挑轻推重"，由"过度医疗和服务"转为"服务不足"，甚至医疗机构间由原来的竞争关系演变为集体联合"冲点"等。二是门诊统筹、长护保险及跨省通办等改革，延长基金监管链条带来的挑战。门诊就诊频次高、业务量大，尽管次均费用低，但由于累计次数多，对基金的威胁不容忽视，对门诊统筹的基金监管也需要投入更多成本。长期护理保险制度的试点范围逐步扩大，疾病的护理和因失能失智所需要的护理，界限很难区分。跨省通办便利了群众，但基金监管就需要建立跨省联合协调监管等，这些都给基金监管带来新的挑战。

3. 人口老龄化加速背景下"医"和"养"对基金监管的挑战

根据第七次人口普查数据，我国 60 岁及以上人口占 18.7%，65 岁及以上人口占 13.50%。① 根据 1956 年联合国《人口老龄化及其社会经济后果》确定的划分标准，我国中度老龄化（65 岁及以上的老年人口占比超过 14%）已近在咫尺。人口预期寿命延长是社会文明和经济发展的表现，但老年人口中慢性病患者增多、医疗费用高也是不争的事实。来自典型地区的调查显示，退休人员的年人均医疗费用是在职人员的 4 倍，再加上老年人的生活护理与疾病康复护理界限不清、临终阶段的过度抢救等，造成基金不必要的损失。不断加剧的人口老龄化，加上应对人口老龄化的一些政策不健全，基金监管将面临更多难题和更大挑战。

4. 就业方式多样化对基金监管的挑战

随着互联网平台经济的发展，就业方式呈现出更加灵活的多样性。据统计，2021 年我国 2 亿多人选择灵活就业。② 就业方式多样化对医疗保障带来的变化是，参保者可能较频繁地在职工医保和城乡居民医保两个制度间或者在不同统筹地区间转换，监管工作难以追踪溯源这一群体在不同制度、不同地区的基金使用，可能导致统筹基金年度内支付的不确定。因为统筹基金实行在一个统筹地区年度内统筹，由此带来基金监管的困难和挑战。

5. 新技术应用深化对基金监管的挑战

区块链、大数据、人工智能和 5G 技术等在医疗服务和医疗保障领域的广泛应用，在给基金监管带来便利的同时，也带来新的挑战。新技术应用的两面性同样会在基金监管工作中体现。例如，智能监控系统的全面应用，对数据的安全要求更严。一些掌握计算机网络和数据库技术的人员，有可能直接进入中心数据库修改数据，更改系统日志，甚至恶意操纵结算和支付。目前的医保信息系统以及医药机构计算机系统的完善性和安全性比金融系统弱得多，如果一些不法分子不是为了使运行系统瘫痪，而是诈骗基金，会给基金监管带来严峻挑战。

---

① 资料来源：国家统计局网站。
② 资料来源：央视新闻，2021 年 3 月 24 日。

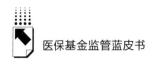
五　医保基金监管制度体系改革前景展望

在党中央、国务院的部署和全国各级医保部门的共同努力下，基金监管工作取得巨大成效，但基金监管是一项长期的艰巨任务，需要按照顶层设计，持续强化。

（一）全面贯彻实施《条例》，并以此为契机，进一步健全基金监管法制体系

学习、宣传、贯彻《条例》是医保基金监管当前和今后工作的重心。各级医保工作者要切实做到知法守法、依法执法、违法必究，全面提升基金监管法制化水平。同时要采取各种方式，向全体人民，尤其是医药机构等医保相关部门和从业人员，系统宣传解读《条例》，让《条例》家喻户晓、人人皆知。营造"人人知法、人人守法"的良好监管环境。

另外，应当清醒地看到，我国的基金监管法制体系还需要进一步完善。需要尽快推动出台《医疗保障法》，并配套出台相关的系列法规、规章及规范标准，构建职责明确、分工协作、科学有效的医疗保障综合监管体系，组建统一的专业化医疗保障监督执法队伍，实现监管组织、监管目标、监管队伍、监管对象、监管内容、监管手段和监管考核与评价的标准化、规范化。

（二）推进医保基金监管全覆盖，深入开展专项治理

以往的基金监管由于人手等资源有限，又缺乏专职的监督检查队伍，大多采用抽查、重点检查和监控或举报线索的检查。应在总结日常监管、飞行检查、重点检查等经验基础上，建立以统筹地区医保行政部门为责任主体，对辖区内的定点医药机构现场检查的全覆盖。同时，推进医保基金监管专项治理向纵深发展，对过度治疗或服务不足、虚假治疗、伪造票据、进销存不符、重复收费、虚记多记费用、串换项目收费、分解收费、挂床住院、套餐

式检查、低标准住院等比较普遍的违法违规问题实施重点治理。同时，注重加强对商保的监管，将参与基本医保经办服务、承办大病保险、提供城市定制险的社会服务机构纳入医保基金监管常规检查和飞行检查范围。

（三）完善监管方式，强化智能监管

在总结"两试点一示范"经验的基础上，持续鼓励各地基金监管方式创新。注重因地制宜，创造性实施符合本地区监管主体和监管对象实际的监管手段和方式。行业自律和诚信评价是建立基金监管长效机制的有效手段和方法，也是投入成本较小、对长远影响大的办法。应在医疗行业、医药行业积极推进遵守行业法律规范和医保法律法规的贯彻落实，在全社会逐步形成行业严谨自律、诚信经营、不欺不骗、自觉守护医保基金安全的风气。大力推进智能监控规范化建设，国家要加快建设全国统一的医保智能监控知识库和规则库。推广视频监控、生物特征识别、大数据分析等新技术应用，将DRG、DIP 等支付方式改革，"互联网＋医药"，"医养结合"等纳入智能监控范围，探索推行以远程监管、移动监管、预警防控为特征的非现场监管。构建起以法治为保障，以信用管理为基础，以多形式检查、大数据监管为依托的全方位监管格局。

（四）加强部门联动，构建协同监管新格局

医疗保障部门要主动与卫生健康、市场监管、公安、审计、纪委监委等相关部门加强联系，推进部门间联合执法、信息共享和互联互通，健全协同执法、一案多处工作机制，促进监管结果协同运用，构建"横向到边、纵向到底"的监管格局。充分发挥商业保险机构、会计师事务所、审计事务所、计算机网络信息技术服务机构、医院医师协会等第三方的专业力量，并规范购买服务行为，建立健全购买服务的考核评价机制，建立激励约束相容工作机制。健全完善举报奖励机制，社会监督员、"吹哨人"、内部举报人制度，鼓励和引导家庭医生发挥基层"守门人"作用，广泛动员社会各界和公众参与监管，协同构建基金安全防线。

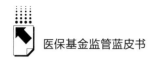

（五）实施查处惩罚与教育引导并重，促进形成全社会守护基金安全的良好生态

在基金监管中，监控、处罚只是手段，不是目的，教育也是防止违规违法的重要手段，并且是成本更低、更有效的手段。因此，要从教育的愿望出发进行监控和处罚，使处罚达到教育的目的。另外，要深化医保法律法规和政策的宣传，引导相关主体和监管对象守法守规守信守约，使维护基金安全的意识内化于心。

此外，医药机构特别是医务工作者、医保工作者要面向社会普及科学的疾病防治和健康知识，正确认识疾病和衰老，世上没有"长生不老药"，医生也不可能治愈所有疾病。过度治疗和抢救，不仅会加重患者的痛苦，有的还会加速生命的终结。

（六）建设一支政治素质过硬、专业化的基金监管执法队伍

医保基金长效监管机制需要有一支素质过硬的监管执法队伍。尽管目前已有超过 1/3 的省份成立了基金监管专职机构，监管人员的能力不断增强。① 但各地仍普遍面临监管队伍人手少、专业能力不强的问题。建议各统筹地区成立垂直管理的医保基金执法队伍，配备具有医学药学及临床经验、法律、统计、财会、计算机、审计等专业知识和实践经验的工作人员。同时，充分发挥社会力量的作用，建立健全"社会监督员"制度，借鉴社会治理和劳动监察"网格化"管理经验，在城市社区和农村地区配备专兼职医疗保障管理员，推行无死角监管，将医保基金监管、宣传、经办服务延伸到基层。

---

① 黄华波：《立足新起点，迎接新挑战，推进基金监管工作新跨越》，《中国医疗保险》2021年第 4 期。

参考文献

［1］《中共中央国务院关于深化医疗保障制度改革的意见》。

［2］《国务院办公厅关于推进医疗保障基金监管制度体系改革的指导意见》（国办发〔2020〕20号）。

［3］《医疗保障基金使用监督管理条例》，http：//www. gov. cn/zhengce/content/2021 - 02/19/content_ 5587668. htm。

［4］《国家医疗保障局曝光台曝光典型案例》，国家医保局官网。

［5］黄华波：《立足新起点，迎接新挑战，推进基金监管工作新跨越》，《中国医疗保险》2021年第4期。

［6］谭中和：《着力构建医保基金监管长效机制——基于两试点一示范的思考》，《中国医疗保险》2021年第4期。

专题报告

Special Reports

B.2
医疗保障基金安全防控新形势、新挑战与新机制

陈仰东　刘允海*

摘　要： 中央关于深化医保制度改革的一系列新决策，特别是《医疗保障基金使用监督管理条例》的颁布实施展现了我国医保基金安全防控前所未有的新形势，但要实现健全严密有力的基金监管机制改革目标还需要做大量工作。应在直面医保制度固有属性、基金使用主体道德风险、人口老龄化、新技术、监管体系不完善、监管能力不足等诸多挑战的基础上，采取推进责任体系建设、制度体系改革和完善保障措施等手段，加快建设基金安全防控新机制。

关键词： 医保基金安全　制度体系　保障措施

---

* 陈仰东，大连理工大学公共管理与法学院教授；刘允海，《中国医疗保险》杂志社执行主编。

医疗保障基金是人民群众的"保命钱"。维护基金安全关乎医保制度可持续发展和人民群众医疗保障权益，也是医疗保障部门的基本职责和光荣使命。国家医保局成立以来，根据党中央、国务院的决策部署，在全国开展打击欺诈骗保专项行动，两年内追回基金338.67亿元。但我们必须清醒地认识到，基金使用风险依然普遍存在，安全防控形势依然十分严峻，安全防控任务依然十分繁重和紧迫。

党的十九届五中全会宣告我国从全面建成小康社会转入全面建设社会主义现代化国家的新征程。伴随新的百年历史开启，鼓舞人心的经济社会发展宏伟蓝图全景展现，标志着全民医保进入制度成熟定型的高质量发展新阶段。在基金安全防控方面，明确要求健全严密有力的基金监管机制。在此背景下，认识医保基金安全防控新形势，直面医保基金安全防控新挑战，建设医保基金安全防控新机制，对于贯彻执行中央新决策，构建医保改革发展新格局，回应人民群众医疗保障新期待，遏制、打击欺诈骗保行为，提高基金使用绩效，守住基金安全底线，确保全民医保公平可持续发展，均有重要的理论价值和现实意义。

一 认识医保基金安全防控新形势

（一）中央作出医保改革新决策新部署

党的十九大报告对全面建立中国特色医疗保障制度作出战略部署，着力解决医疗保障发展不平衡不充分问题。"健康中国2030"规划纲要为医保事业发展勾画了宏伟蓝图，科学布局全民医保在健康中国战略中的重要地位。2020年2月，中共中央、国务院发布《关于深化医疗保障制度改革的意见》，明确医疗保障改革发展的基本框架和未来5～10年的发展目标。党的十九届五中全会审议通过的《中共中央关于制定国民经济和社会发展第十四个五年规划和二〇三五年远景目标的建议》，对医保改革发展作出展望。按照中央部署，国家医保局正在制定历史上第一部医疗保障事业发展的

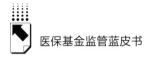
"十四五"专项规划，为未来 5 年医保高质量发展提供行动指南。2021 年 1 月，企盼已久的《医疗保障基金使用监督管理条例》（以下简称《条例》）以国务院第 735 令公布，《条例》于 2021 年 5 月 1 日起施行。在几年时间里，国家有关医保改革发展的顶层设计数量之多、内容之广、密度之大、规格之高前所未有，充分体现了党和政府对医疗保障事业的高度重视，也为新时期我国医疗保障事业健康发展指明了正确方向。认真学习、深刻领会、全面贯彻中央的一系列新决策新部署，是我们当下面临的最重大的新形势和新任务。

（二）新阶段对医保发展提出新目标

习近平总书记深刻指出："我们建立全民医保制度的根本目的，就是要解除全体人民的疾病医疗后顾之忧。"这是医保事业发展的总目标和根本任务。实现这一宏伟目标和完成这一根本任务需要持续地努力奋斗。按照中央要求，今后一个时期，医保发展的目标和任务就是深化医疗保障制度改革，到 2025 年，医疗保障制度更加成熟定型，基本完成待遇保障、筹资运行、医保支付、基金监管四大重要机制和医药服务供给、医保管理服务两个关键领域的改革任务。在基金安全防控方面，明确要求健全严密有力的基金监管机制，明确要求必须始终把维护基金安全作为首要任务。

（三）人民群众对医保发展有新期待

人民群众对美好生活的追求是我们发展的出发点和落脚点。美好生活离不开医疗保障。进入全面建设现代化国家新征程，人民群众对医保发展的新期待集中在有更公平更充分的医疗保障上，实现"从无到有""从低到高""从不便捷到便捷"的质量转变，一言以蔽之，不仅要有，而且要好。具体来说，期待医药服务更可及，医药价格更适宜，门诊保障水平特别是常见病、慢性病的保障水平进一步得到改善，减轻患者个人和家庭负担，减轻重特大疾病的灾难性风险，彻底堵死因病致贫。期待切实解决医保待遇、经办服务、医药管理等方面存在的突出问题，及时化解在办理医保业务、就医问诊中遇到的医保方面的痛点、难点、堵点问题，使人民群众有更多获得感、幸福感、安全感。

（四）医保基金使用监管进入法治化新阶段

2021年2月，国务院颁布的《医疗保障基金使用监督管理条例》，是我国第一部医保基金使用监督管理的行政法规，标志着我国医保监管进入法治化轨道，具有深远的历史意义和重大的现实意义。医保监管进入法治化新阶段，思想认识要跟上。法治化就要做到有法必依、执法必严、违法必究，就要做到依法行政、依法办事，这对基金监管工作提出了全新的要求。《条例》是破解监管难题的锐利武器，学好是用好的前提。因此，我们必须下功夫认真研学，学深悟透，读懂每一个条款，熟知法律对医保行政、医保经办、定点医药机构、参保人员等不同基金使用主体在基金使用中应该做什么、不该做什么作出了哪些具体规定，对基金监管工作机制、监管形式、监管措施有哪些明确要求，对行为主体违反法律规定后分别应当承担哪些法律责任等内容了然于心，倒背如流。并结合实际思考如何改革创新，使管理体制、工作机制、方式手段、队伍建设等能够适应监管法治化的新要求，使医保基金监管能力提高到新水平，这是摆在我们面前现实而紧迫的任务。

二 直面医保基金安全防控新挑战

（一）医疗保障固有属性的挑战

医保基金安全防控挑战首先来自医保的固有属性。医保第三方付费机制和医疗服务信息不对称这两大特点决定了医保监管难，这是国际医界的共识。医疗保险实行第三方付费机制，必然会降低参保人对价格的敏感性，吃他人买单的自助餐，谁会关心价格？信息不对称决定了医保制度与养老金定额支付完全不同的风险特征。医疗保障覆盖的疾病有数千种，治疗成本千差万别。即使按病种定额结算，适用病种仅百余种，覆盖面十分有限，支付风

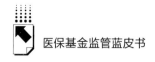

险不言而喻。从微观看，医疗服务是由供给方主导的特殊消费行为。吃什么药、做什么检查，基本上听从医生的意见。即使有诊疗规范，医生仍有变异权，而且从医学科学角度，允许医生变异处置是必要的，这就使医疗费用控制变得更难。如果医生在行使变异权时，"大帽子底下开小差"，以特殊性为由过度医疗，是完全有可能的，而且往往难以界定清楚。事实上，这种现象不仅中国有，外国也有，有的还很严重。

有必要指出，我国医保基金监管有着不同于其他国家的体制机制特点，即特定的医保代理人机制和以公立为主的医疗服务供给机制。对此，黄华波在《浅谈医保基金监管的体制性特点、机制性问题与长效机制建设》一文中有深入的分析。这种特性对监管工作而言，既有"利"的一面，又有"弊"的一面。"利"的一面，如公益性；"弊"的一面，"软硬不吃"，难以监管。这也是在其他国家管用的办法在我国并不很灵的原因之一。因此，做好基金监管工作，不仅需要对旧体制进行改革，而且需要创新适合国情的监管体系和监管方式。既然以公立为主不可能改变，那就研究如何扬长避短，采用与之相适应的新策略（如在分清责任的同时，突出强调彼此协同，等等），这无疑是一个极富挑战性的课题。

（二）欺诈骗保道德风险的挑战

所谓道德风险就是在信息不对称的条件下，行为主体基于道德选择做出的损害医保基金行为的现象。按行为主体可分为参保人的道德风险、医疗服务提供者的道德风险、医保管理者的道德风险。参保人的道德风险又可分为事前道德风险和事后道德风险。事前道德风险是指由于存在"患病后可得到保险补偿"的预期，而增加不健康行为或减少预防性投入的风险；事后道德风险是指因面临较低的边际价格而过度消耗医疗资源的风险。我国学者对城乡居民医保的事前道德风险进行的研究表明，参保组与非参保组的健康行为（如饮酒、久坐、吸烟）及预防动机是存在差异的。

事后道德风险更为普遍。国内外学者普遍认为，有医保的人更喜欢购买医疗服务。医保补偿率越高，边际价格就越低，产生道德风险的概率就越大。为了降低过度消耗医疗资源的道德风险，保险方普遍会设计起付线和一定的自付比例，但即便如此，道德风险依然无处不在，打击欺诈骗保行动中揭露的挂床、串换药物等现象足以说明问题。事实还证明，这些行为往往具有医患共谋的特征。毋庸讳言，供给方道德风险也是一个客观存在。据《国家医保局统计公报》，2018 年检查定点医药机构 19.7 万家，违法违规的有 6.6 万家；2019 年检查定点医药机构 81.5 万家，"三违"机构达 26.4 万家，可谓普发高发。美国学者乔纳森·格鲁伯有过一个形象的比喻，"让医生告诉你需要多少医疗服务就像让屠夫告诉你需要吃多少红肉"。他以 1983 年美国联邦医疗保险付费方式改革带来的巨大变化为例，"按服务付费改为预付制的一年内老人平均住院天数下降了 15%，老人的健康状况并没有受到任何影响"。当然，这位学者对医生的判断未免太过绝对化，但供给方的道德风险是不争的事实。论起道德风险，医保管理者的道德风险危害更大，因为他们直接管理巨额基金，把守基金开关，一点失误都将直接威胁基金安全。因此，欺诈骗保道德风险与患、医、保都有关系，有点儿防不胜防。

（三）监管体系不完善的挑战

基金使用涉及多个主体，安全防控不可能一个部门一个机构单打独斗，必然需要一个健全的综合监管体系。按照分工，明确责任，互相协调，彼此配合，形成监管合力。这个体系包括医保局牵头的政府行政监管、依托医保经办中心的协议监管、体现医疗服务供给方行为自律的行业自律；媒体和监督代表参与的社会监督，以及以个人信用为基础的自我约束。

目前，基金监管体系不完善的主要短板在于行政监管未形成合力和行业自律意识不强。行政监管方面，医保主管部门担当意识不强、主动性不够、牵头作用不突出。主动协调各相关部门积极研究新情况、及时解决新问题的意识和能力还不足。部门协作联动机制还未真正形成并制度化。医保与卫生健康、中医药、市场监管、财政、审计、公安等部门之间协作联动还不够紧密，联动效率还不高。或者不作为，出现空窗，或者交叉重叠，一件事重复查，或者查而不罚，长期悬空，打击不力。行业自律方面，医药行业对发挥

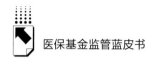

行业自律作用必要性认识还不到位，合理使用医保基金、控制过度医疗、过多用药的自觉性还不高，主动降低成本的内生机制还未发力。许多地区甚至连开展行业自律活动、履行行业公约的组织基础还是空白。

（四）监管能力不足的挑战

国家医保局成立以后，行政监管能力有所改善，但与繁重的监管任务相比，监管能力不足的问题非常突出。

监管体制不健全。虽然少数先行地区在改革体制机制等方面取得了积极成效，但从整体看，行政监管体制如何在改革创新基础上逐步统一，解决机构设置、职能分配和人员编制等核心问题，还有很长的路要探索。本轮政府机构改革虽然理顺了各级医疗保障局职能，赋予了医保行政机构基金监管的重要职责，但人员编制和体制问题没有同时彻底解决。

缺少专业化监管队伍。监管队伍不仅人数少，更严重的是专业素质不适应工作需要，面对繁重的监管任务心有余而力不足。同时，监管力量层级配置也不尽合理，与统筹层次不协调，执法权威性不强，力量太分散，行政监督和基金管理相互脱节。

智能监管系统建设亟待加强。系统碎片化严重，亟须整合优化升级，技术手段、算法、知识库等新技术布局与监管广度和深度新要求还不适应。

（五）维护基金安全社会意识淡薄的挑战

医药机构自觉维护基金安全的意识有待进一步提高。在药品提成政策激励下，不仅不节制使用基金，反而占用基金越多越好，甚至为谋取更大利益不惜突破基金"红线"，以专业为由打"擦边球"，依仗信息不对称推行过度医疗，危害基金安全，诟病医保控费政策。参保个人维护基金安全的意识普遍不强。有的把社保卡借给他人套取药品谋取私利；有的人甚至把参保视作投资，追求回报，认为缴了费不看病吃亏了，要"吃回来"；有的看到了违法违规现象也不公开予以制止和反对，维护基金安全还没有形成强大的社会舆论。媒体上充斥着"看病难、看病贵"，但对欺诈骗保、把医保基金当

"唐僧肉"吃的丑恶行为公开揭露批评远远不够。一些媒体扭曲"保基本",片面宣扬"免费医疗",甚至质疑控制不合理医疗费用增长过快政策的正当性。

（六）人口老龄化社会风险的挑战

第七次人口普查数据显示，我国 60 岁及以上人口占 18.7%，65 岁及以上人口占 13.5%，老龄化程度进一步加深。有专家预测，2021 年后中国 65 岁及以上人口占比将超过 14%，开始步入深度老龄化，2025 年达 15%，2030 年达 19%，2035 年达 23%。

人口老龄化给医保基金可持续发展带来的风险是全面而深刻的，既影响基金入口，又影响基金出口，减收增支双重叠加的结果，加速了基金失衡局面的到来。研究表明，2026 年我国医保基金当年结存将首次出现赤字，2034 年累计结存将全部花光。其中劳动力人口流出较多、人口老龄化速度较快的地区基金支付压力将更加严峻。从职工医保和居民医保分别预测看，居民医保在 2021 年左右当年结存有可能首次出现缺口，在 2023 年左右累计结存有可能首次出现缺口。职工医保稍好些，在 2030 年左右当年结存首次出现缺口，在 2039 年左右累计结存首次出现缺口。

人口老龄化是医疗进步和社会文明进步的结果，但同时需要更多的医疗资源投入。疾病谱表明，患高血压等慢性病的主要是老年人。据统计分析，老年人医疗费用约占总支出的 2/3，退休人员人均基本医疗保险基金支出额约为在职参保职工的 4 倍。随着高龄人群的扩张，失能半失能老人不断增多，疾病治疗和生活护理的服务需求迅猛增加。一方面，亟须建立长期护理保险制度，分流保障需求，分清制度界限，分配支付责任，优化医疗保障总成本；另一方面，由于医、护、养之间的高度关联性，如何避免基金"张冠李戴"，保障基金有效使用，也对监管工作提出新挑战。

（七）医药新技术的挑战

医药新技术是人类战胜疾病的有力武器。新技术对医保基金的挑战，首先来自高昂的价格（降价前一个心脏支架约1.3万元，一个药物球囊现价仍可达2万~3万元）。医药新技术成果来之不易，需要持续的巨大的资本投入，因此，每一项新技术的采用，在提高治疗效果给患者带来利好的同时，高昂的价格也会给医保基金和个人带来巨大挑战。其次，新技术改善医疗可及性。新的希望被点燃，本来采用放弃或保守治疗策略的病人改为积极的治疗方案，不需要住院的病人又会重返病房，必然会提高住院率和门诊率。最后，新技术费用难以纳入预付制。新技术采用时间较短，还没有足够的大数据支撑，尚未形成统一治疗规范与支付标准。因此，只能纳入按服务项目付费或个人自付，制约机制明显会减弱，导致日常监管工作处于照单付费的被动局面。美国经济学家、教授艾米·芬克尔斯坦在论述新技术与医疗保险关系时写道："医疗保险覆盖面的扩展激励了医疗新技术的发展和应用。医保的支付大大刺激了患者使用新技术的需求，反过来也鼓励了企业大胆地进行创新和研发。因此有了一个有意思的结论，医保本来是为了降低患者支付的负担，但最终却推动医疗总费用的快速增长。"

三　建设医保基金安全防控新机制

（一）推进责任体系建设

责任机制是最基本最管用的机制。建设医保基金安全防控新机制，必须以明晰责任主体为前提，大力推进责任体系建设。2020年7月国务院办公厅印发《关于推进医疗保障基金监管制度体系改革的指导意见》提出，到2025年基本建成医保基金监管制度体系和执法体系，形成以法治为保障，信用管理为基础，以多形式检查、大数据监管为依托，党委领导、政府监管、社会监督、行业自律、个人守信相结合的全方位监管格局，实现医保基金监管法治化、专业化、规范化、常态化，并在实践中不断完善。很明显，在监管新格局中，党委、政府和医药行业以其特殊地位分别担当着主要责任，理所当然是推进监管责任体系建设的重点，并以此带领、组织、影响包括社会监督和个人守信在内的全方位监管格局的形成。

坚持党的全面领导，完善基金监管党建工作领导体制和工作机制，首先必须提高政治站位，提高对坚持党的全面领导极端重要性的认识。实践证明，全民医保建设每一项成就的取得、世界上最大的医疗保障网建成，最主要经验是党的坚强领导和集中力量办大事的社会主义制度优势。坚持党的全面领导，最根本的是要以习近平新时代中国特色社会主义思想为指导，忠实执行中央的决策部署，统筹协调各方，认真落实中央有关医保制度改革等一系列决定，扎实推进，取得成效。

坚持政府监管，建立完善由医保部门牵头的协同监管工作机制，在当地党委统一领导下，发挥医保行政部门勇于担当的牵头作用。在健全医保监管体制、加强监管能力的同时，按照《条例》规定和政府职能分工，将卫生健康、中医药、市场监管、财政、审计、公安等部门统一纳入基金安全防控工作机制。巩固和发扬新冠肺炎疫情联动防控工作机制的经验和做法，使联动防控常态化、制度化。

坚持推动行业自律，建立行业自律管理机制。支持普遍建立医疗行业协会和药业行业协会，把开展行业自律作为加强行业建设的主要内容。有关业务主管部门应该及时予以指导，注意不断总结经验，推动开展以履行行业公约为载体的行业自律活动，带动医疗机构、医药企业在医保基金安全防控工作中发挥无可替代的特殊作用。

（二）推进制度体系改革

制度带有根本性，具有规范性、稳定性特征。建设基金安全防控新机制必须大力推进监管相关制度体系改革。没有一系列制度支撑，安全防控工作无法有序开展。需要建立的相关制度有以下 6 个。

1. 建立健全监督检查制度

《条例》第六条规定："国务院医疗保障行政部门主管全国的医疗保障基金使用监督管理工作。县级以上地方人民政府医疗保障行政部门负责本行政区域的医疗保障基金使用监督管理工作。"第二十七条规定了医疗保障行政部门实施监督检查可以采取的具体措施，包括进入现场、询问有关人员、要求提供相关资料作出说明、记录复制收集情况资料、封存资料、聘请第三方协助检查等7个方面。第二十九条还规定了监督检查人员不得少于2人，并出示执法证件等。但在实践中大家还是反映，希望将监督检查程序规范化，增强依法行政依法办事的可操作性。为此，可以在总结实践经验基础上，将监督检查启动程序、对象确定、检查方式、检查内容、通告传达、被检查对象义务、结果反馈、检查处理建议等事项做出制度化安排。结合信用管理，对不同信用等级的检查对象实行不同方式和频率的检查，避免出现选择性监督检查的无序状态。权责一致是管理学的基本要求，有必要对行使监督检查权的责任主体建立考核和追责制度，督促责任主体尽责、依法依规开展工作。

2. 建立智能监控制度

智能监控是医保监管的创新工具和方式。越来越多的监管实践证明，智能化监控具有覆盖广泛、方便快捷、具有追溯性的优势，是破除监控对象点多面广、监管人力资源不足、增强监控能力的不二选择。要扩大智能监控的广度和深度，形成广覆盖、全流程、多维度、全方位的智能监控新格局。进一步完善智能监控知识库，升级智能监控规则及指标，利用大数据分析提升风险防控能力，建立视频云监控系统，应用生物识别技术、人工智能技术，全面布局先进适宜技术。要提高智能建设层级，克服碎片化，统一数据库指标，加强智能监控权威性。

3. 建立和完善举报奖励制度

举报是社会监督的有效方式，是打击欺诈骗保案件资讯的重要来源。《条例》颁布后，应根据《条例》和有关部门要求，建立和完善举报奖励制度。《条例》第三十五条规定："医疗保障行政部门应当畅通举报投诉渠道，依法及时处理有关举报投诉，并对举报人的信息保密。对查证属实的举报，按照国家有关规定给予举报人奖励。"据此，国家应当明确"国家有关规定"的具体内涵，明确资金来源、奖励额度、税收政策，避免奖励失范情况发生。为畅通举报渠道，建议根据统筹层次，由统筹区医保行政部门统一设置，包括网上举报和电话举报等，规定专门机构或人员负责统一处理，电话举报应有录音，阅读网上举报必须获得密钥授权，未经批准，其他人员不得私自参与受理和处理，以确保举报人信息保密，一旦外泄可以跟踪追责。同时，对《条例》规定的"及时处理"进行量化，区分普通案件和特殊案件，明确不同时限。

4. 建立信用管理制度

医保信用体系建设是强化基金监管、优化医药服务市场、降低道德风险、提升医保治理能力的基础工程。信用管理制度是开展信用管理工作的基本遵循。信用体系建设环节多、链条长，首先要从建立信用管理制度起步。从国家医保局确定的 17 个基金监管信用体系建设试点地区情况看，信用管理体系建设进展较快，展现出信用管理制度、信用评价指标体系、信用评价指标应用、信息管理系统、行业自律、信用管理机制 6 个创新，初步营造了讲信用、讲诚信的社会氛围，但也存在法律法规依据不足、信息采集难度较大、评价指标体系不完善、奖惩落实难、行业自律意愿不足和专业能力有待提高等需要研究的问题。信用管理体系建设具有创新要求高、涉及面广、工作难点多、专业性强等特性，要运用共建共治共享的理念，借鉴其他行业信用管理体系建设经验，结合医保领域特点，抓住并破解信用评价指标体系、奖励惩戒落实等难点堵点，探索管用简便的操作办法，充实完善管理制度。

5. 建立综合监管制度

建立相互配合、协同监管的综合监管机制。明确相关部门监管职能和分工，避免职能交叉或缺失。有重叠的，遵循"先入为主"原则（谁先立案谁负责）和"同种处罚不重复"原则，对当事人予以行政处罚。同时，建立和完善绩效考核、责任追究机制，保障相关部门履职尽责，防止产生"悬空效应"。建立打击欺诈骗保部门协商机制，及时沟通情况解决分歧，加强工作协调。加强信息共享和互联互通，建立联合监管协同执法工作机制，共同组织重大专项行动。对查实的欺诈骗保行为，根据各部门职责进行处理。

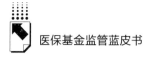
6. 建立社会监督制度

社会监督是基金综合监管体系的重要组成部分。"两试点一示范"活动中，聘用社会监督员参与基金监管工作虽然成为试点地区监管创新方式之一，但由于经验不足多数流于形式。少数效果比较好的地区的做法是制定社会监督员制度，邀请人大代表、政协委员、参保人代表、有关专家等为社会监督员，明确职责，颁发聘书，对积极分子予以奖励，规定主管部门职责，使社会监督活动常态化、制度化。

（三）推进保障措施完善

建设基金安全防控新机制必须完善 5 个方面的保障措施，为新机制落地提供条件。

1. 强化医保基金监管法治及规范保障

《条例》是"基本法"，全面贯彻《条例》还需要在总结执法实践基础上进一步细化和补充，增强执法操作性。例如什么是过度诊疗、过度检查？发生过度医疗争议怎么解决？行政处罚中涉及自由裁量部分如何规范？如何做好"行刑衔接""行纪衔接"，明确向公安、纪检监察部门移交线索的程序。

2. 加强医保基金监督检查能力保障

首先，保障机构。改革医保行政监管体制。从先行地区探索情况看，大致有几种选项：①监督所，如上海、天津、江苏省徐州市，事业性质，通过地方政府行政法规授权，委托专门承担对医药服务的监督检查工作；②反欺诈中心，如浙江省湖州市，事业性质，接受行政授权开展打击欺诈骗保行动，职责与监督所类似；③执法分局，如辽宁省大连市，行政性质，专门从事各类检查、案件调查、行政处罚，与基金监管处分工承担行政监管职能。不同体制各有利弊。无论采用何种模式都必须注意完善立法，确保有法可依；必须与统筹层次相匹配，监督检查权向上集中，以提高监管效率。其次，保障队伍。增加编制充实力量，建立一支忠于职守、勇于担当的专业化监管队伍。最后，保障资金。委托第三方监管是提高监管能力的有效途径，财政应提供必要的资金保障，通过招标委托有资质的社会第三方组织履行监督任务。

3.加大对欺诈骗保行为的惩处力度

《条例》明确规定了综合运用没收违法所得、罚款、吊销营业许可证件、限制从业、暂停医药服务、解除服务协议、暂停医疗费用联网结算等手段严惩医保"三违"行为，为监管执法提供了法律依据、细化了法律责任、加大了惩戒力度。必须不折不扣地依法惩处欺诈骗保行为。加大力度就是投入更多执法资源，及时发现并依法打击各种违法违规行为，不能熟视无睹，无所作为，任由各种欺诈骗保现象继续泛滥下去。但绝不是人为地提高惩处等级，也不能把加大力度理解为一味从严，依法的要义就是宽严有度。有学者认为，《条例》解决了执法依据不足问题，但现阶段医保基金监管仍然存在执法资源有限和处罚效果具有外部性等问题。因此，建议将最严执法理念转向最优执法理念，即基于大多欺诈骗保行为属于经济犯罪范畴，在保持有效震慑的前提下，优先选择骗保金额大、执法成本相对较低（包括外部性引发的社会成本）、程序相对简便的处罚，提高惩处效率和力度。对一般性的"三违"，通过协议监管去解决。

4.统筹推进相关医疗保障制度改革

建设安全防控新机制必须把医保自身的基础夯实，扎密制度笼子，堵塞漏洞，统筹推进相关医疗保障制度改革，确保医保基金安全高效使用。第一，推进支付方式改革。医保支付是保障群众获得优质医药服务、提高基金使用效率的关键机制。必须继续深化改革，完善总额预算办法，开展集体协商谈判，科学制定总额预算，与医疗质量、协议履行绩效结果相挂钩。实行按病种付费为主的复合式支付方式，总结DRG和DIP试点经验，推广门诊特殊慢性病按人头付费。探索医疗服务与药品分开支付，探索适合长护保险特点的支付方式。第二，建立门诊统筹共济保障。改革个人账户，提高门诊保障水平，减轻常见病、慢性病患者负担，使有限资金发挥更大保障功能。同时，要坚持适度的个人自付机制，抑制道德风险发生。诚然，会有一部分低收入者负担不起，但不能因此而大幅度降低自付比例，正如对困难人群实

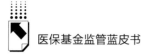

行部分或全额缴费补贴而不能降低缴费标准一样，对确实负担不起的低收入人员应通过医疗救助制度去解决。第三，推进省级统筹。提升统筹层次是提高基金抗风险能力和基金使用效率的必然选择。按照制度政策统一、基金统收统支、管理服务一体的标准，全面做实市地级统筹。探索市地级医疗保障部门垂直管理，并按照分级管理、责任共担、统筹调剂、预算考核的思路，推进省级统筹。第四，加强基金预算管理和风险预警。加强预算执行监督，全面实施预算绩效管理。加强中长期精算，构建收支平衡机制，健全基金运行风险评估、预警机制。第五，建设全国统一的经办管理体系和信息系统。经办机构一方面通过自身运行机制控制基金使用风险发生，另一方面通过集体协商谈判和创新实施医保协议监管。虽然比不上行政监管的"刚性"，但协议监管手段"柔中带刚"，更灵活、更直接，具有一线监管的综合优势。现在的问题是服务体系和信息系统过于碎片化、分散化。因此，要按中央深化改革意见的要求，加强经办能力建设，构建全国统一的经办管理体系，服务下沉，实现省、市、县、乡镇、村五级全覆盖，由统筹区医保行政部门统一领导，使行政监管和协议监管的层级与统筹基金管理层级保持一致。高起点推进标准化和信息化建设，建立全国统一、高效、兼容、便捷、安全的信息系统，实现信息互联互通。管理体系和信息系统必须协同推进，缺一不可。这两大基础工程目标已经明确，实现会有不少困难，但非做不可。

5. 协同推进医药服务体系改革

医保基金安全防控新机制发力的关键在于医药服务体系这一供给侧改革。要继续深化集中带量采购制度改革，扩大采购范围，推动整体药品耗材降价。推进医保基金与医药企业直接结算，完善医保支付标准与集中采购价格协同机制。要按中央深改委审议通过的《深化医疗服务价格改革试点方案》要求，推进医药服务价格改革，建立以市场为主导的价格形成机制。坚持"三医联动"方略，支持增强医药服务可及性，助力促进医疗服务能力提升，充分发挥医保对医药服务体系改革的基础性促进作用。一个健全的医药服务体系是医保基金安全防控新机制发力最重要的生态环境。

参考文献

［1］胡静林：《不忘初心继往开来推进医保研究工作新发展》，《中国医疗保险》2021 年第 2 期。

［2］王东进：《学好用好〈条例〉，开启医保基金使用监管新局》，《中国医疗保险》2021 年第 5 期。

［3］戈艳霞等：《人口老龄化背景下医保基金可持续发展的风险分析》，《中国医疗保险》2021 年第 2 期。

［4］《第七次全国人口普查结果公报》。

［5］《国家医保局"两试点一示范"中期评估总结》。

［6］张卿：《现阶段医疗保障基金监管的最优执法理念和共治路径研究》，《中国医疗保险》2021 年第 5 期。

［7］黄华波：《浅谈医保基金监管的体制性特点、机制性问题与长效机制建设》，《中国医疗保险》2020 年第 4 期。

［8］夏科学：《读〈医疗保险中的道德风险〉有感》，陆家嘴沙龙，2019 年 7 月 22 日。

［9］李李：《我国基本医疗保险中的事前道德风险研究——基于 chns 数据的实证分析》，《金融学苑》第 29 期。

［10］段政明：《浅谈〈医疗保障基金使用监督管理条例〉》，《中国医疗保险》2021 年第 6 期。

［11］艾米·芬克尔斯坦：《医疗保险中的道德风险》，中信出版社，2019。

［12］黄华波：《探讨基金监管制度体系改革的三个基本问题》，《中国医疗保险》2020 年第 11 期。

［13］郑功成：《中国医疗保障发展报告（2020）》，社会科学文献出版社，2020。

B.3
促进医保基金监管规范化法治化的
政策法规研究

张　卿*

摘　要：　本文全面梳理了我国现行的医保基金监管相关法律、法规、
　　　　　部门规章和其他适用于全国范围内的政策，分析了其中存在
　　　　　的主要不足，并提出了进一步完善我国医保基金监管制度的
　　　　　若干建议。

关键词：　医保基金　监督管理　制度建设

一　医保基金监管概念及现行制度体系

本文所指的医保基金监管是指对医疗保障基金使用是否符合法律、法规、规章、政策和协议约定进行监督、检查及对违法、违规和违约行为进行处罚和追责的执法活动。医保基金监管制度体系是指为进行前述医保基金监管执法活动而必须遵守的法律、法规、规章、政策等行为规范的总称。

2020年2月25日，中共中央、国务院发布了《中共中央　国务院关于深化医疗保障制度改革的意见》（以下简称《中央医保意见》），提出"要织密扎牢医保基金监管的制度笼子，着力推进监管体制改革，建立健全医疗保障信用管理体系，以零容忍的态度严厉打击欺诈骗保行为，确保基金安全

* 张卿，中国政法大学法和经济学研究院教授、博士生导师，中国政法大学监管法制研究中心主任。

高效、合理使用"。这具体包括三方面的要求：一是改革完善医保基金监管体制。应加强医保基金监管能力建设，进一步健全基金监管体制机制，切实维护基金安全，提高基金使用效率。加强医疗保障公共服务机构内控机构建设，落实协议管理、费用监控、稽查审核责任。实施跨部门协同监管，积极引入第三方监管力量，强化社会监督。二是完善创新基金监管方式。应建立监督检查常态机制，实施大数据实时动态智能监控。完善对医疗服务的监控机制，建立信息强制披露制度，依法依规向社会公开医药费用、费用结构等信息。实施基金运行全过程绩效管理，建立医保基金绩效评价体系。健全医疗保障社会监督激励机制，完善欺诈骗保举报奖励制度。三是依法追究欺诈骗保行为责任。要制定完善医保基金监管相关法律法规，规范监管权限、程序、处罚标准等，推进有法可依、依法行政。建立医疗保障信用体系，推行守信联合激励和失信联合惩戒。加强部门联合执法，综合运用协议、行政、司法等手段，严肃追究欺诈骗保单位和个人责任，对涉嫌犯罪的依法追究刑事责任，坚决打击欺诈骗保、危害参保群众权益的行为。

2020 年 6 月 30 日，国务院办公厅发布《国务院办公厅关于推进医疗保障基金监管制度体系改革的指导意见》（国办发〔2020〕20 号）（以下简称《指导意见》），进一步明确了推进医疗保障基金监管制度体系改革的主要目标，即到 2025 年，基本建成医保基金监管制度体系和执法体系，形成以法治为保障、信用管理为基础，以多形式检查、大数据监管为依托，党委领导、政府监管、社会监督、行业自律、个人守信相结合的全方位监管格局，实现医保基金监管法治化、专业化、规范化、常态化，并在实践中不断发展完善。《指导意见》提出了推进监管制度体系改革的具体措施：一是建立健全监督检查制度。二是全面建立智能监控制度。三是建立和完善举报奖励制度。四是建立信用管理制度。五是建立综合监管制度。六是完善社会监督制度。此外，《指导意见》还要求"强化医保基金监管法治及规范保障"、"加强医保基金监督检查能力保障"、"加大对欺诈骗保行为的惩处力度"、"统筹推进相关医疗保障制度改革"和"协同推进医药服务体系改革"。上述两份政策文件具有宏观指导作用，在制定上也较立法快捷、灵活，但在实践中仍须通过法律、法规等立法程序将改革的经验与成果具体化、规范化和普适化。

2021年5月1日正式实施的《医疗保障基金使用监督管理条例》（以下简称《条例》），是我国医疗保障领域第一部行政法规。它的颁布是医疗保障领域立法工作的关键突破，改变了我国医疗保障工作缺乏专门法律法规的局面，对加快医疗保障法治建设、提升医疗保障治理水平、促进医疗保障基金有效使用、维护人民群众医疗保障合法权益提供了有力的法治保障。在此之前，我国医保基金监管执法的法律依据仅有《中华人民共和国社会保险法》和《中华人民共和国基本医疗卫生与健康促进法》的若干条文，其余均为层级较低的部门规章、地方性法规和规章及其他规范性文件。在《条例》正式实施后，面对实践中依旧层出不穷的问题，实务界仍然希望有更详细的执法依据以及更高层级的法律规制，包括《条例》的实施细则和专门的《医疗保障法》等。

具体而言，我国医保基金监管领域目前已出台的重要政策、法律、法规、规章及其他重要规范性文件可如表1所示。

表1 我国医保基金监管领域的主要政策、法律规范文件

年份	名称	层级	主要内容
2010	《中华人民共和国社会保险法》	法律	该法第六条规定:国家对社会保险基金实行严格监管。国务院和省、自治区、直辖市人民政府建立健全社会保险基金监督管理制度,保障社会保险基金安全、有效运行。县级以上人民政府采取措施,鼓励和支持社会各方面参与社会保险基金的监督。第三章规定了涉及基本医疗保险基金的缴费、待遇和支付等内容。该法还规定社会保险行政部门和经办机构的监管职权和救济途径。第87条和88条规定社会保险服务机构、经办机构和参保人欺诈骗保应承担的法律责任
2019	《中华人民共和国基本医疗卫生与健康促进法》	法律	该法第七、八章主要规定医保资金保障和监督管理,规定了协议管理(第84条)、行政监管(第87条)和信用监管(第93条),还规定对欺诈骗保依法律和法规进行行政处罚(第104条)

续表

年份	名称	层级	主要内容
2020	《中共中央国务院关于深化医疗保障制度改革的意见》	中共中央、国务院政策、规范性文件	该意见规定要"改革完善医保基金监管体制、完善创新基金监管方式和依法追究欺诈骗保行为责任"。具体包括：落实协议管理、费用监控、稽查审核责任、建立监督检查常态机制，实施大数据实时动态智能监控，建立信息强制披露制度；制定完善医保基金监管相关法律法规，规范监管权限、程序、处罚标准等。建立医疗保障信用监管体系，推行守信联合激励和失信联合惩戒。加强部门联合执法，综合运用协议、行政、司法等手段，严肃追究欺诈骗保单位和个人责任
2020	《国务院办公厅关于推进医疗保障基金监管制度体系改革的指导意见》	国务院政策、规范性文件	该意见提出，建立健全监督检查制度，全面建立智能监控制度，建立和完善举报奖励制度，建立信用管理制度，建立综合监管制度，完善社会监督制度，强化医保基金监督法治及规范保障，加强医保基金监督检查能力保障，加大对欺诈骗保行为的惩处力度，综合运用司法、行政、协议等手段，严惩重罚欺诈骗保的单位和个人
2003	《社会保险稽核办法》	部门规章	这三部部门规章对协议管理过程中经办机构和两定机构的权利和义务进行了具体规定。其中，《零售药店医疗保障定点管理暂行办法》和《医疗机构医疗保障定点管理暂行办法》（以下简称《定点管理办法》）在总则部分突出了坚持"以人民健康为中心，遵循保障基本、公平公正、权责明晰、动态平衡"的原则，明确了医保行政部门、医保经办机构和医疗机构/零售药店三者的职责和关系；随后规定了定点医疗机构/零售药店的确定、定点医疗机构/零售药店的运行管理、经办管理服务、定点医疗机构/零售药店的动态管理（提出协议变更、续约、中止和解除协议的具体情形）、医疗保障行政部门对经办机构、定点医疗机构/零售药店的监督及社会监督。而《社会保险稽核办法》则主要规定了稽核所必须遵守的程序（如第七条、第八条、第十条）
2020	《零售药店医疗保障定点管理暂行办法》	部门规章	
2020	《医疗机构医疗保障定点管理暂行办法》	部门规章	
2018	《欺诈骗取医疗保障基金行为举报奖励暂行办法》	部门规范性文件	该办法规定公民、法人或其他社会组织对医疗保障经办机构工作人员，定点医疗机构、定点零售药店及其工作人员，以及参保人员等涉嫌欺诈骗取医疗保障基金行为进行举报和提供相关线索，医保行政部门受理、认定、查证和奖励的制度。该办法第四条列举了"欺诈骗取医疗保障基金行为"

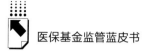

续表

年份	名称	层级	主要内容
2019	《医疗保障基金监管飞行检查规程》	部门规范性文件	该规程所称的飞行检查是指国家医保局对全国范围内的定点医药机构和经办机构及工作人员、参保人员等涉及医保基金使用行为开展的不事先告知的监督检查。分为五章。第一章为总则,主要介绍制定《规程》的目的、依据、实施主体、适用范围、原则及相关要求。第二章为启动,列举启动飞检所针对的5种情形、开展飞行检查的前提条件与要求、检查人员的组成、各级医保部门的检查工作的衔接与配合等。第三章为检查,明确飞行检查的具体流程及取证、采取强制措施等。第四章为处理,针对省级飞检过程中出现的拒绝、逃避检查的行为的处理,飞检结束后的情况反馈与移交以及后续处理等。第五章为附则
2020	《国家医疗保障局关于建立医药价格和招采信用评价制度的指导意见》	部门规范性文件	该指导意见要求建立信用评价目录清单,实行医药企业主动承诺制,建立失信信息报告记录渠道,开展医药企业信用评级,分级处置失信违约行为,鼓励医药企业修复信用,正确运用医药价格和招采信用评价,共同推进信用评价制度建设
2020	《医疗保障系统全面推行行政执法公示制度执法全过程记录制度重大执法决定法制审核制度实施办法(试行)》	部门规范性文件	该办法在医疗保障系统全面落实"三项制度",包括全面推行医疗保障行政执法公示制度(强化事前公开、规范事中公开、加强事后公示),全面推行医疗保障行政执法全过程记录制度,全面推行重大行政执法决定法制审核制度,实现执法信息公开透明、执法全过程留痕、执法决定合法有效,着力提升医疗保障系统行政执法能力和质量
2021	《规范医疗保障基金使用监督管理行政处罚裁量权办法》	部门规范性文件	该办法规范了医疗保障行政部门在实施医疗保障基金使用监督管理行政处罚时,应根据法律、法规、规章等规定,综合考虑违法行为的事实、性质、情节、社会危害程度以及当事人主观过错等因素,决定具体行政处罚种类及处罚幅度的权限
2021	《医疗保障行政处罚程序暂行规定》	部门规章	该规定规范了医疗保障领域行政处罚程序,确保医疗保障行政部门依法实施行政处罚,其内容包括如下七章:总则、管辖和适用、行政处罚的普通程序、行政处罚的简易程序、执行与结案、期间和送达、附则

续表

年份	名称	层级	主要内容
2020	《基本医疗保险用药管理暂行办法》	部门规章	该办法第二十七条规定:综合运用协议、行政、司法等手段,加强《药品目录》及用药政策落实情况的监管,提升医保用药安全性、有效性、经济性
2021	《医疗保障基金使用监督管理条例》	行政法规	该条例包括五章。第一章为总则,提出立法是"为了加强医疗保障基金使用监督管理,保障基金安全,促进基金有效使用,维护公民医疗保障合法权益",还提出"以人民健康为中心"的原则。第二章是关于基金使用的规定,明确各相关主体正确使用医疗保障基金的行为规范。第三章是监督管理,要求建立监管合作机制;完善协议管理机制;加强大数据智能监控、专项检查、联合检查、信用管理等监管形式的使用和创新;规范医疗保障行政部门监督检查的措施及程序。第四章是违法行为的法律责任,还特别在第四十八条规定"违反本条例规定,构成犯罪的,依法追究刑事责任","给有关单位或者个人造成损失的,依法承担赔偿责任"。第五章为附则

不难发现,2018年国家医保局成立后,我国促进医保基金监管规范化法治化的政策制定和立法进展迅速,卓有成效。除了上述中共中央、国务院发布的相关政策文件指导全局外,国务院颁布的《医疗保障基金使用监督管理条例》、国家医保局颁布的多部部门规章和部门规范性文件已为我国医保基金监管提供了实体法和程序法上的大体依据。

二　现行医保基金监管制度存在的主要不足

尽管我国基金监管政策法规建设成效显著,但从实践层面来看,依然存在以下不足。

(一)许多亟须立法的领域仍处于靠政策治理的局面,而政策规定在稳定性、可预见性、公众参与性和具体可操作性方面较立法有所不足

《社会保险法》只对基本医疗保险作出10条笼统的规定,并没有涉及

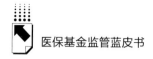

大病保险、医疗救助、商业健康保险和慈善医疗等内容，导致操作性不强等问题。实践中，医保基金监管的许多领域依然处于主要以政策等规范性文件为依据的初级阶段，这不仅使制度缺乏稳定性与刚性保障，也导致地方各行其是，制度碎片化严重，社会成员健康权保障效果不佳。

党中央、国务院在《关于深化医疗保障制度改革的意见》中明确规定，"到2030年，全面建成以基本医疗保险为主体，医疗救助为托底，补充医疗保险、商业健康保险、慈善捐赠、医疗互助共同发展的医疗保障制度体系"。无论作为贯彻落实上述《中央医保意见》的重要举措，还是为《条例》的顺利实施提供制度支持，都应该尽快将目前尚停留在政策层面的基本医疗保险、医疗救助、商业健康保险、慈善医疗等行为规范具体化规定到法律、法规或规章等立法层面。从目前的情况来看，这项工作进展显然相对滞后。此外，在医保基金监管方面，《条例》目前仅限于规范使用环节，并未涵盖医保基金的筹集、结余管理等医保基金监管全过程。这些尚未由立法规范的领域目前处于政策治理的局面，在稳定性、可预见性、公众参与性和具体可操作性方面均较有法律规定时不足。

（二）一些法律、法规和规章规定的内容不明确，导致执法人员难以适用，有待进一步细化和完善

具体来说，前述《条例》中的许多条款尚有待进一步细化明确。如《条例》第15条规定："不得分解住院、挂床住院，不得违反诊疗规范过度诊疗、过度检查、分解处方、超量开药、重复开药，不得重复收费、超标准收费、分解项目收费，不得串换药品、医用耗材、诊疗项目和服务设施，不得诱导、协助他人冒名或者虚假就医、购药。"但对于如何认定分解住院、挂床住院等违法行为，《条例》并未做出进一步的明确规定，导致在执法中存在认定争议和遵守困难。

医保执法实践中如何协调使用违约救济和行政处罚也存在一定问题，须进一步明确规定。如前所述，《条例》列举了分解住院、挂床住院、串换药品等违法行为，规定由医保行政部门"责令改正"，并"可以约谈有关负责

人";如造成医保基金损失的,还应"责令退回",处以"罚款";拒不改正或者造成严重后果的,责令"定点医药机构暂停相关责任部门6个月以上1年以下涉及医疗保障基金使用的医药服务"(第三十八条)。上述这些行政处罚种类大部分与协议的违约责任类似,如行政罚款与违约金、责令暂停服务与合同中止等。实践中,经常会遇到追缴违约金后是否还要行政罚款的问题、行政罚款的同时是否还要追缴违约金的问题。我国《行政处罚法》第八条规定:公民、法人或者其他组织因违法行为受到行政处罚,其违法行为对他人造成损害的,应当依法承担民事责任。这意味着在对违法行为施加行政处罚时可以追究民事违约责任。同时,我国《行政处罚法》第二十九条也规定:"对当事人的同一个违法行为,不得给予两次以上罚款的行政处罚。同一个违法行为违反多个法律规范应当给予罚款处罚的,按照罚款数额高的规定处罚。"我国医药服务协议属于行政协议,故该协议中约定的支付违约金责任不应被简单地认定为民事责任或民事协议违约金,也不应被简单地认定为行政罚款。事实上,行政协议的违约金应该是介于民事协议违约金和行政罚款的中间状态,但缺少明确的法律规定可以直接援引,应通过进一步的立法进行规定。

还有一些医保行政机关对定点医疗机构的执法手段会直接影响到参保人权益,需要完善相关程序来保障参保人的利益,如责令暂停医保基金使用服务、暂停医疗费用联网结算、责令解除协议等执法手段的使用可能会影响到参保人取得医疗服务的权益及其他公共利益。因此,相关执法决定在做出前,医保行政机关应听取广大参保人的意见和建议,这可以通过听证等程序来实现。但目前的情况是,《行政处罚法》第六十三条关于听证程序启动条件的规定未涉及公共利益的需要这一重要条件;且《医疗保障行政处罚程序暂行规定》也只在第三十七条规定"有下列情形之一,在医疗保障行政部门负责人作出决定之前,应当进行法制审核,未经法制审核或者审核未通过的,不得作出决定",其中包括"责令解除医保服务协议等直接关系到当事人或第三人重大权益,经过听证程序的"情形,未明确规定上述"责令暂停医保基金使用服务、暂停医疗费用联网结算"是否也适用听证程序。

因此，也需要对此做出明确的规定。

《条例》还进一步规定："医疗保障行政部门应当加强与有关部门的信息交换和共享，创新监督管理方式，推广使用信息技术，建立全国统一、高效、兼容、便捷、安全的医疗保障信息系统，实施大数据实时动态智能监控，并加强共享数据使用全过程管理，确保共享数据安全。"但目前对于如何确保医保数据安全问题，缺少一个操作层面的法律规定予以具体明确。

（三）一些立法规定与高位阶或同位阶的立法或规范性文件相冲突

前述《指导意见》提出"推行'双随机、一公开'监管机制，建立和完善日常巡查、专项检查、飞行检查、重点检查、专家审查等相结合的多形式检查制度，明确检查对象、检查重点和检查内容"。但《条例》仅在第二十五条规定针对较大风险的专项检查，即"医疗保障行政部门应当根据医疗保障基金风险评估、举报投诉线索、医疗保障数据监控等因素，确定检查重点，组织开展专项检查"，并未要求"双随机、一公开"检查。

此外，由于我国《行政处罚法》刚刚经过重大修改，对行政检查和处罚增加了许多程序和实体上的要求，因此许多在《行政处罚法》修改之前制定的部门规章和其他规范性文件可能面临着因自身规定与《行政处罚法》相冲突而导致的合法性问题。例如，《医疗保障基金监管飞行检查规程》规定的飞行检查制度授权上级医保行政部门进行飞行检查（如国家医保局对全国范围内的定点医药机构和经办机构及工作人员、参保人员等涉及医保基金使用行为开展的不事先告知的监督检查），虽然有效地解决了地方行政检查中可能存在的地方保护和部门保护问题，但面临着适用条件不明和管辖权等规定可能与上位法冲突的问题，需要进一步进行合法性分析并提出完善意见。

《行政处罚法》第四十一条规定，行政机关依照法律、行政法规规定利用电子技术监控设备收集、固定违法事实的，应当经过法制和技术审核，确保电子技术监控设备符合标准、设置合理、标志明显，设置地点应当向社会公布。这要求通过医保智能监管获得证据应当经过法制审核和技术审核。当前，我国已有的医保基金监管立法并无关于此项法制审核和技术审核的规定。因此，如何通过进一步立法来落实《行政处罚法》的要求也值得考虑。

（四）一些立法规定的合理性不足，需要使用替代性方案进行完善

虽然2015年国务院已取消了基本医疗保险定点零售药店资格审批和定点医疗机构资格审批，并使用现行的协议管理制度，但现行政策和法律规定未充分认识协议管理这一监管方式不同于行政审批的优点，在一些制度设计上仍然保留有行政审批制度的实质要求。例如，各地关于区域规划要求、稳定的经营场所、场所最低面积要求、医师及其他技术人员的最低人数、经营最低时限、新增定点医药机构位置要求和数量限制等准入条件的要求。这实际上变相保留了原有的行政审批制度，提高了市场准入成本，进一步限制市场竞争。在此情况下，那些成功进入市场的定点医疗机构不会最终承担这些提高的成本，而是通过提高价格将这部分增加的成本转移给医疗服务和药品购买方。在这些购买方有基本医保覆盖的情况下，这部分增加的成本将最终由基本医保基金承担。因此，有必要重新审视各地关于定点医药机构设立申请条件和程序的规定，尽可能通过制度完善来取消上述因医保要求而额外设立的市场准入条件，鼓励更多的已取得医药行政许可、满足基本质量要求的申请人进行有效竞争，以提供更好的医药服务。

此外，现行立法对医保基金欺诈骗保案的行刑衔接点的设置不合理，未能充分发挥行政处罚和刑事处罚手段各自的优点，导致许多本应使用行政处罚即能产生有效震慑的违法行为被安排进入刑事司法程序来追究刑事责任，造成执法资源浪费等社会损失。《中华人民共和国刑法》第二百六十六条规定，诈骗公私财物，数额较大的，处三年以下有期徒刑、拘役或者管制，并处或者单处罚金；数额巨大或者有其他严重情节的，处三年以上十年以下有期徒刑，并处罚金；数额特别巨大或者有其他特别严重情节的，处十年以上有期徒刑或者无期徒刑，并处罚金或者没收财产。全国人民代表大会常务委

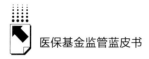
员会《关于〈中华人民共和国刑法〉第二百六十六条的解释》认为："以欺诈、伪造证明材料或者其他手段骗取养老、医疗、工伤、失业、生育等社会保险金或者其他社会保障待遇的，属于刑法第二百六十六条规定的诈骗公私财物的行为。"最高人民法院、最高人民检察院《关于办理诈骗刑事案件具体应用法律若干问题的解释》第一条规定："诈骗公私财物价值三千元至一万元以上、三万元至十万元以上、五十万元以上的，应当分别认定为刑法第二百六十六条规定的'数额较大''数额巨大''数额特别巨大'。各省、自治区、直辖市高级人民法院、人民检察院可以结合本地区经济社会发展状况，在前款规定的数额幅度内，共同研究确定本地区执行的具体数额标准，报最高人民法院、最高人民检察院备案。"国务院关于《行政执法机关移送涉嫌犯罪案件的规定》要求行政执法机关在依法查处违法行为过程中，发现违法事实涉及的金额、违法事实的情节、违法事实造成的后果等，涉嫌构成犯罪，依法需要追究刑事责任的，必须向公安机关移送。由于医保基金欺诈骗保行为依法追究刑事责任所需的欺诈骗保数额较低（为3000元到6000元不等），违法行为人在许多省份骗取医保基金达3000元以上即可由公安机关立案追究刑事责任。虽然实践中通过《条例》第四十条进行行政处罚就能对潜在的医保基金欺诈骗保人形成有效震慑，但现有制度要求绝大多数案件需移交给公安机关走刑事司法程序，这可能造成执法资源浪费等社会损失，故有必要通过提高起刑点来完善相关制度。

医保领域的信用监管制度建设已有较大进展，但仍存在一定的争议问题，须通过进一步立法加以完善。根据《国家医疗保障局关于建立医药价格和招采信用评价制度的指导意见》，国家医疗保障局将"实施垄断行为、不正当价格行为、扰乱集中采购秩序、恶意违反合同约定等有悖诚实信用的行为"纳入失信事项目录清单，并按规定采取提醒告诫、提示风险、限制或中止投标挂网、公开披露失信信息等处置措施。但执法者在针对一些医药企业"实施垄断行为、不正当价格行为"进行执法时，可能难以区分上述违法行为和该企业合法的市场定价行为；如不区分具体情况就将其排除参与投标，可能会在实质上产生"限制竞争和抬高药价"的结果，不利于医保基金的有效使用。建议相关的规范性文件考虑该现实情况，做出更明确的规定。此外，《国务院办公厅关于进一步完善失信约束制度构建诚信建设长效机制的指导意见》第九条中明确要求："对失信主体采取减损权益或增加义务的惩戒措施，必须基于具体的失信行为事实，直接援引法律、法规或者党中央、国务院政策文件为依据，并实行清单制管理。"这也对医保领域信用监管制度建设提出了新要求，应按该要求进一步完善相关立法。

三 解决上述立法不足问题的建议

第一，对那些目前仅靠政策治理而亟须立法的领域，应根据实际需要、相关立法事项的性质和立法成本等考量因素来决定所需的立法层级，并充分利用目前《医疗保障法》正在立法这一契机，填补制度空白，完善相关的法律制度。

我国《中华人民共和国立法法》（以下简称《立法法》）和相关法律根据相关立法事项的性质，规定由不同层级的立法进行规定，这属于科层式立法安排。如《立法》第八条规定：犯罪和刑罚，对公民政治权利的剥夺，限制人身自由的强制措施和处罚，民事基本制度，基本经济制度以及财政、海关、金融和外贸的基本制度，诉讼和仲裁制度等事项仅能由法律规定。而根据《中华人民共和国行政处罚法》，涉及限制人身自由的行政处罚需由法律进行设置，而行政法规能设置除人身自由外的行政处罚；地方性法规可以设定除限制人身自由、吊销营业执照以外的行政处罚。另外，不同的立法层级往往意味着不同的立法程序和不同的立法时间，也意味着不同的立法成本。一般而言，层级越高的立法往往需要完成更严格的立法程序，需要更长的立法时间和更高的立法成本。相对于由全国人大及其常委会来制定法律，国家医保局制定部门规章或其他规范性文件的程序相对简单，立法时长较短，立法成本较低。如果能通过立法时间较短、立法成本较低的较低层级立法来满足立法需要和解决目前存在的立法问题，就不必使用立法时间较长和立法成本较高的高层级立法。

对那些目前仅靠政策治理而急需立法的领域，也应根据立法的实际需

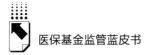

要、相关立法事项的性质和立法成本考量来决定所需的立法层级，并进行相应的立法。比如，前述现行立法对医保基金欺诈骗保案的行刑衔接点设置不合理问题，由于《中华人民共和国刑法》第二百六十六条规定并未区分单位（法人）犯罪和个人（自然人）犯罪，也未将情节严重的医保基金欺诈骗保犯罪行为同其他一般的诈骗犯罪行为进行区分，而对不同的诈骗行为形成有效震慑又需根据具体情况设置不同的起刑点，故最高人民法院和最高人民检察院难以通过整体提高该条规定的"数额较大"认定标准来解决对医保基金欺诈骗保行为的起刑点设置过低的问题。故建议通过本次《医保保障法》立法机会为医保基金欺诈骗保犯罪行为新设罪名，并根据骗保人的财产状况和实际骗保金额等数据为单位（法人）犯罪和个人（自然人）犯罪设立不同的起刑点。

第二，应根据现存立法的不同问题和具体的立法需求来提供不同的立法解决方案。

一般而言，对于那些法律、法规和规章规定的内容不明确，须进一步细化和完善相关立法的问题，往往可以通过制定《实施细则》或进一步低层级细化立法来实现。而对于一些立法规定存在与高位阶或同位阶的立法或规范性文件相冲突的问题，则需要考虑这些相冲突的立法规定中哪些是需要保留的规定并根据需保留规定的法律层级来具体决定解决方案。如需保留规定的法律层级较高，则与其冲突的相关规定自然无效，一般无须太多的重新立法工作；如需要保留的规定的法律层级较低，可能需要修改与其相冲突的层级较高的法律，这就需要更多的分析、论证和考量，并最终做出相应修改决定。

以上述医保执法实践中如何协调使用违约救济和行政处罚的问题为例，理论上，民事合同违约金可以分为补偿性违约金和惩罚性违约金两种。我国民事法律规定和司法实践支持的民事违约金原则上是补偿性违约金，且违约（法）者在支付补偿性违约金的同时还可被行政处罚。虽然医保服务协议性质上为行政协议，但按最高法院的司法解释可参照适用相关民事法律规范，故本文建议通过进一步立法明确该协议约定的违约金应限于补偿性违约金，补偿性违约金可和行政罚款同时适用，而惩罚性违约金按前述《行政处罚法》第二十九条"一事不二罚"的规定和"过罚相当"原则，不应和行政罚款同时适用。

对于上述需要细化立法和存在法律冲突这两种合法性问题，相关立法和执法部门有义务修法或通过执法来解决这些合法性问题；而对于那些现存立法规定的合理性问题，则需要通过大量的论证说明该不合理性，才能说服相关决策者和立法部门采取相应的修法或新设立法等解决方案。整体而言，应根据现行立法存在的不同问题和具体的立法需求来提供不同的立法解决方案。

B.4
医保基金监管信用体系建设的探索

应亚珍　吕建设　龚忆莼*

摘　要：　为推动医保治理体系和治理能力现代化，切实维护医保基金安全，创新监管方式，提升监管效能，加快建设医保基金监管长效机制，2019年国家医保局部署开展了医保基金监管"两试点一示范"工作。试点以来，医保基金监管信用体系建设取得了积极成效，初步构建了医保信用管理制度体系、信用评价指标体系、评价结果应用体系和奖惩机制、信用修复机制等，基本形成了可借鉴、可复制、可推广的经验、模式和标准。但也存在法律法规依据不足、信息采集不畅、评价指标重点不突出、奖惩措施待完善和行业自律欠缺等问题。亟待加强医保基金监管信用管理制度的顶层设计，完善相关政策法规，总结提炼试点地区的成熟经验，进一步总结经验和扩大示范效应，逐步在全国各地得到复制和推广。

关键词：　医保基金监管　信用管理制度　信用试点经验　政策建议

医保基金监管信用体系建设是新形势下完善医保基金监管模式的新要求、新举措。《中共中央 国务院关于深化医疗保障制度改革的意见》提出，

---

* 应亚珍，首都医科大学国家医疗保障研究院副院长，研究员；吕建设，人力资源和社会保障部社会保障能力建设中心原党委书记、副主任；龚忆莼，上海市医疗保险协会副秘书长，经济师。均为国家医保基金监管信用体系建设试点专家。

建立医疗保障信用体系，推行守信联合激励和失信联合惩戒。《国务院办公厅关于推进医疗保障基金监管制度体系改革的指导意见》（国办发〔2020〕20号）和国务院颁布的《医疗保障基金使用监督管理条例》（国务院令第735号，下称《条例》）进一步阐明了医保信用管理的基本要求。2019年，国家医保局出台《关于开展医保基金监管"两试点一示范"工作的通知》（医保办发〔2019〕17号），将医保信用体系建设列为试点项目，要求试点地区以创新精神积极探索医保信用体系建设，形成可借鉴、可复制、可推广的经验、模式和标准，推动医保基金监管工作取得新突破。

目前，试点工作已满两年，试点成果反映了医保信用管理在医保基金监管中对信用主体具有激励约束、促进自律的独特作用，有助于加快形成行政执法、协议管理、信用管理"三位一体"的医保基金监管新格局，推动医保治理体系和治理能力现代化。

一　医保基金监管信用体系建设背景

（一）诚信中国建设持续快速发展

诚信是中华民族的传统美德。20世纪80年代我国推行市场经济体制改革后，将诚信作为精神文明建设的重要内容在全社会大力倡导。近年来，国务院相继发布文件，不断推动社会信用体系建设向纵深发展。

2014年国务院发布《社会信用体系建设规划纲要（2014－2020年）》（国发〔2014〕21号），提出到2020年，实现社会信用基础性法律法规和标准体系基本建立，以信用信息资源共享为基础的覆盖全社会的征信系统基本建成，信用监管体制基本健全，信用服务市场体系比较完善，守信激励和失信惩戒机制全面发挥作用。2016年国务院《关于建立完善守信联合激励和失信联合惩戒制度，加快推进社会诚信建设的指导意见》（国发〔2016〕33号）要求，加快推进社会信用体系建设，构建政府、社会共同参与的跨地区、跨部门、跨领域的守信联合激励和失信联合惩戒机制。2020年国务院

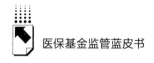
办公厅《关于进一步完善失信约束制度构建诚信建设长效机制的指导意见》（国办发〔2020〕49号）强调，着力构建诚信建设长效机制，推动社会信用体系迈入高质量发展的新阶段。在国家加快推进社会信用体系建设的大背景下，医保基金监管信用体系建设正加快推进步伐。

（二）信用管理成为医保基金监管的重要内容

《医疗保障基金使用监督管理条例》第三十三条规定，国务院医疗保障行政部门应当建立定点医药机构、人员等信用管理制度，根据信用评价等级分级分类监督管理，将日常监督检查结果、行政处罚结果等情况纳入全国信用信息共享平台和其他相关信息公示系统，按照国家有关规定实施惩戒，表明医保信用体系是医保基金监管制度不可或缺的重要组成部分。

（三）医保基金监管信用管理具有独特作用

与医保基金监管传统方式比较，医保信用管理制度有其独特的作用：一是通过信用评价，客观反映医保信用主体的信用度，加强医保信用主体诚实守信的主动性，使执行政策、履行协议和遵从医德成为自觉遵循的行为准则。二是通过奖惩措施，使守信者获得良好的社会声誉并得到政策倾斜、服务优先等激励，使失信者受到公开曝光和相应的惩戒，产生"一处失信，处处受限"的社会效果。三是通过信用修复，形成失信者自我纠错、自新的社会鼓励机制。医保信用管理与行政执法、协议管理相结合，将形成医保基金监管更加健全完善有效的作用机制和管理效果。

二 医保基金监管信用体系的构成要素

医保基金监管信用管理体系主要包括信用管理制度、信用主体、信用信息来源、信用评价指标与方法、信用公示与发布、奖惩措施和信用修复。

（一）信用管理制度

国务院有关文件要求，社会信用体系必须严格在法治轨道内运行。信用管理制度包括相关的法律法规和规范性文件。在国家层面，现有国务院、国家发改委等部门有关社会信用体系、诚信建设的规划纲要和若干指导意见。在地方层面，各地政府部门出台了地方性社会信用管理的有关文件，如社会信用建设规划、社会信用条例、公共信用信息资源数据目录、承诺制等，另有各类行政部门制定的行业性信用管理办法及配套制度。

（二）医保信用主体

信用主体是指信用关系的当事人，是信用关系的承载者和信用活动的行为者。根据医保基金监管特点，凡涉及医保基金使用的机构和个人，均为医保信用主体。机构类信用主体包括定点医疗机构、定点零售药店、医药企业、参保单位和医保经办机构，以及相关第三方机构等；个人类信用主体包括医师、药师、护师和参保人等。

（三）信用信息来源

医保信用信息包括来源于政府公共信用信息平台的共享信息、相关部门提供的互认信息、医保信息系统的信息及自行采集的相关信息。采集范围根据信用评价需要确定，有定期采集与实时采集，且保证其客观、真实、准确和及时更新。

（四）信用评价指标与方法

医保信用评价方法总体可分为积分制与记分制。积分制一般适用于机构类主体，评价指标包括正面与负面指标，正面指标反映信用主体的守信行为，负面指标反映信用主体的失信行为。通过正反两方面的综合评价，产生信用评价结果并确定信用等级，如 A、B、C 级。记分制一般适用于个人类信用主体，评价指标以负面指标为主，信用主体发生失信行为的，根据其性

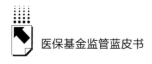

质及严重程度给予不同档次的记分并累积，类似于驾照扣分，信用等级分为轻微、一般、较重、严重失信等。信用评价结果通常按年度计，如有严重失信行为可即时扣分。

（五）信用公示与发布

医保信用评价结果通过适当渠道予以发布，并推送至相关部门或"信用中国"网站。事前应在一定范围内进行公示，并建立信用信息异议、投诉处理和纠错机制，经核实有误的信息应及时更正或撤销，消除不良影响，以保护信用主体的合法权益。

（六）信用奖惩措施

守信激励和失信惩戒机制是社会信用体系运行的核心机制，起着褒扬诚信、惩戒失信的激励约束作用。激励机制包括多渠道选树诚信典型、建立行政审批"绿色通道"、优先提供公共服务便利、优化诚信企业行政监管安排、降低市场交易成本和大力推介诚信市场主体。惩戒机制包括对重点领域和严重失信行为实施联合惩戒，依法依规加强对失信行为的行政性、市场性、行业性、社会性约束和惩戒。同时完善个人信用记录，推动联合惩戒措施落实到人。

（七）信用修复

国务院有关文件要求，联合惩戒措施的发起部门和实施部门应按照法律法规和政策规定明确各类失信行为的联合惩戒期限，建立有利于自我纠错、主动自新的社会鼓励与关爱机制。信用修复有两种形式：一是自动修复，规定失信行为认定后的有效期限，期满后可自动恢复；二是经申请审核后恢复，失信行为认定后，失信者通过信用承诺、自动纠错和参与社会公益活动等方式予以改正，经向信用管理部门申请审核后予以修复。信用修复后，不再作为惩戒对象。

三 医保基金监管信用体系建设的地方实践

（一）创新信用管理制度，规范医保信用管理

试点地区建立健全医保信用管理制度具有以下特点：一是制定医保信用管理办法，由政府或多部门联合发文，体现了医保信用管理的权威性；二是根据不同的信用主体分别制定信用管理办法，具有较强的针对性；三是围绕医保信用管理的重点环节，如信用采集、信息共享、联合奖惩、信用修复等形成一系列配套文件，体现管理的严谨性；四是制定操作规程，强化实施的规范性。

（二）创新评价指标体系，综合反映主体信用状况

国家医保局制定的"定点医疗机构/A类"信用评价指标，列出服务协议、自律管理、基金绩效、违规违约、满意度和社会信用6个维度，试点地区结合地方实际做了适当调整。同时，针对其他信用主体分别确定了各具特色的医保信用评价指标维度。

如定点医疗机构信用评价体系由诚信记录和履约能力两部分组成。诚信记录部分包括医疗机构的不良执业行为积分、受到的行政处罚、执行医保政策和履行服务协议情况4个方面；履约能力部分包括服务能力、服务质量、合理诊疗、费用控制、医保管理、医疗管理、社会责任履约和服务人群体验情况8个方面。

（三）创新评价结果应用，分类落实奖惩措施

试点地区医保信用管理奖惩措施具有以下特点：一是针对不同的信用主体，采取不同的奖惩措施；二是与医保基金管理紧密关联，包括总额控制指标、基金结算周期、监督检查频次等，以及改变参保人结算方式；三是增强预警功能，对轻度失信者进行约谈、劝诫、通报等；四是实施联合奖惩，通

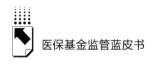

过卫健部门与医疗机构评级、医务人员晋升等挂钩；五是与纪检监察部门协同，实行失信追责。

如对存在信用风险的定点医疗机构，委托第三方按诚信记录和履约能力进行综合评价、排名，并组织专家委员会动态调整，进行末位淘汰。

（四）创新部门联动机制，推动信息共享共治

其一是建立多部门协同和联动工作机制。试点地区在政府部门主导下，以加强组织领导和明确各方责任为基础，为医保信用管理的多部门积极参与和工作联动奠定了基础。部门协同联动机制主要有两种形式：一种是成立多方参与的领导小组，如政府主要领导为组长，市医保、宣传、法院等13个部门参与的领导小组；另一种是联席会议方式，如成立由市医保局牵头，发改委、公安局等12个部门组成的市医疗保障基金监管和信用体系建设国家试点工作联席会议。

其二是建立信用信息标准统一和共享机制。试点地区在信息标准统一、信用信息共享、信用系统对接和信用平台共用等方面取得进展。如"医疗保障信用信息平台"实现与"政府公共信用信息平台"和"国家企业信用信息公示系统"端口对接，数据抓取横向拓展至市直部门，纵向延伸至辖区所属县（市、区）政府。

其三是建立多部门协同的联合奖惩机制。建立跨地区、跨部门、跨领域的联合激励与惩戒机制，形成政府部门协同联动、行业组织自律管理、信用服务机构积极参与、社会舆论广泛监督的共同治理格局，是社会诚信和医保信用体系建设的必然要求。如将医保信用情况纳入社会信用联合奖惩体系，推送至社会信用联席成员单位，实施联合奖惩。各成员单位结合职能提出信用监管措施，如与纪检监察、公安部门建立线索协查通道，卫健部门将定点医疗机构信用情况纳入公立医院院长年薪制考核和医疗机构年度校验依据，税务等部门在受理定点机构行政许可方面推出"绿色通道"和"容缺受理"激励措施，市监部门将违法失信医疗机构纳入"经营异常名录"管理。有的地方依托市联合奖惩信用信息系统、市公共信用信息系统平台，加强与其

他政府部门、司法机关、社会组织、新闻媒体的联动，实施联合奖惩，如医护人员失信的，当年度不得评先评优、晋升晋级、职称评审、申报专家资格等。

（五）创新引入行业自律，建立共同治理格局

国家医保局《关于开展医保基金监管"两试点一示范"工作的通知》要求，鼓励行业协会开展行业规范和自律建设，制定并落实自律公约，促进行业规范和自我约束。试点地区在行业自律方面进行了一些尝试，主要形式是与定点医药机构、医师药师等信用主体签订承诺书，也有部分地区尝试组建相关行业协会。

如成立民营医疗机构行业协会和定点零售药店行业协会，制定行业规范和自律公约，开展行业自律承诺。有的地方还以"总会＋分会"形式成立定点医院、定点零售药店、医保医师等18个行业协会，推行行业自律。积极引导协助开展信用承诺、信用培训、自查核查、诚信倡议等活动。

（六）创新信用修复机制，鼓励自我纠错自新

信用修复的作用在于引导和鼓励信用主体纠正失信行为、消除不良影响、重塑良好信用。试点地区在医保信用管理办法中明确信用修复要求，或单独制定医保信用修复办法。

多项措施健全医保信用修复制度。一是明确惩戒期限。明确各主体失信行为的惩戒期限，期限过后信用自动修复。二是明确可修复事项。制定可修复清单，对重大违法行为，拒绝其信用修复；对于轻微失信行为，在彻底纠正失信行为的条件下，依法依规修复其信用。三是明确修复方式。通过自我纠错、主动自新、积极参加公益活动、参与医保行业协会建设等方式修复信用主体信用。如动态调整退出的定点医疗机构在退出满1年后，可重新按规定申请新增定点医疗机构。有的地方建立信用修复机制，允许失信行为主体通过开展社区义诊、医疗科技创新、便民服务措施、医疗救助等方式，及时修复自身信用，纠正失信行为。

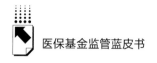
四 医保信用管理的成效初步显现

两年来，试点地区通过医保信用体系建设探索，在医保基金监管方面普遍取得了初步成效。鉴于两年的试点工作只是基本开局，长期成效还有待于进一步观察。

（一）促进信用主体的自我约束

有的试点城市，半数以上的三级医疗机构信用评价较上年度提升一个等级，无 B 级医疗机构。个人类信用主体记分人数、分值从初期密集分布逐步转为零星散发，信用状况明显向好。

（二）促进医保基金监管精细化

通过一系列医保信用管理活动，促进了定点医疗机构的履约能力、诚信意识和自律管理，同时也增进了医保科学化、精细化管理水平。有的城市建立"三监控一评价"报告制度，每月撰写智能监控、信用监控和舆情监控报告，按年度撰写信用评价报告。评价结果深度应用于基金预拨、稽核检查、年度考核、费用结算等资金使用的各个环节和医保医师管理。还有的城市通过医保信用评价为每家定点医疗机构、定点零售药店和每位医保医师、医保药师建立信用档案，通过纵向、横向比较，将监管力量重点集中于信用较差的对象，全面提高监管效率。

（三）促进医药费用增速下降

数据显示，部分试点城市医药费用增速下降，一些重点监测项目费用明显下降。如试点城市 A，定点零售药店医保统筹基金支付金额增长率比上年下降 14 个百分点。试点城市 B，职工医保和城乡居民医保费用总支出较上年同期分别下降 9.56% 和 10.36%；日均住院费用下降 181元。同时，违规行为增量逐年减少，2020 年度与 2019 年度比较，检查发现的不合理收费、限制支付条件用药、重复收费等违规行为金额分别下降 56.5%、51.3%、75.0%。试点城市 C，生化项目、重点监控药品、质子泵抑制剂（拉唑类）、CT 4 个监测项目 2020 年较 2019 年减少 5264.31 万元，降幅 29.21%。可以说，定点医药机构、医保医师诊疗行为得到明显规范。

（四）试点经验已在部分省份得到推广

试点城市先行先试经验得到全省推广。如浙江省医保局召开全省定点零售药店信用监管现场会，在全省推广绍兴定点零售药店信用体系建设。在温州召开全省医保行业协会自律建设现场推进会予以推广。江西省医保局办公室印发《关于参考借鉴赣州市开展医保基金监管信用体系建设试点经验的通知》。安徽省多次在全省医保工作会议和专题会议上推广安庆市医保基金监管信用体系建设试点经验，该省亳州、黄山、淮北、宿州、芜湖等地已相继建立医保信用制度。河南省医保局印发《关于复制推广医保基金监管信用体系建设试点经验的通知》。四川省医保局印发《关于推广运用"两试点一示范"经验的通知》，推广广安市经验做法，在全省分批推进医保信用体系建设。宁夏回族自治区医保局在石嘴山市召开全区医保基金信用体系建设启动会，将试点经验做法向全区推广。

五　全面深入开展医保基金监管信用体系建设

要在医保信用体系建设上取得突破，取得成效，应以目标为导向，以问题为导向，以结果为导向。具体着力于以下几点。

（一）破解难点与痛点问题

目前，我国社会信用体系建设尚在逐步完善之中，也面临着诸多问题，如覆盖全社会的征信系统尚未形成，社会成员信用记录严重缺失，守信激励不足、失信成本偏低、履约践诺、诚实守信的社会氛围尚未形成等。医保信用体系建设势必受其影响，同时也有自身建设发展中的阶段性问题。推进医保信用体系建设，建议从外部和内部入手，逐步破解难题，理顺关系，消除障碍。

1. 法律法规依据不足

现有的信用法律法规体系尚不健全，使信用信息征集、应用、互联互通、信用信息安全和主体权益保护等方面尚难做到有法可依。对个人进行惩戒更强调法律依据，但依据却往往不充分。

2. 信息采集渠道不畅

在跨部门信息共享方面，一些数据信息来源于卫健、司法等部门，部门间信息系统不兼容，信息获取难度大，信息壁垒还没有完全打通。在信息质量方面，部分数据信息不能及时获取和质量不高，无法对医疗服务行为的合理性进行量化评价。

3. 信用评价指标体系不够完善

一方面，现有信用评价指标是否体现医保信用的实际，存在一些争议；另一方面，有些试点地区感到"评价难"，要真正落地并与奖惩措施结合尚需逐步磨合。

4. 奖惩措施的可行性有待观察

国家有关信用管理文件强调要以法律法规、标准和契约为依据，试点地区提出的一些建设性奖惩措施，是否符合法律法规，能否足以引起信用主体重视和影响信用主体行为，还有待进一步观察。

5. 部门联动和联合惩戒存在难度

部门联动、社会协同是实现"一处失信，处处受限"的基础，试点地区虽已进行了这方面探索，但也有反映在信息共享、联合奖惩中遇到困难，部门协调的渠道不畅通。

6. 推行行业自律的现实基础和意愿不足

部分地区现有相关社团对参与医保信用管理并不积极，有些地区只能自建相关协会推行医保信用管理，与初衷相悖。

7. 开展信用管理依托的监管能力欠缺

医保监管力量不足，开展医保信用管理后，人力更加捉襟见肘。同时，信用管理是一门全新的专业，人手不足与人才缺乏的问题并存。

（二）探索全面实施的有效路径

国家医保局要求试点工作形成可借鉴、可复制、可推广的经验、模式和标准。试点地区在组织领导、政策制定、指标体系、运行管理等方面已探索总结出系统性经验，为实现国家医保局要求的试点目标创造了良好条件。推动试点工作由点及面，建议做好以下工作。

1. 总结提炼并积极推广试点地区成熟经验

经过两年探索实践，试点地区摸索出一系列医保信用管理的有效做法和相对成熟经验，但这些经验的普及推广，尚需要经过认真总结，扬长避短，去粗取精，提炼出符合医保基金监管特点与信用管理专业要求的共享模式。促进医保信用管理的持续发展，一方面要继续促进试点地区的自身发展。通过总结评估，试点地区应当通过横向比较发现自身不足，从而相互学习借鉴和取长补短，推进医保信用体系建设向纵深发展。另一方面，应当通过树立典型和扩大传播交流，将试点经验和共享模式逐步向全国进行复制和推广，扩大试点成果并发挥好示范效应。

2. 适时出台医保信用管理办法或指导意见

适时出台信用管理办法或指导意见，从国家层面基本统一规范医保信用管理制度，包括信用信息采集归集，不同医保信用主体的信用评价指标、评价方法和分级分类，奖惩措施的应用，信用修复的条件与方式等。

3. 促进医保基金监管方式的相互贯通

在开展"两试点一示范"工作中，不少试点地区在实践中将监管方式创新、信用管理、智能监控三者结合，相互贯通，反映了各种监管方式的客观联系。进一步推动医保基金综合监管，应当深入贯彻落实国务院办公厅《关于推进医疗保障基金监管制度体系改革的指导意见》（国办发〔2020〕20号），实现行政执法、协议管理、信用管理三者结合与融通，形成"三足

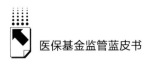

鼎立"的监管态势。如何体现"信用管理为基础",如何形成基金监管新格局是重要命题。

（三）依法推进规范化建设

《医疗保障基金使用监督管理条例》已发布实施,《条例》对医保基金使用、监督管理、法律责任等进行了宏观统筹又边界清晰的规定,强调了信用在基金监管中的重要作用。需要在医保基金监管信用体系建设过程中,依法加强和做好信用管理制度、信用主体、信用信息来源、信用评价指标与方法以及结果应用等方面的规范化建设。

B.5
医保智能监控系统的应用与发展

谭中和*

摘　要：　医保智能监控是基金监管的重要手段和工具，对及时甄别违
　　　　　法违规行为、震慑不法行为、辅助医疗保险决策等方面具有
　　　　　重要意义。目前，全国医保智能监控示范点建设工作已取得
　　　　　良好成效，探索出了适应我国国情和医保基金监管需要的智
　　　　　能监控模式、业务模式和数据规范；但也面临智能监控系统
　　　　　功能不完善、法律法规政策缺乏有效支撑、数据共享和交换
　　　　　存在障碍、财政和人力资源保障不够等问题。建议国家在系
　　　　　统总结推广示范地区经验基础上，加强顶层设计，尽快制定
　　　　　适应不同地区的智能监控技术业务规范标准，进一步完善系
　　　　　统功能，协调解决医保机构和定点医药机构、其他政府部门
　　　　　之间数据实时共享和交换问题，建立完善与第三方机构合作
　　　　　的长效机制，加强法治保障、财政投入和专业化人才队伍
　　　　　培养。

关键词：　智能监控　两试点一示范　预警警示

医保智能监控系统是指在医保、医药服务和参保人大数据信息基础上，

---

* 谭中和，中国医疗保险研究会特聘研究员，中国劳动和社会保障科学研究院特约研究员，中
国社会科学院世界社会保障研究中心执行研究员，中国劳动学会薪酬专业委员会会长，中国
劳动和社会保障科学研究院原副院长、研究员。

利用信息系统网络，将嵌入式视频等设备设施现场抓取的场景信息和行为，通过相应算法和模型进行集成、智能化行为识别、逻辑推理和判断，最终输出预警信息，帮助管理者对情景进行辅助判断的系统。目前主要是通过对医药服务和医保结算报销等重点场景抓取信息，结合参保人员就医购药的轨迹信息，定点医疗机构医师的诊断、治疗和处方医嘱等偏好信息等，实现对门诊、住院等线上线下医药服务和就医行为的全方位实时监控，筛查发现基金欺诈违法违规疑点和线索。通过全场景、全环节、全时段智能监控的震慑作用，遏制潜在违法违规行为，更好地保障参保人员权益和医保基金安全。

一 我国医保智能监控发展现状

（一）医保智能监控应用背景

《2020年医疗保障事业发展统计公报》显示，截至2020年底[1]，全口径基本医疗保险参保人数达13.61亿人，基本医疗保险参保覆盖率稳定在95%以上；全年基本医疗保险基金（含生育保险）总收入、总支出分别为24846亿元、21032亿元。参加职工医保人员享受待遇17.9亿人次，住院患者次均住院费用12657元，比上年增长6.5%；居民医保参加人员享受待遇19.9亿人次，住院患者次均住院费用7546元，比上年增长7.1%。全民医保的实现，使就诊人次和医疗费用快速上升，医保管理的宽度、深度在不断扩展和延伸，传统人工管理模式难以适应实际需要。开展智能监控工作是医保事业发展的客观需要，也是提高经办管理水平的必然选择。随着区块链、大数据、互联网、人工智能和5G等技术的发展和普遍应用，利用智能化手段对各种可能的医保违规违法嫌疑进行实时监控，可以辅助管理者有效实施医保的事前提醒预防、事中监督、事后审核，提高监管的实时性和效率。从2012年18个地区开展医保智能监控试点开始，到2016年基本实现统筹地

---

[1] 国家医保局：《2020年医疗保障事业发展统计公报》，国家医保局网站。

区全覆盖、参保人员全覆盖、两定机构全覆盖，监控规则不断完善。

国家医疗保障局成立后，强化顶层设计，将应用信息技术加强医保基金智能监控作为医疗保障改革的重要内容之一。2019年，国家医疗保障局办公室印发《关于开展医保基金监管"两试点一示范"工作的通知》，在32个地区开展智能监控国家级示范点建设，拟利用2年左右的时间，以点带面，探索积累可推广、可复制的实践经验，并在全国推广。2020年2月，中共中央、国务院发布的《关于深化医疗保障制度改革的意见》明确提出，对医保基金监管"实施大数据实时动态智能监控"。2020年7月，《国务院办公厅关于推进医疗保障基金监管制度体系改革的指导意见》提出，实现基金监管从人工抽单审核向大数据全方位、全流程、全环节智能监控转变。2021年5月1日起施行的《医疗保障基金使用监督管理条例》明确规定，"医疗保障行政部门应当加强与有关部门的信息交换和共享，创新监督管理方式，推广使用信息技术，建立全国统一、高效、兼容、便捷、安全的医疗保障信息系统，实施大数据实时动态智能监控，并加强共享数据使用全过程管理，确保共享数据安全"。

（二）医保智能监控应用体系总体框架

根据国家医疗保障局的相关文件精神和要求，医保智能监控系统在功能上应当具备图1所示的基本功能。

1. 监控功能

监控主要是对现场情况的抓取，为调查提供证据。需要处理两个问题：一是监控的场景选择，即空间维度的设定。场景的选择不宜过于宽泛，否则捕获的信息量很大，对后续识别处理以及储存带来很大成本。目前，多数地区在场景的选择上锚定定点医疗机构、定点零售药店以及经办机构的特定场景。如成都市的医保智能监控系统在试点期间确定的十大场景①分别是频繁就医、检查滥用、虚假住院、项目相似度异常、时间重叠、抗生素滥用、针

---

① 资料来源：国家医保局医保智能监控示范点中期调度会汇报材料，2020年8月。

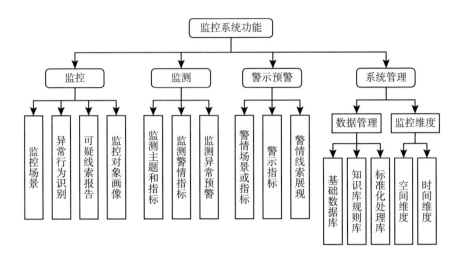

图1 医保基金监控系统功能结构

资料来源：作者根据国家医保局相关政策和地方实践绘制。

灸推拿滥用、支付金额异常、物理因子滥用等。这些场景分布在定点医疗机构的多个区域，涉及医生的提供服务行为、参保人的就医行为，并且需要知识规则，以及大数据分析的支持。二是发现异常的行为，系统即可锁定场景，并通过系统上传报告，提出预警警示，为监管提供现场第一手资料。

2. 监测功能

监测是对过去发生的事件和行为，利用数理统计方法，在确定的处理算法下进行分析比对等处理，发现可能的欺诈疑点，形成预警和警示信息。监测的内容既包括历史信息，也包括实时发生的信息。如有的地区设置了同病种的住院次均费用指标，将其与同地区、同规模、同疾病，且患者基本生物学特征近似（如年龄、性别、职业等）等次均费用比对，发现可能的过度服务。监测需要确定一套科学、标准、规范的指标体系和监测主题。如天津市①在医保实时监控系统中设置了17个主题、146个监控项目及数千个指标，设置了近4600条自动拒付规则，实现了对全市联网结算医疗费用100%初审，对全市就医诊疗行为开展数据筛查，精准锁定问题线索。对不

---

① 国家医保局，医保智能监控示范点中期调度会材料，2020年8月。

合理、不合规医疗费用实行自动拒付。

3. 警示预警功能

警示预警就是对监测或监控异常情况的提示。警示的方式有多种，可以通过直观的，如交通信号灯方式。"红灯"表示有警情，有较大的欺诈发生的嫌疑，需要现场检查处理；"黄灯"表示有欺诈嫌疑的苗头，提醒关注；"绿灯"则表示运行正常。警情场景的设定需要依靠既定的算法，在监测数据和现场监控的支持下发出警示，如在医生给某患者治疗的过程中，开具医嘱或处方时，系统将通过实时监测，给予医生在选择治疗手段、用药等方面的警示和提示，起到事件事前、事中提醒作用。而一旦出现类似"红灯"的状况，不仅发出预警，同时锁定相关的场景、行为和可能的疑点，为现场审核提供支持。医保智能监控的处理逻辑如图2所示。

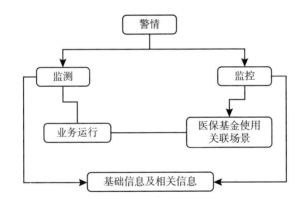

图2 医保基金智能监控系统逻辑

4. 系统管理功能

系统管理是实现上述监控功能的基础支持条件，主要有数据管理和数据存储两方面内容。数据管理主要是基础数据的设计维护，包括用于监控、监测和预警的医保知识库、规则库、模型库，医药服务机构相关数据信息库，参保单位和参保个人的基础信息数据库，以及卫健、公安等相关部门数据库等。智能监控系统在规则库、知识库和算法模型库的支持下，实现人工智能对医疗服务行为和就医行为的辅助监管。医保智能监控数据除了数值型信息

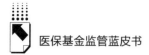

外，更多的是视频、图像、音频、照片、凭单等影音图像信息，数据量极大，需按照监管主题，将数据信息进行颗粒度处理，并选择适宜的介质和技术进行存储。

二 医保智能监控示范点建设成效

自 2019 年开展"两试点一示范"以来，32 个医保基金智能监控示范地区在智能监控系统建设和应用方面取得了显著成效。[①]

（一）覆盖范围上，向广覆盖、全流程、多维度、全方位拓展

1. 广覆盖

覆盖险种更多，在实现职工基本医保和城乡居民医保全覆盖基础上，向生育保险、补充医疗保险、照护保险等制度延伸。29 个示范地区覆盖了生育保险，26 个示范地区覆盖了补充医疗保险制度，8 个示范地区覆盖了长期护理保险制度。如南通、成都等示范点均实现了包括职工医保、居民医保、离休统筹、生育保险、照护保险等在内的险种全覆盖。

2. 全流程

各示范地区不断完善医保智能监控系统，加强过程监控，密切跟踪监控指标。其中，部分地区通过直接对接医院 HIS 系统实现对门诊、住院等行为的全方位监管。如重庆市通过对接医院信息系统（Hospital Information System，HIS）、实验室信息管理系统（Laboratory In-formation Management System，LIMS）、医学影像存档与通信系统（Picture Archiving and Communications System，PACS），主动抓取包含医保、收费、处方医嘱、电子病历、检验检查、药品耗材进销存等原始数据，避免数据过滤和清洗，提升数据质量，全面真实反映医疗机构各类收费和诊疗行为，实现医疗行为数据全方位审核和监

[①] 国家医疗保障局基金监管司及专家指导组：《创新驱动，构建全领域全流程基金安全防控体系——医保基金监管"两试点一示范"中期评估总结》，2020 年 9 月。

控，大幅提升审核控费效果。23 个示范地区提出强化药品进销存管理，对接定点药店购药结算系统和两定机构进销存系统，以降低监控成本，控制医保基金在药品方面不合理支付的风险。南昌市实现了药品进销存实时监控和 T+1 结算，对定点药店采购、销售、库存等流通环节进行实时智能监控。延安市通过提取定点药店进销存数据和与药店进销存系统对接，实时对定点药店药品销售情况进行监控，确保医保支付行为真实合理。逐步开展事前、事中、事后审核工作，有效减少不合理医疗费用支出。潍坊市实现事后审核全覆盖、事前事中双提醒双审核，即事后审核全部覆盖统筹基金支付的1179 家定点医疗机构住院和门诊慢病管理，实现在线查看结算明细单、医嘱、病案、手术、检验检查等信息，整个审核过程与医疗机构完成线上互动反馈；事前实行对医生医嘱处方、护士医疗计费的双提醒，事中实行实时审核、出院预审的双审核，医疗机构可基于系统查看分析提醒结果，做到自查自纠。目前，全部示范地区智能监控系统均覆盖了事后审核，25 个示范地区将审核范围延伸至事前和事中。

3. 多维度

示范地区积极适应 DRG 付费国家试点和医保支付方式改革，不断拓展智能监控维度和深度。其中，15 个示范地区结合按病种分值付费改革，11 个示范地区融合了 DRG 付费试点改革，智能监控系统的设计结合支付方式的智能审核模型和工具，提升了智能监控能力。如金华市已开发并试运行 DRG 大数据基金监管系统，利用数据挖掘算法，建立 DRG 分组过程中的医保基金欺诈行为监控机制，应用大数据分析方法，建立 DRG 基金结算分配过程中的数据分析监控机制，系统聚焦病案合规、高低反套、虚假住院、低标入院、质量监控、费用研判等行为。成都市建立按病组分值付费的基础分值系数和调整系数体系，完成了按病组分值付费病组模型的基础建设，4 万余个诊断的临床路径数据化，从 15 个病组大类、7 类临床治疗、3 类资源消耗等多个维度进行了模型的比对分析。

（二）优化升级知识库和规则库，改进完善智能监控系统功能

一是在知识库和规则库建设和应用方面，32 个示范地区已全部建立了

不同层面的知识库体系和医保政策库，为智能监控提供强有力的智能支持。广州市从数据层、标准层、规则层、政策层、评价层5个层面构建监控系统知识库，实现付费监控知识的积累以及参数阈值的动态调整。荆门市建立了医疗专业知识库、医保电子病历库、医保检查检验库、医保医院设备管理库和医学影像检查信息库，规范全市医疗服务项目的准入标准，加强基础信息库的统一管理与维护。天津市、金华市、滁州市、德阳市等地制定了《医疗保障信息业务编码测试应用工作方案》，全面启动疾病诊断、手术操作等15项信息业务编码规范规则，对标国家医保局制定的编码标准数据库，开展动态维护工作。

二是在智能监控规则及指标设计上，各示范地区针对欺诈骗保新特点，对智能监控规则进行完善升级，构建反映各方面需求及约束条件、具有可操作性的指标体系。截至2020年8月，31个示范地区建立了不断更新完善的诊疗规则库。上海市建立包括监控规则库、分析指标库、大数据病组分值库、DRG分组库及系列主题模型库在内的一系列智能监控规则库。结合大数据病组分值支付试点，将1.4万余个病组纳入大数据病组分值库。针对欺诈骗保特点，研制了医保卡聚集模型、医保医师门诊违规数据模型、定点药店人脸识别大数据分析模型等。衢州市建立了一套指标体系和审核规则，指标体系包括4类23项当期风险指标、3类13项动态风险预测指标、3类9项决策支持指标和2项监管绩效指标，下钻细项超4万项，确定了16项预警指标阈值。优化基金结算智能审核规则，共梳理19个大项、4000多条具体规则。优化智能监控异常筛查规则，共梳理进销存管理、药品管理、视频监控、药品耗材招采管理、数据交易监控等9类95项规则。

三是充分利用大数据自动学习功能优化监控规则。潍坊市针对病种分值付费方式，基于大数据分析创建以本地医保数据特征为基础的医学知识图谱体系，利用审核结果让系统半自动学习优化医学知识体系内容，实现了三个维度的全方位智能监管新模式，逐步摆脱目前主要依赖人工经验、政策规定反推等低效率的规则制定模式。

四是利用大数据精算分析提升风险防控能力。有 60% 的示范地区建设了大数据分析系统，构建了区域医保基金大数据风险控制模型，并组建专业团队，对基金运行风险控制模型、大数据分析技术进行研究，开展基金运行预测和预警分析，为医保决策提供数据支撑。衢州市大数据风控模型可以系统直观地显示当期和中短期基金运行状况，并可下钻至不同统筹区、就诊类型、就诊对象、病组、医药机构，实时监控基金支出情况、发展趋势。大数据分析模型实现对今后 5 年医保基金运行发展情况的模型预测，把握医保基金发展轨迹，并可模拟政策参数变化对基金收入、支出、结余的影响，为筹资政策、报销政策、医保支付方式等适时调整提供依据。

（三）将新技术不断应用于智能监控体系

多数示范地区已经开始使用科技化工具助力智能监控系统升级，辅助医保监管工作，提升监管精准性和及时性。其中，26 个示范地区在智能监控工作中运用视频监控技术，25 个示范地区运用了生物识别技术，21 个示范地区创建了移动稽核平台或案件管理系统，16 个示范地区运用了人工智能，还有 5 个示范地区在监控中引入了区块链概念。新技术手段的运用，创新了医保监管工具，实现了监管效能向上提升，功能向下延伸。

一是建立视频"云监控"系统。利用智能"云监控"，实施基金运行业务流、数据流、资金流、管理流等全链条管理，事前提醒、事中监控、事后审核全流程控制。天津、厦门等地关键场所均安装监控，实现对参保人就医刷卡全时段、全场景监控；衢州、南通、辽阳、厦门等地实行远程视频监控查房、打卡，及时发现冒名顶替住院情况。

二是应用生物识别技术。太原市将医保智能生物识别子系统部署到开展血液透析等非定额门诊慢性病业务和有特殊药品处方权的市医保定点医院，开通特药购药的定点零售药店，通过指静脉实名认证，并结合视频监控和实时诊疗数据的监控审核结果，及时发现享受医保特定待遇人群无处方用药、冒名顶替就医购药和定点机构超限超量处方开药等违规行为。湘潭市建成了医疗保障生物特征识别平台，截至 2020 年 8 月在库人数达到 248 万人，覆盖城镇职工基本医保、城镇居民医保等险种。在 22 家医药机构安装摄像设备，实现对住院、高额检查、门诊实质性治疗、特门购药、特药购药、普通购药多种医疗场景的监控；同时开通上线远程查房系统，采用"互联网 + 人脸识别技术"，通过对医疗机构下达指令，医疗机构实时拍照上传患者在床照片与社会保障卡相片比对，实现即时远程查房。海南省在乡镇卫生院、社区服务站、村卫生室、一级医院铺设"村医通"系统，嵌入人脸识别、身份证确认等技术手段，实现身份精准识别、医保精准结算。徐州市建立了"生物识别实名制就医系统"，实现对参保人员购药、就医身份的验证，杜绝冒名就医购药。

三是运用人工智能技术。厦门市建立了基于 AI 技术的住院审核系统。引入基于 AI 的智能编码技术应用，建立以病案首页为核心的数据质量控制、以住院医嘱为核心的实时审核、以住院病案为核心的事后审核的住院审核系统。

四是开发移动稽核平台及病案管理系统。多数示范地区已经开始使用科技化工具助力智能监控系统，辅助医保基金监管工作。南通市、徐州市等地建立移动医保监管平台，实时关联医保稽查系统，满足稽核人员"掌上办公"需求，对重点监控机构及参保人持续在线跟踪监控。厦门市完成了移动稽核和基金稽核平台建设及融合，建立重点关注人员名单库，实现通过手机推送医保实时刷卡数据，采用多个维度将信息关联，便于稽核人员第一时间掌握被监管对象的动向。

（四）智能监控辅助反欺诈初见成效，并形成强有力震慑

从示范地区实际运行效果看，智能监控系统反欺诈成效明显，高科技在医保基金监管中发挥了震慑作用。如成都市在智能监控系统中应用生物识别技术，实时对比医保基础数据库和现场采集影像，实现对参保人员就医行为和医务人员诊疗行为全时段、全景式监控。[①] 成都市邛崃市实时场景监控平台运行以来，13 家定点医疗机构已纳入系统监控，发现 1 人为多人代办出

---

① 国家医保局：《医保智能监控示范点中期调度会汇报材料汇编》，2020 年 8 月。

入院和门诊特殊疾病取药 153 人次、住院人数超协议床位 352 条，通过对疑点数据精准、靶向稽核，追回医保基金及违约金 28.08 万元。2019 年广州市利用智能监控系统自动校验发现医疗机构病案填写不规范病例 691 份，排查智能审核疑点数据超过 1250 万条，审核扣减记账费用 5154 万元。[1] 同时，于 2019 年组织挖掘式全面分析 3 次、提示性费用分析 5 次，指导约 200 家次医疗机构合理控费。通过对费用结构、发病年龄等因素的比对，对异常病种进行监控，2019 年筛选出腰椎病、颈椎病等 7 种可疑病种和 8394 份可疑病历，最终认定 232 份违规病历并予以处理。潍坊市在智能监控中引入大数据、知识图谱等智能化监控手段，形成"五横五纵"一体化智能监控服务体系，横向通过智能实时监控、无感人脸识别、进销存监管、线上线下稽核、审核拒付闭环 5 种手段在两定机构端实现全面布控，纵向通过经办绩效考评、两定诚信监管、智能监控知识库、数据风控模型、知识图谱智能化五大能力为医保管理赋能支撑。2019 年系统审核出超标准收费、过度医疗、超限制范围用药、重复收费、漏报错报单病种等问题，涉及可疑数据约 21 万条，人工复核反馈医院数据约 10 万条。通过对康复、中医适宜技术、理疗项目的专项持续监控，可疑医疗费用金额显著减少，由最初的月均 100 余万元降至目前的 10 万元左右。天津市充分发挥网络监控作用，利用网络监控功能，持续开展网警巡查，建立医保监督问询制度，2019 年向定点医药机构及医（药）师发出问询函 1350 件，起到了持续"鸣枪示警"的作用。[2] 2020 年，在疫情期间充分利用医保实时监控系统，筛查疑似违规线索，通过电话、信函等形式对 186 家医疗机构和 453 名医师进行提醒警示，并通过医保实时监控系统筛选疑点信息，结合疑点信息对近百家医疗机构进行现场监督检查。2019 年，利用医保智能监控系统累计审核拒付定点医药机构违规上传费用 1.05 亿元，截至 2020 年 5 月底，累计审核拒付定点医药机构违规上传费用 4598.91 万元。

---

① 国家医保局：《医保智能监控示范点中期调度会汇报材料汇编》，2020 年 8 月。
② 国家医保局：《医保智能监控示范点中期调度会汇报材料汇编》，2020 年 8 月。

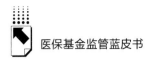

三 医保智能监控应用面临的突出问题

从开展医疗服务监控系统试点到建设医保智能监控示范点，近 10 年时间，医保基金智能监控虽然取得很大成效，但阻碍医保智能监控深入推进的问题和困难也不少。总结示范地区经验，集中体现在以下几点。

（一）医保智能监控法律法规和政策支撑环境待改善和优化

医保智能监控是创新医保监管方式的重要手段，是保障医保基金安全的重要防线。医保智能监控的实施离不开法律法规和政策的支持，医保智能监控的成果也需要法律保障。但目前，支撑医保智能监控的法律法规政策不足，导致在实际推广实施中遇到许多困难和尴尬。法律支持不够，如监控场景的合法合规性问题，由于缺乏法律支持，地方普遍对医保违规违法行为场景安装视频等监控心存疑虑，通过智能监控获得的现场调查、取证、界定、处理、处罚等面临法律授权不够、职能职责不清、标准规范不明等问题。目前，医保智能监控主要依据是医疗服务机构和医保经办机构签订的协议，现实中要把协议落实到具体的操作中有很大难度。很多时候因为没有适用的法律依据无法将监管落实到位。

（二）各方协同机制有待加强

医保智能监控之路是医保监管创新之路，是实现精细化和规范化的管理之路，对各个部门的信息共享提出了更高的要求。为了更加精准地监管，一方面，监控对象数据需要开放和协同，如定点医药机构的信息系统、药品耗材进销存系统，以及消费明细清单等，应做到与医保机构的监控系统无缝对接、实时交换和共享，但目前多数地区采取的是定点医药机构加工处理后选择性上传的部分数据和信息，导致医保机构难以建立起完整统一准确的监控系统，监测和预警功能难以发挥有效作用；另一方面，医保基金智能监控也需要建立与财政、公安、卫生健康、市场监管、药监等多部门沟通协作机制，但目前医保智能监控合力机制整体仍显薄弱，大部分地方都是医保部门"单打独斗"，部门联动不足，严重影响智能监控系统功能的发挥。

（三）专业化人才缺乏制约智能监控的发展

医保智能监控是一项专业化要求高的工作，对工作人员的专业素质要求也相应提高，往往需要工作人员具备医学、药学、计算机、审计、法律等综合性知识。比如，对系统筛查出来的违规信息，相关工作人员不但要懂医学知识、医保报销规则，还要从数据中发现异常，筛选出重点可疑数据。目前，因人设岗、知识单一、专业素养不高的现象比较普遍，导致有些该发现的问题没有发现。在具体实践中，医保智能监控没有设立专门岗位和配置专业人才，依靠信息技术公司工程师做智能监控管理的现象很普遍。笔者认为，在系统建设开发初期，由专业信息技术公司承担开发是合理的，但日常维护和管理仍然由这些公司担当则是不合适的。医保部门工作人员难以提出准确的智能监控业务需求，而合作公司也普遍缺乏对医疗和医保业务的深入理解，且未能全面融合大数据和人工智能等新型技术手段，一般只采用传统规则库和知识库方式进行监管，执行标准化软件部署，缺乏对实际临床过程的理解、对医保基金支付过程和内在逻辑流程的了解，对医疗服务资源配置的监控针对性不足，监管过程的创新与突破很难实现。医保专业知识和技能缺乏，导致工作人员在工作中只是被动查阅系统数据，分发给各直报医院和县区医保机构核实。智能监控事后审核结果缺乏专业人员确认与监管，医保智能监控效能亟待进一步提高。

（四）数据标准化和规范性不足

从数据来源看，目前我国大部分统筹地区医保智能监控采集的数据仅来源于医保生产库，数据来源单一，且部分数据可能已被定点服务机构筛选处理，数据的标准化和规范性建设滞后，是当前智能监控系统的最大短板，严重影响了大数据监管系统优势的发挥。虽有部分城市采集了参保人员以及定点服务机构的多维度数据，通过多维度数据的采集及应用来助力医保智能监控，但整体功效尚未得到充分展现。

（五）医保智能监控系统功能不完善

从示范地区实施的智能监控系统看，普遍存在功能不完善的问题。一是预警警示功能较弱。目前，大部分地区的智能监控仍以事后审核为主，难以将违规行为控制在费用发生之前，主要原因在于预警的规则和阈值等难以确定或各方难以达成一致。二是知识库规则库实用性不强。医保基金智能监控系统的核心是规则库，由知识库提炼的规则库可为发现违规数据起到决定性的帮助作用，各地使用的规则库是第三方商业机构提供的，有些地区使用的规则库并不适合本地实际。有的地方规则太细，产生大量问题凭单信息，需要大量人力去处理这些数据，查实率低；有些又太粗，漏掉可能的问题单据。规则设置不合理，制约了医保稽核工作的开展，束缚了医保机构的手脚。三是异地就医智能监控缺位。异地就医监管一直是医保监管的难点和重点，目前多数地区异地就医尚未纳入医保智能监控，导致对异地就医行为监控不足。

（六）第三方合作机制不稳定

目前，在智能监控系统的建设和应用上与医保经办机构合作的大部分是信息技术公司、健康管理公司或商业保险公司。这些机构参与医保智能监控服务的积极性非常高。但由于大部分地区医保智能监控的资金有限，第三方商业机构往往以软件运维服务费支付，不足以形成确定的合作模式，也降低了医保机构的监管效能。同时，难以与服务商形成稳定持续的合作，有的合作机构免费提供医保智能监控服务，但"天下没有免费的午餐"，任何企业或商业机构追逐的目标是利益或者赢利，如果这些企业长期没有合理的利润空间，这种合作模式难以持续，特别是在关键环节和问题上会遇到麻烦，将直接影响医保智能监控的长期稳定发展。

四 加强医保智能监控系统建设和应用建议

实践证明，医保智能监控系统是实现基金监管目标的有力工具，应当在总结示范地区经验的基础上，进一步加强系统建设和应用，因此提出如下建议。

（一）加强智能监控顶层设计

医保智能监控系统的建设、开发、维护和运行，是一项基础性、系统性工程，投入资金、人力、物力和技术多，影响范围广，建议国家医保局在总结示范地区经验基础上，组织专业力量制定适合不同经济发展水平和监管能力的医保智能监控技术实施方案，供各地在建设、开发和维护应用中选择。技术方案要重点在智能监控系统配置、应用系统主要功能、知识库规则库标准、基础数据来源和处理规则、监控模式，以及参与合作机构的资质等方面给予明确的标准和规范，并允许地方在国家技术标准规范基础上，根据地方实际增加或扩展部分功能。

（二）加强信息标准化规范化建设和应用

数据信息的标准化是医保监控系统要求的基本要素。如果监测或监控的信息数据不完整、不统一、不标准，不但不能实现监控目标，反而会误导基金监管工作，甚至会带来不必要的纠纷。建议在国家已经颁布实施的 15 项标准基础上，专门研究出台针对智能化监控系统的标准体系，包括医保监控系统基本服务能力标准、医保门诊和住院费用智能审核规则、医保基金智能监测数据指标体系、医保基金智能监控预警警示指南、医保智能监控系统评价与改进规范等。

（三）健全完善相关法律法规和政策措施

一是尽快研究制定大数据、区块链和人工智能等高新技术在医保智能监控中应用的相关法律法规和标准体系。二是制定相关政策确保信息安全。智能监控涉及数据挖掘、归集和使用，涉及与信息技术机构、商业保险机构等第三方合作，合作过程中要依法依规签订保密协议，明确保密责任，加强权限管理。注重内容安全、数据安全和技术安全，加强医保数据安全保障和患者隐私保护。制定"智能监控信息安全保护办法"，堵塞数据风险漏洞，切实保障参保人员信息安全。三是规范政商合作。社会机构和商业保险公司参与医保智能监控是发挥社会力量、实现社会协同监管的有效方式之一，要保证合作能够取得更好实效，实现可持续发展，应按照中央的要求和国家医保局的具体部署，发挥商业保险公司机制灵活、技术储备、资源布局等方面的优势，合理分摊运行的风险。进一步完善第三方公司参与医保智能监控的绩效考核激励办法，建立激励和约束相结合的考核评价机制。

（四）加大财政保障力度

智能监控系统的建立和运行，需要足够的财力支持和保障。智能监控系统无论硬件设施设备、系统软件，还是应用软件，都要选用技术成熟先进、稳定可靠安全的产品和服务，需要有持续的资金投入。建议各级政府将智能监控初期建设费用和投入运行后的运行维护费用列入本级财政预算并加以保障。

（五）培养专业化人才队伍

各级医保部门要借技术公司开发医保智能监控系统的机会，让本部门的业务人员和技术人员充分参与到系统的设计、开发建设和管理使用中，要从一开始的建设方案和需求分析入手，让自己的专业人员全程参与，这是培养人才的最好方式。目前很多地区将智能监控系统从开发设计到运行维护全部委托给商业机构，这种"甩手掌柜"的做法是不可取的。实践证明，如果没有自己的专业化队伍，医保基金智能监控系统完全由外部力量掌握技术应用的核心和功能的改进与完善，是系统运行的一大隐患。建议各地充分认识到培养一支专业化队伍的重要性和紧迫性，在医保机构内部建立激励机制，建立适应人才发展的职业发展通道和薪酬体系，吸引留住掌握智能监控技术和医保业务的人才。这是保证医保基金智能监控系统充分发挥作用的关键环节。

参考文献

［1］ 中共中央、国务院《关于深化医疗保障制度改革的意见》，中国政府网，2020 年 2 月。

［2］ 国家医疗保障局《关于做好 2019 年医疗保障基金监管工作的通知》（医保发〔2019〕14 号），国家医保局网站。

［3］ 《国家医疗保障局办公室关于开展医保基金监管"两试点一示范"工作的通知》（医保办发〔2019〕17 号），国家医保局网站。

［4］ 国家医疗保障局基金监管司及专家指导组：《医保基金监管"两试点一示范"中期评估总结》，2020 年 9 月。

［5］ 国家医疗保障局：《医保智能监控示范点中期调度会汇报材料汇编》，2020 年 8 月。

B.6
医保基金监管执法队伍能力建设研究

高远祖　乔阁超　崔英杰*

摘　要： 无论从医保基金使用监管的现实需求看，还是从国家的顶层决策部署和医保制度高质量可持续发展的长远要求看，加强医保基金使用监管执法队伍能力建设的研究均有十分重要的意义。医保基金监管执法队伍能力建设包括机构设置和人员配备等，应该抓住《医疗保障基金使用监督管理条例》实施的契机，借鉴先行建立医保监管机构地区的做法和经验，补齐基金监管缺少专业机构的短板，强化缺少专业执法人员的弱项，为建立和完善医保基金监管长效机制奠定组织基础和人才支撑力量。

关键词： 医保基金监管　机构设置　人员配备　能力建设

一　背景

医保基金监管执法队伍能力建设，包括机构建设、人员力量配置、专业人才配置，还包括执法的制度、程序、技术手段等。无论从医保基金使用监管的现实需求看，还是从国家的顶层决策部署和医保制度高质量可持

---

* 高远祖，天津市医疗保障基金结算中心主任，先后从事社会保障政策、经办服务、监督检查和审核管理等工作；乔阁超，天津市医疗保障局办公室三级主任科员；崔英杰，天津市医疗保障基金监督检查所综合办公室主任。

续发展的要求看，加强医保基金使用监管执法队伍能力建设的研究均有重要意义。

医保基金监管的现实状况迫切需要加强执法队伍能力建设。毋庸讳言，医保领域欺诈骗保多发频发现象一直严重存在。比如，从 2018 年 9 月至 2020 年的两年多，全国共查处违法违规医药机构 86 万家次，追回医保基金 348.75 亿元。其中，2019 年查处违法违规定点医疗机构 26.4 万家，约占检查总数 81.5 万家的 32.39%。2020 年查处违法违规定点医药机构 40.07 万家，约占检查总数 62.74 万家的 63.87%。这两组数据既反映了机构改革后新的医保管理体制加强医保基金监管取得的突出成效，也从另一个角度说明违法违规现象的严重性，强化监管势在必行。

从国家部署看，这两年国家关于加强医保基金监管的法规政策举措在医保领域密集出台。2020 年，国务院办公厅发布《关于推进医疗保障基金监管制度体系改革的指导意见》（国办发〔2020〕20 号），明确提出"加强基金监督检查能力建设，建立健全基金监管执法体系，加强人员力量，强化技术手段"。同年，《中共中央国务院关于深化医疗保障制度改革的意见》（中发〔2020〕5 号，下称"5 号文件"）提出"加强医保基金监管能力建设，进一步健全基金监管体制机制，切实维护基金安全、提高基金使用效率"。2021 年 5 月 1 日起施行的国家行政法规《医疗保障基金使用监督管理条例》（下称《条例》）在"总则"中规定，"县级以上人民政府应当加强对医疗保障基金使用监督管理工作的领导，建立健全医疗保障基金使用监督管理机制和基金监督管理执法体制，加强医疗保障基金使用监督管理能力建设，为医疗保障基金使用监督管理工作提供保障"。

上述国家文件中均有"加强医保基金监管能力建设"的要求。由此可见，加强医保基金监督管理执法队伍能力建设已成为国家顶层决策，是全面加强基金监管的迫切需要，是落实政府和医保部门法定责任的必然要求，更是深化医疗保障制度改革、建设高质量医保制度的重要举措。因此，深入研究医保基金监管执法队伍能力建设势在必行。

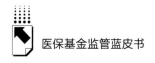

二 加强执法队伍能力建设的重要性

加强医保基金监管行政执法队伍能力建设，既是提升医保基金监管执法专业化水平的内在要求，也是我国法治建设大环境大趋势的要求。随着法治中国、法治社会、法治政府、法治医保建设进程的加快推进，医保基金监管行政执法队伍必然走向专业化。先行地区的实践探索充分证明，只有建立专业化的行政执法机构，不断加强行政执法队伍能力建设，才能真正利用好法律武器为医保基金装上"防盗网"和"安全锁"。否则，无论法律法规多么完善，若是没有专业化的机构和专业人才作为支撑力量，法律法规便难以落实。

（一）新时代对医保行政执法的新要求

党的十九大报告把坚持全面依法治国确立为新时代坚持和发展中国特色社会主义基本方略的重要内容之一。医疗保障制度作为民生保障制度的重要内容，推进法治医保建设是必然趋势。加强医保基金监管执法机构和执法队伍建设成为推进新形势下医保法治化、标准化、规范化的组织支撑和人才支撑。因此，要不断提升执法队伍综合素质，运用法治理念和法治方式，助力构建医保法治建设新格局。

（二）执法体系建设的目标要求

全面促进基金监管执法队伍建设，提升医保基金监管执法能力和公信力，是推进建立完善严密有力的执法体系，高质量推进医保基金监管工作的目标要求。要有效推进医保基金监管执法体系建设，必须建立执法具体规范，使执法办案有规可依、有章可循；强化执法教育培训，增强执法队伍综合执法能力，使执法主体更加有力，提高执法效能；健全执法权力制约，防止权力乱用、滥用，主动接受监督，增强工作透明度。

（三）构建基金监管长效机制的内在要求

当前，医保基金监管工作仍面临严峻挑战，处于治理沉疴旧疾阶段，要坚持标本兼治，巩固打击欺诈骗保高压态势，既要加大打击力度，依法查处各项违法违规行为，又要追根溯源，堵塞欺诈骗保发生的机制体制漏洞，形成长效机制，营造不敢骗、不想骗、不能骗的医疗服务环境。无论治标还是治本，都离不开加强执法队伍自身建设，增强执法人员责任感和紧迫感，提升执法监督能力，创新监管方式，提高执法监督有效性，提升威慑力。

三　我国医保基金监管主要执法模式及特点

由于我国医疗保障行政部门组建较晚，编制力量配备不足，目前各地尚未普遍建立专业化的医保基金监管执法机构，开展医保监管行政执法的实践做法也不尽相同。总体来看，主要有 3 种模式：一是建立专业化行政执法机构，这是未来发展的必然趋势，但目前只有少数地方设有专门行政执法机构；二是依托医保经办机构开展基金使用监督检查，这是现阶段各地推进基金监督检查工作的普遍做法；三是开展联合执法，这是当前和今后做好医保基金监管工作的重要手段，但联合执法在各地进展极不平衡，不少地区尚未形成联合执法的协同联动威力。

（一）建立专业化行政执法队伍

在实践过程中，为依法合规追究欺诈骗保行为的法律责任，上海、天津、北京等地结合实际先后建立了专业化的医保基金监管行政执法队伍，作为医保基金专职监督管理机构，专门负责对定点服务机构、参保主体等是否遵守医疗保障法律法规情况实施监督管理，开展行政执法工作等。

2020 年 7 月，国家医保局依据《社会保险法》和《行政处罚法》等有关法律法规，结合各地的实践经验，印发了《医疗保障行政执法文书制作指引与文书样式》，梳理了从立案、调查、告知、处理、执行到结案的一整

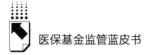
套执法流程，以及各执法环节所适用的各种执法文书式样，实现执法流程原则上固化，确保严格履行法定程序，既全面查清违法违规事实、合理合法拟定行政处理意见，又充分听取当事人的陈述申辩，保护当事人提出听证、复议和诉讼的权利，为各地医疗保障行政部门和专业化执法机构实施行政执法工作明确了操作规程和规范要求。

以天津市为例。2012 年，天津市正式成立了医疗保险专业执法机构——医疗保险监督检查所，并于 2018 年更名为医疗保障基金监督检查所。目前，天津市医疗保障基金监督检查所已形成标准化的行政执法程序。一般流程包括立案→检查→处理。立案需明确线索来源、标准和程序要求。现场检查过程中，执法人员不得少于 2 人，统一着装并佩戴执法标识，提前准备好现场检查所需的各类执法文书，包括《调查检查通知书》《检查记录》《询问笔录》等；开始监督检查之前，主动向被检查对象和有关人员出示执法证、亮明身份，并向被检查对象送达《调查检查通知书》，告知被检查对象监督检查事项；监督检查过程中，由执法人员就调查、检查事项询问有关人员，同步制作笔录，或者采取记录、录音、录像、照相和复制等方式收集有关情况和资料，或者要求定点服务机构提供与调查、检查事项相关的医疗文书、票据凭证等。通过现场检查，对相关诊疗活动、诊疗项目、医疗器械、医用材料等进行现场核实，通过现场检查和约谈核实，在充分查明违法违规事实的基础上，拟定行政处理处罚意见，报行政部门审批同意后实施，并依法做好告知、复核、听证、复议、诉讼、执行等相关工作，确保依法依规打击欺诈骗保，维护基金安全。

（二）依托医保经办机构开展监督检查

在医疗保障部门改革组建之前，全国大部分地区主要依托社会保险经办机构和劳动监察部门开展医疗保险监督检查工作。由于执法主体不一，各地对于欺诈骗保行为的处理方式存在较大差异。有的地区只对严重违规行为处以罚款，少数地区在罚款的基础上进一步作出行政处罚，有的地区则以扣除违约金的方式追究违法违规行为的责任，也有的地区直接由公安部门以诈骗罪追究刑事责任。总体来看，大多数地区长期存在着监督检查缺少密度和力度、欺诈骗保的违法违规成本低、缺乏统一执法制度依据的现象。

国家新的医保管理机构组建以来，医保经办机构仍然是开展基金监管的主要力量。医保经办机构通过开展智能审核和稽核检查，充分利用医保定点管理、协议管理、支付管理、总额管理的优势，营造打击欺诈骗保高压态势。

以天津市为例，其在积极推进专业化行政执法机构建设的同时，不断加强医保审核结算职能和协议管理职能，由经办机构结合实际不断细化医保定点服务协议文本，进一步明确违反协议行为及处理办法，并通过审核拒付、现场检查、随机抽查、警示提醒等多种方式，对定点医药机构履约情况进行监督检查，对违反协议规定或支付管理规定的及时拒付、追回违规基金、暂停协议、终止协议甚至解除协议，牢牢守住基金支付的第一道关口。同时，对于涉嫌违法违规的行为，通过"快速反应"机制及时移交行政执法部门进行查处，从而形成维护基金安全的合力。

（三）多部门联合执法

开展联合执法，一方面是充分发挥各相关职能部门优势，形成协同联动打击欺诈骗保的合力，提升监管效能的需要；另一方面也可以弥补目前医保行政执法力量的不足。2021年4月9日，国家医保局等部门联合召开了全国医疗保障基金监管专题工作电视电话会，指出要聚焦"假病人""假病情""假票据"的"三假"欺诈骗保行为，查处一批大案要案，曝光一批典型案例，为各地加强部门联防联动、形成有效工作机制、持续保持打击欺诈骗保高压态势提供了重要依据，这正是开展多部门联合执法的有力举措。

近年来，各地医保部门在推进医保监管联合执法上也进行了积极探索。例如，天津市医保部门与市场监管部门开展联合执法行动，实现调查取证权限的优势互补，有效清理非法药品倒卖窝点、核实药品流通票据，不断提升执法效能；与公安机关配合协作，建立将涉嫌犯罪的大案要案及时移送公安机关，配合开展专项打击行动的工作衔接机制，实现案件联动查办，建立公安机关提前介入模式，将刑事侦查工作前移，实现精准取证，为案件侦查、审判奠定坚实基础，严厉打击医保违法犯罪行为；建立医保违法违规案件通报和报告制度，对于依法作出行政处罚决定的案件，坚持"一案双查，一案双报"原则，及时向违法违规定点医药机构的行业主管部门、上级主管部门及纪检监察部门通报或报告，建议相关部门依规依纪予以党纪政纪和执业资格处理等。同时，天津积极引入第三方监管力量，依托第三方技术优势和大数据分析结果，从不同维度为精准执法提供导向，进一步丰富监管手段，强化监管力量。

四　当前执法队伍能力建设存在的主要问题

（一）执法力量仍较薄弱

执法力量是综合能力和素质的集中体现，涉及执法人员、执法理念、执法设备等多个方面。目前，全国只有12个省市成立了专门的医保基金监管机构，但受机构编制的限制，医保行政执法队伍规模、车辆等执法硬件设备配备与量大、点多、面广的监管任务之间矛盾较为突出，仍是医保基金监管工作推进的堵点。此外，大部分地区医保基金监管执法队伍为机构改革后重新组建而成，人员来自各个行业，专业素质及基金监管执法创新意识、服务意识都亟待加强。尤其是在应用数字化加强违法违规监控、掌握基金运行变化动态及趋势分析、提升医保智能监控效能等方面，严重存在专业技术人员紧缺短板。

（二）职能职责不够清晰

医疗保障行政部门成立前，除上海、天津等地，其他省市基金监管工作基本由经办机构负责。目前，虽然已有12个省市逐步建立了基金监管专业化队伍，但具有相关工作经验的人员大部分仍来自经办机构，其工作方式大多延续以往经办模式，再加上有部分地区采取行政与经办机构合署办公形式，以致医保基金监管行政执法和经办管理的职责定位不够清晰，行政执法与协议管理边界较难把握。

（三）执法标准尚未规范统一

许多地方的执法人员对医保基金监管的法律法规缺乏全面、系统的理解，队伍的执法能力与实际需要存在较大差距，导致在执法实践中裁量权过大或过小的现象并存，执法流程、标准不够规范统一。

五 加强医保基金监管执法队伍能力建设的构想

（一）机构设置与职责

随着法治化建设的加快推进，以及打击欺诈骗保的现实需求，应当按照中央5号文件和《条例》要求，借鉴先行地区的做法，组建专业化的基金监管执法机构，并配备相应的人员力量，抓住实施《条例》的契机，推进医保执法监管体系建设。同时，加强属地管理，推进层级监督，逐步实现统筹区域联动执法，将医保基金监管行政执法工作推向深入。

（二）人员配置

医保基金监管执法工作具有较强的法制性、专业性和综合性。执法队伍作为医保基金监管执法工作的支撑力量，既要政治过硬，又要业务精通。要按照年轻化、专业化、高标准的要求选配与医保基金监管执法工作相适应的人员。此外，在机构编制有限的前提下，可探索引入会计师事务所、信息化建设机构、律师事务所等第三方力量，以购买社会服务的形式拓宽专业层面，丰富监管力量。

（三）工作机制

2020年7月，国家医疗保障局办公室印发了《医疗保障行政执法文书

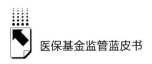

制作指引与文书样式》，为进一步规范医保基金监管流程指明了操作路径。《条例》的实施也为进一步履行职责提供法律保障。另外，要进一步健全医保基金监管制度体系，推动形成医保基金监管长效机制，需结合执法工作实际，制定统一规范的执法流程标准、执法要求、工作制度等，实现医保基金精细化监管。同时，构建医保、卫健、纪检、公安等部门常态化协作工作机制，推进信息共享、共同监管。

（四）职业发展

在推进医疗保障基金监管制度体系改革进程中，应为执法队伍搭建多渠道发展平台，提高基金监管执法队伍业务能力，并利用科学合理的考核和奖惩机制激发其积极性，在实现个人发展的同时，达到队伍专业化水平和整体素质全面提升的目标，使医保基金监管更加专业、规范、常态化。

六　提升医保基金监管执法能力的建议

（一）明确执法队伍的定位

《条例》明确规定，医保行政部门可以依法委托符合法定条件的组织开展医保行政执法工作，这就明确了医保基金监管执法队伍受医疗保障行政部门委托开展执法工作。在实践中，医疗保障行政部门履行执法队伍建设的领导责任，执法队伍作为实际执法办案的主体，行使对医保基金违法违规行为的行政处罚权，以及与行政处罚相关的行政检查和行政强制等执法职能，与医保行业主管部门职责并不冲突，行业主管部门仍需履行日常监督管理职责。

（二）提高人员配置的专业性、合理性

医保监管工作具有很强的专业性，执法人员对违规行为的区分及界定存在一定难度，在实际执法过程中不仅会涉及医药学知识、医保政策法规，同

时还涉及财务、审计、计算机等专业知识，要打造一支精锐医保基金监管队伍，既要适当增加思维活跃、创造力强的年轻人员，又要确保高学历、钻研精神强的人才占一定比例，不断推进监管队伍向着专业、规范、多元化发展。

（三）强化业务学习培训

建设一支高素质的现代化行政执法队伍是推进依法行政的关键。要抓住基层一线执法主体，不断强化"法定职责必须为、法无授权不可为"等基本法治理念，切实做到权为民所用、情为民所系、利为民所谋。同时，要加强法律法规和执法能力培训，着眼于形势发展需要，实现法律要求与实际应用相结合，通过开展专题培训、业务交流、调研座谈和实操训练等多渠道、多形式的专业素质培训，强化一线行政执法人员现场调查取证等方面执法培训，强化网络监控人员掌握医疗专业知识、医保政策法规、动态信息分析、监控指标建设等方面能力培养，着力建设能够执行方针政策、掌握执法办案技能、熟练运用现代科技手段、善于思维创新的复合型执法队伍。

（四）完善人才激励机制

优化考核手段，制定简便易行、科学有效的考核办法，对监管队伍进行定期考核，并实施动态管理。同时，建立健全奖惩机制，正向激励和严格管理并重，坚持精神激励和物质激励相结合的激励机制，最大限度调动执法队伍工作的积极性和自主性；对失职、渎职或不作为不担当的执法人员严肃追究责任，强化执法人员风险意识和责任意识。

（五）加强执法规范性建设

进一步推进落实行政执法公示、执法全过程记录、重大执法决定法制审核以及行政裁量权基准等制度，规范医保基金监管行政执法行为，强化对行政权力的制约和监督。利用行政执法监督平台及"互联网＋监管"平台，发挥执法监督作用，建立完善医保基金监管执法机构内部稽查办法，规范执

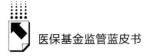

法行为，落实执法责任，积极探索"情、理、法"以及容错纠错和免责机制，依法保障执法人员权益。

（六）厘清执法边界

基于近年来医保基金行政监管经验做法和典型案例，运用归纳总结、深入调研和专家论证等方法，对医保违法违规违约行为进行全面梳理、分类，明确医保行政部门监管的主体、客体、对象、范围、监管措施和处理方式，规范行政部门与经办等部门衔接配合的标准、程序、时限和反馈机制，进一步健全完善医保基金监管运行机制和工作体系。

（七）健全联合执法机制

进一步提升监管合力，构建衔接顺畅、严密高效的医保行政执法网络，通过联合执法，发挥协同监管、联合惩戒的作用，有效防范风险，持续严厉打击医疗欺诈骗保。一方面，医保基金监管涉及就医诊疗、药品、耗材等多个领域，要深刻把握综合监管制度的重大意义，不断加强与卫健、药监等部门联动协调，发挥各行政执法部门的调查取证优势，实现优势互补，推进完善信息互通共享，结果协同运用，重大案件联合调查、联合检查、联合执法长效工作机制；另一方面，在现有工作基础之上，加强和公安司法机关的沟通联系，进一步完善行刑衔接工作机制，积极查处大案要案，完善执法程序，简化移送流程，必要时联合公安司法机关提前介入调查取证，提高打击欺诈骗保的刑法震慑力。

进入新阶段，人民群众对医疗保障的需求不断增加，推进医保高质量发展的主题对加强医保基金监管提出了更高要求，建立一支高素质的医保基金监管专业化执法队伍势在必行。

B.7
医保经办机构风险管理与防范策略

胡大洋　曹启元*

摘　要： 医保经办机构发挥的是医疗保障制度建设与发展的核心作用。建设高质量医保对维护基金安全提出了更高的要求，经办机构重任在肩，加强经办中的风险管理显得尤其重要。经办风险管理涉及范围广，基金监管的内容所及，也就是经办机构自身风险管控的覆盖范围。在机构改革初期，经办机构的风险管控面临着部门衔接过渡造成的波动、工作职责设计留下的缝隙、专业能力薄弱带来的风险、信息系统建设滞后导致的脱节等不利因素。经办机构开展自身风险防控，必须坚持问题导向，强化通盘考虑，从制度层面、机构层面和操作层面，针对当前医保基金经办管理中的问题进一步加强分析研判，提出更加全面更加周密更加健全的防范策略。

关键词： 经办机构　经办风险　防范策略

医保经办机构发挥的是医疗保障制度建设与发展的核心作用。医疗保障战略目标确立以后，其成败在很大程度上取决于经办机构。经办机构实际上是医疗保障制度运行的管理机构，政府行政系统只是监督，经办才是真正意义上的管理。所以，经办机构在医保制度运行中起着关键作用。因为它代表

---

* 胡大洋，中国医疗保险研究会副会长、江苏省医疗保险研究会会长、江苏省人力资源和社会保障厅原副巡视员；曹启元，江苏省医保中心办公室主任科员。

所有参保人的利益，扮演着所有参保人的代表的角色。在医疗保障制度的改革与事业发展中，医保经办机构的地位还应当上升，它是决定这个制度运行良好与否和成败的关键性因素。正因为经办机构在基金使用管理过程中有着十分重要的地位和作用，强化经办机构基金使用过程中的风险管理对于确保基金安全平稳可持续运行就显得尤为重要。建设高质量医保对维护基金安全提出了更高的要求，经办机构重任在肩，加强经办过程中的风险管理已成为必然选择。

一　医保经办机构风险特点概述

（一）经办机构的角色定位

在医保基金监管体系中，医保经办机构有着双重角色：一方面，经办机构是医保基金监管的参与者，代表参保人以第三方的角色购买医药服务并行使稽核职能，对定点医药机构和参保人的相关医保医疗行为进行管理；另一方面，经办机构是基金监管中的被监督者，对其所经办的业务承担履职责任，接受医保行政主管部门、审计部门和社会各界的监督。

医保经办机构的这种双重角色，是随着基本医疗保险制度改革而确立的。进入新时代，国家新出台的医疗保障制度文件和相关法规，对医保经办机构的这种双重角色又作出更加完善的规定。《中共中央 国务院关于深化医疗保障制度改革的意见》（中发〔2020〕5号）提出：加强医疗保障公共服务机构内控机构建设，落实协议管理、费用监控、稽查审核责任。新出台的《医疗保障基金使用监督管理条例》（国务院令第735号，下称《条例》）就医疗保险经办机构的相关主体责任作出专条阐述：医疗保障经办机构应当建立健全业务、财务、安全和风险等管理制度，做好服务协议管理、费用监控、基金拨付、待遇审核及支付等工作，并定期向社会公开医疗保障基金的收入、支出、结余等情况，接受社会监督。《条例》还对经办机构的相关违规行为及责任作出明确规定。可以说，中央文件和相关法规，为医保经办机构基金监管提供了依据和准绳，而基金监管的内容所及，也就是经办机构自身风险管控的覆盖范围。

因此，即使医保基金使用体量大、运行链条长、风险环节多，但抓住以上法规条款所明确的工作制度和工作环节，就可以对医保经办机构的相关风险进行定位、甄别、梳理、分类，从而采取有针对性的风险防范措施。

（二）经办风险防范的着力点

根据医保经办的特点，防范经办风险可以从两方面着手进行。

一方面，从管人的角度出发，即从工作属性入手进行相关的风险管理，确保医保业务、财务、信息数据及档案管理等全过程安全可控。其中，医保业务涉及医保管理服务的效率与质量，应按照相关程序与规程进行规范和统一；医保财务涉及财务的准确性、真实性、及时性，应当按照通用财务管理规则和基金管理制度进行制约和调整；医保信息数据及档案管理涉及数据的查询追溯及再利用，同样需要按照有关信息数据管理规律做好管理和维护。

另一方面，从管事的角度出发，即从工作内容入手，主要对服务协议管理、费用监控、基金拨付、待遇审核及支付等具体工作业务环节进行有针对性的防控。这是基金使用的必要流程，各个环节也具有各自的特点和风险形态，都存在着主观客观的风险，必须分别加以管控。

以上两方面，统一归属于医保基金使用运行的整体过程中，既相互区别，又相互联系。坚持从以上两方面入手，健全机制体制，完善防控体系，是经办机构双重角色下有效防范自身风险、既当好管理者又当好被监督者的必然要求，有利于实现管好基金、用好基金、维护基金安全平稳运行的制度目标。

在此还必须强调，由于各地的工作情况差异大，有些医保经办机构仍承担或联合承担着参保登记、缴费基数申报等职能，这些工作同样应纳入医保经办的风险管理范围。

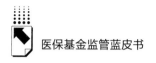
二 现阶段医保经办风险防控的形势与挑战

当前，医保基金监管的法规建设初具规模，制度体系加快形成，监管高压态势持续升级，医保监管的制度笼子不断织密扎牢；而医保经办机构的风险治理体系和治理能力无疑成为其中的重要拼图，直接决定基金监管的进展和成效。由于基金监管总体形势依然严峻，医保经办体系能力不足的问题没有得到及时有效解决，特别是在部门组建之初，医保经办机构自身也面临着各种瓶颈与短板，对加强医保基金风险防控构成挑战。分析当前实际情况，以下问题值得重视。

（一）部门衔接过渡造成的波动

在机构改革之前，医保经办机构主要存在着五险合一以及单设医保经办机构两种形式，由此医保经办转隶工作也存在不同的模式：从总体上看，单设医保经办机构的转隶尽管存在着一些需要磨合的问题，但相对顺畅；五险合一的机构在医保转隶方面面临的困难更多一些，比如科室职责划分、人员性质转换、岗位调整重置等。因此，在业务转换过程中，相关数据是否安全，审计是否到位，是否真正实现人、财、物的无缝衔接等，都是值得重视的问题。因为出现疏失，将会导致一定的风险，并且后续很难进行有效的弥补。

（二）工作职责设计留下的缝隙

目前，市级及以上医保行政机构内部均设置了基金监督部门（只是有的统筹区设置了监督机构而人员未到位）。根据相关三定方案，负责"监督管理纳入医保支付范围的医疗服务行为和医疗费用，规范医保经办业务，依法查处医疗保障领域违法违规行为"。其中，"规范医保经办业务"与经办机构相关稽核内控职能是否存在一定的交叉与重合值得商榷。到县一级医保部门，由于编制人数限制，往往不再设置基金监督科室，这又造成经办机构将会部分代行基金监督的职能。另外，部分城市为加大基金监督力度，相继成立了独立的医保稽查机构，这些机构与医保经办机构如何形成合力，也值得进一步研究和探索。工作业务上的重合，难免会造成一定的漏洞，因此在管理中有必要加强联防联治，切实减少风险。

（三）专业能力薄弱带来的风险

医保经办机构本身对专业性的要求就比较高，尤其是对风险管理而言，更需要一定的兼具专业技能和综合能力的工作人员。但从实际情况看，新机构受人员编制、人员结构等因素的限制，医保经办风险管理的知识能力、专业能力、人才资源等方面存在着不尽适应的现象，这就难免出现因发言权相对偏小而有可能导致的在关键时候顶不上的问题。

（四）平台建设滞后引发的脱节

随着医保业务海量级增长，医保风险管理不可能再依赖于原始的手工管理和多年形成的互不相通的信息系统。尽管国家医保局非常重视统一的信息平台（包括监督管理分支系统）建设，但在各地没有正式落地应用国家信息平台之前，现有的医保信息系统还是按照统筹区分割形成了一个个"孤岛"，无法形成联动合力，这让本来就吃紧的人手又增加了工作量。还应看到，在国家医疗保障信息平台建成并转入以地方平台建设为主的新阶段后，消除全国范围内的分散在各统筹区的几百个林立的信息"烟囱"也需要从理念到技术上下一番真功夫和硬功夫。

以上只是概要地梳理出当前形势下医保经办机构在风险管理方面面临的一些实际问题。应该说，医保经办机构的风险管理是一项系统性、长期性工程，必须加强全流程全环节全时段管理。

三 医保经办风险防控策略探讨

风险管理是医保经办安全运行的必然要求，需要健全机制，加大投入

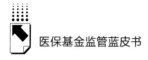

力度，同时注重运用更加合理有效的策略，确保用最低的成本获得最优的绩效。

（一）医保经办风险管理的目标

除了体现普遍性的风险防控目标和要求外，医保经办风险防控必须坚持以人民健康为中心，围绕多层次保障体系建设目标，以基金安全可持续为根本，以依法依规经办为准绳，最大限度地减少和消除医保经办过程中的各类风险。

（二）医保经办风险管理的原则

第一是合法性。所有的风险管理制度必须建立在法律法规及相关制度的基础上，一切均在法定框架下运行。第二是完备性。确保将医保经办的所有险种、所有基金、所有服务对象，全面事项、全部流程、全体工作人员进行综合性覆盖，无重复无漏洞。第三是制衡性。对所有岗位及人员均应进行业务制衡，让涉及的每个主体行使双重职能，既作为受控主体，又作为施控主体，单一主体不可独立完成任何一整套环节的流程。第四是可适性。风险管理必须与经办机构的自身体系、资金规模、风险程度等相匹配，合理测算所需配置，留有适度适量空间，适时动态调整、充实、完善，避免过度投入或投放不足的问题。第五是延展性。不同层级之间的经办机构有着不同的需求，但应该在规划时保证具备一定的弹性，预留相关接口，实现上下有效对接。

（三）医保经办风险防控举措

经办机构开展风险防控，必须坚持问题导向，强化通盘考虑，从制度、机构和操作层面，针对当前医保基金经办管理中的问题进一步加强分析研判，提出更加全面更加周密更加健全的防范策略。

1. 宏观策略（制度层面）

风险防控必须从基础抓起，在制度层面进行规范设计，确保形成统一、通用、规范、高效的风险管理体系。

一是加强法制化建设。就医保工作而言，党和国家已经通过顶层设计，明确了医疗保障制度建设的总体要求、基本原则和发展目标。目前的紧迫任务就是加快推进医保立法建设，通过健全完善相关法律，坚持权利与义务对等，对医保风险管理的要求进行明确，更好地将医保经办管理服务纳入法治轨道，切实做到有法可依、有法必依。

二是加强标准化建设。医保风险管理如同医保经办管理服务的"影子"。在前期的医保行风建设过程中，各省份已经按照要求统一了医保公共服务事项清单，起到了良好的示范作用。对风险管理，也应该参照医保待遇清单和公共服务清单的模式，组织梳理并确保全国统一的医保经办风险"负面清单"。可以从风险类型、风险层级、风险表现、风险因子、风险程度、风险管控等方面，形成风险事项清单列表，并做好医保经办领域的贯彻推广工作，切实减少风险管理中的随意性、自由度等因素干扰。

三是加强信息化建设。医保风险管理的信息化建设同样必须进行统一设计与规范。在推进省级信息平台一体化建设过程中，形成符合国家标准规范的医保业务操作流程，并嵌入风险管理流程，明确各环节业务操作人员与后台系统维护人员的权责，对所有业务环节进行固化。同时，建立数据安全存储和异地备份机制，确保所有信息完整、准确、安全，做到可复核、可追溯，有利于责任认定和责任追究。

2. 中观策略（机构层面）

风险防控工作的落实，必须加强组织动员，通过机构层面的贯彻加以推进，形成全员参与、相互监督、有序运转的防控格局。

一是健全风险管理领导机制。强化领导责任，成立相关工作领导小组，由稽核内控部门牵头，健全风险防控网络，建立联席会议制度，定期开展风险运行评估工作，综合评议机制体制情况、机构组织架构、系统平台功能、考核评估体系、激励奖惩落实、信息公开披露等方面的工作进展，并落实相关改进措施。

二是健全组织机构控制制度。根据中心职责、任务及内部构成情况，对分工协调、岗位设置、决策程序、授权管理等进行规定，合理界定各个部门

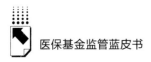
和岗位的职责，制定业务工作制度和经办流程，并明确相关的人事变动调配、回避轮转、离任审计等要求。

三是健全风险管理内控制度。重点要加强不相容岗责任分离制度、业务系统与外部互联网完全隔离制度、数据管理权限及操作备案审批制度、定期检查稽核制度、工作纠错与激励奖惩、重大要情报告反馈制度、信息公开披露制度等。

四是加强人员设备配置使用。医保各相关部门都应该配备相应的专职（兼职）风险管理人员，以随时对发现的问题进行处理和反馈；医保内控部门应根据机构规模情况，配备 2～3 名专门的风险管理内控审计人员，对机构所有内控工作进行全方位管理。因受编制等限制，无法设置相应部门并配备人员的，可采取组织开展内控巡查、设区市范围内整合内控力量、购买第三方专业服务等方式进行统筹安排。

五是加大宣传培训力度。对内，要加强对全体工作人员的岗前培训、在职教育，提高职工的政治觉悟、法治意识和业务技能，切实做到严格依法办事，熟练完成业务。对外，要加强宣传，引导和发动社会各界共同对医保业务经办工作进行监督管理。

3. 微观策略（操作层面）

风险防控具体执行过程同样至关重要，在操作层面应该更加强调规范性、严密性、闭环性要求，确保风险防控细致入微、防微杜渐。

一是方案制定。方案制定过程是实现风险防控日常管理的第一步，是根据实际形势和具体情况，明确本阶段或本次行动所需要达到的目标，以及为实现该目标需要采取的行动及工作步骤。从具体情况看，需要明确以下内容：①明确检查评估的类型，是全面评估还是专项评估。全面评估主要是年度总结考核及重大活动推进，相对周期更长、内容更全、范围更广，一般每年定期开展。专项评估主要是针对部门工作的变化与调整，工作涉及面相对较窄，比较适用于短平快的操作。②明确检查评估的方式。根据工作的不同侧重点，可采取多种方式进行检查评估，包括询问座谈了解的方式、档案台账查阅的方式、日常观察记录的方式、运行压力测试的方式、现场操作体验的方式等。如了解对定点医药机构的管理，就可以采取座谈、问卷方式进行；对信息数据管理，就可以采取查阅相关工作日志的方式进行；对相关公共服务事项的落实，就可以采取暗访体验的办法进行。③明确检查评估的标准。根据内控管理的要求，编制评估文书及相关信息采集记录表格等，明确检查内容、合格标准、评价等次与对应的赋分分值，既有优秀、良好、合格、不合格等的定性判断，也要给出相应的定量评分。在标准上，应根据实际进行动态变通处理，确保客观准确。相关参保登记业务不在医保经办机构职责范围的，可做适当调整分值等处理。④明确检查评估的分工及安排。根据工作量，一般性的检查评估，短的2～3天即可，最长不超过一周，可临时抽调相关人员共同参与。正式的综合性检查评估牵涉的部门较多，分工安排要求较细，但最好控制在半个月以内。

二是组织检查。组织实施过程是日常风险管理的关键步骤，通过强化资源整合与任务协调，提高工作效率，保证工作质量。①工作准备与沟通协调。可以分为两个层面，包括内控检查人员之间的协调沟通，进一步分配工作任务与细项，明确各工作人员的主次侧重点、工作要点、注意事项及特殊情形的认定与处理等；内控检查人员与被检查部门的协调沟通，主要是了解被检查部门的现状、整体运行情况、存在问题，业务对接人员与要求，提供的办公场地，台账资料等相关内容。②工作的进入与开展检查。正式进入相关被检查部门进行评估，按照相关工作方式方法，即通过查阅文件规章制度、询问业务人员、观察经办流程等进一步掌握业务经办的相关程序和要求，分析相关工作制度的建立完善与执行情况，以及可能存在的风险点等。在进一步熟悉情况的基础上，采取检索过往数据、抽查办理档案、实际办理等方式，对经办管理制度是否按照规范推进落实，各部门岗位工作是否与其职责分工一致、是否充分发挥作用并受到相应约束控制，部门间的协调是否顺畅等开展检查。③结果的确认与初步反馈。主要就初步发现的问题，了解相关原因及可能的影响，向相关部门进行初步反馈，对问题进行判断，是主观的还是客观的，是偶发的还是常见的，并得到被检查部门的确认。

三是综合评价。综合评价过程是对风险管理情况的系统性评价，帮助检查人员更好地了解实际运行情况。在现场检查评估结束并完成相关补充证明后，应对所有的检查结果进行汇总综合，对医保经办风险管理存在的问题进行梳理，对职责界定不清、工作环节疏漏、职权越位缺位甚至权力滥用、内外勾结等重点问题进行分析判断，并找出失控原因，在此基础上形成综合评价报告。综合评价报告应该包括单位的基本情况、风险管理日常运行情况、风险管理做法与经验、风险管理存在的问题和漏洞，以及下一步工作建议等。综合报告形成后，应及时向经办机构负责人报告。

四是改进完善。改进完善是工作形成闭环的最后节点，也是工作持续推进的起点。对实际存在的问题，应由责任部门进行深度分析，进一步排查主客观原因，寻找问题出现的源头和因素。及时根据问题的性质和程度，立即提出应对措施，防止造成新的损失，对已经产生的损失和影响应尽量予以弥补，对相关责任人进行处理。同时应该举一反三，对所有可能涉及的环节进行全盘省视，从制度、规范、流程方面进一步修改完善。对改进完善情况，也应作为整体检查评估的一项内容，予以记录归档，并在一定时期后对落实的进展、成效进行回顾总结。

随着医疗保障制度体系的日益健全，医保经办机构风险管理与防范将成为一项重要课题，无论在理论研究还是在实务操作方面，都有着极其广阔的前景。医保经办机构要将风险管理放在重要位置，在推进政策落实、强化公共服务、维护基金安全方面更好地发挥应有的作用，确保干成事、不出事。

参考文献

[1] 张欣、海韵：《抓住医改良机 大展医保宏图——访全国人大常委会委员、中国人民大学教授郑功成》，《中国医疗保险》2009 年第 5 期，第 56～59 页。
[2] 王文君：《凝心聚力 攻坚克难 扎实推进新时代医疗保障信息化建设》，《中国医疗保险》2021 年第 6 期，第 24～28 页。

B.8
当前常见欺诈骗取医保基金
行为的分析与认定

耿　韬*

摘　要： 结合国家医疗保障局公布的典型案例和工作实践，在梳理和
总结各类医保欺诈骗保的基础上，按照不同的行为主体分析
其实施欺诈骗保的形式及行为特点；从构成欺诈骗保的四个
要件，对常见欺诈骗保的行为进行分析和认定；围绕新形势
下打击欺诈骗保面临的困境，提出对策建议，为进一步加大
对欺诈骗保的打击力度，提高医保监管执法水平提供参考。

关键词： 医疗保险　欺诈骗保　行为分析　行为认定

随着基本医疗保障制度覆盖面和基金收支规模不断扩大，在医疗保障水
平不断提高的同时，各类欺诈骗保问题普发频发，对医保基金安全造成严重
威胁。医疗保障基金是人民群众的"看病钱""救命钱"，基金的使用安全
涉及人民群众的切身利益，关系医疗保障制度的健康持续发展。2018 年国
家医疗保障局成立以来，按照党中央、国务院决策部署，将基金监管作为首
要任务，不断织密扎牢医保基金监管的制度笼子，以零容忍的态度严厉打击
欺诈骗保行为。2018 年至 2020 年共检查定点医药机构 171 万家次，查处 86
万家次，追回医保基金 348.75 亿元。在挽回巨额基金损失的同时，初步形

---

* 耿韬，上海市医疗保障局监督检查所副所长，长期从事医疗保障基金监督检查工作。

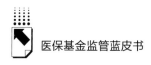

成强有力的高压震慑态势。本文结合典型案例和工作实践，对近年来医保领域常见欺诈骗保行为的发生、发现、认定、处理等进行梳理，对涉及的法律法规和政策情况进行评析，旨在探讨新形势下加强基金监管的精准性、维护基金使用安全的对策建议。

一　相关法律规章对医疗保险欺诈骗保的表述

（一）国家法律法规

2011 年 7 月 1 日起施行的《社会保险法》明确了实施欺诈骗保的主体、行为及法律责任。其中，第八十七条规定了社会保险经办机构以及医疗机构、药品经营单位等社会保险服务机构以欺诈、伪造证明材料或者其他手段骗取社会保险基金支出的法律责任；第八十八条规定了以欺诈、伪造证明材料或其他手段骗取社会保险待遇的法律责任。

2014 年 4 月 24 日，第十二届全国人民代表大会常务委员会第八次会议通过对《中华人民共和国刑法》（以下简称《刑法》）第二百六十六条的解释，明确以欺诈、伪造证明材料或者其他手段骗取养老、医疗、工伤、失业、生育等社会保险金或者其他社会保障待遇的，属于《刑法》第二百六十六条规定的诈骗公私财物的行为。

2021 年 5 月 1 日起施行的《医疗保障基金使用监督管理条例》，在第三十七条、第四十条、第四十一条具体明确了医保经办机构、定点医药机构和个人实施欺诈骗保的行为及法律责任。

此外，2018 年 11 月 27 日，国家医保局出台了《欺诈骗取医疗保障基金行为举报奖励暂行办法》（医保办发〔2018〕22 号），对各类欺诈骗取医疗保障基金行为进行了列举，共计 5 大类 20 种。

（二）地方性法规规章

2011 年，上海率先在全国出台了《上海市基本医疗保险监督管理办法》

（市政府令第 60 号），明确将定点医疗机构、定点零售药店、参保人员及其他个人各类违规行为分为一般违规行为和严重违规行为；2020 年根据《社会保险法》等法律法规，对《上海市基本医疗保险监督管理办法》进行了修订，增设了各类主体骗取基本医疗保险基金支出的法律责任。

2012 年，天津出台了《天津市基本医疗保险规定》（津政令第 49 号），按照定点医疗机构、定点零售药店、执业医师、药师及参保人员等主体，具体列举了各类欺诈骗保行为。

2013 年，宁夏回族自治区出台了《宁夏回族自治区基本医疗保险服务监督办法》（政府令第 55 号），除将定点医疗机构、定点零售药店、参保人员纳入监管，还将医保经办机构、用人单位纳入。

虽然国家法律法规和地方规章关于医保常见欺诈骗保行为的表述不完全一致，但总体思路相同，都是按照实施主体和行为危害程度进行分类认定，并根据主体特征承担相应的法律责任。

二　各类欺诈骗保行为的典型表现

医疗保险体系涉及医疗服务供应方、医疗服务需求方以及医疗保险基金管理部门等，呈现出利益主体多、环节多、风险点多、骗保手段多、监管链条长"四多一长"的特点。而且，不同行为主体实施欺诈骗保的行为方式不同，表现特点各异。笔者结合典型案例与查处工作实践经验梳理如下。

（一）以定点医疗机构及其工作人员为主体

此类主体的欺诈骗保行为，虚记药品和诊疗项目、伪造医疗文书、虚假进货发票、虚构诊疗服务、编造住院治疗材料、冒用参保人员医保卡、虚假报销发票等充斥其间，可以概括为假病人、假病情、假票据——以假充真，是这类行为主体欺诈骗保的主要手法。此外，涉案机构一般还会利用医疗服务信息不对称的特性，采取分解住院、分解处方、过度诊疗、检查、超量开

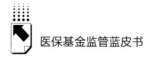

药、重复开药、重复收费、超标准收费、分解项目收费等手段增加医疗费用，机构内部成员联合作案，发生次数多，涉案金额大。

例如，某医院通过虚记药品和诊疗项目、伪造医疗文书等方式骗取医保基金142.44万元；某医院通过无医嘱收费、虚记检查收费、理疗项目多计费等方式骗取医保基金65.71万元；某社区卫生服务站通过购买虚假进货发票、阴阳处方等方式骗取医保基金60.23万元。最典型的是挂床住院，涉案机构通过减免病人自付费用、免生活费甚至给予补贴等方式，诱导病人住院进而采取伪造医疗文书、虚构诊疗服务等手段骗取医保基金，性质极其恶劣。如某医院以免费体检为由，获取参保群众信息，编造住院治疗材料，套取医保基金136万元；某民营医院院长利用户外运动协会会长身份，物色大量广场舞大爷大妈，利诱他们到医院进行"免费住院体检"，骗取医保基金达1800余万元。此外，还有为参保人员提供虚假发票，将应由个人负担的医疗费用记入医疗保障基金支付范围，为不属于医疗保障范围的人员办理医疗保障待遇，为非定点医药机构提供刷卡记账服务等。以内外勾结、医患合谋方式欺诈骗取医保基金，谋取不正当利益。如某医生协助他人冒用参保人医保卡骗取医保基金2.54万元；某地多家门诊部与医药商店勾结，用医保个人账户基金结算配眼镜费用等。

（二）以定点零售药店及其工作人员为主体

此类主体的欺诈骗保行为主要有盗刷医疗保障身份凭证，为参保人员套取现金或非医疗物品，为参保人员串换药品、耗材、物品等，为非定点医药机构提供刷卡记账服务，为参保人员虚开发票、提供虚假发票等。

如某定点药店医保药品结算数据大于其实际销售数据，存在替换、串换药品等行为，涉及金额4.9万元；某药店以补贴手段吸引、诱导参保人员购药，将非医疗器械商品匹配为医疗器械进行医保结算；某药店将非医保支付物品串换成医保非处方药品进行医保结算，店内留置多个参保人员社会保障卡进行刷卡配药等。涉案主体大多是利用了人们贪小便宜的心理，通过赠送礼品、诱导刷卡等方式，达到骗取医保基金的目的，主要是医保个人账户资金受损。此类行为通过日常稽核、视频监控和现场检查等较易发现，在当前打击欺诈骗保高压态势下，相关主体较为收敛。

（三）以参保人员及其他个人为主体

此类主体的欺诈骗保行为主要有三类：一是通过伪造变造医学文书、医学证明等有关资料或者虚构医药服务项目等方式骗取医保基金支出。如张某利用本人和其母亲的参保身份、社保卡，通过医托伪造异地住院资料5次，骗取医保基金30余万元；卢某在两地重复参保，用伪造票据到另一地进行手工报销，骗取医保基金24.28万元。此类行为主要发生在手工报销环节，随着医保信息化建设和异地就医医疗费用直接结算工作的推进，此类行为已被有效遏制。二是将本人的医疗保障凭证转借他人就医或持他人医疗保障凭证冒名就医，如参保人刘某某冒用同村参保居民苏某某医保卡就医报销医疗费，涉及16.83万元；退休人员付某某租借亲戚、朋友多张医保卡，通过虚构病情骗购医保药品并转卖牟利，造成医保基金损失40余万元。随着人脸识别实名制就医就诊的推行，此类行为在诊疗前端得到有效防范。三是非法使用医疗保障身份凭证，套取药品耗材等，倒买倒卖非法牟利。如某参保人员通过频繁在多家定点医院大量开取种类固定的处方药品进行倒卖，骗取医保基金17.80万元；肾透析特病参保患者谢某、肖某等15人，通过收集血液透析病人慢病卡，虚构事实，隐瞒真相，倒买倒卖药品，骗取医保基金55.89万元。此类行为通过人工核验很难发现，在信息化建设落后地区较易发生。目前，医保部门利用大数据和医保智能监控系统，及时发现和预警异常就医就诊行为，对个人欺诈骗保行为形成有力打击。

（四）以医保经办机构工作人员为主体

此类主体主要是利用职务便利，钻制度漏洞，通过伪造、变造、隐匿、涂改、销毁医学文书、医学证明、会计凭证、电子信息等有关资料或者虚构医药服务项目等方式，内外勾结骗取医保基金支出，危害甚大，影响恶劣，必须强化内控管理。如李某利用其手工调账的授权，分别向亲朋好友的医保

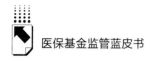

卡个人账户划入大额医保基金，然后通过定点医药机构以刷卡买药、保健品的方式消费或套取现金。某医院医保科医保专员卜某与当地医保经办机构财务审计科出纳李某共谋，各自利用职务便利，在拨付、接收医保基金的过程中通过开具虚假票据，多次截留、套取、侵吞医保经办机构拨付给该医院的医保基金687万多元。

近年来，随着医疗保险支付方式改革的深入和"互联网＋"医疗等服务模式的创新，出现了新的欺诈骗保现象。如开展"互联网＋"医疗服务模式后，在方便参保人员就医配药的同时，虚构身份、虚假诊治、虚开药品、伪造票据等欺诈骗保行为成为新的突出问题。

三 医疗保险欺诈骗保的认定

依据相关法律法规，认定医疗保险欺诈骗保应具备以下四个要件：实施医疗保险欺诈骗保的行为人（主体），行为人主观上以非法占有医保基金为目的且对自己行为系明知（主观要件），行为人实施了虚构事实、隐瞒真相骗取医保基金的具体行为（客观要件），以及造成的基金损失（客体）。下面按照实施欺诈骗保手段的不同，分别进行分析。

（一）直接伪造变造医学文书、虚构医药服务骗保

各类行为主体，包括定点医药机构、参保人员、医保经办机构，以及其他涉嫌欺诈骗保的个人，直接采取伪造变造医学文书、虚构医药服务等手段骗取医保基金支出。如张某利用本人和其母亲的参保身份、社保卡，通过医托伪造异地住院资料5次，骗取医保基金30余万元。案例中张某作为行为主体，不仅具有骗取医保基金的主观故意，还实施了骗保行为，并造成医保基金损失，符合医疗保险欺诈骗保行为的四个构成要件，应认定为欺诈骗保。

（二）诱导他人冒名或者虚假就医购药骗保

定点医药机构及其工作人员通过减免病人自付费用、免生活费等方式，

诱导他人冒名或者虚假就医、购药骗取医保基金支出。如某民营医院院长利用担任户外运动协会会长身份，物色大量广场舞大爷大妈，利诱其到医院进行"免费住院体检"，骗取医保基金达1800余万元。按照医疗保险欺诈骗保行为的四个构成要件，案例中"民营医院院长"应认定为具有医疗保险欺诈骗保行为。但案例中被诱导住院的"广场舞大爷大妈"作为参与者，既没有骗取医保基金的故意，也没有实施骗保的行为，则不构成欺诈骗保。

（三）协助他人冒名或者虚假就医、串通虚开费用单据骗保

定点医药机构及其工作人员协助他人冒名或者虚假就医、购药，提供虚假证明材料，或者串通他人虚开费用单据，骗取医保基金支出。如某医院院长黄某伙同医院内外多人通过借用职工、居民、学生医保卡在该院刷卡办理虚假住院，骗取医保基金290.61万元。案例中医院院长黄某和诈骗合伙人通过串通、勾结，具有骗取医保基金的故意，共同实施了骗保行为，并造成医保基金损失，符合医疗保险欺诈骗保行为的四个构成要件，均应认定为欺诈骗保。

（四）实施其他医保违法违规行为骗保

《医疗保障基金使用监督管理条例》第四十条、第四十一条规定，在行为人具有骗保动机的前提下，实施了过度诊疗、重复收费、超范围支付、分解住院、转卖医保药品等违法违规行为，并造成医保基金损失的，构成欺诈骗保。如某定点医疗机构以骗取医保基金为目的，采取分解住院、挂床住院的方式结算医保费用，应认定为欺诈骗保；又如某参保人员长期使用本人医保卡套取药品转卖获利，也应认定为欺诈骗保。

四 讨论与建议

（一）新形势下打击欺诈骗保行为面临的困境

近年来，全国各地在打击欺诈骗保和法制建设等方面取得了很大成效，

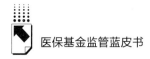

也积累了丰富的经验，但是在新形势下仍然面临许多困难。

1. 发现难

在欺诈与反欺诈的博弈中，随着医保监管力度的不断加大，欺诈骗保行为不断变化，传统的重复收费、串换收费、伪造文书票据等违法违规行为将逐渐减少，更多由显性转向隐性；骗保形式也在经历从个体到团伙，再到医患合谋、联合骗保的演变过程，并呈现出跨地区、电子化特点。如行为人起初持数张医保卡在相对固定医院高频次配药，简单的筛查规则即可发现；后来发展为大量租借医保卡由多人分工协作、分头配药，药品销往外地，故意规避监管。近年来媒体曝光的"沈阳骗保案""太和骗保案"，均揭露一些不良医院存在假病人、假病情、假票据等"三假"骗保问题，应用传统的病例检查方法单从个体情况很难发现欺诈骗保行为。

2. 认定难

在执法实践中，对欺诈骗保行为的认定难，往往表现为对欺诈骗保行为的调查取证难。调查取证往往涉及多个环节、多个对象，并需要形成经多方印证的证据链，若获取的证据不充分，其行为也难以认定。如对过度诊疗、过度检查、提供不必要的医药服务等行为进行欺诈骗保的认定，不仅需要对其医疗行为进行专业上的判定，还需要对其实施骗保的动机进行确认。鉴于医疗的专业性、复杂性和信息不对称，对欺诈骗保行为的认定会面临更多困难。在医保基金监管领域，比较难处理的就是对基金支出的合理性存疑时，医保部门对于临床诊疗、用药行为合规性的判断，时常会缺乏相应的标准。

3. 根治难

医改是世界性难题，尤其在当前医院补偿机制、收费价格和绩效管理等改革尚未到位的情况下，加之伴随医保基金第三方支付而产生的"道德损害"的叠加影响，部分医院及医师在利益驱动下诱导病人就医的行为屡禁不止，甚至还会发生医患合谋的骗保行为。与此同时，由于社会上非法收购药品存在巨额利润的诱惑，仍有不少贩卖医保药品者铤而走险，为骗保购药人提供非法渠道，从而形成了从租借医保卡、配药转卖到药品外销的整个利益链条。受以上多种因素综合影响，清除、根治欺诈骗保行为困难重重。

（二）对策建议

1. 建立以大数据为依托的动态智能监控体系

随着欺诈骗保方式的不断翻新、骗保手法的日趋隐蔽（如蚂蚁搬家式的骗保行为、医院"三假"骗保行为等），打击欺诈骗保的技术手段也应不断提升。在现有医保结算数据的基础上，不断丰富大数据维度，拓展应用诚信画像、人脸识别、行为轨迹、区块链进销存、"互联网＋"医疗服务等新领域数据，采用知识图谱、聚类分析、无监督机器学习等现代信息技术，建立不同主体、不同场景的反欺诈大数据动态智能监控体系，实现各类疑点的自动抓取、智能研判和快速预警，构建大数据全方位、全流程、全环节的智能监控"防火墙"，积极推动大数据技术向医保监管全面赋能，为打击骗保、专项治理提供有力支撑。

如根据行为人持多张医保卡到多家定点医药机构频繁购药的行为特征，建立多卡聚集模型，形成多卡聚集知识图谱，从总体数据中挖掘聚集性的重点卡群，精准锁定嫌疑对象。

应用购药人脸信息与所持医保卡进行关联，从购药时间、地点、购药品种、行为偏好等多个维度进行分析，并结合嫌疑人行为轨迹，建立人脸识别大数据模型，自动甄别骗保行为人及其关联医保卡，筛选确定高危、中危、低危嫌疑对象，建立红、橙、黄三级预警机制。

结合开展 DRG 支付和基于大数据病种分值付费（DIP）试点，针对新的支付方式下欺诈骗保的行为特点，建立高套病组、低标入院、分解住院等主题的大数据反欺诈模型，准确发现和锁定目标，实现及时防控。

充分发挥"互联网＋"的技术优势，强化"互联网＋"医疗服务智能监管，加强诊前提醒、诊中控制，重点从人员身份真实性、多次重复就诊等方面实施在线全程监控。

2. 建立健全骗保案件合议制度、同行审评制度和法制审核制度

建立案件合议制度。医保监管部门在查处医保欺诈骗保案件时，定期或不定期召集监管、法规和检查调查组工作人员，并邀请相关专家，对存在争

议或者重大案件进行讨论，重点从获取证据的充分性、行为认定的准确性、处理处罚的公正性三个方面进行集体审议，以实现统一标准、统一认定、统一处理，也可考虑探索建立基于第三方评价的争议解决机制，以保证监管过程的公平公正。

建立同行审评制度。由医保监管部门牵头或委托行业协会组织开展同行审评工作，邀请符合条件的临床医师，按照专业范围对随机抽取的病例进行审核，重点对涉及过度诊疗、过度检查、提供不必要的医药服务等专业性问题，给出研判结论，作为医保违法违规行为定性定量的参考依据。

健全法制审核制度。根据国家相关要求开展法制审核工作，由医保法制审核机构对符合法制审核条件（如拟作出行政处罚等）的案件，在作出行政执法决定前进行合法性、合理性审核。未经审核或者审核未通过的，不得作出行政执法决定。涉嫌犯罪、需要移交司法机关的案件，加强法制审核，做好行政执法与刑事司法的衔接，不断提升医保行政执法能力和质量。

3. 建立基于信用管理的监管长效机制

建立定点医药机构、医师、药师和参保人员等各类行为主体的信用评价指标体系，对失信主体采取加强智能监控、增加检查频次等措施，对涉及严重失信行为的纳入相关领域失信惩戒对象名单，依法依规实施守信联合激励和失信联合惩戒，发挥联合惩戒的威慑力，实现"一处违规，处处受限"。推进医疗机构、零售药店、医师等行业协会开展行业规范和自律建设，开展医保法律法规政策培训，促进行业自我规范和自我约束。在此基础上，按照依法依规、改革创新、协同共治的基本原则，以加强信用监管为着力点，创新监管理念、监管制度和监管方式，加强与公安、卫健、药监等多部门协作的综合监管，建立健全贯穿各类行为主体全生命周期，衔接事前、事中、事后全监管环节的新型监管机制，从根本上预防、控制和最大限度地减少各类欺诈骗保行为。

4. 建立健全经办风险防控机制

针对医保经办机构存在的管理漏洞和潜在风险，以问题为导向，运用"制度＋科技"手段，建立健全医保经办风险防控机制。

一是按照"用制度管人、管钱、管事"的要求，不断完善和细化内部管理制度和业务规范，系统梳理医保经办各项业务和基金运行中的风险点，形成问题清单和责任清单，并以此分解任务、规范流程、压实责任，从制度上消除经办风险。

二是依托医保经办信息系统，在业务经办的各个环节嵌入内控系统功能，构建涵盖事前提醒、事中记录、事后可查的内部风险管理体系，及时发现和预防经办人员在履行职责、行使职权过程中的违法违规行为，从科技手段上实现对内控管理的每个风险点进行有效管控。

三是加强业务培训和廉政风险教育，通过读政策、讲案例、摆事实等方式，不断提高医保经办人员业务能力和水平，增强医保经办人员遵纪守法、廉洁自律和拒腐防变意识，从思想上筑牢基金安全防线。

参考文献

［1］黄华波：《立足新起点　迎接新挑战　推进医保基金监管工作新跨越》，《中国医疗保险》2021 年第 4 期，第 6～8 页。

［2］段政明：《浅谈〈医疗保障基金使用监督管理条例〉》，《中国医疗保险》2021 年第 6 期，第 17～20 页。

B.9
关于建立社会办医行业自律
管理体制的思考

郝德明　陈琳*

摘　要： 在医保基金监管制度体系中，行业自律是一个不可或缺的重要
组成部分。行业自律组织，是实现行业自律的组织化推进、制
度化运行、可持续发展的载体。医疗行业加强自律，具有十分
重要的现实意义和深远的历史意义，它是建立和完善医保基金
监管制度体系的需要，也是实现自身可持续发展的内在要求。
中国非公立医疗机构协会通过强化社会办医行业自律管理，积
极推动落实非公立医疗机构依法执业和诚信经营的主体责任，
积极推动落实非公立医疗机构医保定点的自我管理主体责任，
在维护医保基金安全中彰显独特优势。协会建立的信用与能力
评价"双评"制度，是充分发挥行业组织作用、深入推进行业
自我约束的制度创新。

关键词： 医疗机构　行业自律　功能定位　中国非公立医疗机构协会

在医保基金监管制度体系中，行业自律是一个不可或缺的重要组成部
分。加强行业自律需要建立自律组织，医疗行业的自律组织就是医疗机构协
会。行业自律组织是实现行业自律的组织化推进、制度化运行、可持续发展

---

* 郝德明，中国非公立医疗机构协会常务副会长兼秘书长、法定代表人、创始人；陈琳，中国
非公立医疗机构协会学术培训部主任，国家卫健委继教中心原继教培训统筹办公室主任。

的载体。中国非公立医疗机构协会作为医疗机构行业协会的重要组成部分，在当好会员与政府之间"桥梁"、做好会员能力提升"平台"、夯实行业自律"基础"、构建良好自律氛围"软件"等方面，彰显独特优势，在推进建设更广泛的医保基金监管安全网、构建共建共治共享的医保基金监管体系方面发挥着有力的组织、引导和推动作用。

一　发展社会办医行业自律的必要性

（一）建立多维度基金监管模式的要求

新一轮医改启动以来，特别是党的十八大以来，在党中央、国务院的决策部署推动下，中国特色基本医疗卫生制度体系框架已经基本确立。在这个框架下，综合监管制度与现代医院管理制度、分级诊疗制度、药品供应保障制度和全民医保制度一起，共同构成我国基本医疗卫生制度。2020年6月1日，《基本医疗卫生与健康促进法》正式实施，明确规定"国家建立健全机构自治、行业自律、政府监管、社会监督相结合的医疗卫生综合监督管理体系"。其中，行业自律被明确规定为医疗卫生综合监督管理体系的一个重要组成部分。2021年5月1日起施行的《医疗保障基金使用监督管理条例》（以下简称《条例》），明确规定医疗保障基金使用监督管理实行政府监管、社会监督、行业自律和个人守信相结合，指出医药卫生行业协会应当加强行业自律，规范医药服务行为，促进行业规范和自我约束，引导依法、合理使用医疗保障基金。由此可见，行业自律在医疗卫生监管体系和医保基金使用监管体系中都是不可或缺的组成部分，其管理体制的建立和完善在我国医保基金监管体系中应当发挥相应的作用。

（二）社会办医快速发展背景下的现实需要

中华人民共和国成立70多年来，我国社会办医经历了从无到有，再到现在蓬勃发展的历史进程。目前，非公立医疗机构已经成为我国医疗卫生服务体系的重要组成部分和重要力量。截至 2021 年 3 月底，全国医疗卫生机构达 102.6 万家，医院 3.6 万家，其中社会办医院 2.4 万家，占医院总数的 66.67%。与 2020 年 3 月底比较，公立医院减少 76 家，社会办医院增加 1246 家。

非公立医疗机构在发展过程中，得到了国家医保管理部门的大力支持。一是在两定机构管理中对公立医院和社会办医院采取一视同仁的政策。二是优化医保定点管理服务。从 2015 年起，各地医保部门全面取消了行政部门实施的两定资格审查，符合条件的医疗机构均可按规定程序自愿提出定点申请，经过相应的评估和协商谈判，签订定点医疗服务协议后就可以纳入定点，为参保人提供服务。2018 年底，全国共有医保定点医疗机构 19.3 万家，其中非公立定点医疗机构 6.2 万家，占比 32.1%；至 2020 年底，全国共有医保定点医疗机构 38.2 万家，其中非公立定点医疗机构 15.7 万家，占比 41.1%。非公立定点医疗机构的数量和占比都在持续上升，在我国的医疗健康保障体系中发挥着越来越重要的作用。

在社会办医快速发展的同时，对非公立医疗机构医保基金使用的监管逐渐成为一个重要问题。非公立医疗机构的医疗服务收费实行市场调节，各医疗机构可以根据市场需求自主定价，与此同时部分机构级别较低、规模较小、管理欠规范，大量非公立医疗机构纳入医保定点给医保基金监管带来新的挑战。以成都市为例，截至 2020 年底，成都市有定点医药机构 15173 家，其中定点医疗机构 5089 家、定点零售药店 10084 家。5089 家定点医疗机构含公立医疗机构 753 家、非公立医疗机构 4336 家（非公立医疗机构包括医院、门诊部、诊所）。从各地已查处并公布的案例来看，非公立医疗机构违规套取甚至以欺诈手段骗取医保基金的现象时有发生。因此，加强对非公立医疗机构的规范化管理，促进其自我约束和自我管理，形成行业内部自发维护基金安全的良好局面，将成为医保基金监管发展的重要内容。

二 中国非公立医疗机构协会行业自律管理的作用定位

中国非公立医疗机构协会（以下简称"协会"）是经国务院批准成立，

由依法获得医疗机构执业许可的非公立医疗机构、相关企事业单位和社会团体等有关组织和个人自愿结成的全国性、行业性、非营利性独立法人社团，也是全国唯一从事非公立医疗行业服务和行业管理的国家级行业组织。协会作为行业自律管理组织，既要通过强化社会办医行业自律管理，落实其依法执业和诚信经营的主体责任；又要从医保定点医疗机构的角度，落实其自我管理主体责任，为医保基金监管提供有效助力。面对社会办医快速发展的态势以及由此带来的繁重监管工作，协会必须将建立医保基金行业自律管理体制作为首要目标。通过落实市场主体责任和定点医疗机构规范使用医保基金主体责任，促进非公立医疗机构由被动接受管理转变为主动承诺和自我约束，由"要我医保合规"转变为"我要医保合规"，做到"让百姓满意、社会认可、政府放心"。这是实现医保与医疗共同发展，特别是实现社会办医行业长期健康可持续发展的治本之策。

根据协会特性并结合行业发展实际，建立和完善医保基金行业自律管理体制，促进非公立医疗机构由被动接受管理转变为主动承诺和自我约束，更好地落实其医保基金合理合规使用的主体责任，协会的工作方向和目标着眼于以下几方面内容。

（一）重视沟通协调，当好"桥梁"

一方面，协会注重倾听会员特别是非公立医疗机构的意见和建议，及时向主管部门转达行业内非公立医疗机构的现实诉求，提出相关政策建议，使协会工作充分体现行业发展要求和整体意愿，从而调动非公立医疗机构参与社会治理的主动性、积极性；另一方面，及时向协会成员传达和组织学习国家方针政策，强化行业内部的政策思维和政策观念，促进相关政策有效落实。

（二）履行服务职能，做好"平台"

非公立医疗机构是协会的基础，行业自律管理制度的建立与发展离不开非公立医疗机构的自我约束和自我监督。在促进行业自律管理体制建设过程

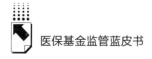

中，协会充分利用本身具有的服务职能，积极为非公立医疗机构提升专业素质、自我管理水平以及贯彻落实政策能力提供平台。

（三）强化自律建设，夯实"基础"

行业自律建设是行业协会发挥社会治理优势的核心环节和坚实基础。通过协会制定的行业管理规范、技术标准、自律公约和惩戒规则等，为非公立医疗机构强化集体自律夯实管理基础、技术基础和规则基础，不断增强非公立医疗机构自我管理功能，引导其自觉履行行业自律公约，并主动接受医保监管和社会监督，以促进行业健康有序发展，协助政府进行市场监管，实现医保基金可持续发展。

（四）营造自律氛围，做优"软件"

建立行业自律管理体制的最终目标是实现非公立医疗机构主动承诺诚信经营，积极维护基金安全可持续运行。协会将通过对国家政策组织宣传和学习，行业规范、技术标准和自律公约的贯彻落实等途径，积极营造行业内规范服务、诚信服务和维护医保基金安全的良好氛围，推动自律氛围形成长效机制。

三　行业自律管理体制建设的实践与成效

（一）主动沟通，及时反映行业诉求和落实政策

协会作为会员和政府之间的沟通桥梁，积极为行业发声，主动争取政府行业主管部门的政策支持。协会自成立以来，根据各分支机构和会员单位反映的非公立医疗新旧文件互相冲突、异地医保结算困难等问题，及时形成情况反映报告，上报有关行业主管部门。截至 2021 年 5 月，协会共计向中央和国家机关工委、国家发改委、民政部、国家卫健委、国家中医药管理局、国家医保局等国家有关部委及地方卫生行政主管部门上报文件 40 余份，有

效反映了行业诉求和问题。

此外，协会在政策、业务指导等方面与医保主管部门主动沟通，并积极贯彻落实，发挥行业自律作用，推动行业自律管理体制建设。在《条例》公布之后，协会主动与国家医保局沟通汇报相关工作，发函商请支持。2021年3月，医保局回函委托中国非公立医疗机构协会指导非公立医疗机构做好医保合规自查自纠有关工作。协会根据相关文件精神，制定了《非公立医疗机构医保合规自查自纠工作方案（征求意见稿）》，并于2021年5月在上海举办全国各地方协会工作座谈会，组织各地方协会学习《条例》，交流经验做法，征询各地方协会对方案的意见和建议，充分调动社会办医骨干力量的主观能动性和积极性，为进一步加强规范社会办医依法执业和医保合规工作打下坚实的基础。

（二）服务为本，提升社会办医疗机构自我管理能力

国家医疗保障局发布的《关于做好2019年医疗保障基金监管工作的通知》明确指出，"国家医疗保障局将建立飞行检查工作机制，逐步完善飞行检查工作流程和操作规范，不定期通过飞行检查督促指导地方工作"。与公立医院相比，非公立医保定点医疗机构缺乏分析解读医保新规、掌握医保监管关键点的能力，缺乏掌握医保飞行检查、专项检查程序与规则的能力。面对更加严格的监管与惩戒态势，非公立医疗机构在内部开展自查自纠、避免和减少医保执法惩戒、增强合规使用医保基金等方面的需求极为强烈。因此，协会根据行业自律管理需要，强化专业指导。

首先，协会按照国家有关医保政策要求，以"医保合规"为主题开展多种培训，重点围绕国家医保政策解读、社会办医院医保管理特点、医保监督检查和典型案例分析、DRG付费、医保飞行检查与专项检查详解等内容，针对管理人员和机构医保基金管理专员发布分层级的培训大纲，采取"线上＋线下、理论学习＋实践分享"的方式进行系统性培训。

其次，协会在《条例》要求的基础上细化机构自身医保管理标准，根据医院实际需求，组织从事医保审核稽核、医疗、医院财务等工作的专家，

为医院开展医保合规自查自纠咨询与实施服务，结合实际制定具体实施方案，跟踪分析并及时调整，对实施过程中出现的新情况、新问题进行深入研究，全面提升非公立医疗机构医保规范化管理能力。

（三）重视自律，利用"双评"作为自律管理手段

首先，建立非公立医疗机构信用评价指标体系和信用等级体系，加强行业自律制度建设，不断提高行业内部自我约束意识。2015 年 8 月，协会经商务部和国有资产监督管理委员会批准，获得了国家行业信用评价资质，开始以信用评价和能力评价作为行业自律手段。协会结合我国社会办医行业的特点，在全国范围内招募医院管理和医疗专家建立"双评"工作专家库，组建了评价专家委员会和评价标准委员会，研究制定"双评"管理办法和评价体系。2018 年 3 月，协会被国家标准委正式纳入国家第二批团体标准试点单位，发布了《中国非公立医疗机构协会非公立医疗机构信用评价》团体标准（T/CNMIA0001—2008），该信用评价体系由价值观、服务能力和社会责任三大部分组成，分别包含价值理念、制度规范、行为规范、品牌形象、管理能力、医疗能力、财务能力、公共管理信用信息、相关方履约和公益支持等指标项。信用等级将按国家统一规定分为"三等五级"，即分为A、B、C 三等，下设 AAA、AA、A、B、C 五级，每个等级均对应信用级别；星级评审分为三个等级，由高到低依次为五星级、四星级和三星级。2019 年，协会组织专家编写出版了《非公立医疗机构信用与能力评价实用指南（全两篇）》，从而在评价理论、评价体系、专家组织、评价实践等方面形成了完备的评价运作体系。

其次，在评价指标体系的指导下，开展信用与能力评价（以下简称"双评"）。"双评"工作作为提升社会办医信用与服务能力建设、推动高水平高质量发展的有效手段，作为规范社会办医、促进持续改进的国家行业评价制度体系建设的指路牌和强化社会办医内涵建设的助推器，旨在通过"以评促建、以评促改、评建结合、重在建设"，在行业内形成"重诚信、比服务、争先进"的良好态势。2016~2020 年，协会先后组织专家到全国

近 20 个省市，对规模大、影响力好的 123 家医疗机构开展了行业评价工作，根据评审结果，经评审委员会审议并报协会核准公示后，由协会向社会正式公布，授予医疗机构相应的信用和星级等级证书、标牌，"双评"工作受到了参评医疗机构的一致好评。"双评"工作成为医疗机构特别是非公立医疗机构提升自身规范化管理和服务水平，打造政府放心、百姓满意、市场认可的现代化医疗机构的重要抓手。

（四）围绕目标，采取正面倡导促进行业自律发展

协会以多种渠道向社会宣传行业信用评级和行业价值观体系。通过正面倡导与宣传，强化协会自律自治功能，营造促进规范诚信经营、维护医保基金安全运行的良好氛围。2019 年 8 月以来，协会为加强行业自律、强化医疗机构自治、维护行业声誉、重塑社会办医新形象，印发了关于在线签署《社会办医服务承诺书》的通知，同时在协会官网和微信公众号、人民健康网及中国社会办医网建立了"全国社会办医阳光平台"，每周定期更新发布已签约医疗机构名单。截至 2021 年 8 月 30 日，已有 3871 家非公立医疗机构签约承诺书。

为进一步展现社会办医优良风气，应提高非公立医疗机构自查自纠能力，进一步规范诊疗行为。协会计划在全国范围内开展"医保合规典型案例"征集活动，结合医保和相关领域专家意见评选优秀案例，为医疗机构提供真实可参考的内部管理制度与运作模式。协会积极组织案例编写的同时，充分发挥模范带头作用，展现医保基金与非公立医疗机构共促双方可持续发展的成熟模式。

四　建设行业自律管理体制的未来发展

到 2025 年，我国要基本建成医保基金监管制度体系和执法体系，形成以法治为保障、信用管理为基础，以多形式检查、大数据监管为依托的机构自治、行业自律、政府监管、社会监督、个人守信相结合的全方位监管格

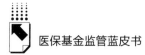
局。目前，中国非公立医疗机构协会已经开展的工作，仅仅是行业协会对于行业自律管理体制建设工作的初步探索，仍存在诸多不足和较大的发展空间。今后协会一方面将继续以信用管理为抓手，着力推进建立会员信用记录，开展信用承诺、信用培训、诚信宣传、诚信建议等工作；另一方面将以提升非公立医疗机构医保资金合规使用能力为重点，帮助定点医药机构建立医疗保障基金使用内部管理制度，将支付方式改革、医保目录调整等落实到医院操作层面，按照诊疗规范提供合理、必要的医药服务。协会的行业自律管理工作也将加快前进的步伐，力争实现从随意管理走向依据标准管理、从碎片化管理走向系统化管理、从粗放型管理走向精细化管理、从经验管理走向科学管理，从而更加符合全方位监管格局对行业组织的定位和要求。

B.10
基本医保定点医药机构协议管理的
主要措施、行政性与未来任务

娄　宇[*]

摘　要： 我国现行医疗保障制度下，医保经办机构通过与定点医药机构签订和履行协议来为参保人提供医保服务，各统筹地区通过强化协议管理落实基本医疗保险制度各项政策规定，促使定点医药机构规范医药服务行为，依法、合理使用医疗保障基金，实现参保人员的基本医疗保障权益。当前医保服务协议中体现行政优益权的条款居多，体现合同性的条款偏少，这在持续保持打击欺诈骗保高压态势的背景下具有合理性。2020年3月，最高人民法院复函国家医疗保障局，明确医保管理服务协议属于行政协议，作为行政协议的医保服务协议管理，未来仍应继续探索行政法律属性和民事法律属性之间的边界，实现与医保行政监管之间的合理分工和有机衔接，做到不越位不缺位。

关键词： 医保服务协议　行政协议　协议管理　行政监管　行政优益权

一　引言

《社会保险法》第31条规定，社会保险经办机构根据管理服务的需要，

---

* 娄宇，中国政法大学民商经济法学院教授、社会法研究所所长，法学博士、经济学博士后。

可以与医疗机构、药品经营单位签订服务协议（以下简称"医保服务协议"），规范医疗服务行为。医保经办机构是参保人利益的代表机构，通过与定点医药机构签订和履行医保服务协议为参保人提供医保服务。2020 年以前，医保服务协议的法律性质没有权威界定，学术界有行政契约说和民事契约说两种观点。① 由此造成各统筹地区对医保服务协议的法律性质理解不一，在法律规制手段的选择上五花八门，协议管理与行政监管之间的关系也模糊不清。

2020 年 3 月 19 日，最高人民法院行政审判庭在对国家医疗保障局《关于将医保管理服务协议统一纳入行政协议管理的函》的回复函中指出，医疗管理服务协议系医疗保障部门为了实现行政管理职能和公共服务目标，与相关医药机构协商一致订立的具有行政法权利义务内容的协议，属于《行政诉讼法》第 12 条第 1 款第 11 项规定的行政协议。至此，医保服务协议的法律性质得以明确，但是考虑到行政协议仍然是一个不确定法律概念，其中包含的行政法律属性和民事法律属性之间的界限存在争议，实际上这个回复函也仅仅确认了医保服务协议争议的处理程序，即按照行政争议处理。

按规定，医保服务协议范本由国务院医保部门制定，至今出过两版，分别是原劳动和社会保障部 2000 年印发的《城镇职工基本医疗保险定点医疗机构和定点零售药店服务协议文本》，人社部社会保险事业管理中心 2014 年印发的《基本医疗保险定点医疗机构医疗服务协议范本（试行）》，各统筹地区在具体执行中一般采取结合本地区实际，对协议范本进行修改完善并增

---

① 行政契约说认为，医保服务协议的一方主体是实施医保行政管理的行政主体，另一方不具备行政主体资格，医保管理服务于公共管理和公共利益的目的，与私人主体之间签订的实现私益的民事契约有着本质区别。相关文献包括王霞等：《基本医疗保险服务协议存在的问题及政策建议》，《中国医院》2012 年第 1 期，第 13 页；余军华：《从行政契约角度谈医疗保险社会治理问题——以定点医药机构协议管理为例》，《中国医疗保险》2018 年第 8 期，第 10 页等。民事契约说认为，经办机构是参保人群体利益的代表，这种利益可以进而分解到每一位参保人，这不同于带有"不特定多数人享有"和"不可分解"性质的公共利益。另外，《社会保险法》只规定了参保单位和个人的权利救济途径，并没有要求医保服务协议争议也要按照这一途径解决，按照"法无明文规定皆自由"的原则，争议处理办法应当由医、保双方自由选择，而不应当直接按照行政争议程序来处理，那么将经办机构认定为民事主体更合理。相关文献包括娄宇：《论医保服务协议对骗保行为的规制方法——惩罚性赔偿的法理与制度设计》，《中国医疗保险》2018 年第 10 期，第 17 页等。

加补充协议的方式制定当地协议文本。从各地区公布的协议文本来看，加强行政化的趋势比较明显。一方面，医疗机构垄断性和"官僚级别"导致服务协议目标落实难；另一方面，当前对欺诈骗保保持持续高压态势。在这两个大背景下，这种趋势具有一定的合理性。长期来看，还需要进一步厘清行政属性和民事属性的边界，并与行政监管做好分工和衔接。

二 基本医保定点医药机构协议管理的主要措施、行政性以及与行政监管的关系

加强医保协议管理是落实行政体制改革和建设服务型政府的必然要求。2015年，人社部颁布了两项部门规章——《关于完善基本医疗保险定点医药机构协议管理的指导意见》《关于印发基本医疗保险定点医药机构协议管理经办规程的通知》，要求各地按照简政放权的精神，取消两定资格审查，将工作重点从重准入转向重管理，着重加强事中、事后监管，通过服务协议明确经办机构和医药机构双方的权利义务，规范医药机构服务行为，完善退出机制，提高管理效率。各地在执行上述规范性文件的过程中，通过采取结构性协议管理措施，逐步完善协议管理制度。

（一）结构性协议管理措施

各统筹地区协议管理制度设计相似，具体措施不同，综合来看，可总结为以下几点。

首先，通过评估将医保管理前移。一般医药机构在签署医保定点服务协议之前，对医保规章制度知之甚少，各地医保部门通过加强缔约之前的评估工作，提升事中、事后的医保管理水平和履约效果。例如，烟台市广泛接受社会各界的监督及对医药机构的评价，并综合考虑医疗专家对医务专业人员的评价，力求做到公平、公开、公正；[①] 济南市委托第三方招投标确定定点

---

① 王军仁：《烟台市医保协议管理评估的实践与体会》，《中国医疗保险》2019年第8期，第49页。

医药机构,将医保经办机构从甄别、确定缔约对象的繁复工作中解放出来,将主要精力放在履约的考核和管理上。[①]

其次,采取分级分类管理方式。例如,成都市对医疗服务机构和服务项目进行分类管理,对医疗机构进行分级管理,对大型医疗机构和中心城区定点药店由地市级医保管理,其余机构归县级医保管理;[②] 北京根据医疗机构性质,分别制定了营利性和非营利性定点医疗机构服务协议、A 类定点医疗机构补充协议,同时针对定点医疗机构认定及日常管理中暴露的问题制定了附加协议,各区还可以在市里协议的基础上签订补充协议,满足基层个性化需求。

再次,建立全过程动态管理机制。在医保控费大趋势下,为进一步提高医疗机构管理水平,提高医保基金的使用效率,各地纷纷引入了智能监控、考核保证金拨付等措施,对定点医药机构执行医疗保障政策、履行医疗保障服务协议、服务质量等情况进行全流程监控,开展线上线下考核,并将考核结果作为支付考核保证金或中止、解除协议的依据,对定点机构实行动态管理。例如,天津市将控制总量指标作为协议条款,下达给各医院执行;上海市将考核扣分、分担清算、监督检查频率与医疗机构预算执行情况挂钩;青岛市将协议履行情况作为医疗机构诚信等级的评价标准,设专项资金予以奖励;广州市提高违约金数额,加大对违约情形的处罚力度。[③]

最后,构建多层次的协议监管体系。《医疗保障基金使用监督管理条例》(以下简称《条例》)中主要规定了医保行政机关的监督管理措施,对经办机构协议管理的规定比较简略,只提及了在协议中明确违约的行为类型以及责任,由行政部门监督服务协议的订立和履行。各地以两定机构医保结算系统为基础,依托智能监控,综合推进包括日常巡查、专项检查、大数据

---

① 钟波:《玉溪完善医保医药机构协议管理实证分析》,《中国医疗保险》2019 年第 3 期,第 48 页。

② 李刚等:《成都市基本医疗保险定点医药机构协议管理实践与思考》,《中国医疗保险》2017 年第 9 期,第 38 页。

③ 唐霁松:《夯实协议管理基础 履行经办机构职责——医疗保险服务协议管理现状与发展趋势分析》,《中国医疗保险》2013 年第 8 期,第 9 页。

分析定向检查、举报投诉稽查、部门联合检查、社会监督检查、以会计审计机构和商业保险机构为代表的第三方审计和各级医保联动监管，[①] 以之前简单的结算转向多层次的监管，并通过制定配套管理文件，细化经办规程，让违约处理措施能够有章可循。[②]

（二）医保服务协议的行政性以及与行政监管之间的关系

在最高人民法院答复国家医保局明确医保服务协议行政协议法律性质之前，虽然理论界曾有行政协议和民事协议之争，但在实践中，为了彰显协议管理的公信力和执行力，很多地区经办机构都倾向于将服务协议作为行政协议，希望在面对具有垄断地位的大型医疗机构时能凭此提升话语权，震慑医疗机构的违法违规行为。但从实践效果来看，此愿望的达成情况尚不明朗，而且由于行政协议在我国尚无相关的法律规制，医保服务协议的行政性措施与行政监管之间处于何种关系，还需要持续探索。

1. 行政契约的行政性

行政协议是一个不确定法律概念，我国尚没有颁布过规制行政协议的实体法律。按照大陆法系国家的行政法理论通说，行政契约的订立和履行遵循"双阶理论"，选择合适的相对方订立行政契约是行使公权力的行为，适用行政法规则，此为第一阶；履行行政契约的行为要遵循平等、有偿等民事规则，适用民法规则，此为第二阶。同时，在涉及公共利益时的行政优益权是行政性的重要体现，相对方做出损害公共利益的行为时，行政机关拥有单方作出变更或者解除协议的权力，当然此权力的行使应当保证正当和合法，否

---

① 《医疗保障基金使用监督管理条例》的征求意见稿中将商业保险机构作为第三方监管机关，正式稿中删去了这一规定，表明了立法者不希望将商业保险机构作为主要的第三方监管参与机构，毕竟商保机构参与基本医保的主要方式还是经办大病保险，如果经办机构同时也是监管机构，身份错位容易引发很多问题。参见娄宇《新变化释放新信号》，《中国卫生》2021年第4期，第54页。

② 李刚等：《成都市基本医疗保险定点医药机构协议管理实践与思考》，《中国医疗保险》2017年第9期，第38页。

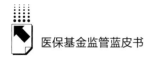

则给相对方造成损失应当通过行政法程序，即复议和诉讼予以救济。①

就医保服务协议而言，协议成立之前需要经过医药机构的申请，医药机构符合经办机构所公布的条件并经考察评估合格之后方能获得定点医药机构的资格。医药机构进行决定和选择的阶段，包含是否同意医药机构的申请以及考察评估后给予哪些医药机构定点资格。经办机构在这个阶段进行的受理申请、考察评估、协商谈判、结果公示等一系列程序，均属行使行政权力的体现，系医保服务协议作为行政契约第一阶。② 由于人社部 2015 年颁布的两项部门规章已经取消了行政审批，因此这一阶段没有太多加强行政性的空间，而履行阶段本就属于适用民事规则的第二阶，那么，增强行政性就意味着扩大公共利益的适用范围，即在出现基金违规使用嫌疑时，扩充解除医保服务协议的情形。一些地方在医保服务协议中将违约金的标准确定为涉案金额的 2~5 倍，按照前述的行政协议基本原理，要求定点医疗机构支付违约金系协议履行行为，应当适用民事规则，按照《民法典》第 585 条、《合同法司法解释二》第 29 条，当事人约定的违约金超过造成损失的 30% 的，一般可以认定为"过分高于造成的损失"。《条例》规定，定点医药机构和参保人通过指定方式骗取医疗保障基金支出的，由医疗保障行政部门责令退回，并处骗取金额 2 倍以上 5 倍以下的罚款。行政协议违约金与行政罚款的区别还需进一步把握，以减少法律风险。

2. 协议管理与行政监管界限不清晰

医保经办机构和行政机关应当各司其职，有机衔接，不能出现推诿监管责任或者争抢监管责任的现象。笔者曾撰文指出，如果认为医保服务协议是行政合同，医保经办机构与行政机关的职能会发生重合，划清二者边界将会变得非常困难。③ 当前，《条例》吸收了最高院关于服务协议是行政协议的

① 严益州：《德国行政法上的双阶理论》，《环球法律评论》2015 年第 1 期，第 90 页。
② 吴晓月、娄宇：《论医疗服务协议的法律性质》，载王天玉主编《社会保险法前沿问题研究》，中国社会科学出版社，2020，第 155 页。
③ 娄宇：《确保基金安全应妥善处理行政监管与协议监管的关系》，《中国医疗保险》2020 年第 4 期，第 38 页。

回复意见，但是具体制度安排仅限于争议的处理程序，对协议管理的规定比较简略，相比行政监管措施单设一章（第三章监督管理）的立法体例，国务院似乎希望经办机构能够在实践中自行探索出合理的协议管理措施，从而预留出了立法空间。

经办机构没有执法权，只有依据协议开展稽查审核的权力。经办机构的协议管理措施目前主要有约谈、限期整改、暂停支付、拒付费用、要求支付违约金、中止协议、解除协议等几种，一旦发现了医疗机构的可疑行为，除了针对协议本身的措施以及立即上报医保行政机关之外，并无其他办法，实际上是扮演了欺诈骗保行为"吹哨人"的角色。一方面，是否构成欺诈骗保最终还是要以行政执法部门的监督检查结果来认定，经办机构在医疗服务机构内部开展工作的难度较大；另一方面，行政机关对于专业技术较强的骗保行为的认定较困难，特别是在医保支付方式改革引入了很多新举措（如DRG 和 DIP 支付方式）之后，很多欺诈骗保行为更加隐蔽，违约、违规、违法界限不甚清晰，要求经办机构更好地运用协议手段惩戒不法乃至不合理的医疗行为。

三 基本医保定点医药机构协议管理的未来任务

设计协议管理措施的基础是医保服务协议的法律性质，出发点是我国基本医疗保险制度框架下医方和保方的地位和关系，落脚点是通过协议管理和行政管理"双管齐下"，合法和高效地使用医保基金，切实保障参保人的合法权益。在法律性质方面，目前官方已经给出了明确的答复，但是这个答复并没有毕其功于一役，还需要进一步加工和细化，通过创新协议管理的行政手段和民事手段来实现与行政监管的合理分工和有序协作。

（一）创新医保协议管理举措

同时存在协议管理和行政监管，这是基本医保基金使用和监管领域的一大特色，在其他公共事务中是非常少见的。医保服务协议的行政协议性质决定了协议管理措施兼具行政性和民事性两种性质。在加强行政化举措，通过增加行政优益权的情形来提升经办管理的地位之外，还应当依据现实需求在二者之间适时调整，选择合理的法律措施。除了目前普遍采取的扩大经办机构单方面暂停支付、中止和解除协议的情形等行政性措施之外，未来还可以鼓励各地区创新协议的民事措施，通过实践检验实施效果，及时评估各自的优缺点。在民法的视野中，契约双方当事人地位平等，意思自治，公权力不得介入和干预，通过违约责任等制度安排解决契约争议。强调医保双方的地位平等，实际上是要求医疗机构放弃优越的地位，与经办机构"平起平坐"缔结和履行医保服务协议，在发生不涉及公共利益的契约争议时，经办机构可以与医疗机构平等协商，并在必要情况下要求后者支付违约金，从而在不影响契约履行的情形下以相对缓和的手段实现协议管理。同时，还可以将已经被证明成熟的民事协议措施应用于医保服务协议，例如为了对违规行为形成震慑效应，可以尝试在协议中引入惩罚性赔偿条款，依据违规行为的性质以及对社会的危害程度，区分轻度违约、一般违约和重度违约，对某些一般性违约行为课以合同罚款。[①]

（二）协议管理和行政监管的分工和协作

《条例》在明确医保服务协议争议处理程序之外，没有进一步规定二者如何协调和衔接的问题，需要经办机构和行政机构在医保治理实践中自行探索。协议管理和行政监管的目标都是规范医疗服务行为，提高医保基金使用效率，为参保人提供优质医疗服务，但是医保服务协议作为行政协议的民事属性决定了在不涉及公共利益时，可以采用相对缓和的协议措施，否则立即交由医保和其他相关行政机关处理。另外，在日常的监督管理工作中也需要划清二者的界限，避免推诿责任和抢夺权力。

公共利益是一个不明确法律概念，需要在具体的医保管理和执法实践中

---

① 娄宇：《论医疗服务协议对骗保行为的规制方法——惩罚性赔偿的法理与制度设计》，《中国医疗保险》2018 年第 10 期，第 17 页。

细化相关标准和法则。各统筹地区公布的协议文本中，将性质恶劣、造成医疗保障基金重大损失或社会影响严重作为损害公共利益的判断标准。例如，《云南省基本医疗保障定点医疗机构医疗服务协议范本（征求意见稿）》中按照上述标准将违约行为区分为轻度违约、一般违约和重度违约。轻度违约一般采用警告、约谈、限期整改等措施，一般违约视情节轻重可予以暂缓或不予拨付费用、不予支付或追回违约费用、要求支付违约金、扣除质量保证金、核减总控指标额度、中止履行协议等处理，该范本还列举了违约责任的若干类型，为协议管理措施指明了方向。

当然，在涉及公共利益时，必须严格遵循行政协议的行政性，这主要涉及《条例》第38、39、40条列举的医疗机构违法、违规行为，以及第41条列举的参保人个人的违法违规行为。经办机构在日常的协议管理中如果发现医疗机构的上述异常行为，应当立即实施行政化措施，单方面暂停（中止）、解除协议，并妥善保留证据，及时上报相关行政机关，做好"吹哨人"的工作。

此外，在日常监督管理中还需要划定两类措施的工作范围。一方面，对医药机构的监督主要应当依靠协议管理，经办机构长期处于医疗保障基金运营和发放的第一线，直接与医疗服务机构打交道，掌握着最基层和最真实的数据和信息，还是要从制度上保证经办机构的工作积极性，防止与医疗机构串通的情况出现，保证医保基金监管的效果；另一方面，各地区新成立的医疗保障行政机关编制有限，执法队伍和执法机制在短时间内还难以完善，以至于对医疗服务的监管可能在未来相当长的时间内还要依靠经办机构。在这种情况下，行政机关不如退而求其次，将重点放在对服务协议履行情况的全面监管上，对于医疗服务机构的监管主要采用抽查和接受举报等方式。

在违规行为性质的认定方面，认定主体还应当进一步明确，行政执法机构的职责更多的还应当是法律认定。比如，骗保对基金安全危害性的认定、罚款额的确定、是否有必要纳入失信联合惩戒名单等。而事实认定，尤其是对于专业技术较强的骗保行为的认定还应当依靠经办机构，

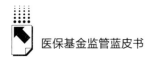
比如在按病组付费的支付方式下，病案首页的错误编写、高编码、分解住院等。①

四 结语

协议管理是医保管理中的新生事物，正如专家指出的，协议创设了一个载体，协议管理解决的是往这个载体里装载什么、如何装载、如何达到目的的问题，这将是一个值得永恒探讨的话题。② 我国自 21 世纪初期全面规划医保政策以来，仅用了 10 余年的时间即实现了 13 亿人口的全覆盖，取得的业绩举世瞩目，下一个阶段的任务应当是提升管理的规范化和法治化水平，用法律手段为已经取得的成就保驾护航。在某种程度上，协议管理是基本医保法治化的重要抓手，中国医保人应当继续探索合法有效的协议管理措施，并与行政监管做好衔接。

---

① 吴晓月、娄宇：《论医疗服务协议的法律性质》，载王天玉主编《社会保险法前沿问题研究》，中国社会科学出版社，2020，第 159 页。
② 唐霁松：《夯实协议管理基础履行经办机构职责——医疗保险服务协议管理现状与发展趋势分析》，《中国医疗保险》2013 年第 8 期，第 11 页。

B.11
新形势下医院医保管理的
新挑战新任务新举措及发展展望

冷家骅　陈治水*

摘　要： 我国医疗保障制度不断深化改革，为定点医院发展创造了良
好发展机会。新形势下，医院医保的地位和作用日益凸显，
但同时也对医院医保管理工作提出了更高的要求。本文基于
医院医保管理工作面临的新挑战，提出当前医院医保管理工
作的主要任务，并从健全医院医保管理制度、加强就医管
理、信息系统建设、推进医保医师管理、注重绩效导向作
用、强化培训与宣传功能等方面提出提高医院医保管理水平
的对策建议。最后，结合我国医疗保障事业发展趋势，对医
院医保管理工作进行展望。

关键词： 医院　医保管理　绩效导向　培训与宣传

　　我国的医疗保障制度是关乎全民健康福祉和社会和谐稳定的一项重大民
生制度。随着多年来改革的不断深入，医疗保障制度发展已取得全民覆盖的
伟大成就，正在向成熟定型的高质量阶段发展。医保基金作为维护医疗保障
事业可持续发展的物质保障，事关参保人的切身利益。医院作为落实医疗保
障制度的重要主体，其医保管理水平直接影响到基金运行安全，也关系到医

---

* 冷家骅，医学博士，北京大学肿瘤医院医保处处长；陈治水，北京大学肿瘤医院医保处。

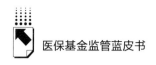
院的发展。研究新形势下做好医院医保管理工作的路径，对实现医保与医院的共同发展具有重要现实意义和长远发展意义。

一 定点医疗机构在医保事业改革发展中的地位和作用

医疗与医保有着天然的内在联系。二者都是经济社会发展到一定水平和阶段的产物，并且随着经济社会的不断发展而不断提升医疗水平与医保水平。

医疗与医保是相互促进、共同发展的关系，本质就是维护人民健康。对此，国家的顶层设计文件已经给出了明确的答案。《中共中央 国务院关于深化医疗保障制度改革的意见》（下称中央《意见》）指出，"医药服务供给关系人民健康和医疗保障功能的实现"。国务院颁布的《医疗保障基金使用监督管理条例》（下称《条例》）明确规定，"定点医药机构应当按照规定提供医药服务，提高服务质量，合理使用医疗保障基金，维护公民健康权益"。很明显，中央《意见》和《条例》都明确提出医疗服务和医保制度的共同宗旨或共同目标是维护公民健康，通过实施健康中国战略，到 2035 年建成健康中国。

既然医疗与医保的共同责任是维护人民健康，共同目标是建成健康中国。那么，医保定点医疗机构就应该按照中央《意见》和《条例》的要求，在建立制度上下功夫，即建立医疗保障基金使用内部管理制度，建立健全考核评价体系；在组织培训上下功夫，即组织开展医保基金相关制度、政策的培训，定期检查本单位医保基金使用情况，及时纠正基金使用不规范的行为；在规范服务上下功夫，即规范医疗保险中的医疗服务行为，确保医保基金支付的费用符合规定的支付范围；在接受监督上下功夫，向医保行政部门报告医保基金使用监督管理所需信息，向社会公开医药费用、费用结构等信息，接受社会监督。

笔者认为，国家在顶层设计中对定点医疗机构提出的各项要求，正是对定点医疗机构在维护人民健康、建成健康中国这一战略中的重要地位和作用的充分肯定。对此，各类各级定点医疗机构都要有清醒的认识，进而形成深度共识。

二　定点医院医保管理面临的新挑战

（一）管理难度加大

目前，我国医疗保障体系已经日渐完善，基本医疗保险覆盖人群不断扩大，保障水平稳步提高。根据国家医疗保障局公布的《2020 年全国医疗保障事业发展统计公报》，截至 2020 年底，全国基本医疗保险参保人数达136131 万人，参保覆盖面稳定在 95% 以上。2020 年，全年基本医疗保险基金（含生育保险）总收入为24846 亿元，总支出为21032 亿元，年末累计结存 31500 亿元①。随着参保人数总量、享受待遇人次和医保基金收支规模的持续扩大，定点医院服务的医保患者不断增加，但同时部分参保患者套取骗取甚至挪用医保基金等风险也相应增加。部分医疗机构的医务人员为了实现个人创收，利用过度诊疗等手段套用医保基金，在增加医保支付风险的同时，一定程度上增加了医院医保管理的难度。作为我国医疗服务体系的重要组成部分，医院层面的医保基金风险防控和监督管理亟待加强。

（二）管理要求提高

政府在推进医保基金监管制度体系改革中，高度重视发挥医疗机构的作用。如上所述，中央《意见》、《条例》，以及国务院办公厅《关于推进医疗保障基金监管制度体系改革的指导意见》等法规政策文件，均对医疗机构端关于基金的使用要求和法律责任进行了明确。并且，医院在面临 DRGs 付费机制等改革的实践时，可能由于收支结余与 DRGs 支付制度等不协同，出

① 《2020 年全国医疗保障事业发展统计公报》，国家医疗保障局网站，http：//www. nhsa. gov. cn/art/2021/6/8/art_ 7_ 5232. html，2021 年 6 月 8 日。

现科室追逐收入动力增加、医保"不买单"的情况，造成医院增收不增效，进而影响财务报告质量和决策判断。[①] 可见，完善医保基金监管制度体系深化了定点医院日常医保管理的内涵，同时也对医院医保管理工作提出了更高标准的要求。对于各级定点医院来说，需要面对重塑利益格局的挑战，建立健全医院与医保之间的联动管理机制，以及以成本控制及效率提升为核心的医院管理运行模式。医院以往更多停留在理念层面的"精细化管理"，现在必须有更为切实的落地措施对实施效果加以考评并不断改进。[②]

三　新形势下定点医院医保管理面临的新任务

不同于商业医疗保险，我国医疗保障制度的首要目标并不是追求经济效益，而是维护全体人民的身体健康和生命安全。对医保基金运行实施监管，根本目的除了保障基金安全，促进基金有效使用，还要维护公民医疗保障合法权益。因此，作为定点医疗机构实施医保管理工作时，应以患者为中心，依托于临床，在确保满足参保人医疗服务需求的前提下，守好基金安全关口。

同时，随着全民医保目标的实现，医保资金成为定点医院业务收入的主要来源，医保管理对医院可持续发展的作用日趋重要。在全面深化支付方式改革的背景下，医院需以保障基金安全有效运行为基本遵循，严格按照医保政策进行规范操作。定点医院需要转换思维方式和管理模式，积极探索建立符合自身实际和与时俱进发展形势的医保管理机制，提升内部管理能力。通过综合整体规划、创新手段、源头把控、系统规范等诸多措施，推进医保管理向科学化和精细化发展，有效提高医院医保管理效能，减少医保缺陷发生率，实现医院和医保共同长效健康发展。

[①] 秦永方：《医改新时代医院绩效变革迭代之道》，《中国医院院长》第3、4期。

[②] 卿放、罗利：《基于管理熵理论的医院绩效评价研究》，《西南民族大学学报》（人文社会科学版）2015年第2期，第145页。

四 加强医院医保管理的新举措

根据《条例》的要求，医院需要承担履行核验参保人信息、成本管理等多方面的管理职责。此外，在自身运营管理中，医院也应从完善内部制度、细化管理内容、规范医务人员医疗行为、加强内部风险防控等多方面建立健全措施，构建"不敢违、不能违、不愿违"的监管长效机制，防范医保基金使用过程中的各类风险。

（一）健全医院医保管理制度

《条例》明确了医疗保障基金使用监督管理原则，强化了基金使用相关主体责任，构建了系统的基金使用监督管理体制机制，加大了对违法行为的惩处力度。在医疗保险标准化管理程度越来越高的条件下，医院依法依规管理则显得尤为重要。在医保管理领域，医院应坚持从严监管的原则，结合医院发展情况，完善符合医院内部实际的可操作性制度，强化对医疗保险各关系方的约束和监管。定期开展医院内部自查工作，针对自查发现的重点、难点、堵点问题，制定相关整改方案，同时坚持问题导向，自上而下与自下而上相结合，持续优化改进管理工作流程。

（二）加强就医管理

一是关口前移确保实名就医。在基本医疗服务提供的首站——挂号室和住院处，工作人员严格按照医保患者实名制就医管理规定和医保相关政策要求，核对患者本人有效医保卡和身份证，严格进行就诊人、医保卡的一致性核验。与此同时，落实医务人员在诊期间对持医保卡就医人员身份的核实工作。通过严格把控就诊、入院和就医等环节，落实实名就医制度，从源头降低骗保风险[1]。

---

[1] 赵昕昱、王晓京、王涤非：《公立医院医疗保险费用监管的问题及对策研究》，《中国医院》2013年第12期，第57页。

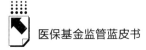

二是实行承诺管理，促进诚信就医。为规避患者失信造成的拒付风险，定点医院需加强对就诊患者有关医疗保险的诚信约束。制定《就诊患者医疗保险诚信承诺书》，由出诊医师或病房医师在门诊工作站或电子病历中打印。针对高风险就诊人群，进行义务和惩戒后果的告知，并组织签署确认；将失信风险较高的就诊者和预计医保基金大额支付的就诊者纳入高风险人群进行管理。患者签字后，统一收存留档，以应对失信造成的各种不良影响。

（三）加强信息系统建设

随着医院业务量的增长，医保智能审核系统已逐渐成为医院内控管理的基础工具。院方在开展医保基金规范化管理工作时，需探索实现医保管理工作的精细化，打破传统思维，充分结合现代信息化技术手段，利用大数据分析平台，建设以事前预防检查、事中监督控制和事后严格审核为核心的信息化智能监控系统，提高医保基金监督管理质量和工作效率，并辅以科学严谨的管理流程，[1] 实现全面、全程和实时监控医院的医疗服务行为。为顺应医保基金管理的发展需求，一些医疗机构已开发多功能医保基金运维操作平台，自动筛查医保基金违规行为，逐步实现医疗信息系统与医保基金管理系统互联互通，全面建成医疗行为全流程、全覆盖的立体监管体系。[2] 这种做法值得所有定点医疗机构借鉴运用。

（四）推进医保医师管理

在以医药服务供方为重点的医保管理体系中，医保医师（护师）、药师对充分发挥医疗服务供方的积极性、有效性，保证科学治疗、合理用药等方面具有不可替代的作用。[3] 从医院的实践路径来看，首先需明确医保医师、

① 陈德红：《新形势下医疗保险基金财务监督分析》，《人才资源开发》2016 年第 6 期，第 145 页。
② 陈武军：《新规将至 医院如何用好医保基金》，《健康报》2021 年 4 月 19 日，第 007 版。
③ 张晓：《医保医师制度有效管用是核心》，《健康报》2020 年 6 月 1 日，第 007 版。

药师、护士（师）在医保工作中的相应职责，其次是制定相应管理办法[1]，对获得准入资格医师的服务严格监督。协同做好医护一体化管理、编码管理、积分制管理以及奖惩管理等。例如，对于违规次数、违规性质、给医保基金造成的损害进行量化考核，同时严格扣分标准，相应设置警告、暂停、终止医保医师服务资格，以及相应年限之内不予续签服务协议等惩罚。此外，可利用医保经费使用资格对医师进行制约，引导医师形成良好的服务习惯和费用控制意识等。[2]

（五）注重绩效导向作用

提升医院医保管理水平，有效路径就是向管理要效益，解决办法就是将医保管理贯穿到绩效考核中，达到控制医保患者次均费用、床日费用、医保患者自费率等目的。[3]

具体来看，医院需要完善内部绩效考核和收入分配机制，建立以合理诊疗为核心的绩效考核评价体系，建立包括医保次均费用、医保人数增长率、医保人次人头比、基金指标完成情况等数据运行指标、医保病案管理、患者满意度以及科室沟通反馈等多维度的医保绩效考核方案，兼顾考虑工作效率与工作量。考核的原则可以包括自身纵比考核、季度内弹性考核、辅助用药减免考核、定性与定量相结合、风险线弹性考核、弱化政策影响指标考核以及其他减免考核。同时应区分手术科室与非手术科室的各自特点，综合考虑医技、平台、医辅等科室是否参与考核及其考核的具体方式措施。

（六）强化培训与宣传功能

由于医保政策细化且不断更新，医护人员对此了解少，甚至发生违规拒

① 王安民、余江平：《医保服务医（护）师制度的探索与实践》，《医学食疗与健康》2019 年第 13 期，第 202 页。
② 符美玲、陈登菊：《从医保服务医师制度看临床医师角色转变》，《中国医院》2018 年第 8 期，第 33 页。
③ 陈莹：《公立医院医保管理在绩效考核体系中的运行》，《中国继续医学教育》2019 年第 34 期，第 92 页。

付后才知晓相关政策的修订。因此，加强医保政策培训和宣传的时效性十分必要。在培训上，一是结合政策文件以及医院实际，加深医院全体工作人员对最新医保政策的理解、掌握，提高医保工作人员专业素养水平，增强医务人员的执行力，并利用培训交流机会，优化工作流程。二是强化打击欺诈骗保知识培训，提醒医护人员坚持职业操守，合理开展诊疗。在宣传上，积极开展打击欺诈骗保行为的集中宣传活动，通过宣传解读医保基金监管法律法规和政策规定、发放宣传折页、播放打击欺诈骗保宣传片等措施，提升医务人员的医保政策知晓率，强化医院工作人员的职业道德和法治意识，减少医院的欺诈骗保行为，促使医务人员自觉维护医保基金安全。[1] 同时，医院还应有针对性地加大面向患者的宣传力度，提高患者对于欺诈骗保及其违法严重性的认知，避免参保人群被动利用或主动合谋的欺诈骗保事件发生。[2]

五　医院医保管理的发展趋势与展望

（一）借助"互联网＋"，优化医保管理

在政策推动和技术发展等多重因素驱动下，互联网医疗服务的应用范围和规模不断拓展。根据国新办新闻发布会数据，截至2020年10月底，我国已有互联网医院900家，远程医疗协作网可覆盖所有地级市的医疗机构2.4万余家，可提供线上服务的二级以上医院5500多家，还有部分地方政府建立的区域性互联网医院平台。2020年11月，国家医疗保障局印发了《关于积极推进"互联网＋"医疗服务医保支付工作的指导意见》，明确了"互联网＋"医疗服务医保支付工作的各项推进办法，使得线上医疗纳入医保支付迈入实操阶段。

---

[1]　马广斌：《基于演化博弈理论的医疗机构与医保行政部门关于欺诈骗保行为的策略分析》，《中国卫生事业管理》2020年第11期，第820页。

[2]　姚强：《基本医疗保险"欺诈骗保"现象的影响因素及路径研究——基于我国31个省级案例的清晰集定性比较分析》，《中国卫生政策研究》2020年第11期，第24页。

"互联网＋"医疗服务，在近几年尤其是新冠肺炎疫情期间得到迅速发展，在给原有医保支付体系和医保管理带来新发展机遇的同时，也使得医保基金监管面临新的风险与挑战。[1] 就机遇而言，从长远来看，"互联网＋"医疗服务有助于优质医疗资源下沉，[2] 优化医疗资源配置，有助于周边的省市县各级医院建立双向合作关系，通过辐射基层和社区，实现优质医疗资源共享，为患者提供更方便高效的就医体验，缓解医患矛盾。对于医院医保管理工作，"互联网＋"医疗服务有助于医院改善院内医疗秩序，提高医院管理工作效率，促进管理模式和管理措施不断拓展与延伸。具体来看，门诊药房借助互联网技术，可以为患者提供一种可及性强的门诊药学服务模式，[3] 有助于实现操作全留痕、日志可追溯的全程管理模式，既符合行业监管的相关要求，也能有效避免廉政风险的发生。在风险方面，短期来看，存在就医便捷性引发的多频次、反复性就诊问题，实名认证问题，线上诊疗过程中的串换、分解与过度诊疗、过度用药问题等。长期来看，跨区域协议管理与监管问题、平台化执业医生的监管问题、"互联网＋"社区家庭医生与慢病管理的监管等，无疑都会提高风险的发生率和医保基金的监管成本。

医院的医保管理要注重充分利用"互联网＋"技术优势，强化院内医保管理规范和监督机制的建设，促进"互联网＋"发展对医院医保管理工作产生正向影响。

（二）构建医保 MDT，形成多维合力

目前，我国医院行政管理通常采用直线职能制组织结构模式，虽然保证了指挥的统一性和各职能科室专业管理作用的发挥，但由于缺乏多部门合作

---

[1] 康蕊、王震：《互联网＋医疗服务医保基金监管的风险与对策》，《中国医疗保险》2021 年第 4 期，第 47 页。

[2] 束雅春、宁丽琴、陈列红、黄芳等：《公立中医院建设互联网医院实践与思考》，《中国医院》2021 年第 4 期，第 28 页。

[3] 胡晨吉、王世燕、金朝辉、郑明琳等：《医院"互联网＋"门诊药学服务模式实践与效果》，《中国药业》2021 年第 9 期，第 18 页。

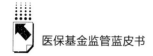
机制，使得医保管理难以达到预期效果。[①]

多学科协作（MDT）作为现代医学经过分化后再综合的过程，是医学创新的重点领域。医保管理，特别是基金监管，涉及临床病案书写、病案编码、医保支付标准、服务成本、成本结余监测、成本分析挖掘、临床路径优化、成本管控、服务流程优化及绩效考核等多个方面，需要多个职能部门通力配合，进行综合治理。针对医院医保管理中部门之间协调机制运转不畅、无法满足管理活动快速发展需要的现状，[②] 临床多学科协作被运用到医院管理中，打破科室间的壁垒，建立医保基金监管 MDT，有利于形成各职能部门间的管理合力。[③]

医保 MDT，可以根据医保基金监管的主要任务，在医院内部建立明确分工，按照构建项目组—确定计划书与相关制度—管理控制—总结与检讨—绩效评估与考核等流程进行综合考量。

（三）依托信息化，助力院端实现精细化管理

医保信息化是医保持续有效运行和业务发展迭代的必经之路。面对医保信息化队伍力量总体薄弱、各地医保信息化技术能力参差不齐等短板和弱点，[④] 国家着力提升创新型的信息科技能力，推动医保行业信息化水平跨越式发展，要求医疗机构与医保经办形成整合统一的监管手段，同时利用医保征信，逐步实现跨区域、大数据筛查骗保风险人群，从而实现风险人群的靶点管控。

医院应运用大数据分析技术，通过提高数据质量，加强数据应用，提高

① 张敏敏、邓新桃、王玉芳、张彤：《新形势下医院"行政 MDT"管理模式的设计与实践》，《现代医院》2019 年 4 月第 19 卷第 4 期，第 469 页。
② 陈凤磊、梁冰：《基于职能 MDT 理念的 DRGs 医保绩效管理模式应用实践》，《现代医院》2020 年 3 月第 20 卷第 3 期，第 404 页。
③ 李伟荣、张乐辉：《医院医保管理也应打造"MDT"》，《健康报》2021 年 3 月 29 日，第 007 版。
④ 蒋建国：《国家智慧医保实验室建设成果与发展思考》，《中国医疗保险》2021 年 5 月第 5 期，第 17 页。

技术水平，完善医保系统，强化过程管理，落实精准管理。[1] 通过强化对过度医疗的监管，完善低价值医疗服务的数据收集、综合分析并考虑逐步建立健全相关医疗服务项目的准入退出机制。

附件1：医院医保管理制度汇编示例

××××医院医保管理制度汇编目录

《××××医院医疗保险政策宣传咨询及纠纷投诉处理管理制度》

《××××医院关于实名就医管理的工作制度及工作流程》

《××××医院关于家属代开药的工作制度》

《××××医院关于外配药品处方的管理制度和流程》

《××××医院关于因特殊原因需信息部开通提前开药的应急流程及制度》

《××××医院关于医疗保险特殊病种审批的管理制度和审批备案流程》

《××××医院关于医保人员转院转诊管理制度和流程》

《××××医院关于医保文书签署的管理制度》

《××××医院关于医保抽查病历的审核流程及病历审核所需资料生成流程》

《××××医院关于医保患者的出院管理和出院结算的制度和流程》

《××××医院关于医保患者暂不结账的管理制度和流程》

《××××医院关于医保经办机构、区县医保经办机构的病历审核制度及流程》

《××××医院关于新增医疗服务项目由自费项目改公费项目申报的制度及流程》

《××××医院关于维护 HIS 系统内的非药品项目的报销类别及 HIS 系统与医保数据库的目录对照的工作制度及流程》

《××××医院关于新增医疗耗材医保报销类别核定管理制度及流程》

《××××医院关于门诊断网实时结算工作制度和流程》

---

[1] 赵晶晶：《大数据分析在医院医保管理中的应用研究》，《中国市场》2021 年第 9 期，第 36 页。

《××××医院关于 CHS-DRG 模拟运行期间病案信息上传工作制度和流程》

《××××医院关于医保基础数据统计工作制度及工作流程》

《××××医院关于核查医保门诊及住院信息上传情况的工作制度及流程》

《××××医院关于医保费用信息上传故障申报制度及流程》

《××××医院关于门诊及住院医保拒付处理制度及流程》

《××××医院关于医保调查问卷工作制度和流程》

《××××医院关于医保住院病案信息上传工作制度和流程》

《××××医院关于修订〈医保工作千分考核奖惩细则（50 分）〉的工作制度》

《××××医院关于〈北京市基本医疗保险定点医疗机构服务协议书〉的工作制度》

《××××医院关于医保报表数据统计工作管理制度（原则、任务、职责、方法和说明)》

《××××医院关于奖励款使用规章制度》

《××××医院关于回复〈科室反馈意见书〉的工作制度及流程》

《××××医院关于"互联网＋"医保服务工作的制度与结算流程》

《××××医院关于迎接医保基金审计检查的工作流程》

《××××医院关于医保基金审计问题整改追踪工作相关规定》

《××××医院关于社保卡（医保电子凭证）结算的管理制度和激活流程》

《××××医院关于跨省异地患者实时结算工作制度和应急预案、工作流程》

《××××医院关于 PASM 卡的申领制度及流程》

《××××医院关于职工医保手工报销及职工体检制度和流程》

《××××医院医保工作年终评比考核制度》

附件 2：医院就诊患者医疗保险诚信承诺书示例

        ××××医院就诊患者医疗保险诚信承诺书（2018 年版）

患者/授权委托人/监护人：

感谢您对我院的信任。鉴于患者享受医保权益，我院特向您告知医疗基本保险的相关规定。

1. 《北京市基本医疗保险规定》（北京市人民政府令第 158 号，发布时间 2005 年 6 月 6 日）第六十二条规定：参加医疗保险的个人弄虚作假骗取医疗保险待遇，或者转卖医疗保险基金报销的药品谋取不当利益，造成医疗保险基金损失的，由劳动保障行政部门责令退还，并对该个人处骗取医疗保险基金额 1 倍以上 3 倍以下罚款；情节严重构成犯罪的，依法追究刑事责任。

前款行为未造成医疗保险基金损失的，劳动保障行政部门可以对该个人处 1000 元以下罚款。

2. 《北京市基本医疗保险工伤保险和生育保险药品目录》（2017 年版）及国家医保政策对部分药品明确了"报销限制内容"。"报销限制内容"是指符合规定情况下参保人员发生的药品费用，可按规定由基本医疗保险基金支付。

3. 以新纳入医保目录的高值肿瘤治疗用药为例：

药品名称	报销限制内容
利妥昔单抗	限复发或耐药的滤泡性中央型淋巴瘤（国际工作分类 B、C 和 D 亚型的 B 细胞非霍奇金淋巴瘤）、CD20 阳性Ⅲ～Ⅳ期滤泡性非霍奇金淋巴瘤、CD20 阳性弥漫大 B 细胞性非霍奇金淋巴瘤，最多支付 8 个疗程
曲妥珠单抗	限以下情况方可支付：①HER2 阳性的乳腺癌手术后患者，支付不超过 12 个月；②HER2 阳性的转移性乳腺癌；③HER2 阳性的晚期转移性胃癌
伊布替尼	①既往至少接受过一种治疗的套细胞淋巴瘤（MCL）患者的治疗；②慢性淋巴细胞白血病/小淋巴细胞淋巴瘤（CLL/SLL）患者的治疗
其他	

知情承诺声明：

本人充分理解医保相关规定，为充分享受医保权益，本人承诺将积极履行医保义务，本人自愿作出以下承诺。

1. 完全按照实名制进行就医诊疗活动；

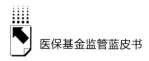

2. 提供完整准确的医疗信息，未故意隐瞒信息，未提供不实信息；

3. 不隐瞒既往诊断，不虚报疾病诊断；

4. 充分遵守代开药规则，不使用已死亡家属的社保卡进行任何形式的交易；

5. 充分向医师告知患者的病史、治疗史、用药史，包括抗肿瘤用药的使用情况。

如本人因违反前述承诺而造成医保拒付、相关治疗损害，或被追究相关行政、刑事责任的，或者给医院造成损失的，均由本人承担全部责任。

患者签名＿＿＿＿＿＿＿＿＿＿＿＿＿＿时间＿＿＿＿＿＿＿＿＿＿＿＿＿＿

附件3：医院医保考核指标体系示例

×××××医院医保考核指标体系（2019年版）

考核指标	指标范围	扣分详细	政策影响弹性	考核周期	分值权重
医保次均费用	住院	0～1%，弹性免考；1%～5%，扣0.4；5%～10%，扣1；大于10%，扣2（辅药占比低于内、外科均值次均免考；月份以上年同月为基准；季度以上年同季度为基准）	30%	季度、月份	14
	门诊		30%	季度、月份	
医保人数增长率	住院	−1%～0%，弹性免考；−5%～−1%，扣1；−10%～−5%，扣2；低于−10%，扣4（月份以上年同季度内月份最低人数为基准值；季度以上年同季度为基准值）	100%	季度、月份	8
	门诊		100%	季度、月份	
医保人次人头比	住院	0～1%，弹性免考；1%～5%，扣0.4；5%～10%，扣1；大于10%，扣2	100%	月份	4
	门诊		100%	月份	
医保耗占比（监测）	合计	0～1%，弹性免考；1%～5%，扣0.8；5%～10%，扣2；大于10%，扣4	100%	季度、月份	4
医保自费比例	合计	0～2%，弹性免考；2%～10%，扣0.6；10%～20%，扣1.5；大于20%，扣3（月份以上年同月为基准；季度以上年同季度为基准）	100%	季度、月份	3
医保人群CMI	住院	−1%～0%，弹性免考；−5%～−1%，扣0.8；−10%～−5%，扣2；低于−10%，扣4	100%	季度	4

续表

考核指标	指标范围	扣分详细	政策影响弹性	考核周期	分值权重
医保检查治疗占比(监测)	合计	0~10%,弹性免考;10%~20%,扣0.4;20%~30%,扣1;大于30%,扣2	100%	季度、月份	2
医保门诊费用占比(监测)	合计	0~1%,弹性免考;1%~5%,扣0.4;5%~10%,扣1;大于10%,扣2	100%	季度、月份	2
基金指标完成情况	合计	1.1%<纵比≤2%,扣10%;2.2%<纵比≤3%,扣20%;3.3%<纵比≤4%,扣60%;4.4%<纵比≤5%,扣80%;5.超纵比5%以上,扣100%(季度以上年同季度为基准)	100%	季度	3
医保病案管理	住院	1.未送病历审核不扣分;2.送病历审核根据返修率扣分如下:①10%~15%,扣0.5;②15%~20%,扣1.3;③大于20%,扣2.5;3.单病种费用管理扣分如下:未按单病种管理1例扣50%,2例及以上扣100%。单病种与病历审核返修率两项各按50%扣分	100%	月份	-5
患者满意度	合计	1.零投诉满分;2.1例,扣50%;3.2例及以上,扣100%	100%	月份	2
医保培训与科室反馈	合计	1.未到场参会1次,扣20%;2.未到场参会≥2次,扣50%;3.到场参会,经抽查发现未作科室传达≥1次,扣100%;4.科室数据统计的科室反馈表及其他的科室反馈材料1次未交,扣50%;5.科室数据统计的科室反馈表及其他的科室反馈材料未交≥2次,扣100%;培训与科室反馈各按总分50%考核	100%	月份	4

B.12
定点医药机构违法违规使用医保基金行为查处情况分析

王震 康蕊 李民*

摘　要：　本文基于2019～2020年国家医保局针对医保基金监管开展飞行
检查和专项检查的相关数据，对定点医药机构医保基金使用违
法违规行为查处的情况进行了统计分析，基于2019～2021年
"曝光台"披露的68个查处案例对违法违规使用医保基金行
为查处情况的演变特征进行了总结。在分析违法违规行为动
机的基础上，进一步从基金监管法制化建设、基金监管方式
创新、医疗服务供应体系发展、深化支付方式改革等视角，
深入剖析违法违规行为查处演变的原因，并从医疗机构管理
体制、行政部门协同、处罚措施效力等方面分析了违法违规
行为查处的障碍。最后，通过对医保基金监管的发展趋势进
行研判，提出完善定点医药机构违法违规使用医保基金行为
查处的相关政策建议。

关键词：　医保基金　违法违规　法制化　医疗垄断

一　引言

医保基金监管是医疗保障制度得以平稳运行的重要保证。然而，由于医

---

* 王震，中国社会科学院经济研究所研究员；康蕊，中国社会科学院社会发展战略研究院助理
研究员；李民，中国社会科学院大学博士研究生。

疗行业的信息不对称等问题突出，医疗保险领域存在的道德风险普遍，医保基金监管面临巨大挑战。定点医药机构作为医保基金使用最关键的一方，在医保基金使用上涉及的主体多、环节多、风险点多，欺诈骗保问题持续高发频发，监管形势比较严峻。

自 2018 年国家医保局组建以来，全国医保系统按照党中央、国务院的决策部署，将医保基金监管作为首要任务，着重进行了定点医药机构违法违规使用医保基金行为的查处，并取得了阶段性重大进展。在医保基金监管工作推进过程中，定点医药机构违法违规使用医保基金行为查处的类型和特征发生了诸多变化。分析违法违规使用医保基金行为发生动机、查处结果演变的原因以及查处行为面临的障碍，并对未来定点医药机构医保基金监管的趋势进行研判，有助于推进医保基金监管制度建设，提升医保基金监管效能。

基于此，本文通过梳理总结违法违规使用医保基金行为查处的类型、特征，分析违法违规行为的发生动机、行为查处结果演变的原因以及查处障碍，并在此基础上结合趋势预判，为我国定点医药机构欺诈骗保现象的治理提供借鉴。

二 违法违规使用医保基金行为查处的类型和特征

（一）查处概况

1. 专项治理

2019 年，全国共检查定点医药机构 81.50 万家（包括医疗机构 46.28 万家、零售药店 35.21 万家）。检查机构数量占定点医药机构总数的 99.45%，25 个省份的检查覆盖率达 100%。2020 年，检查机构数量占比提升至 99.84%，除西藏、安徽外，其余省（自治区、直辖市）均实现对定点医药机构监督检查全覆盖。

2019 年，全国共处理违法违规医药机构 26.40 万家（包括医疗机构 16.16 万家、零售药店 10.24 万家），占检查机构数量的 32.39%。其中，河北的处理率最高，达到96.25%。2020年，处理机构增加至40.07万家，占比提升至63.87%，其中河南的处理率达到99%，居全国首位。在处理违法违规参保人员方面，2019年全国共处理3.31万人，2020年减少至2.61万人。

经专项治理，2019年共计追回资金115.56亿元。2020年，追回资金增加至223.11亿元，相较于2019年增长了近1倍（见表1）。

表1　2019～2020年打击欺诈骗保专项治理查处概况

项目	检查定点医药机构（万家）	检查定点医药机构占比（%）	处理违法违规医药机构（万家）	处理违法违规医药机构占比（%）	处理违法违规参保人员（万人）	追回资金（亿元）	追回资金占上一年度支出比例（%）
2019年	81.50	99.45	26.40	32.39	3.31	115.56	1.08
2020年	62.74	99.84	40.07	63.87	2.61	223.11	1.12
增幅（%）	-23.02	0.39	51.78	97.19	-21.15	93.07	3.70

资料来源：国家医疗保障局官网。

2019年，公开曝光违法违规典型案例8031例。2020年，主动曝光案例数量增加至42108例。2019年，奖励投诉举报601人，发放奖励金额86.80万元。2020年，兑现举报奖励金额达214万余元。

2. 飞行检查

2019年，国家医保局共组织69个飞行检查组，对全国30个省份的177个定点医药机构开展实地稽核检查和约谈，查出涉嫌违规资金22.32亿元。2020年，共组织2批次61个飞行检查组开展现场检查，对除天津、上海外的其余省份均实现飞行检查两轮覆盖，涉及定点医疗机构（含医养结合机构）91家、医保经办机构56家、承办城乡居民医保和大病保险的商业保险公司40家，查出涉嫌违法违规资金5.4亿元。

（二）违法违规使用医保基金行为的案例分析

2019年，国家医保局官网"曝光台"开始向社会披露欺诈骗保典型案例。截至 2021 年 6 月底，国家医保局披露典型案例 68 件，地方披露 168 件。本文基于国家医保局曝光案件，对违法违规使用医保基金行为查处类型和特征进行分析。

在曝光案例中，发生在东部、中部、西部、东北地区的分别有 20 件（29.4%）、17 件（25%）、26 件（38.2%）、5 件（7.4%）。涉及违规主体包括医院、社区卫生服务中心、卫生院、药店、经办机构和个人。其中，医院违规的比重最高，为 66.18%（医院医生违规占比为 5.88%），卫生院和参保人次之，占比分别为 14.71% 和 10.29%。违规行为包括欺诈类（76.47%）、浪费类（13.24%）、其他（10.29%）。其中，医院等医药机构作为违规主体发生频次较高的违法违规行为包括过度检查、过度诊断、编造住院治疗材料、虚记收费、伪造病历、替换和串换药品、挂床住院、诱导住院、伪造进货。参保人发生违法违规频次较高的行为是冒用他人社保卡，且多为联合医疗机构作案。经办机构的工作人员主要涉及挪用医保资金这一违法违规行为。

对于违法违规使用医保基金行为，相关部门采取的查处措施包括行政处罚、刑事处罚两大类，对党员另有党内纪律处分。其中，由医保部门进行行政处罚的占 85.29%，由卫健部门进行行政处罚的占 11.76%，由公安部门进行刑事处罚的占 26.47%，由纪检监察部门进行党内处理的占 5.88%。对于违法违规行为的判定和处罚，医保部门主要依据《中华人民共和国社会保险法》、《医疗机构管理条例》以及各地的《基本医疗保险定点医疗机构服务协议》，卫健部门主要依据《医疗机构管理条例》，纪检监察部门主要依据党内规定，属于刑事犯罪的则由当地公安部门依法逮捕，并交由法院审理判决。

在近三年曝光的欺诈骗取医保基金典型案例中，涉案金额平均为 167.82 万元/件，最高达 1569.49 万元。通过查处，共追回资金 10090.98 万元，追回资金平均比例为 88.43%；共处罚金 2403.39 万元，其中最高达 565.48 万元。除罚款外，其他较为常见的处罚措施包括解除协议（26.47%）、吊销执照（4.41%）。另有相关处罚措施：关停医保报销系统、暂停医保服务、吊销《医疗机构执业许可证》、限期整改、免职处理、移送相关部门或司法机关处理、刑事拘留、党内严重警告处分或受行政记过处理。另外，从 2021 年开始，一些地区出现了判处有期徒刑的处罚措施。2019～2021 年部分曝光典型案例关于违法违规使用医保基金行为的查处情况如表 2 所示。

表 2　2019～2021 年部分曝光典型案例关于违法违规
使用医保基金行为的查处情况

编号	违规主体类型	违法行为分类	处罚类型	处罚部门	涉案金额（万元）	追回资金（万元）	追回比例（％）	处罚金额（万元）
2019201	医院	浪费	行政	医保、卫计	56.35	56.35	100	90.75
2019202	医院	浪费	行政	医保	38.86	38.86	100	84.95
2019203	医院	欺诈	行政	医保	18.01	18.01	100	54.03
2019204	社区卫生服务站（个人）	欺诈	行政、刑事	医保、公安	60.23	——	0	——
2019205	医院	欺诈	行政	医保	65.71	65.71	100	197.13
2020101	医院	欺诈	行政	医保	4.86	4.86	100	14.57
2020102	卫生院	欺诈	行政	医保	24.13	24.13	100	48.26
2020103	医院	欺诈	行政	医保	255.98	255.98	100	565.48
2020104	医院	欺诈	行政	医保	105.41	105.41	100	70.28
2020105	医院	欺诈	行政	医保	4.34	4.34	100	13.03
2021101	医院（个人）	欺诈	行政、刑事	医保、公安（法院）	290.61	290.61	100	——
2021102	医院（个人）	欺诈	刑事	医保、公安（法院）	425.39	425.39	100	——
2021103	医院（个人）	欺诈	刑事	医保、公安（法院）	10.44	10.44	100	——
2021104	卫生院（个人）	欺诈	刑事	医保、公安（法院）	26.49	26.49	100	——

续表

编号	违规主体类型	违法行为分类	处罚类型	处罚部门	涉案金额（万元）	追回资金（万元）	追回比例（％）	处罚金额（万元）
2021105	卫生院（个人）	欺诈	刑事	医保、公安（法院）	4.49	4.49	100	—
2021106	参保人（个人）	其他	刑事	医保、公安（法院）	3.90	3.90	100	—
2021107	参保人（个人）	欺诈	刑事	医保、公安（法院）	2.29	2.29	100	—
2021108	参保人（个人）	欺诈	刑事	医保、公安（法院）	15.50	—	0	—
2021109	医保中心（个人）	其他	刑事	医保、公安（法院）	94.78	94.78	100	—
2021201	医院	其他	行政	医保	3.43	3.43	100	17.13
2021202	医院	欺诈	行政、刑事	医保、公安（法院）	13.98	13.98	100	—
2021203	医院	欺诈	行政	医保	17.01	17.01	100	—
2021204	医院	欺诈	行政	医保	105.90	105.90	100	—
2021205	卫生院	欺诈	行政、党内	医保、纪监	34.50	34.50	100	—
2021301	医院	欺诈	行政	医保	1569.49	1000.00	64	—
2021302	医院	欺诈	行政	医保	938.16	938.16	100	—
2021303	医院	欺诈	行政	医保	1557.71	1557.71	100	—
2021304	医院	浪费	行政	医保	311.32	311.32	100	—
2021305	医院	欺诈	行政	医保	490.66	490.66	100	—
2021401	医院	其他	行政	医保	2.80	2.80	100	—
2021402	医院	其他	行政	医保	39.22	39.22	100	—
2021403	护理院	欺诈	行政	医保	116.27	116.27	100	10.00
2021404	医院	欺诈	行政	医保	1123.85	1123.85	100	—
2021405	医院	欺诈	行政	医保	10.80	10.80	100	20.00

资料来源：国家医疗保障局曝光台，http：//www.nhsa.gov.cn/col/col74/index.html。

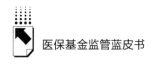

三　行为查处演变的原因和障碍分析

（一）违法违规行为的发生动机分析

定点医药机构违法违规行为产生的动机归根结底是利益。医药机构、医务人员、参保人等主体为实现个人利益诉求最大化，受利益驱动，挖空心思利用不同手段追求不正当利益，导致各类违法违规使用医保基金行为的出现。

第一，医药机构为追求利润而违法违规。一方面，基层医疗机构和药店的运营和获利能力十分有限，更容易倾向于承担风险，采取骗保套保获取不正当利润以维持生存发展，长此以往形成恶性循环；另一方面，部分民营医疗机构受利益驱动更加强烈，但其法律意识薄弱，片面追求不正当利润，例如诱导免费住院、串换医保项目、编造虚假诊疗服务、钻政策空子等欺诈骗保问题突出。

第二，医务人员为增加业务收入而违法违规。医务人员或受利润诱惑，或为弥补劳动价值不足，主观上开始寻求"以药养医"等方式，依靠过度用药、过度诊疗、采购高溢价药品、多用医保目录外项目等违规行为增加灰色收入，以提高自身收入。

第三，参保者为实现个体利己动机而违法违规。部分参保者为达到看病少花钱目的，或者出于缴纳了医保费未生病报销医疗费就是吃亏的心态，受利己动机驱使，通过冒用他人社保卡、瞒报谎报病情病因等手段骗取报销金额。

（二）查处结果演变的原因分析

以国家新的医保管理体制建立为标志，查处欺诈骗保的力度、密度从上到下空前加大，处理处罚欺诈骗保的手段空前多样，涵盖曝光、违约处罚、行政处罚、刑事处罚等各个方面，追回的违法违规资金数额空前巨大，形成的打击欺诈骗保的高压态势前所未有，等等。这种"空前"的局面是怎样形成的？分析并找准其深层原因，对于持续精准打击欺诈骗保、更好地维护基金使用安全、推进高质量医保制度建设具有十分重要的现实意义和深远的历史意义。

1. 基金监管的法制化建设日益加强

国家医保局成立后，陆续出台了《关于当前加强医保协议管理确保基金安全有关工作的通知》《欺诈骗取医疗保障基金行为举报奖励暂行办法》等部门规章，为违法行为查处提供了政策指引和制度支撑。2020年，国务院公布《医疗保障基金使用监督管理条例》（下称《条例》），并于2021年5月开始施行。这标志着我国医保基金管理开始步入法治化轨道，为有效监管医保基金使用提供了基本依据。与此同时，全国许多地方陆续开展医保基金监管的法制化建设，上海、山东、河北等地的医疗保险监督管理政策均包含对定点医疗机构违法违规使用医保基金行为查处的相关规定。例如，2019年河北省政府印发了《医疗保障基金监管办法》，明确经办机构应与定点医药机构签订服务协议，以及通过建立定点医药机构违约处理信息库等方式加强对定点医疗机构使用医保基金的监管等相关要求。

2. 医保基金监管方式不断创新

2019年，国家医保局启动了医保基金监管方式创新试点、基金监管信用体系建设试点和医保智能监控示范点（简称"两试点一示范"）建设，各试点地区积极探索基金监管方式的创新应用，为医保基金监管创造了经验。一是积极推进"互联网＋"医保基金监管新模式。将信息化建设与创新监管方式有机结合，通过异地就医监管平台、防挂床监管平台、城乡居民高血压糖尿病门诊用药管理平台等信息系统对定点医疗机构行为进行监管。二是创新医保监管体制。例如，浙江省湖州市成立的全国首家医疗保障反欺诈中心，内部设置综合协调、信息分析、稽核检查三个工作组，并建立了情报汇集、联合执法等六大工作机制。三是建立第三方合作机制。通过政府采购，引入商保、财务等公司参与监管，以弥补监管力量的不足，提升监管效能。

3. 医疗服务供应体系不断完善

近年来，药品集中采购作为药品价格管理的主要方式之一，被广泛应用于药品采购中，在促进药价回归合理水平、解决"药价虚高"、防止"药品回扣"、破除"以药补医"中发挥了重要作用。2018年，由国家医保局部署组织的"4+7"药品集中带量采购试点方案出台，此后国家医保局持续推进国家组织药品集中带量采购工作，成效明显。通过大幅降低药企供货价，能够有效挤出药价中原有的医院、医生回扣，从一定程度上避免了医生因利益诱导而多开药、开贵药的行为。同时，通过药品集采，药品准入的约束力得到加强，制药技术和药品质量得到提升，药品流通市场秩序日渐规范，为开展违法违规行为查处工作提供了良好的市场环境。

4. 医保支付方式改革持续深化

2020年，国家医保局开始推进职工基本医疗保险门诊共济保障改革。在此之前，多数地区已将部分大病、慢性病的门诊治疗及日间手术纳入统筹支付范围，北京、浙江等地渐次开展了个人账户制度改革与门诊费用统筹的探索。从实践效果看，在一定程度上缓解了原有个人账户制度对医疗行为的负面影响。在"统账结合"的制度设计下，医院等医疗机构为获取更高的收入，倾向于诱导患者住院，导致小病住院、长期住院等现象层出不穷，零售药店串换医保药品以套现个账资金问题也时有发生。随着门诊统筹改革的推进，相关类型的违法违规使用医保基金行为有所减少，医保基金的使用效率得到提升。

21世纪初，已有统筹地区开始探索疾病诊断相关分组（Diagnosis Related Groups，DRG）医保支付方式改革。2018年，广东省开始实行"总额控制下的病种分值结算办法"，即 DIP（Big Data Diagnosis-intervention Packet）。2019年，国家医保局等四部委发布《关于印发按疾病诊断相关分组付费国家试点城市名单的通知》，确定30个城市作为 DRG 付费国家试点城市。这些按 DRG 和 DIP 付费改革的运行，有利于监管部门充分运用大数据平台，确定有关监管指标，进行基于病种的量化评估，明确各类监管工作的审计对象，从而更加精准地开展违法违规行为的查处工作。

（三）查处面临的障碍

1. 长期行政管理体制的束缚

当前，医保基金监管仍面临来自"医疗垄断"的挑战。长期的行政管理体制背景下，公立医院一方独大的局面导致医保基金监管缺乏竞争的供方市场，尽管当前医疗机构管理体制改革正在不断推进和深化，但对于定点医药机构的监管难度仍然较大。比如，针对违法违规公立医院等医疗机构的诸多惩罚措施难以落实到位。在一些欠发达地区仅有一家公立医院的情形下，医院"大而不能倒"，取消医院医保定点资格等措施显然不适用。再如，目前对定点医药机构的监管缺乏相对标准，"医疗垄断"导致对公立医院监管缺少可比较的标杆，不利于监管工作的开展。

2. 行政部门间的协同机制欠缺

从当前对于定点医药机构违法违规使用医保基金行为的处罚来看，各行政部门之间的联动性有待加强。对于应交由相关部门或上一级部门进行查处判定的违法违规行为，由于部门间工作机制的割裂，应有的处罚措施难以落实，在一定程度上减损了处罚效力。例如，部分涉案金额较大的案件，未交由公安、司法部门进一步处理，导致处罚判定的严重程度相应降低，查处效果减弱。

3. 处罚措施的有效性不足

一方面，当前针对定点医药机构违法违规行为的处罚措施并无全国统一标准，一些地区进行处罚时无可参考依据，往往根据以往工作经验确定处罚措施和处罚程度，对部分涉案金额较大的违法行为，通常情况下处罚较轻；另一方面，由于各地医保局开展医保基金监管工作的时间较短，无法有效预见处罚产生的社会影响，各地处罚措施普遍较轻，难以形成威慑作用，不利于医保基金监管工作的开展。

四 未来趋势研判和政策建议

（一）违法违规使用医保基金行为查处的趋势研判

第一，对违法违规使用医保基金行为的查处将日益法制化、体系化、专业化。从目前定点医药机构违法违规使用医保基金行为发生的动机和查处特征来看，医保基金使用风险点多，监管难度大，"头痛医头、脚痛医脚"的管理模式已经不再适应当前的违法违规行为查处。2021年5月1日起实施的《条例》，为国家以法治手段解决医保基金使用监督管理中的突出问题定下了总基调。各地在具体实践中，也逐渐形成了多种监管方式并存的违规行为查处体系。随着第三方参与的不断加强以及试点经验的推广，各地的违法行为查处体系向着日益全面化、系统化方向发展。另外，一些地区已建立了专门的医保基金使用监管部门和队伍，今后组织专业监管力量、依法开展专业化监管渐成发展趋势。

第二，违法违规使用医保基金行为查处将关注几个重点任务。当前国家已经部署推进了门诊共济保障、门诊费用跨省直接结算，这些改革举措对医保基金管理提出了更高要求。门诊常见病放开后，违法违规行为查处的重点将从挂床住院等转向更加注重多次开药等行为。个人账户使用范围扩大后，监管须进一步约束零售药店的行为，相应地，要求各地开展对个人账户使用、结算等环节的审核，对个人账户实施动态管理方式。当前，药品和高值医用耗材集中带量采购仍在不断推进，对药品流通环节回扣、药品进医院"走后门"等违法违规行为的精准识别并坚决整治也是一定时期内的重点查处任务之一。

第三，长期来看，违法违规使用医保基金行为查处将日益精细化。首先，随着违法行为发生风险点的不断演变和查处技术的完善，各地按照成因和特征对违法违规行为进行分类，设置更细化、多样的稽查办法和分层分类的惩罚措施势在必行。其次，在"互联网＋"医疗的背景下，以信息化、网络化推动经办便捷化的趋势将愈加明显。以浙江湖州为代表的"两试点一示范"地区，不断创新智能化监管方式，得到了国家医保局及相关部门的肯定，其他试点地区在推进试点任务时纷纷学习该类经验。未来，在全国范围内推广监管创新方式已经成为发展趋势。并且，由内控稽核向执法管理等外延不断扩展，执法队伍的建设管理也将被纳入违法违规行为查处体系中。

（二）政策建议

第一，建立和强化长效监管机制，实现行为查处的标准化、制度化。构建长效机制首先应做好顶层设计，做到立法先行。未来应在《条例》的基础上进行法律适用范围、执法主体、各相关机构的权责利、公民的权利与义务、保障与奖惩等具体监管问题的细化明确，实现与《刑法》等现有法律体系的衔接，填补法律与监管漏洞，织密扎牢医保基金监管的制度笼子，确保违法违规使用医保基金行为的惩处有法可依。受医保属地化管理特征的影响，当前我国医保基金监管尚未形成统一标准，影响了医保基金特别是异地就医基金监管的效率。这要求除了将全国统一的《条例》作为指引外，各地还须尽快形成参考性、实用性较强的违法行为查处标准手册和实施细则。同时，还需要在全社会长期宣传普及医保基金相关法律知识，形成政府监管与社会监督的良性互动。

第二，构建多主体参与的监管体系，建立健全医保基金监管组织架构。从中央到地方各个层级中，行为查处均应调动各相关行政管理部门的积极性，加强医保、卫生、民政、公安、审计等部门之间的信息互通，开展联合办案等方式的监管合作，各地还应尽快将银行系统的信用管理纳入违法违规行为处罚体系。对医保经办机构，确保编制和人员配备的充足性，同时建立医保基金监管业务的激励机制，推进探索法人治理结构改革。积极发挥市场力量，鼓励支持经办部门向社会企业购买服务，由审计机构、商业保险公司等负责具体监管业务，发挥市场主体在医保基金监管中的作用。建立第三方专家评议制度，构建包含医学专业、法学专业相关专家在内的多元化专家库，进行评审、咨询、争议处理。

第三，不断创新监管方式，实现医保基金监管的信息化与智能化。从目前来看，国家医保局采用的专项检查、飞行检查、"双随机一公开"检查的组合检查模式对违法违规使用医保基金行为的查处是有效的。未来应不断完善该类监督检查机制，在增强各种检查方式本身规范性、针对性、有效性的基础上，不断创新基金监管方式。任务目标之一是在全国范围内实现智能监

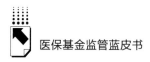

管系统的全覆盖，建立全国各地联通的智能监控数据库，提升监控效率，增强监控效果。充分运用现代信息技术，实现监管数据的跨统筹区域共享。任务目标之二是运用大数据分析总结违法违规行为的特征规律，以此为基础，建立道德风险识别路径和防范屏障，以及违法违规行为查处的预警机制。任务目标之三是将线上信息分析提醒与线下严打相结合，通过系统控制和弹窗提示等方式规范医师诊疗行为，通过要求药店实时上传药品入库、销售、存余量明细数据，构建风险模型，多维度筛查疑点数据。

参考文献

［1］王震：《完善门诊统筹，改革个人账户》，《中国医院院长》2020 年第 8 期。

［2］黄华波：《加强医保基金监管和打击欺诈骗保工作的思考》，《中国医疗保险》2019 第 3 期。

［3］黄华波：《探讨基金监管制度体系改革的三个基本问题》，《中国医疗保险》2020 年第 11 期。

［4］黄华波：《浅议医保基金监管的体制性特点、机制性问题与长效机制建设》，《中国医疗保险》2020 年第 4 期。

［5］王震：《治理视角下医保利益相关方权责界定的思考》，《中国医疗保险》2019 年第 12 期。

［6］康蕊、王震：《"互联网＋"医疗服务医保基金监管的风险与对策》，《中国医疗保险》2021 年第 4 期。

［7］阳义南、肖建华：《医疗保险基金欺诈骗保及反欺诈研究》，《北京航空航天大学学报》（社会科学版）2019 年第 32 期。

B.13
第三方力量参与医保基金
监管的实践分析

刘洪波　冯鹏程　杨　洋*

摘　要：　引入第三方力量参与医保基金监管，是强化社会监督、推进医保治理创新、建立共建共治共享医保治理格局的必然选择，是我国医保监管制度的理论创新和实践发展。本文从第三方力量参与医保基金监管的实践出发，探讨政府主导下充分发挥第三方力量专业优势，构建多元主体协同治理格局的发展路径。

关键词：　第三方力量　医保基金监管　效能提升

一　医保基金监管制度体系的演进和发展

加强医保基金监管、维护医保基金运行安全，是党和政府一直高度重视的问题。并且，为加强医保基金监管，党和政府总是针对形势发展的要求，就建立和完善监管的体制机制作出一系列与时俱进的科学决策。

早在1998年建立职工医保制度时，国务院出台的《关于建立职工基本医疗保险制度的决定》（国发〔1998〕44号，以下简称"44号文件"）就明确提出：各级劳动保障和财政部门，要加强对基本医疗保险基金的监督管理。审计部门要定期对社会保险经办机构的基金收支情况和管理情况进行审

* 刘洪波，泰康养老副总裁；冯鹏程，泰康养老健康保险事业部副总经理；杨洋，泰康养老健康保险事业部副总经理。

计。统筹地区应设立由政府有关部门代表、用人单位代表、医疗机构代表、工会代表和有关专家参加的医疗保险基金监督组织，加强对基本医疗保险基金的社会监督。这里，既要求各级政府加强监管，又提出加强社会监督。政府监管与社会监督相结合，一直是社会医疗保障制度建立以来加强基金监管的重要手段，也是有效手段。

2011 年 7 月 1 日起施行的《社会保险法》列专章对社会保险监督作出全面规定。提出各级人大常委会要依法行使监督职权；对社会保险行政管理部门、卫生部门、经办机构、财政部门、审计部门等相关政府部门的职责作出明确规定；提出要建立由用人单位代表、参保人员代表、医疗机构代表、工会代表、专家组成的社会保险基金监督委员会，社会保险基金监督委员会可以聘请会计师事务所对社保基金收支、管理和投资运营进行年度审计和专项审计。社会保险法进一步完善和强化了政府监管和社会监督。

2020 年 2 月出台的《中共中央　国务院关于深化医疗保障制度改革的意见》（以下简称《意见》）明确提出，加强医保基金监管能力建设，进一步健全基金监管体制机制，切实维护基金安全，提高基金使用效率。加强医疗保障公共服务机构内控机构建设，落实协议管理、费用监控、稽查审核责任。实施跨部门协同监管，积极引入第三方监管力量，强化社会监督。《意见》进一步提出，持续推进医保治理创新。推进医疗保障经办机构法人治理，积极引入社会力量参与经办服务，探索建立共建共治共享的医保治理格局。规范和加强与商业保险机构、社会组织的合作，完善激励约束机制，更好地发挥高端智库和专业机构的决策支持和技术支撑作用。

从 44 号文件提出政府监管与社会监督相结合，到《意见》提出积极引入第三方监管力量、建立共建共治共享的医保治理格局，是我国医疗保障监管制度的理论创新和实践发展。

二　第三方力量参与基金监管的主要内容

构建医保基金社会协同治理机制，最重要的是积极发挥医药服务行业自律作用，让定点医药机构切实落实自我管理主体责任，同时大力培育第三方力量参与到基金安全治理中来，构建以政府主导、多元主体协同的基金安全治理体系，这是在基金安全领域体现"社会共治"、构建现代化治理体系的重要内容。下面，本文重点阐述独立第三方参与基金监管相关内容。

（一）第三方力量参与基金监管的性质

2020 年出台的《国务院办公厅关于推进医疗保障基金监管制度体系改革的指导意见》和《医疗保障基金使用监督管理条例》（以下简称《条例》）等文件，对第三方监管进行了明确：参与主体包括信息技术服务机构、会计师事务所、商业保险机构等符合条件的第三方机构，参与形式为受医保行政部门聘请或购买服务，参与内容是对医疗保障基金管理机构和使用行为进行调查、审计或协助调查，目的是提升监管的专业性、精准性、效益性。医保部门通过聘请或购买服务形式，引入第三方力量参与医保基金监管，实际上是一种"委托－代理"契约关系，医保部门是委托人，第三方为代理人。委托人将医保基金监管工作按照一定的方式和程序，交由具备条件的第三方承担，并根据服务数量和质量向其支付费用。

（二）第三方力量参与监管的重要作用

医保基金监管工作由政府主导，第三方力量的参与强化了监管的专业性，对行政监管发挥着积极的助力作用。从监管实践看，医保基金监管急需四方面专业人才：一是医保、医学（药）专家。解读医保相关政策，利用相关政策及医学经验设定规则，现场核实医疗机构诊疗行为的合理性。二是信息技术专家。基于医保大数据和医院信息系统，利用设定的规则，进行大数据分析，判断是否存在欺诈骗保等违法违规行为。三是财务会计人员。从财务审计角度，判断医药机构、经办机构、医药企业等是否违法违规。四是法律人员。提供法律咨询和指导，保证基金监管过程、程序、处罚等的合法性。第三方机构通过提供专业人员和服务，研发相应辅助工具协助监管工作开展。

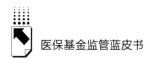
（三）第三方力量参与监管的主要形式

1. 专项工作参与

医保部门通过公开招标形式，组织相关领域专业机构为专项监督检查工作提供相对固定的人员服务和技术支持，并派出专业工作人员完成指定检查工作。从 2019 年开始，国家医疗保障局和地方医保部门持续组织开展打击欺诈骗保飞行检查，该类项目大多采取分包招标形式，请第三方力量参与并提供专业的财务审查服务和医疗（药、信息）核查等服务。从中标情况看，主要由会计师事务所、商业保险机构、信息技术服务机构等分别承接相应工作。

2. 独立第三方监管服务

由具有医学背景的第三方专业技术人员组成独立第三方监管服务机构，在提供常态化监管服务的同时，与医保部门一起开展日常巡查、专项抽查、举报检查等现场监督检查，实现医保稽查与第三方监管服务一体化运行。2017 年，江苏张家港开始探索引入社会医疗保险第三方监管服务，通过公开招标，确定由人保健康和中国人寿组成的共保体以第三方的形式，参与张家港社会医疗保险基金监管工作。一方面，派驻具有医学等相关专业背景的工作人员与政府部门合署办公；另一方面，依据相关政策法规，对当地协议医疗机构的医疗行为、协议药店的销售行为及参保人员的就医行为进行稽核监督。2021 年 2 月，中国人保义乌分公司、中国人寿义乌分公司、太平洋寿险义乌支公司组成共保体，成立全国首家独立运行的医疗保障基金第三方监管中心，在浙江义乌行政服务中心正式挂牌。

3. 监管科技研发

医保部门采取与第三方力量合作方式，探索大数据、云计算、人工智能、区块链、物联网等新一代信息技术在基金监管中的运用，协同推进监管技术进步，创新监管工具。2019 年，南昌医保局引入泰康养老保险股份有限公司作为南昌医保智能监控系统承建方，构建以智能监控为核心，信用体系建设、监督检查相结合的"三位一体"医保基金监管新模式。威海医保局与平安医保科技合作，共同建设开发医保智能监控系统与医保信用系统，探索"智能监管＋信用评价"的医保信用体系建设双向联动模式。

三　引入第三方力量的主要成效

随着医保基金监管工作的持续深入，各级医疗保障部门购买第三方监管服务的需求持续上升。为了更好地为基金安全保驾护航，商业保险公司、信息技术公司、会计师事务所等第三方机构充分发挥各自优势，积极参与到基本医保基金监管项目中，积累了丰富的实践经验。

（一）打造全方位智能化基金监管体系

充分发挥第三方专业控费优势，打造以医学知识库、动态监管规则库、大数据筛查、智能监管分析等为主体的全方位智能化基金监管体系。一是初步建立以循证医学为基础的知识库。如泰康保险的知识库为国家 863 课题转化，利用神经网络式知识图谱，构建临床路径、临床用药、基础编码等 18 个子库、53 万条编码标准、1000 余万条映射关系。二是加快提升智能监管能力。如平安医保科技研发的"AI 大数据风控系统"，以多种时间尺度和空间尺度对海量数据进行定量的风险评估和筛选，助力识别更隐蔽的欺诈骗保行为。三是搭建立体化监管体系雏形。基本形成智能监控、大数据分析、人工审核协同推进，集中作业、属地调查、专家论证有机配合，本地监管、异地调查灵活配置的立体化监管体系。

（二）统筹人力，充实监管队伍

商业保险公司、信息技术公司、会计师事务所等专业机构为医保部门开展临时性突击检查、专项检查等重大任务提供大量医保、医学（药）专家，信息技术专家，财务会计人员等专业人员，弥补医保监管部门自身人员数量及专业结构上的不足。以国家医疗保障局飞行检查为例，2020 年，国家医保局打击欺诈骗保飞行检查项目由大地泰华等 3 家会计师事务所和泰康养老

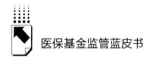

等 6 家商保机构共同参与，累计派出检查人员 2000 余人，其中第三方机构人员占比近一半。云南、广东、陕西、甘肃等多地医保部门参照国家医保局飞行检查模式，通过购买第三方服务，解决了医保监管部门自身人手不足的问题。

（三）有效提升监督检查效能

第三方机构深度参与国家医保局打击欺诈骗保飞行检查工作，组织数据、医学、药学、财务等专业领域的业务骨干，探索创新监管经验。一是形成一套完整的工作流程。以数据筛查为核心切入点，包含调取数据、搭建平台、统计分析、政策研究、探查疑点、确定方向、建立规则、人工复核、现场验证、扩大范围、沟通确认、核定金额等工作流程。2019 年国家医保局在全国范围内开展打击欺诈骗保专项治理，率先采用了"大数据分析 + 人工核实"的工作模式。正式入场检查之前，利用审核规则，对被检查地区医保数据进行全面筛选，锁定疑点。二是创新研发应用于飞检工作场景下的智能审核分析系统，与硬件设备有机结合，形成泰康"医保智能 E 体机"。该设备能够自动完成医保飞行检查的数据分析流程，具有便携、易用、高性能等特点，系统内置飞行检查的通用规则和属地化定制规则，提供大数据分析和数据可视化等功能，能够条理清晰地将数据转化为疑点，将疑点转化为查实的证据，并总结形成飞检工作报告，有效提升了飞检工作的效率和精准度。2020 年，"医保智能 E 体机" 累计在国家医保局 13 批次、地市级医保 93 批次检查中使用，减少 IT 人力需求近百人。

（四）助力医保基金监管试点工作稳步推进

在国家医疗保障局开展的基金监管方式创新试点、信用体系建设试点和医保智能监控示范点建设工作中（即"两试点一示范"），绝大部分试点地区引入社会力量参与，依托信息技术机构、商业保险机构等第三方力量技术优势，稳步推进试点工作进度。2020 年，国家医保局对各试点（示范区）城市开展中期评估结果显示，各地区试点工作普遍取得良好成效。基金监管方式创新试点工作方面，26个试点地区着力突破自身瓶颈，打破原有监管模式，创新和丰富了监管手段。黑龙江省本级采用医保与第三方合署办公的方式，着力打造一支高度统一、专业化的监管队伍。广西壮族自治区本级探索建立外部专家库，将商保机构、医疗机构医师等纳入专家库，接受统一调配管理，确保了监管队伍的稳定性。信用体系建设试点工作方面，17个试点地区全部引入第三方机构参与信用体系建设工作，中期评估结果均显示合格及以上，其中10个地区被评定为"优秀"。医保智能监控示范区建设工作方面，32个示范区均委托第三方布局智能监控系统与相关配套系统，中期评估结果均合格，其中一半地区被评定为"优秀"。

（五）社会监督机制初步形成

《条例》明确医疗保障基金使用监督管理实行政府监管、社会监督、行业自律和个人守信相结合。各统筹区在引入独立第三方参与基金监管工作之外，还积极引入社会力量参与监管，初步形成了公平、公正、客观的社会监督制约机制。一是通过竞争性机制引入第三方监管力量，提高医保部门自身监管能力和水平；二是通过聘请社会监督员引入外部力量，建立医保监管监督队伍。如湖南怀化市医保局从人大、政协以及各县（市、区）医保推荐名单中遴选出46名优秀代表，正式聘用为医疗保障基金监管社会监督员，涉及医药卫生、金融、教育、企事业单位等多个领域。社会监督员承担日常监督、政策宣传、情况反馈、问题研讨、参与飞行检查等职能，为维护医保基金安全贡献力量。

四 关于进一步用好第三方力量的建议

引入第三方力量参与基金监管工作，虽已在多方面取得一定成效，但目前仍处在探索阶段，建议从以下几方面引导第三方机构更深更广参与基金监管工作。

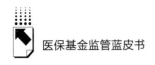

（一）应用新技术构建大数据实时动态智能监控体系

一是充分发挥第三方专业优势，形成系统全面的知识库规则库体系。配合医保管理部门研究确立医疗服务收费合理、合规、合法的智能监管规则标准清单，统一"度量衡"，布置统一标准的知识库，研究设计监管指标与知识点关联的监管规则标准清单，建立完善政策、统计、临床类专业化的规则体系。

二是不断创新监管手段，研发智能审核高速引擎，全面高效实现批量定性定量的自动、逐单、无遗漏智能审核。积极引入大数据、人工智能、视频监控等新技术手段，建立大数据实时动态智能监控，实现对医保基金全环节、全流程、全场景监控。并在规则审核的基础上，实现数据标准校验、跟踪追溯、对碰匹配、信用评价、宏观分析评价等多维度监控。

（二）契合监管需求，加大专用工具研发使用力度

医保基金使用监督管理包含基金管理、使用、监督、检查、处理、评价等多项内容。目前，在监督检查方面已较为广泛地深入引入第三方力量参与，并在技术运用、工具开发方面取得了一定成效，但工具开发尚不充分，其他方面外部力量参与也不够。建议运用信息化思维，挖掘各级监管部门共同需求，与第三方力量合作开发专用管理工具，包括专项分析系统、移动管理平台等。引入第三方法律专业人才，建设完善法律法规应用知识库，制定处理处罚规范流程，在加大查处力度的同时，保证处罚措施的精准落地，增强基金监管威慑力。

（三）利用大数据技术挖掘跨省就医数据价值

基于第三方专业精算分析技术，充分利用国家医保局积累的异地就医结算数据资源，开展数据标准化建设、数据审核及大数据分析应用。通过对跨省异地就医结算单据进行数据标准化和审核分析，形成数据治理、疑点筛查、病种分析、药品使用分析和医用耗材使用分析五项研究报告，并为应用人工智能技术构建医疗知识图谱打下基础。

（四）深入研究支付方式改革框架下的基金监管措施

结合第三方深度参与支付方式改革的具体工作经验，以 DRG、DIP 支付方式试点运行质量和效率为前提，聚焦新的支付方式下出现的新问题、新矛盾和社会各界的关注点，从监管的维度和方法上设计医保基金监管规则，搭建支付方式改革框架下的基金监管体系。

（五）丰富监管维度，构建立体化医保基金监管体系

以第三方参与的医保业务为主导，结合智能审核及信用制度建设实践，推动点状产品服务向线状综合服务及全面服务体系的转变，围绕药械招采、药品流通、医疗服务、医保支付环节对医保基金的使用，提供全链条、多角度、综合性的第三方监管服务。在药械招采环节提供医保支付标准和药械监管与追溯服务，在药品流通环节提供基于慢病等人群的处方外配服务，在医疗服务环节提供针对医疗机构的诊间审核和医疗质量安全与运营管控服务，在医保支付环节提供第三方支付评审和 DRG、DIP 等基金结算以及配套的监管服务等，构建全方位、立体化的医保基金监管体系。

（六）建立第三方力量参与监管的绩效评价体系

如前文所述，医保部门与第三方力量，实际上是一种"委托 – 代理"契约关系。由于委托人和代理人的目标、利益不尽相同，当委托人没有时间和能力去监督代理人时，双方会存在信息不对称。如果委托人不能够有效监管代理人的行动，那么代理人的行为就有可能满足不了委托人的期望，甚至给委托人带来利益损失。实际工作中，第三方机构的专业化水平参差不齐，并不能保证全部实现委托人目标。依据《关于深化医疗保障制度改革的意见》（中发〔2020〕5 号）和《关于全面实施预算绩效管理的意见》（中发〔2018〕34 号）精神，针对财政资金购买第三方服务实施全面绩效评估管理，建立规范透明、标准科学、约束有力的购买服务绩效评价管理体系，是

规范基金监管执法行为、优化专业机构资源配置、加大医保基金监督检查力度的关键举措。建议主管部门坚持目标导向，以强化顶层设计为原则，围绕基金监管有效性和规范性，制定统一的绩效评价标准，建立关键指标、体系架构和实现路径，细化、实化绩效评价指标体系，硬化评价措施，抓住重点，逐项评价，切实加强第三方机构管理，实现基金监管与机构管理一体化。强化结果应用，将绩效考评结果作为后续参与基金监管的评价指标，通过绩效评估提升整体执法水平。

B.14
医保基金监管的国际经验和启示

黄奕祥　朱派毅　靳思慧　陈胜亮*

摘　要：　不同国家和地区监管模式不一，借鉴别国和地区经验可完善我国医保基金监管制度体系，更好地维护我国医保基金安全使用。本文对英国、德国、美国、新加坡医保基金监管的监管框架、基金使用规定、监管机制和法律责任等方面做了比较，并对医保欺诈重灾区的欺诈案例和反欺诈经验进行了梳理分析。虽然英国、德国、美国、新加坡均实行了行政监管，但行政监管力度不一。此外，均有行业协会参与医保基金监管，发挥社会监督作用；均建立了较为健全的法律体系，保障在医保基金使用管理以及打击违规行为方面有法可依，只是仍存在不同程度的问题。其中，英、德、美三国由于医疗服务主体多、监管难以全覆盖、惩罚的震慑力不足、对欺诈基金追索流程烦琐且成本高等原因，欺诈行为猖獗。综上分析，建议我国持续完善监管立法，建立跨部门联合执法制度，重视发挥社会监督作用，加强信息化建设，建立通畅协商谈判机制，完善医保基金监管制度体系。

关键词：　医保基金　监管框架　协商谈判　法律责任　国际经验

---

* 黄奕祥，中山大学公共卫生学院教授、博士生导师，长期致力医疗卫生体制改革研究；朱派毅，中山大学附属肿瘤医院科员；靳思慧、陈胜亮，中山大学公共卫生学院硕士研究生。

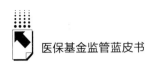

一 前言

一个国家和地区采取何种医保基金监管模式，与其医疗保障制度属性、政治体制、经济发展水平、历史文化和政府监管模式等密切相关。实行国家医疗保险制度的英国，其医保基金监管模式为独立机构负责、多部门联监联管、专业协会参与，基金使用违法行为和相应法律责任界定依据于《社会保障法》和《2006 年反欺诈法》等法律规定。实行社会医疗保险制度的德国，形成了政府监管和行业自律相结合的监管框架，建立起多方社会力量参与的协商谈判机制，通过《社会法典》《卫生保健部门反腐败法》等明确"腐败"定义和惩罚措施。以商业医疗保险为主的美国，针对老年人和弱势群体制订了公共医疗保险计划，并建立了具有跨部门合作、借助信息化平台工具等特点的医保基金监管机制，同时通过《虚假索赔法》等一系列法律文件规定了"欺诈""虚假报销"等行为和处罚措施。实行储蓄型医疗保障制度的新加坡，建立了中央公积金局管理、金融管理局运营、社会监督运营信息的监管体系，并在《中央公积金法》等法律文件中详细规定了医保基金的使用范围和违规处罚措施等。

上述国家在长期的医保基金监管过程中，形成了与本国医疗保障制度、经济社会发展状况等相适应的监管经验。本文旨在通过分析典型国家的医保基金监管模式，为完善我国医保基金监管制度体系提供思路与参考。

二 典型国家医保基金监管模式

（一）英国

1946 年，英国出台了《国家卫生服务法案》，标志着国家医疗保险制度——国家卫生服务体系（National Health Service，以下简称 NHS）的确立。NHS 覆盖全体国民，由政府直接包办，通过税收筹集医疗保险基金，再以国家财政预算方式拨款给医疗机构。NHS 确立后，其制度和运行机制等不断改革、完善。1990 年制定了《NHS 改革法案》，成立区域综合性医疗集团（NHS Trust），规定由政府财政实行预算管理，医院管理层负责医保基金运营。2002 年建立了全国范围内的信托基金医疗联合体（Foundation Trusts，以下简称 FTs），开始将传统的政府预算管理改为信托基金管理，并由公民选举出董事会负责信托基金管理和运营。

1. 监管框架

2004 年，英国政府开始推行独立监管者制度，由独立于政府的监管局（Monitor）负责监管 FTs,[①] 审核和评价信托基金的财务状况，审批新成立的 FTs。针对愈演愈烈的欺诈行为，英国于 2017 年 11 月成立了反欺诈管理局（National Health Service Counter Fraud Authority，以下简称 NHSCFA）。[②] 作为卫生部和社会福利部下设的独立部门，NHSCFA 负责制定和修改医疗保险反欺诈的政策和程序、为合作单位提供信息、定性医保欺诈行为、制定并监督反欺诈工作标准。[③]

除政府部门外，众多社会团体或机构也积极参与医保基金反欺诈工作。例如，反保险欺诈署（Insurance Fraud Bureau）负责为政府部门调查欺诈案件提供数据，与保险公司、监管和执法机构联合调查起诉欺诈行为，向社会宣传普及反欺诈知识。保险业者协会（Association of British Insurers）通过定期发布保险欺诈报告，组建承保与理赔交换网（Claims and Underwriting Exchange）等反欺诈数据库，帮助保险公司防范欺诈风险。英国医疗保险反欺诈组织（Health Insurance Counter Fraud Group）负责提供反欺诈技术支持、搭建信息分享平台。[④]

---

① Department of Health. Equity and excellence：liberating the NHS. London：The Stationery Office, 2010.

② https：//cfa. nhs. uk/about – nhscfa/information – hub/NHSCFA – working – agreements/DHSC – and – health – and – care – professions – council – sharing – agreement. 2021 – 6 – 12.

③ Authority N H S C F. Leading the fight against NHS fraud：Organisational strategy 2017 – 2020. 2017.

④ 孙菊、甘银艳：《合作治理视角下的医疗保险反欺诈机制：国际经验与启示》，《中国卫生政策研究》2017 年第 10 期，第 28 ~ 34 页。

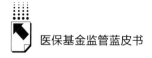
2. 基金使用范围

《社会保障法案》《社会保障反欺诈法》《社会保障管理法案》明确规定了医疗保险基金的使用范围，为医保基金使用监管提供了法律依据。《2006 年反欺诈法》[1]（*The Fraud Act 2006*）等则对医保基金使用中发生的欺诈、受贿、腐败等违规行为给予清晰界定。此外，FTs 选举出董事会和理事会决定基金的投资和使用，并由董事会定期向监管局汇报基金收支情况，接受审计。同时，FTs 每年公开发布包括财务报表在内的年度报告，接受社会监督。[2]

3. 监管机制

英国医疗保险基金监管机制具有跨部门合作、专业人才参与、执法流程清晰、借助信息化手段等特点。

国家犯罪局、伦敦警察局及其属下的国家反诈骗情报局（National Fraud Intelligence Bureau）等警察系统均参与医保基金监管执法，形成跨部门合作，具体负责制订战略计划、发布年度欺诈指标、打击欺诈行为等。

在专业人才参与监管方面，NHSCFA 负责任命专家团队指导基金监管工作，并在执法过程中制定了一套包括威慑、预防、检测、调查、制裁、追回被欺诈医保基金的标准化流程。[3] 反欺诈专业认证委员会（Counter Fraud Professional Accreditation Board）负责具体培训。

在信息化监管方面，建立了 NHS 反欺诈数据库（NHSCFA Fraud Information），用于收集全国各地发生的反欺诈案件信息，以便集中调查处理 NHS 欺诈案件。此外，The Loss Adjuster Crawford 公司开发了 SCORE 系统，用于识别欺诈嫌疑人并评估危险性。[4]

① Fraud Act 2006. 2020. May 6th. https：//www. legislation. gov. uk/ukpga/2006/35/ contents，2021 - 6 - 12.

② Heins E，Parry R. The role of wage bargaining partners in public sector reform：the case of primary care contracts. European Journal of Industrial Relations，2011，17（4）：381 - 396.

③ 梅丽萍：《走向聪明型监管》，中国经济出版社，2014。

④ ENGLAND N. Tackling Fraud，Bribery and Corruption：Economic Crime Strategy 2018 - 2021. 2020. May 6th. https：//www. england. nhs. uk/wp - content/uploads/2013/06/tackling - fraud - bribery - and - corruption - economic - crime - strategy - 2018 - 2021. pdf，2021 - 6 - 12.

4. 法律责任

《社会保障管理法案》① 和《2006 年反欺诈法》② 对医保基金使用过程中的违法行为及相应法律责任作出了明确规定。其中，《社会保障管理法案》规定了虚假陈述及伪造虚假文件和报销信息的保险人应该接受的监禁和罚款；《2006 年反欺诈法》对虚假陈述、隐瞒信息和滥用职权的保险机构，作出监禁和罚款规定。

（二）德国

1883 年，德国政府颁布了《疾病社会保险法》，在全球率先建立社会医疗保险制度，资金来源于政府、雇主和雇员，覆盖全体德国公民。疾病基金（Krankenkasse）作为医疗保险机构，负责法定医疗保险基金筹集和支付。2007 年建立了中央健康基金（Central Health Fund，以下简称 CHF），由其负责统一收取法定医疗保险的缴费和政府补贴，并依据风险调整机制，将资金下拨给各疾病基金。③ 在政府监管引导下，建立起一套以自我监管为核心，辅以专业监管，有利于促进供保双方利益平等的协商谈判机制。

1. 监管框架

政府监管在德国整个医保基金监管体系中并非核心，政府只负责宏观层面的立法与监督。隶属于联邦卫生部的联邦保险当局（Federal Insurance Authority）负责疾病基金的监管，计算各疾病基金间的风险结构补偿，④ 各州的监管部门为劳工部下属的卫生部门，主要职责为监督各疾病基金运行。

自我监管作为德国基金监管核心，主要通过医疗服务提供方、购买方和

① Social Security Administration (Fraud) Act 1997 (legislation. gov. uk)，https：//www. legislation. gov. uk/ukpga/1997/47/contents，2021 – 6 – 12.

② Fraud Act 2006 (legislation. gov. uk)，https：//www. legislation. gov. uk/ukpga/2006/35/contents，2021 – 6 – 12.

③ 高健、徐英奇、李华：《德国经验对中国社会医疗保险省级统筹设计的启示》，《中国卫生政策研究》2019 年第 6 期，第 29 ~ 34 页。

④ 梅丽萍：《中英德三国社会医疗保险监管体制比较》，《理论界》2015 年第 8 期，第 53 ~ 61 页。

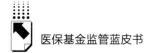
双方的联合委员会共同履行具体监管职责。其中，医师协会、医院协会和牙医协会作为代表医疗服务提供方的行业协会，负责对医务人员和医院进行服务质量的监督；疾病基金作为代表购买方的行业协会，负责制定基金支付协议、药品和服务的价格等[①]。2004年，德国根据《法定医疗保险现代法》设立联邦联合委员会，由医疗服务提供方和购买方分别选派代表组建而成，主要职责为制定医保基金监管政策。

在专业监管方面，由德国的质量保障办公室（German Society of Quality Assurance）、医疗质量与效率研究所（Institute for Quality and Efficiency in Health Care）、医疗透明管理制度与标准委员会（Kooperation for Transparency und Quality in Gesundheitswesen）等专业机构负责为待遇标准、服务质量、费用支付等重要决策提供信息和技术层面的专业支持。[②] 此外，德国医疗保险公司积极参与反欺诈工作，通过内设索赔专员、外雇专家评估欺诈类型及金额，形成欺诈处理的标准化流程，并通过开发欺诈识别软件和数据系统[③]，为调查机构提供欺诈信息。

2. 基金使用

德国《社会法典》（*Social Code Book*）第五部分第四章详细规定了疾病基金与医疗服务提供者，尤其是与医师协会之间的谈判范围。所有参保者均按相同的保险费率统一将保费归结到健康基金，再由健康基金根据各个疾病基金承保会员的性别、年龄、疾病类型等支付相应的保费，疾病基金的适用范围包括服务与药品、门诊与住院、直接损失和间接损失（病假津贴）等。

3. 监管机制

德国建立了一套从中央到地方、不同利益主体平等参与的协商谈判机制。在联邦层面，联邦联合委员会、疾病基金、医师协会、医院联盟、医药

① 李诗晴、褚福灵：《社会医疗保险监管组织体系的国际比较与借鉴》，《社会保障研究》2017年第5期，第78~86页。

② 李珍、赵青：《德国社会医疗保险治理体制机制的经验与启示》，《德国研究》2015年第2期。

③ Sombeck K. Strategie Gegen Schwindler in Der Privathaftpflichtversicherung. Springer Fachmedien Wiesbaden, 2017.

委员会、牙医委员会，共同针对医疗费用补偿、医师费用支付、医疗服务质量等内容进行协商谈判。例如，2004 年德国开始推行的 DRGs 支付方式，其分类标准、流程、付费价格和出院质量的评估均通过供保双方协商谈判确定。

德国十分注重借助信息系统实行监管。2011 年推行了在线检查病人权益的系统和验证持卡人身份的密码系统（即新医疗卡系统），以便更好地打击医疗保险欺诈行为。① 此外，德国还发明了智能逃险计算工具，基于一系列反欺诈专家的经验，自动计算医疗保险的损失数据，降低人工成本。

4. 法律责任

2016 年出台的《德国卫生保健部门反腐败法》，将医疗保健部门收受贿赂的刑事犯罪纳入《刑法典》（StGB），作为第 299a 条和第 299b 条。同时明确了腐败的定义、场景和使用对象，② 明确了医务人员在开处方或提供药品、医疗器械时的违规行为，并规定了相应的监禁和罚款措施。

（三）美国

美国的医疗保障制度分为三个层次：第一层次是以政府主导、覆盖老年人和贫困人口的两大公共医疗保险计划，即医疗照顾制度（Medicare）和医疗援助制度（Medicaid）。③ 第二层次是针对雇员和中等收入人群的商业保险、雇主的自保计划以及双蓝计划等。第三层次为州、市和县等地方政府卫生机构提供给低收入、失业、无保险者的医疗服务保障（救助）。④ Medicare 拥有两个独立的信托基金：住院保险（Hospital Insurance）信托基金和补充

---

① Understanding and measuring fraud Best practices for proven technology to reduce Healthcare fraud. https：//www. eurosmart. com/understanding – and – measuring – fraud – in – healthcare, 2021 – 6 – 12.

② SCHNEIDER H, STOLZENBURG J – U. Antikorruptionsgesetz. Der Urologe, 2018, 57（3）：333 –42.

③ 张群：《美国的医疗保险制度现状及引发的思考》，《中国卫生经济》2007 年第 6 期，第 79 ~ 80 页。

④ 谭相东、张俊华：《美国医疗卫生发展改革新趋势及其启示》，《中国卫生经济》2015 年第 11 期，第 93 ~ 96 页。

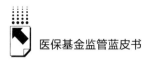

医疗保险（Supplementary Medical Insurance）信托基金，[①] 由 Medicare 信托基金理事会负责财务运营和管理。

1. 监管框架

美国医疗照顾与医疗救助服务中心（Centers for Medicare & Medicaid Service，以下简称 CMS）成立于 1966 年，[②] 隶属于健康和人类服务部（United States Department of Health and Human Services，以下简称 HHS），负责管理 Medicare 和 Medicaid。为应对欺诈问题，美国成立了多部门合作的联合执法体系，隶属于 HHS 的稽核办公室（Office of Inspector General，以下简称 OIG），负责稽查并处罚有关 Medicare 的欺诈和虚假申报行为，组建医保欺诈打击专案组（Medicare Fraud Strike Force），与联邦调查局（Federal Bureau of Investigation，以下简称 FBI）、司法部（Department of Justice，以下简称 DOJ）等形成监管合力。[③]

美国 Medicare 由 CMS 主办，委托给商业保险公司经办，基本医疗保险管理承包商（Medicare Administrative Contractors，以下简称 MAC）负责为医疗机构提供结算服务并审核费用信息。

国家卫生保健反欺诈协会[④]（National Health Care Anti-Fraud Association）在政府机构和保险公司间共享医保反欺诈调查信息，为政府机构和保险公司提供专业培训[⑤]。保险反欺诈联盟（Coalition Against Insurance Fraud）[⑥] 建立公众平台为公众提供反欺诈培训，并起草《保险反欺诈法》，作为模板法案供各州

---

① 蒋蓉、屈婕：《美国医疗照顾制度基金管理运作研究》，《科技管理研究》2016 年第 3 期，第 183～187 页。

② 李春厚、龙微月、刘阳等：《美国医疗保险承包商管理对我国基本医保经办管理的启示》，《中国卫生经济》2018 年第 12 期，第 113～116 页。

③ 赵斌、刘文凤、熊凯丽：《美国医疗照顾计划经办服务和监管体系述评和启示》，《中国医疗保险》2019 年第 2 期，第 82～86 页。

④ 王国华、王烨楠：《美国反医疗保险欺诈制度借鉴》，《中国保险报》2019 年 9 月 18 日。

⑤ Testimony of the National Health Care Anti-Fraud Association to the House Insurance Committee House of Representatives, Commonwealth of Pennsylvania. https：//www.kff.org/wp－content/uploads/sites/3/2011/12/2010_ 0017_ 0014_ tstmny.pdf，2021－6－12.

⑥ Coalition Against insurance Fraud，https：//insurancefraud.org/，2021－6－12.

使用。

2. 基金使用

联邦法律规定 Medicare 基金仅用于投资特定的计息证券。《社会保障法》要求理事会定期向国会报告信托基金的使用和运营状况，报告内容包括基金收支情况及其构成、投资收益情况等。

3. 监管机制

美国医保基金监管形成了跨部门合作和专业人才参与的机制。首先，在联邦政府层面，建立由 FBI 牵头、HHS 和 DOJ 合作组成、卫生部及其下属的医疗照顾与医疗救助服务中心参与的医保基金反欺诈执法体系，覆盖反欺诈业务的全流程。其次，从各部门抽调专业人员，成立反欺诈执法行动小组（Health Care Fraud Prevention and Enforcement Action Team，以下简称HEAT），制订医疗欺诈和滥用控制计划（Health Care Fraud and Abuse Control Program，以下简称 HCFAC）。其中，HEAT 旨在减少 Medicare 浪费，追索欺诈资金和提高服务质量，并借助其下属 Medicare 打击力量（Medicare Fraud Strike Force Teams），起诉欺诈行为。HCFAC 则负责通过新型信息技术集合医疗保险欺诈的所有数据，建立起全世界范围最广的保险欺诈数据库，在大数据基础上进行精准的评估与分析，审查支付环节，协助发现医疗保险欺诈行为。HCFAC 还开发出 SGI MineSet 系统，实现了对医疗保险数据的挖掘和可视化，通过大数据和医保监管网络发现欺诈行为。[1]

4. 法律责任

在刑事立法责任层面，《1996 年健康保险可以转移和问责性法案》中，认定虚假陈述等行为为犯罪，并规定了监禁和罚款措施。[2]《反回扣法》（Anti-Kickback Statute）定性医疗行业诱导行为，禁止医务人员获取回扣并规

---

[1] 尹蕾：《掌控风险点 选准发力点——医疗保险反欺诈机制研讨会观点综述》，《中国医疗保险》2012 年第 11 期，第 39～40 页。

[2] 林源、李连友：《美国医疗保险反欺诈实践及对我国的启示》，《中央财经大学学报》2012 年第 1 期，第 70～75、91 页。

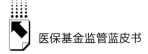

定了监禁和罚款处罚。① 不同的州参照联邦《反回扣法》制定了适合本州州情的 Medicare 和 Medicaid 的《反回扣法》版本。

在民事法律责任层面，《虚假索赔法》（*the False Claims Act*）明确了何为虚假报销行为与以及相应的罚款措施。《斯塔克法》（*Stark law*）禁止医生通过违规转诊患者获得不当利益，② 并规定了违反该法的民事制裁手段和罚款金额。

（四）新加坡

20 世纪 80 年代至今，中央公积金局制订了数项计划，构建了多层次医疗保障体系，主要包括"保健储蓄计划"（Medisave）、"终身健保计划"（Medisheild Life）和"保健基金计划"（Medifund），简称"3M"计划。其中，"保健储蓄计划"主要支付住院费和门诊费，"终身健保计划"主要支付大病或者慢性病的医疗费用，"保健基金计划"则负责为贫困人口支付医疗费用。在基金管理方面，新加坡独创"中央公积金制度"，政府成立专门机构管理，实现基金管理权、经营权、监督权"三权合一"，形成一套权属清晰、职责明确的监管体系。

1. 监管框架

实行政府直接监管，由人力资源部负责制定中央公积金发展战略。③ 下设半官方独立管理机构——中央公积金局④，统一负责费用征收、记录保存、基金投资运营和财务管理等⑤。公积金局成立由主席、总经理、政府代

---

① 孙宏涛、刘伟：《美国医疗保险反欺诈法律制度考察》，《中国保险报》2018 年 7 月 27 日。

② 林源、李连友：《美国医疗保险反欺诈实践及对我国的启示》，《中央财经大学学报》2012 年第 1 期，第 70 ~ 75、91 页。

③ 施文凯、聂玉亮、张小娟：《整体性治理视角下的新加坡医疗保险治理体系及对我国的启示》，《中国卫生政策研究》2020 年第 4 期，第 10 ~ 16 页。

④ Singapore Government. Singapore Government Directory-MOM. https：//www. sgdi. gov. sg/ministries/ mom/statutory – boards/cpfb，2021 – 4 – 25.

⑤ 李琳：《社会保险基金监管问题研究》，吉林财经大学，2015；李珍、孙永勇：《新加坡中央公积金管理模式及其投资政策分析》，《东北财经大学学报》2004 年第 4 期，第 14 ~ 18 页。

表、雇主代表、雇员代表和专家等组成的董事会,负责公积金审核与监督。为进一步加强监管,还成立了基金业绩调查委员会,并引入基金业绩调查公司,监督基金管理公司和各保险公司,以提供公开透明的基金投资业绩和风险信息[①]。

除政府直接监管外,新加坡普通保险协会(General Insurance Association)推出了"保险欺诈案管理系统",利用数据分析和人工智能分析保险索偿案例,并通过提供最高1万新元现金奖励的方式,鼓励个人参与打击保险诈骗。[②]

2. 基金使用

《中央公积金法》规定,国家财政只能通过发行政府债券的形式借用基金并承担基金价值贬损的责任。其中,金融管理局(Monetary Authority of Singapore,以下简称 MAS)负责中央公积金对国债和银行存款的投资管理,中央公积金投资计划(Central Provident Fund Investment Scheme,以下简称 CPFIS)则对投资工具的提供主体和管理主体作出一定限制,要求单位信托基金和投资关联型保险产品必须由 CPFIS 体系下的基金管理公司管理。[③] 政府投资管理公司(Government of Singapore Investment Corp)负责将基金投资于国内的住房和基础设施建设等,还可按规定将基金投资于外国资产作为新加坡外汇储备的一个重要来源。

3. 监管机制

新加坡医保基金监管具有权力集中、职责清晰等特点。

中央公积金实行专户专储,收缴的医疗保险资金主要来自雇主和雇员,缴费率由劳资政三方协商确定,人力部批准后生效,并由拥有独立决策权的全国工资理事会扮演裁判角色。中央公积金账户每年须经国家审计局审计并

---

① 许大志:《新加坡中央公积金投资计划中的业绩和风险监控》,《上海劳动保障》2003 年第 15 期,第 36 ~ 41 页。

② General Insurance Association of Singapore(GIA)offers up to S $ 10, 000 cash reward to encourage individuals to step-up against insurance fraud. https://gia. org. sg/images/media – center/company – news/PressRelease_ GIA – launches – S10000 – reward – scheme. pdf, 2021 – 4 – 30.

③ 胡秋明、袁中美:《社会养老保险个人账户基金管理模式探析——基于新加坡中央公积金和香港强积金制度的比较分析》,《投资研究》2011 年第 3 期,第 2 ~ 8 页。

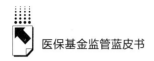

对外公开，以便广大民众进行监督。①

在基金投资方面，MAS颁布了《CPF投资产品信息披露规则》，要求向中央公积金会员发行金融产品的基金管理公司和保险公司进行全面的信息披露。② 基金管理公司和保险公司还应依照相关管理条例向中央公积金会员进行信息披露。

另外，卫生部出台了一系列法律法规用以约束和规范利益相关方，公立医院作为住院服务的主要提供者，须及时在媒体及网站上公布其各项价格、收费标准、单病种费用等。

4. 法律责任

《中央公积金法》对医保基金监管方面的违法行为作出了界定，同时对董事会、企业、雇员等对象的违法行为和处罚措施均做了详细、可执行的规定。对违反《公积金条例》者，中央公积金局依法追究其责任。

三 典型医保基金欺诈案例

尽管本文列举的国家在基金监管方面积累了多方面经验，但在其运行中仍存在欺诈案频发问题。美国全社会每年涉及医疗欺诈总额高达上千亿美元，约占医疗费用总支出的3%。③ 美国司法部公布的报告显示，1987年至2016年期间，反欺诈执法机构在医疗和福利方面共计处理907件非分享罚金诉讼和6683件分享罚金诉讼的案件，追回损失约达339亿美元。④ 截至

---

① 冯锦彩、王晓敏、孙蕊：《新加坡社会保障基金管理对我国的启示》，《现代商业》2014年第30期，第124~125页；郭伟伟：《新加坡社会保障管理体制及对中国改革的启示》，《行政管理改革》2010年第7期，第68~71页。

② 柏高原：《新加坡社会保险基金投资与监管制度的启示》，《医学与社会》2011年第3期，第73~76页。

③ 《多维度动态监管：防控医疗欺诈的商保经验》，https://www.sohu.com/a/302931470_439958，2021年6月12日。

④ 李忠东：《解锁全球反保险欺诈技能》，《检察风云》2019年第17期，第18~19页；美国司法部官网，https://www.justice.gov/doj/statistics-available-department-justice，2021年6月12日。

2019 年底，美国已追回损失总额超过 620 亿美元。① 英国 NHSCFA 官网公布的《NHS 反欺诈管理局 2019 至 2020 年年度报告和账目》显示，英国 2019 年和 2020 年由于医保基金欺诈导致的实际损失达 1730 万英镑，发现、追回和预防的欺诈基金总额 1.26 亿英镑。NHS 共收到 6020 起欺诈举报，进行检查 936 次，查获欺诈案件 154 起。② 根据《NHSCFA 2020 战略情报评估报告》③，NHS 中因欺诈、贿赂和腐败行为导致的基金漏洞达 12.1 亿英镑，最严重的两方面为医疗产品采购和患者谎报医疗费用（见表 1）。

表 1 近年来美、英、德三国典型医保基金欺诈案件列举

案例	发生地	案件概述	涉案金额	涉案人数
案例一	美国	美国史上最大医保诈欺案④。医生、护士和其他持证医疗专业人员,通过滥开止痛药及伪造医疗账单的方式,骗取联邦医疗保险和医疗补助	13 亿美元	412 人
案例二	美国	得克萨斯州一名医生故意将一些患者诊断为患有终身疾病,并通过为他们提供本不需要的侵入性治疗制造巨额虚假账单⑤,实施欺诈计划	3.25 亿美元	1 人
案例三	英国	伊恩·沃尔顿医生和国家医保经理丽莎·希尔通过伪造发票,联手骗取 15 万英镑⑥	15.36 万英镑	2 人

① 美国司法部官网，https：//www. justice. gov/opa/pr/justice - department - recovers - over - 3 - billion - false - claims - act - cases - fiscal - year - 2019，2021 年 6 月 12 日。

② NHS Counter Fraud Authority Annual report and accounts 2019 - 20. https：//assets. publishing. service. gov. uk/government/uploads/system/uploads/attachment _ data/file/946530/ Annual_ Report_ 2020 _ _ latest _ . pdf, 2021 - 6 - 12.

③ NHSCFA 2020 Strategic Intelligence Assessment. https：//cfa. nhs. uk/resources/downloads / documents/corporate - publications/NHSCFA_ 2020 _ Strategic_ Intelligence_ Assessment. pdf, 2021 - 6 - 12.

④ 美国司法部官网, https://www. justice. gov/usao - sdfl/pr/national - health - care - fraud - takedown - results - charges - against - over - 412 - individuals,2021 年 6 月 12 日。

⑤ 美国司法部官网, https://www. justice. gov/usao - sdtx/pr/texas - doctor - convicted - 325 - million - health - care - fraud - scheme,2021 年 6 月 12 日。

⑥《英国:著名医生和国家医保经理联手骗取 15 万英镑》,https://www. sohu. com/a/12169 6489_ 114731,2021 年 6 月 12 日。

续表

案例	发生地	案件概述	涉案金额	涉案人数
案例四	英国	一名护士通过伪造诊疗记录、使用 NHS 计时系统提高个人工资，诈骗 1 万多英镑①	1 万英镑	1 人
案例五	德国	AOK 疾病基金与 15 家医生协会签订协议，利用回扣贿赂医生，通过故意夸大病人病情，骗取国家健康基金拨款②	280 万欧元	—

巨大的医保基金欺诈案件数量及涉案金额，折射出各国在医保基金反欺诈方面均存在着不同程度的制度漏洞或亟待完善之处。医疗服务机构众多、欺诈行为惩罚力度低、欺诈基金追索成本高、流程烦琐等都是导致医保监管难的重要原因。

四　讨论

（一）医保基金监管框架

1. 行政监管

新加坡的储蓄型医疗保险基金即中央公积金，其经营、管理和监督权皆属于政府。新加坡政府对医保基金的监管层次最高、强度最大，较强的行政监管保证了基金的规范运作，但容易出现管办不分的问题，造成医疗保险服务理念差、运行效率低。③

英国国家医疗保险制度和美国公共医疗保险计划中的 Medicare，其资金均来自政府预算，并由政府成立专门的行政监管机构负责基金监管，英国为监管者（Monitor），美国为 HHS 下属稽核办公室（OIG）。英美的医保信托

---

① Richard Griffith. Fraud in the NHS. British Journal of Nursing, 2019, 28(19):1168 – 1169.
② 《德国医保行业曝出欺诈丑闻》http://world. people. com. cn/n1/2016/1114/c1002 – 28858552. html,2021 年 6 月 12 日。
③ 郎杰燕、孙淑云：《中国基本医疗保险经办机构治理研究》，《云南社会科学》2019 年第 1 期，第 82～88 页。

基金董事会拥有基金的管理和运营权，行政监管程度次之，医保基金实现管办分离。

由于社会自治的传统，德国政府对医保基金的行政监管层次最低，由联邦保险当局负责宏观监管，各疾病基金拥有基金的管理和运营权。

我国社会医疗保险资金来源于政府、企业和个人，由医疗保障局负责基金监管。医保基金的管理权虽名义上由经办机构所有，但医保基金实行财政专户管理，经办机构仅以行政预算经费作为责任财产，不是医保基金真正意义的产权人，基金监管尚未实现真正意义上的管办分开。

2. 协议监管

英国、美国和德国的购买方均与医疗服务提供方签订协议，约定服务提供范围、服务质量要求和支付方式，如英国 FTs 和区域内的医院签订 NHS 合同①；美国 CMS 将经办业务委托给商业保险公司 MACs，由 MACs 和医院签订服务协议；德国各疾病基金和医院签订协议②。协议监管方式具有市场化的优点，保证了对医疗服务提供方的低成本高效率的监管。③

我国由经办机构和医疗服务机构签订服务协议，但由于公立医院的行政属性，不同程度地存在着医疗服务供需行政化现象，无形中增加了服务协议的签订和执行难度。因此，我国仍需在相关法律中继续细化医疗卫生机构的服务协议规定。

3. 自我监管

英国、美国和德国均有公司管理信托基金的传统，均由代表公众利益的公司专门负责医疗保险基金的运营和日常管理。英国 FTs 组建独立的董事会和理事会负责基金管理和运营，美国 Medicare 信托基金由理事会负责管理和运营，德国各地疾病基金在中央健康基金 CHF 的统筹下，由董事会和理

---

① 王小万、陈丽萍、刘丽杭：《英国国民卫生服务制度（NHS）的结构性改革与治理模式》，《中国卫生政策研究》2017 年第 11 期，第 27～35 页。

② 胡敏：《战略性购买视角下的医保基金监管体制改革探讨与展望》，《中国医疗保险》2021年第 4 期，第 26～30 页。

③ 张卿：《论医保基金监管中协议管理模式的优化使用》，《中国医疗保险》2019 年第 10 期，第 45～48 页。

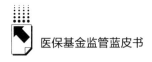

事会负责基金的管理和运营。

新加坡的医保基金管理和运营由政府部门负责，由中央公积金局负责投资运营和财务管理。

英国、美国和德国将企业经营模式引进医保基金管理，具有运行效率高、投资渠道多样化、体制机制较为灵活的优点，但采取公司制运营医保基金也容易出现过度关注商业利益而忽略公益性和不良竞争等问题。新加坡采取的政府运营模式虽能保证公益性，但也有基金运营投资效率低等缺点。

4. 社会监督

由于社会自治以及获得法律授权开展工作的传统，英、美、德等国的行业组织有较高的影响力，能在一定程度上代表行业利益并协助政府部门发挥行业监管职能，如美国的卫生保健反欺诈协会、英国的医疗保险反欺诈组织、德国的医疗透明管理制度与标准委员会等。在医疗领域，目前我国仅有《医疗事故处理条例》授权医学会负责开展医疗事故技术鉴定工作，[1] 其他领域通过法律授权给行业组织的管理职能尚十分有限，在医保基金监管方面亦然。

本文选取的各个国家均建立了较完善的医保基金运营信息披露机制，如美国的 Medicare 信托基金、英国的 NHS 信托基金和德国的各疾病基金均需定期向监管部门汇报基金运营情况，并向社会公众披露，接受公众监督。在我国，《医疗保障基金使用监督管理条例》规定了医保经办机构必须定期向社会公开医疗保障基金的收支和结余情况，接受公众监督。此外，各地医保基金运营情况通过医疗保障局官网依法进行公开。

（二）医保基金使用

英国和美国属于英美法系，历来重视程序法且其立法程序严谨务实，加之英国、美国作为医疗保险欺诈的重灾区，长期的反欺诈工作为其立法提供

---

[1] 卫李梅、胡琳琳、金平阅等：《国外医疗卫生领域行业组织功能定位及启示》，《中国卫生政策研究》2016 年第 12 期，第 29～33 页。

了丰富经验。因此，英国和美国很早便建立了医疗保险反欺诈法律体系，特别是通过专项立法明确医保基金使用的各项违法行为和处罚措施。德国作为大陆法系的代表国家，十分重视实体法和成文法的制定工作，因此德国医疗保险基金使用和反欺诈条款一直仅存在于《社会法典》中。近年来，海洋法系和大陆法系向着融合趋势发展，德国于2016年专门出台了《德国卫生保健部门反腐败法》，以专项立法快速反应复杂多变的医疗保险欺诈行为，弥补刑法典的不足。

我国自颁布《医疗保障基金使用监督管理条例》后，针对医保局明确基金支付范围、经办机构协商谈判和信息公开、医药定点机构协议管理和财务数据公开均作出了具体可操作的指南，解决了以往基金监管无法可依的问题。

（三）监管机制

1. 跨部门联合执法

由于医疗保险基金监管涉及不同部门的监管领域，且基金使用违法、违规程度不同，涉及执法手段也有所不同，仅依靠卫生行政部门和医保局实行监管是不可行的。英国和美国的医疗保险反欺诈工作开展较早，由卫生部门牵头，联合司法、警察、审计等多部门，并抽调专业人才，组建医疗保险反欺诈联合执法团队，建立起了一套规范化的执法流程。我国医保基金监管由医疗保障局负责，政府内部之间的合作机制、清晰明确的执法流程等仍需健全完善。

2. 协商谈判机制

德国具有高度自治的社会传统，由代表供保双方的利益集团和双方的联合委员会共同协商谈判确定医保基金使用，这有赖于高度成熟的社会体系。采取同样方式的还有社会自治较为发达的美国和中国台湾地区。在美国，商业保险公司代表医保方，医师协会和医院代表供方，两者共同进行平等协商[①]。我国台

[①] 程念、汪早立：《城乡居民医保支付制度改革谈判协商框架研究》，《中国卫生经济》2017年第10期，第24~28页。

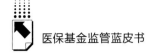

湾地区由医事团体组建总额支付委员会，与医疗机构平等协商谈判。

我国政府在医保基金监管中长期处于主居地位，社会组织和群众之间尚缺乏畅通渠道和途径参与医保基金支付的协商谈判①，医院、参保人员等利益相关方参与谈判的积极性需进一步激发。

3. 信息化监管工具

英、美、德国的医疗保险欺诈现象较为严重，为有效识别和检测医疗保险欺诈风险，上述各国通过收集大量医保索赔数据，建立了大规模的保险欺诈数据库。例如美国的保险反欺诈数据库和医疗保险欺诈预测分析系统、英国的 NHSCFA 欺诈数据库、德国的新医疗卡系统，这些系统和公安、银行等系统联网，促进实现联监联管，形成跨部门合作，共同打击医疗保险欺诈。

我国的医疗保险反欺诈工作起步较晚，部门间联合打击医保基金欺诈行动也是近几年才开展的，大部分地区虽然已经建立了监管信息平台，但已建成的平台仍存在不兼容、监控指标简单等问题，难以发挥联监联管作用②。

（四）法律责任

本文案例中的各个国家和地区均建立了较为完善的医保基金监管法律体系，明确了医疗保险基金使用的违法、违规行为，并对相应惩罚措施作出了详细、可操作的规定。其中，美国医保基金监管法律体系除了由联邦政府制定之外，各州也可以单独制定适用于各州的反欺诈法律制度，且大多数州的医疗保险反欺诈法律相对于联邦而言更加严厉。此外，美国医保基金监管法律从不同角度将法律责任分为民事责任、刑事责任和行政责任。英国反欺诈法律体系为规制各种欺诈行为，首先从信息问题入手，明确了其各信息主体的职权与责任，以及遏制医疗保险反欺诈需要提供的信息③等，进而规定了

---

① 王琬、詹开明：《社会力量助推医保治理现代化研究》，《社会保障评论》2018 年第 1 期，第 82～91 页。
② 雷咸胜：《我国医保基金监管现存问题与对策》，《中国卫生经济》2019 年第 8 期，第 31～33 页。
③ 胡继晔、魏玮、龚海鑫：《英国社会保障反欺诈立法要义》，《中国社会保障》2011 年第 3 期，第 31～33 页。

各主管机关享有的职权以及其依法进行调查的程序性要求，最后严格规定了被保险人因欺诈行为而应承担的刑事、行政以及民事责任等。新加坡的《中央公积金法》等法律文件针对不同对象及其产生的各种违规行为做了细致的规定。

2021年，我国颁布实施了首部医疗保障领域的行政法规，对医保基金使用、监督管理、法律责任等进行了宏观统筹又边界清晰的规定，标志着我国医保基金使用的监督管理有了专门的法律规范，同时为我国医保制度步入法治化奠定了基础。

（五）医保基金反欺诈的问题和教训

虽然，前文所述的国家均制定了较为全面的医保基金监管法律，成立了专门的反医疗保险欺诈机构，形成了较完善的医保基金监管体系。但是，各国在医保基金反欺诈方面仍存在着不同程度的制度漏洞，如反欺诈系统自动审查功能不健全、人工审查暂时不能满足实际需要等。这其中，美国欺诈骗保问题尤为突出。美国因医疗保险项目繁多，即使组成了 Medicare 医保欺诈打击专案组等反欺诈力量，司法部和联邦执法部也仍难以覆盖全部服务主体和医疗账单。根据《纽约时报》的报道，美国每个月向 CMS 申请加入的医疗服务主体超过4.5万个，Medicare 每天开具的账单超过450万份[①]。此外，英、德、美等国的医保基金欺诈案还存在医生通过夸大病人病情骗取医保基金的情况。可见，如何提高医生的执业道德水平来防治医保欺诈是各国必须共同面对的重要问题。再者，一些国家还存在着对医护人员骗保的惩罚措施震慑力度不足的问题，如骗取医保基金的医生依法应被吊销执照，但最后却仅受到罚款处罚，执法单位未能做到违法必究、执法必严。违法成本低、惩罚措施震慑力度不足可以说是导致医保基金欺诈现象日趋猖獗的重要原因之一。

---

① 《骗保频发暴露美国医疗监管漏洞（深度观察）》http://world.people.com.cn/n1/2016/0725/c1002-28580419.html，2021年6月12日。

五　结论和建议

（一）结论

不同医保制度的国家和地区，采取的基金监管模式有所不同。新加坡的储蓄型医疗保险制度和中国台湾的全民健保制度，这两种制度下医疗保险基金的管理权、经营权和监督权均为政府行政部门所有，行政监管力度最大。英国国家医疗保险制度和美国公共医疗保险计划下，其医保基金的监管权虽然也归政府行政部门所有，但其管理和经营权由信托基金所有，行政监管力度次之。而德国的社会医疗保险制度，基金的管理和经营权由各疾病基金所有，基金的支付和医疗服务质量标准由疾病基金和行业协会协商确定，政府行政部门监管力度则相对较低。

此外，英、美、德等国和地区在长期的医疗保险反欺诈实践中积累了丰富经验，建立了完善的医疗保险反欺诈法律体系和跨部门联合执法机制，开发了医疗保险反欺诈数据库等，可为完善我国医保基金监管提供宝贵经验参考。

（二）启示与建议

1. 持续完善监管立法

我国在现有《医疗保障基金使用监督管理条例》的基础上，可考虑参考美国或英国的经验，逐步将之完善并提升至法律位阶，制定一部社会医疗保险反欺诈专项法，明确界定"医疗保险欺诈"行为和场景。针对我国医疗保险欺诈违法成本较低的问题，宜在专项立法中引进惩罚性赔偿制度，提高犯罪成本，探索将医保欺诈行为纳入个人诚信档案，降低医保欺诈行为的发生率。

2. 建立联合执法制度

基于目前我国医保、卫健、财政、公安等多部门联合执法的框架，参考美国经验，建立医疗保险反欺诈联合执法制度。在中央层面建立跨部门合作的医疗保险反欺诈专项行动领导小组，成员由医保、卫健、审计、司法各部门负责人组成，负责指导各地医疗保险反欺诈工作。各地建立医疗保险欺诈专项整治小组，成员可从相关部门抽调或面向社会招聘，经过统一培训后，在各地开展欺诈发现、群众教育、信息交流和赃款追索等工作。结合英、美等国医疗服务机构多、审查压力大、监管难覆盖等问题，各地执法机构应形成执法沟通模式，及时掌握医疗保险欺诈的行为变化与应对措施，构建全国范围内执法机构的良好合作机制。吸取美国医保欺诈基金追索流程烦琐导致追索成功率不高的教训，简化我国欺诈基金的追索流程。针对英美等国对医保欺诈医疗服务提供主体惩罚力度不足问题，我国在实际执法过程中应严格遵循《医疗保障基金使用监督管理条例》，对骗取医保基金的机构和医生执行解除服务协议和吊销执业资格等严厉措施。

3. 重视发挥社会监督

基金监管不能仅依靠政府，还需要重视发挥医保基金监管的社会力量，促进社会力量积极参与，实现社会协同共治，从而形成全方位的监管新机制。一方面，加强医保基金信息披露，公开医保基金收支和运营管理数据；另一方面，动员社会群体参与监督，包括鼓励群众参与、培育行业协会等，鼓励行业协会作为第三方力量参与医保基金监管，发挥群众教育、信息共享、专业指导和欺诈发现等作用。

4. 大力加强信息化建设

我国医疗服务提供方逐年增多，各类医保欺诈手段隐蔽，更新速度快，监管难度逐年增加。我国可借鉴美国、德国医保反欺诈的经验，大力加强信息化建设，建立统一高效的医保信息系统和反欺诈识别系统，通过借助大数据和人工智能，及时发现医保系统漏洞和异常报销行为，智能识别高风险对象。一方面，通过整合多方资源，收集医保报销数据，促进政府机构、保险公司和各行业协会之间的交流合作，实现医保信息的动态管理；另一方面，在医院、医保系统、银行和公安部门之间联网互通，实现在法律授权范围内公开、获取欺诈嫌疑人有关信息。

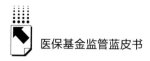

5. 建立协商谈判机制

搭建医患保监多方协商谈判平台，逐步形成医疗服务机构和医保经办机构平等协商谈判机制。通过积极推进医疗服务政府定价机制改革，使医药服务机构能够同医疗保险经办机构以平等的地位就服务定价和费用结算开展充分谈判，允许医疗机构以联合谈判等方式增强其谈判力量，谈判结果透明公开，增进谈判共识，最大限度保障医药服务机构的参与权和表达权。

地 方 探 索

Local Exploration

B.15

北京市医疗保障执法总队的建设与实践

贺 伟[*]

摘　要：　本文从执法能力、行政执法流程和机制以及信息平台建设等基础性建设方面展示了北京市医保执法总队的建设实践，并从推进智能监管、日常监管和协同监管方面介绍了北京市医保执法总队基金监管工作的开展情况，为推进医保行政执法体系建设提供借鉴。

关键词：　基金监管　行政执法　队伍建设　工作实践

在全面推进依法治国的背景下，以及医保基金使用监管的现实需求下，将医保基金使用监管纳入法治轨道，建设发展医保基金使用监管执法队伍，

---

* 贺伟，北京市医疗保障执法总队副总队长，多年从事医保费用审核、跨省异地医疗费用直接结算、医保基金监管等医疗保险领域工作。

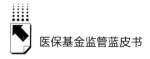
推动形成权责统一、权威高效的行政执法体系均具有重要意义。北京市围绕医疗保障重点工作任务，立足履行主体责任，积极推动医疗保障行政执法体制改革，加快医保基金监管能力建设，组建了医保基金监管专职机构——北京市医疗保障执法总队。北京市医疗保障执法总队的成立，为建设医保基金使用监管执法队伍，开展医保监管行政执法实践，全面推进医疗保障行政执法体制改革向纵深发展带来了新的经验。

一　北京医保执法总队的基本情况

2019年11月，北京市医疗保障局按照北京市编办批复，组建了北京市医疗保障执法总队（以下简称"医保执法总队"），作为专门负责医疗保障行政执法的职能部门。该执法机构规格为正处级，设有行政执法编制55名，包括总队长1名、副总队长3名。北京建立专门的医保执法机构和队伍，是深化推进医疗保障行政执法体制改革的重要措施。

作为专业的医疗保障专业执法机构，医保执法总队内设办公室、法制宣传科、立案监管科、执法一队、执法二队、执法三队6个科室，在北京市医保基金监管工作体系中主要负责行政处罚。具体职责包括：依据有关法律法规，制定综合执法工作制度并组织具体实施，指导各区医疗保障部门开展监督检查工作；对本市定点医药机构、用人单位以及参保人员医保支付费用发生情况实施数据监控和动态管理；受理疑似违规行为的投诉、举报等案件，相应开展行政执法工作。

二　北京医保执法总队的建设实践

为着力构建权责统一、权威高效的行政执法体制，医保执法总队不断提高执法水平，完善执法制度，优化综合执法工作机制，以保障面对执法任务能够做到执法规范，实现执法公正严明。

（一）不断强化行政执法能力

作为医保专职行政执法机构，专业的人员配置能够带动提升医保行政执法的科学性和有效性。因此，医保执法总队主动壮大队伍，加强对专业人才的培养和引进，通过公务员招聘和区级机关事业单位遴选方式，吸纳法律、医学等专业人员 31 名，补充了新生力量，提升了队伍的整体素质和专业配置。为加快执法队伍熟悉医保政策规定和行政执法程序，快速完成新入职人员角色转变，整体提升队伍业务素质和业务能力。医保执法总队围绕职责定位和工作要求，专项制定执法培训方案，针对新入职人员开展为期三个月的系统化、规范化、完全脱产的入职培训，为顺利高效开展医保行政执法工作打下良好基础。同时，北京市司法局设置了包括现场检查单、工作量、检查计划、案卷质量、公示项目等多项内容在内的考核指标，负责每年度对医保执法总队的行政处罚工作进行考核，保证医保执法总队依法有序开展医保行政执法工作。

（二）不断完善行政执法规范

1. 制定自由裁量基准

为确保医保执法人员行政执法行为公正规范、行政处罚合理适当，根据北京市司法局相关工作要求，医保执法总队专门成立由总队长、分管副总队长以及相关负责同志组成的工作专班，负责行政处罚裁量基准的研究、法条梳理、征求意见等工作。根据立法目的和行政处罚相关原则，在综合考量违法行为事实、性质、手段、后果、情节和措施等因素，参考上海、天津、杭州等省市医保行政处罚自由裁量工作经验，借鉴北京市人力社保局、卫生健康委、市场监管局等部门自由裁量基准的基础上，制定并印发了《北京市医疗保障行政处罚自由裁量基准》，明确了行政处罚的种类、幅度或者作出不予行政处罚决定的选择适用权限等内容，并对行政处罚裁量细则进行了说明。

2. 制定行政执法流程和工作机制

为依法合规追究欺诈骗保行为的法律责任，医保执法总队根据《中华

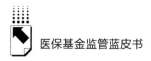

人民共和国社会保险法》《中华人民共和国行政处罚法》等法律法规及北京市有关医疗保险规定，结合医保行政执法工作实际，制定了立案、调查取证、审核决定、送达执行等闭环式执法流程。同时根据工作实际，明确各个环节处理时限、处理要求，建立立案委员会、集体审议、主管负责人审批等工作制度，实现执法流程的规范化、标准化。

以立案环节为例，立案步骤包括线索登记、线索审核、案源登记、初步核查、案件审议和立案调查。其中，线索登记要求立案科登记人员于接收线索当日内完成详细内容登记，编号后转交立案监管科线索审核人员，同时抄送至总队执法科室。执法科室若有建议，在两日内反馈。线索来源包括日常监管或监督检查、举报投诉受理转交及信访受理交办、上级机构交办、医保经办机构和有关部门移交移送、区级机构报请以及媒体曝光等。审核线索时，审核人员结合审核结果以及执法科室反馈结果，于两个工作日内完成复核，并提出是否受理建议，经立案科负责人审批后，最终确定是否受理。线索受理后，登记人员及时进行案源登记，并向执法科室移交线索；对于不予受理的线索，列入日常监管重点，定期分发至各执法科室或者移交其他相关单位。执法科室收到线索后，开展初步核查并形成结果报分管领导批准，并于7个工作日内反馈立案科。立案科审核人员结合核查报告进行案件审核，提出是否立案建议。符合立案条件的填写立案审批表，确定案由、主要事实、立案日期，经立案科负责人和主管队长审核后报总队长批准召开立案委员会，经立案委员会集体讨论审议后报主管局长审批。线索登记到案件审议这一流程需在15个工作日内处理完成。确定立案后，由执法科室主管队长确定两名以上案件承办人，承办人持立案审批表统一编排发放行政处罚文号，然后进行立案备案；审议确定不予立案的线索，定期分发至各执法科室进行动态监管或移交其他相关单位。

（三）行政执法信息平台建设

在推进北京市医疗保障领域执法工作过程中，医保执法总队充分发挥信息化系统在医疗保障执法工作中的突出作用，积极推进北京市医疗保障执法信息平台建设，着力建设医保行政执法资料库，优化证据资料和文书记录存档，并依托平台强化医保执法线上全流程管理。

当前，医保行政执法资料库包括法律法规库和医保执法总队案件档案库两部分。其中，法律法规库主要收录现行法律法规、执法事由和执法依据，并实时更新；医保执法总队案件档案库，主要对医保执法过程中记录的文字、音频和视频信息进行留存，以实现医保执法案件的完整存储。每个执法案件实行唯一编号。档案库根据实际工作需要，设置查询、排序、统计等功能，以便后续查阅参考。

依托医保执法信息平台，可实现两个方面的功能作用。一是通过规范行政执法行为，推动行政执法工作科学开展。通过系统设置各类执法文书的填写顺序，规范、统一文书填写格式，同时借助便携式打印机设备，实现执法现场打印简易文书，达到执法文书在线填写和规范化管理目标。针对不同执法环节分别设置自动弹出时限提醒，协助执法人员及时处理办结案件。此外，依托平台进行医保系统内部执法文件流转和在线审批，以及结果公示等。二是可实现执法办案的全流程、可回溯监督管理。按照执法案件闭环式管理流程，对行政执法的立案、调查取证、审核决定、送达执行等全过程进行记录，实现案件电子数据归档。开通查询功能，实现市级工作人员任意查看流程节点、相关数据报表、案件相关记录、案件进展等情况。通过数据与管理相结合，利用数据共享和回溯功能，实现办案流程的可视化管理和案源追溯管理，保证执法工作公正透明。

三 北京市医保执法总队的工作实践

医保执法总队立足自身角色定位，聚焦监管重点难点问题，开阔思路、开放思维，将智能监管、日常监管和联合监管相结合，推进形成多形式、多角度监管。

（一）以大数据分析为抓手，推动智能监管

1. 搭建大数据监管平台

将有效防范风险、精准打击欺诈骗保行为作为目标，建立以医保大数据

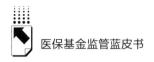

为基础的可视化数据监控平台，将参保人医疗行为作为数据核心，以机构为单位深入推进数据分析、线索提取，既整体把握全市各区基金使用情况，又细化到具体参保主体。构建基于个人、医院、医生、科室等主体的特征库，进行整体画像，通过分析骗保行为数据特征，构建风险防控模型。

2. 规范个人异常就医行为监控

为加强对参保人员异常就医行为的监管，在北京市医疗保险信息系统中设立内控分析模块，建立个人监控指标，针对就医频次高、就医费用高等突出问题，对参保人员的异常就医行为进行实时监控。同时，基于个人监控指标的数据信息，通过系统进行数据汇总统计，便于了解指标情况以及分析异常数据。筛查出的异常数据由医疗保障部门进行审核，通过下发警示或者约谈告知书等方式进行处理。下一步，拟细化已有个人监控指标和筛查规则，提高监控指标筛查效率。

3. 推动"互联网＋监管"

针对医疗保险基金使用以及用人单位社会保险登记情况，分别制定两项"互联网＋监管"事项清单（见表1），即医疗保险基金使用监管检查实施清单和用人单位社会保险登记监管检查实施清单。其中，医疗保险基金使用监管检查实施清单确定的监管对象包括社会保险经办机构及医疗机构、药品经营单位等社会保险服务机构，检查方式包括"双随机、一公开"、重点监管、信用监管。用人单位社会保险登记监管检查实施清单的监管对象为用人单位，检查方式包括重点监管、信用监管。

（二）以"双随机、一公开"为抓手，强化日常监管

为贯彻落实《国务院关于在市场监管领域全面推行部门联合"双随机、一公开"监管的意见》《国务院办公厅关于推进医疗保障基金监管制度体系改革的指导意见》等文件精神，创新医疗保障监管方式，规范医疗保障行政执法行为，确保医疗保障执法公平公正，北京市医保局制定了《北京市医疗保障局关于医疗保障基金监管工作"双随机、一公开"实施方案》。医保执法总队相继编制《开展"双随机、一公开"监管工作方案》，对医保基

表 1 "互联网＋监管"事项清单

序号	监管事项	监管事项子项	监管对象	监管形式	监管方式	设定依据	监管流程	监管结果
1	对用人单位社会保险登记的监管	对用人单位社会保险登记的行政检查	用人单位	日常检查、专项检查	重点监管、信用监管	《社会保险法》第八十四条：用人单位不办理社会保险登记的，由社会保险行政部门责令限期改正；逾期不改正的，对用人单位处应缴社会保险费数额一倍以上三倍以下的罚款	（1）制订对用人单位的检查计划；（2）下达检查任务，对用人单位开展行政检查，调查取证；（4）现场取证，制作笔录和意见书	（1）未发现问题，完成检查并向当事人告知检查结果；（2）发现问题，作出行政处理决定；（3）发现问题，属于其他部门职责移交其他部门
2	对用人单位社会保险登记的监管	对用人单位不办理社会保险登记的行政处罚	无	无	无	《社会保险法》第八十四条：用人单位不办理社会保险登记的，由社会保险行政部门责令限期改正；逾期不改正的，对用人单位处应缴社会保险费数额一倍以上三倍以下的罚款	（1）制订对用人单位的监管计划；（3）对用人单位进行行政监管；（2）对发现未办理医疗保险登记的用人单位责令其限期改正；（4）逾期不改正的，对用人单位社会保险登记直接责任的用人单位社会保险人员和其他直接责任人员进行处款	（1）责令限期改正；（2）逾期不改正处以罚款

续表

序号	监管事项	监管事项子项	监管对象	监管形式	监管方式	设定依据	监管流程	监管结果
3	对医疗保险基金的监管	对医疗保险基金的监督检查	社会保险经办机构及医药品经营单位等社会保险服务机构	日常检查、专项检查	1."双随机、一公开" 2.重点监管 3.信用监管	《社会保险法》第八十七条：社会保险经办机构及医疗机构、药品经营单位等社会保险服务机构以欺诈、伪造证明材料或者其他手段骗取社会保险基金支出的，由社会保险行政部门责令退回骗取的社会保险金，处骗取金额二倍以上五倍以下的罚款；属于社会保险服务机构的，解除服务协议；直接负责的主管人员和其他直接责任人员有执业资格的，依法吊销其执业资格	(1)制订检查计划；(2)下达检查任务；(3)开展行政检查、调查取证；(4)现场取证，制作笔录和意见书	(1)未发现问题，完成检查并告知当事人告知检查结果；(2)发现问题，作出行政处理决定；(3)发现问题，属于职责移交其他部门
4	对医疗保险基金的监管	对骗取医疗保险基金的行政处罚	无		无	《社会保险法》第八十七条：社会保险经办机构及医疗机构、药品经营单位等社会保险服务机构以欺诈、伪造证明材料或者其他手段骗取社会保险基金支出的，由社会保险行政部门责令退回骗取的社会保险金，处骗取金额二倍以上五倍以下的罚款；属于社会保险服务机构的，解除服务协议；直接负责的主管人员和其他直接责任人员有执业资格的，依法吊销其执业资格	(1)制定年度监督检查方案，确定并通知被检查单位进行监管；(2)对被检查单位进行监管；(3)对发现其有欺诈伪造证明材料或其他手段骗取社会保险基金支出的，责令退回社会保险基金，并处以相应的罚款；(4)根据监督检查情况与医疗保险服务机构暂停或解除服务协议	(1)责退回并处相应罚款；(2)对相关责任机构及人员依法规予以处理，并处暂停服务协议；(3)解除服务协议

金监管随机抽查事项清单、检查对象名录库、执法检查人员名录库、协助执法专家名录库、抽查比例和频次、随机抽查工作规则以及随机抽查工作计划进行说明，同时开发随机抽查摇号系统，进一步提升医保基金监管的公平性、规范性和有效性。

（三）以联合执法为抓手，构建协同监管机制

为切实加强医疗保障基金监管，整顿规范医疗保障运行秩序，联合公安、卫生健康、市场监管、民政、中医药管理和药监等部门，建立交流会商、联合执法、线索移送、信息共享、宣传培训、舆情应对等多个联动机制，积极推动开展跨部门联合执法，实现联合执法制度化、规范化、常态化。

与公安局建立打击欺诈骗取医保基金联合执法工作站，进一步畅通行刑衔接工作，建立案件移送、案件查办协作配合等联合打击欺诈医保基金违法犯罪行为协作机制，形成共同打击欺诈骗取医疗保障基金违法犯罪行为合力。

同时，与人力社保部门建立违法线索移送机制，实现线索互通共享。建立监督检查联席会议制度，定期召开两部门联席会议，互通监督检查相关情况，密切协作，加强信息互通共享。建立联合监督检查机制，开展联合监督检查行动，实现"进一次门、查多项事"，切实提升监督检查效能。

四　小结

北京市始终围绕推进医保行政执法体系建设，强化行政执法的监管效用开展工作，其建设和工作实践对于推进医保监督检查法制体系建设具有重要意义。一方面，注重执法能力建设，在队伍发展、制度出台、工作机制等方面持续探索，全方位提高执法水平；另一方面，通过不断健全监管手段，丰富监管内容，提高监管的针对性，为执法活动提供信息支撑。

未来，北京医保执法总队将在加强自身队伍建设的同时，持续推进行政执法实践，实现监管方法科学化、监管手段智能化、监管渠道多样化和监管效果最大化。

B.16
上海市关于 DRG/DIP 付费方式改革下医保基金监管的探索与思考

耿 韬*

摘 要： 上海在开展国家 DRG 和 DIP 试点中，医保部门积极研究，多方合作，针对 DRG/DIP 付费机制下可能产生的违法违规行为，探索多种监管方式方法。例如，应用 CMI、RW、价格指数、BI 等多维度指标体系进行大数据病组智能监控；通过项目与诊断及治疗方式的关联性对 DRG/DIP 付费下疑似违规进行判断；对 DRG/DIP 进行融合监管；等等。本文对前期监管中发现的问题进行思考并提出建议。

关键词： DRG DIP 支付方式 医保基金监管

2017 年 6 月，国务院办公厅发布《关于进一步深化基本医疗保险支付方式改革的指导意见》（国办发〔2017〕55 号），明确"实行多元复合式医保支付方式，重点推行按病种付费，开展按疾病诊断相关分组付费试点"。2018 年 12 月，国家医保局下发《关于申报按疾病诊断相关分组付费国家试点的通知》（医保办发〔2018〕23 号），在全国 30 个城市开展 DRG 付费方式改革试点。2020 年 10 月，国家医保局下发《关于印发区域点数法总额预算和按病种分值付费试点工作方案的通知》（医保办发〔2020〕45 号）和

---

* 耿韬，上海市医疗保障局监督检查所副所长，长期从事医疗保障基金监督检查工作。

《关于印发区域点数法总额预算和按病种分值付费试点城市名单的通知》（医保办发〔2020〕49 号），决定在 71 个城市开展按病种分值付费试点。随着 DRG/DIP 医保支付方式改革的深入推进，医保基金监管也面临许多新问题和新挑战。上海医保部门紧跟改革步伐，结合地方试点开展情况，及时转变工作思路，根据 DRG/DIP 付费机制的特点，对可能产生的违法违规行为进行深入研究，创新探索与 DRG/DIP 付费相适应的监管方法，为进一步加强医保基金监管工作提供新思路。

一　DRG/DIP 付费下医保基金监管的新挑战、新问题

（一）上海 DRG/DIP 支付方式改革试点情况

2019 年 5 月，上海按照国家医保局部署正式启动 DRG 付费试点，首批选取瑞金、中山、仁济、市一、市六 5 家三级医院。目前已稳步拓展试点至 27 家三级医院；实现对 CHS-DRG 所有 26 个 MDC、376 个 ADRG 组及 618 个细分组的全覆盖，入组率超过 97%。2019 年 7 月，上海自行开展在闵行、嘉定两区和新华、十院 2 家三级医院的 DIP 付费试点。2020 年 7 月，进一步在长宁等 9 区扩展试点。2020 年 10 月，国家医保局启动 DIP 付费国家试点，上海作为试点城市参加。上海 DIP 确定核心病种 1.4 万余组、综合病种 2499 组，住院病历入组率接近 99%。目前，已完成 2020 年度按 DRG/DIP 付费模拟清算工作。

（二）DRG/DIP 付费下监管面临的新挑战、新问题

DRG 与 DIP 是以病种组合为基本支付单位的打包付费，支付水平并不随医疗机构所做医疗服务项目的多寡而变化，在一定程度上抑制了各医疗机构过度医疗的利益驱动。但是，DRG/DIP 付费下有可能导致医疗机构通过套高病组、低标入院等方式获取更多非正当收入，通过分解住院、转移费

用、推诿患者等方式不合理降低成本。这些违法违规行为不仅导致不正常的诊疗服务量增加、医疗费用增长，加重患者的费用负担，还会导致医疗质量下降，损害参保人员的合法权益。由于 DRG/DIP 付费方式的专业性、复杂性，利用 DRG/DIP 付费方式违法违规欺诈骗保行为的隐蔽性，医保监管部门面临全新的监管业务，缺乏有效的监管方法和专业监管力量，对医保基金监管工作提出了新的挑战，比按项目付费面临更大的监管压力。因此，面对 DRG/DIP 付费的医保基金监管，亟须转变工作理念，创新监管方法。

二 转变理念，探索 DRG/DIP 付费下的监管方法

（一）领导重视、高位推动，成立技术指导组和监管组

上海市委市政府高度重视 DRG/DIP 付费国家试点工作，制定了《上海市深化医改重点行动计划（2020—2022 年）》，明确推进建立"四位一体"的多元复合医保支付模式，即以区域性医疗中心为核心的大数据病种分值（DIP）付费体系、以提升三级医院优质医疗资源使用效率为核心的 DRG 付费体系、以强化家庭医生签约服务制度为核心的医联体内按人头付费体系、以建立符合精神康复护理等长期住院特点为核心的按病种床日付费体系。

同时，上海市医保局成立了以局主要领导为组长，市卫健委、财政局、申康中心分管领导以及试点医院院长为副组长的 DRG/DIP 付费试点工作组，负责协商解决试点中的重大政策和事项，整体推进试点工作，下设办公室、技术标准小组、医疗机构指导小组、培训评估小组和监管小组。

（二）注重研究、加强合作，开展产学研成果转化

集中骨干力量，与大学、学术机构和信息技术公司合作，研究探索 DRG/DIP 付费下的医保监管方式方法，并将研究成果及时转化为实践应用。

2015 年起，与复旦大学公共卫生学院、卫健委卫生技术评估重点实验室（复旦大学）合作开展"上海市医疗保险基金使用风险识别及监管策略

研究"，在全面分析和构建上海市医保基金使用风险指标体系的基础上，重点选取经皮冠状动脉内支架置入术、胆囊切除术、大隐静脉闭合术三个病种探索基于病种的风险识别路径。

2019～2020 年，在国家医保局基金监管司的指导下，与上海市医疗保险协会、中山大学医药经济研究所合作开展"基于大数据病种付费应用于基金监管模式研究"（国家医保局基金监管司委托课题），运用上海医保结算数据和病案首页数据，通过病种组合的生成和病种组合指标的测算，探索形成基于大数据的病种组合 KPI 评价方法的新型医保监管评价指标体系，为随后开发基于大数据病种付费的智能监控系统，加强 DRG/DIP 付费下的监管，提供借鉴和参考。

此外，还与科研机构、信息技术公司合作，在借鉴国际国内 DRG 付费监管先进做法的基础上，应用知识图谱和无监督机器学习等方法，探索基于 DRG/DIP 付费的大数据监管。

三　结合实践，创新 DRG/DIP 付费下的智能监管

紧密结合支付方式试点改革，重点针对 DRG/DIP 付费可能面临的套高病组、低标入院、转移费用等新问题，树立新的监管理念，运用新的技术手段和监管方法进行以下探索。

（一）应用 CMI、RW、价格指数、BI 探索大数据病组智能监控

鉴于 DRG 和 DIP 付费试点初期，医保按项目付费下医疗机构原来常见的违法违规行为（如违规收费、过度医疗等）在新的支付方式改革后还会延续，而 DRG 和 DIP 付费下也会产生新的违法违规行为。在传统违规行为与 DRG/DIP 付费下新产生的违规行为交织并存的情况下，应用 CMI、RW、价格指数、均衡指数（BI）等指标，通过横向或纵向比较，对某医疗机构同一病组病例异常情况进行分析和预警。通过对以上指标偏离度的分析，对指标分布离散程度大的病组加强监管。以上指标适用于医院、科室、医生等

各个维度的比较。

目前，基于 2018～2020 年定点医疗机构医保结算数据和病案首页信息，从医院、科室、医生三个层面，对不同病组费用的偏离度进行深度分析和挖掘，发现不合理检查和不合理治疗等问题。以"胆囊结石伴有其他胆囊炎＋腹腔镜下胆囊切除术（K80.1＋51.2300）"病组为例，2018 年上海市医保病人共有 9065 例，锁定费用高出 95% 分位数的费用异常病例 452 例，分布在全市 55 家医院，成为该病组的重点监管对象。同时，对门诊费用与住院费用进行关联分析，提示可能存在住院费用向门诊转移问题。

（二）建立项目与诊断及治疗方式的关联，进行疑似违规判断

套高病组是 DRG/DIP 支付方式下比较典型的欺诈骗保现象。通过建立诊疗项目、医用材料、药品与疾病诊断及治疗方式等的关联，制定了相应的监控规则，通过对医用材料与诊疗项目、药品与诊疗、诊疗与诊疗、药品与疾病诊断、诊疗与疾病诊断的匹配筛查，对医疗机构是否存在套高病组的违规现象进行判断。

如阑尾炎手术在《国家医疗保障疾病诊断相关分组（CHS-DRG）细分组方案（1.0 版)》中有两个组别，分别是"GD1 伴穿孔、化脓、坏疽等阑尾切除术"和"GD2 阑尾切除术"。由于 GD1 疾病严重程度、复杂程度明显高于 GD2，因此两组使用的抗生素、诊疗项目、耗材也会有较明显的临床差异。根据 GD1 与 GD2 的抗生素使用差异、诊疗项目适应范围不同（GD1 使用胃肠减压/引流管引流/血培养，GD2 不使用）以及耗材使用与手术类型的逻辑关系，制定相应规则。如果以上 3 个规则不支持符合 GD1 的判定，则提示疑似高套诊断入组。

（三）探索基于 DRG/DIP 分组的融合监管

DRG 和 DIP 均为基于 ICD10、ICD-9-CM3 的编码体系形成的疾病组合，数据基础属于同一来源，而实施支付后导致的违法违规现象也基本趋

同。从底层数据融合开始，把疾病作为监管的最基本单位，分别归集于 DRG 和 DIP 不同场景下实现智能监管的综合应用。主要从以下三个方面进行监管。

一是对所有病例数据进行 DRG 和 DIP 分组，对两种分组中偏离度异常的病例进行分析预警，分别将 DRG 病组、DIP 病组的预警病例纳入监管，并将两种分组都预警的异常病例作为重点监管对象。

二是鉴于 DRG 和 DIP 分组颗粒度的粗细不同，建立同一疾病 DRG 与 DIP 分组的关联对应，基于 DIP 病例的流向和构成，应用均衡指数（BI）对同一疾病高、低资源消耗 DIP 病组的客观分布进行比较分析，对可能存在的病组高套情形进行甄别判断。

三是利用聚类分析方法对某一 DIP 病组发生医疗项目明细的特征聚类，建立 DIP 病组画像。通过画像特征与其他病组医疗明细进行比对，如果医疗明细项目特征相似，而主要诊断和治疗方式差别较大，可能存在套高病组或套低病组的情况。例如，应用病组画像，发现某医院将"经十二指肠镜乳头扩张术病组"高套入"胆管结石伴有胆管炎：胆总管探查术病组"。

（四）结合示范点建设开发了 DRG/DIP 付费下的智能监管功能

2019 年，上海入选"国家医保智能监控示范点"建设城市。按照国家医保局"两试点一示范"要求，在充分吸纳 DRG/DIP 大数据监管相关研究成果的基础上，在上海市医保智能监管系统中，专门开发了 DRG 和 DIP 付费下的智能监控功能模块，建立了病种费用偏离、套高病组、低标入院等类型的监控规则库，通过系统实现了上海市、区医保监管部门对 DRG 和 DIP 试点医疗机构的自动预警、分析监控和疑点核查。

同时，上海还构建了医保支付改革决策支撑平台（医保端）和医保支付改革信息服务平台（医院端），建立了常态化、制度化的 DRG/DIP 核心效果付费激励指标评价机制，以及医保部门与医疗机构之间的沟通反馈机制。

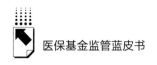

四 思考和建议

（一）对 DRG/DIP 付费下监管存在问题的思考

1. 医疗质量的监管

医疗质量是病人就医的根本需求，也是医院生存和发展之本。由于 DRG/DIP 打包支付的特性，可能出现医疗机构尽可能压缩成本而导致医疗质量下降。比如，缩短住院日，在患者费用接近于支付标准时就安排病人出院；减少住院期间服务成本，包括使用低价药品、低价服务项目、低价耗材等。因此，在 DRG/DIP 付费下的监管中需要对医疗质量更加关注。目前，在 DRG/DIP 付费下的监管中比较多地集中在对套高病组、低标入院、分解住院等违法违规行为的监管上，对医疗质量监管存在不足，需要建立健全包括医疗服务能力、质量、安全、效率和费用等在内的医保监管指标体系。

2. 医疗机构端医师提醒的合理设置

为了防范 DRG/DIP 付费带来的医保支付风险，部分实施 DRG/DIP 付费的试点医院，在医师工作站设置了医师提醒功能，能够参照病组支付标准对病例诊断、治疗与收费项目的逻辑进行提醒。通常医院设立医师提醒的初衷是好的，但在使用过程中，发现有医生利用医师提醒功能提前修改病历、不合理规避支付风险的现象。因此，对医院应用医师提醒功能应当正确引导，合理设置提醒规则。

3. 支付方式改革过程中新老问题的并存

支付方式改革是一个渐进的过程，在 DRG/DIP 付费试点的同时，按项目付费产生的过度医疗、违规收费等问题依然存在。并且，不论在哪种付费机制下，医疗机构获取收益最大化的冲动往往不会改变，可能利用 DRG/DIP 付费机制的缺陷，产生诱导住院、选择轻症患者、分解住院、服务不足等违法违规新问题，也可能产生新形式的过度医疗，如应用技术难度更大、收费更高的诊疗方案套高病组，以获取更多医保基金。

医保部门需要清醒地认识更加复杂的监管形势，不断提高监管能力和水平。

（二）对完善 DRG/DIP 付费下监管的建议

1. 形成支付与监管一体化管理模式

DRG/DIP 支付与监管都是应用医保结算数据和病案首页信息，监管部门须将医保支付结果和支付标准作为监管依据。建议支付部门将掌握的 DRG/DIP 效能运行评价情况、监测到的异常问题，以及相关数据共享给监管部门，用于医保审核监管。监管部门将监管结果反馈给支付部门，用于对医疗机构的考核评价与年度清算，形成支付与监管一体化管理模式。

2. 加强综合监管和治理

医保监管部门要加强与卫健等部门的合作，从不同职能加强对定点医疗机构的监督管理。医保监管部门积极联合卫健部门对医疗服务质量和医疗服务行为进行监管。医疗机构和医生是医疗行为的主体，应加强医院医保管理，定期自查自纠，严格按照医疗业务标准和规范提供基本医疗服务。医保部门应加强对医院及医务人员医保政策培训和引导，强化沟通互动，避免发生不必要的违法违规行为。发挥社会监督作用，密切监测舆情和受理患者投诉，发现问题及时处理。

3. 开展研究合作，提升监管能力

鉴于医疗的专业性和复杂性、支付方式的多元化，医保监管面临更加复杂专业的形势，需要加强监管人员的专业性，探索更有效的监管方法，进一步增强监管力量，以应对医保监管的全新挑战。实践中，上海等地与学术机构、专业信息技术公司加强课题合作，将研究成果转化成监管应用，取得了良好的效果。建议医保部门广泛开展研究合作，交流监管经验，加强监管业务培训，提升监管能力。

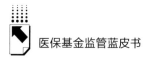
参考文献

［1］国务院办公厅：《关于进一步深化基本医疗保险支付方式改革的指导意见》（国办发〔2017〕55 号），2017。

［2］许速、邬惊雷、谢桦等：《基于大数据的病种分值付费研究：来自上海和广州经验》，《中华医院管理杂志》2021 年第 3 期。

［3］应晓华：《按疾病诊断相关分组支付的风险》，《中国社会保障》2020 年第 1 期。

［4］廖藏宜：《DRG 时代的医保监管理念及监管体系建设》，《中国人力资源社会保障》2020 年第 11 期。

［5］崔斌、朱兆芳：《国家医疗保障疾病诊断相关分组（CHS-DRG）制定与实施的关键环节探讨》，《中国医疗保险》2021 年第 5 期。

［6］张映钰等：《广州市基于大数据的病种分值付费实施路径与成效》，《中国医疗保险》2020 年第 9 期。

B.17
执法力度与服务温度有机统一的实践探索

——河南医保基金监管依法行政"两类示范点"创建及成效分析

王二锋[*]

摘　要： 河南省医疗保障局以法治建设为引领，将依法行政贯穿于基金监管全过程，抓住夯实基础、理念创新、实践应用、示范引领关键环节，引导全省医保系统严格规范公正文明执法。以基层医保部门为重点，培育了尉氏县医保局、汤阴县医保局、原阳县医保局3个单位为全省医疗保障系统行政执法责任制示范点，沁阳市医保局、信阳市平桥区医保局2个单位为全省医疗保障系统服务型行政执法示范点。河南省医保系统法治建设工作取得成效的启示在于：基金监管需要全面落实行政执法责任制，督促和约束监管执法人员依法履行职责，防范执法风险；基金监管还应当大力推进服务型行政执法，指导定点医药机构规范使用基金，帮助其提前避免和减少基金使用中的违法行为。示范点的培育工作带动了全省医保系统法治建设由点到面转变，行政执法由管制型向服务型转变，执法监督由被动监督向自觉守法转变。

---

[*] 王二锋，河南省医疗保障局法规和规划财务处副处长，研究方向为医疗保障制度改革与法治建设。

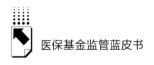
关键词： 依法行政　医保基金监管　示范点创建

法治是治国理政的基本方式，党的十九大把"法治国家、法治政府、法治社会基本建成"确立为到 2035 年基本实现社会主义现代化的重要目标之一。河南省医疗保障局坚持以习近平法治思想为指引，将法治建设贯穿于医保基金监管全过程，抓住夯实基础、理念创新、实践应用、示范引领等关键环节，引导全省医保系统在基金监管中严格规范公正文明执法。全省医保系统组建以来，以基层医保部门为重点，以行政执法责任制和服务型行政执法为抓手，在法治建设方面开展实践创新探索，已经培育出两个类型 5 个全省医保系统示范点。一是全省医疗保障系统行政执法责任制示范点 3 个，分别是尉氏县医保局、汤阴县医保局和原阳县医保局，其核心要求是全面落实行政执法责任制，规范行政执法程序，要求执法者必先守法，督促和约束监管执法人员依法行使权力、履行职责，防范执法风险；二是全省医疗保障系统服务型行政执法示范点 2 个，分别是沁阳市医保局、信阳市平桥区医保局，其核心理念是大力推进服务型行政执法，通过法治宣传、事前提醒、风险防控等方式，指导定点医药机构合理合法使用医保基金，帮助其提前避免或减少基金使用中的违法行为，实现法律效果和社会效果的和谐统一。示范点公布后，通过互动交流、示范引领等方式，形成了全省医保系统法治建设由点到面转变、行政执法由管制型向服务型转变、执法监督由被动监督向自觉守法转变的良好态势。

一　医保基金监管依法行政存在的问题

医疗保障基金监管是医保部门最重要的执法活动，直接影响定点医药机构和参保群众的切身利益。但是，目前医保基金监管的法治"短板"比较突出，法治意识比较薄弱，"以言代法"比较常见。特别是机构改革后，医保部门成为政府直属机构和独立行政主体，基金监管力度大、社会关注度高、触及利益主体多，监管部门、执法人员、定点医药机构及医护人员面临的法律风险逐步显现，医保部门迫切需要树立法治意识，提升依法行政水平。

（一）监管执法不规范主要表现

1. 执法权责不清晰

依法界定行政执法职责是正确履行职责和追究责任的前提和基础，医保部门应按照法律法规和三定方案赋予的职权开展基金监管。然而在监管实践中，部分基层医保部门未能准确把握自身权责，对属于其他部门职责的执法事项，未依法移送给有管辖权的部门予以处理，如属于卫生健康部门职责的执业医师管理、属于药品监管部门职责的药品质量管理等事项，未将案件及时移送给有管辖权的部门。医保行政部门与经办机构之间也存在权责不清和错位，医保行政部门代替经办机构实施协议管理、经办机构越权执行行政处罚的现象也时有发生。需要指出的是，以协议处理代替行政处罚、涉嫌构成犯罪案件不及时移送司法机关等情形，有可能给监管执法人员带来较大的法律风险。

2. 执法程序不规范

国家已经先后颁布了《中华人民共和国行政处罚法》《中华人民共和国行政强制法》《医疗保障行政处罚程序暂行规定》等多部法律法规，但有部分基层医保部门对执法程序不够了解，没有严格按照法定程序实施基金监管。例如，未在规定时间内申请立案、未主动出示执法证件、未能确保证据的"三性"、未取得充分确凿证据即作出处罚、未在作出行政处罚决定前充分听取当事人陈述申辩意见、未能正确衔接协议处理和行政处罚、未将法定期限内拒不履行行政决定的案件依法申请人民法院强制执行等。部分案件事实不清、证据不足、定性不准，习惯于用"人治"实施监管，不能满足"以事实为根据，以法律为准绳"的要求。

3. 处罚幅度不合理

《中华人民共和国行政处罚法》规定："设定和实施行政处罚必须以事

实为依据，与违法行为的事实、性质、情节以及社会危害程度相当。"有的基层医保部门在监管中容易出现两种倾向：一是定性偏重。基金使用既有"假病人""假病情""假票据"等严重违法行为，也有在医生认知水平不足、医疗服务价格缺失等情况下出现的诊疗和收费不规范行为。但从各地公布的典型案例看，在定性时往往未充分考虑主观心态、危害后果等情节，一律认定为"欺诈骗取医保基金"。二是处理偏轻。部分定点医药机构采取伪造医学文书、虚构医药服务项目等方式骗取医保基金，应依据《中华人民共和国社会保险法》第八十七条和《医疗保障基金使用监督管理条例》第四十条之规定予以行政处罚，涉嫌构成犯罪的，应当依据《中华人民共和国刑法》第二百六十六条和全国人大常委会的立法解释追究刑事责任。但是从各地案例看，部分仅按照违反协议约定予以处理，未实施行政处罚和移送司法机关。

（二）监管执法不规范原因分析

1. 行为规范不清晰

法律是以权利和义务为主要内容的行为规范，告诉人们可以做什么、必须做什么，以及不能做什么。《中华人民共和国社会保险法》以建立社会保险制度体系为主要目的，仅提出"按照国家规定从基本医疗保险基金中支付""社会保险基金专款专用，任何组织和个人不得侵占或者挪用"等原则性要求，没有明确规定定点医药机构和参保人员的行为规范。基层医保部门监管中，衡量"对错"主要依靠不够稳定的文件和协议，导致行政相对人无所适从。另外，诊疗行为具有特殊性，即使在《医疗保障基金使用监督管理条例》已经实施的情况下，依然有很多诊疗及其收费难以直观判断"合法"与"违法"。例如，康复物理治疗，若同时安排多项疗效相近的诊疗项目，因数量限定不够明确或各地规定不一致，这些项目应由医保费用支出还是由患者自付？中医肛肠手术治疗，收费项目内涵所含麻醉仅指局部浸润麻醉，还是也包括椎管内麻醉等其他麻醉？普通感冒引起的发烧，在做血常规、胸部 X 片检查的同时又进行了细菌培养、CT 等检查，属于过度检查还是防御性医疗？在收费项目内涵不够明确、计价单位界定不够清晰、诊疗规范建设尚不够完善的情况下，界定前述情形是否属于违法违规，往往依靠医保部门的"人治"。

2. 责任追究难落实

行政执法的依据应当是法律、法规和规章。《医疗保障基金使用监督管理条例》颁布之前，医保基金监管依据的实体法主要是《中华人民共和国社会保险法》，该法的处罚条款可操作性不强。以最常用的第八十七条为例，仅设定了"欺诈骗取基金支出"的处罚，没有设定"基金使用不规范行为"的法律责任。另外，第八十七条设定的"解除服务协议"罚种，若不考虑后果直接解除医疗机构服务协议极有可能损害公共利益，若不解除协议则有渎职风险，若视医院规模和性质决定解除与否又存在执法不公正的问题。《医疗保障基金使用监督管理条例》的实施，增加了行政处罚的可操作性，但依然存在诸多难以准确界定的空白点，例如在 DRG 付费机制下，医疗机构可能出现的高靠诊断、降低住院标准、推诿重病患者等不规范行为，难以精确规定此类行为属于"违法"还是"合法"。这些情形导致基金监管行政处罚有法难依。只能依据政策文件和医保服务协议作出处理，无法满足处罚法定原则和过罚相当原则。

3. 法治意识有欠缺

从 1998 年实施城镇职工基本医疗保险制度改革到 2018 年医保部门单独组建，很长一段时间医疗保障工作分别是人社、卫生健康和民政部门诸多职能中的一项职责。20 多年来行政部门介入监管较少，加之法律法规欠缺，所以长期主要由经办机构依据文件和协议进行监管，存在"宽、松、软"等不足，难以严格依法行政，不能体现法律的严肃性。另外，随着近年来打击欺诈骗保力度不断加大，个别地方对行政相对人缺乏知法懂法的宣传教育、入情入理的警示提醒、温馨有效的帮扶整改，容易引发行政相对人与监管部门之间的对立情绪，难以通过基金监管充分实现法律效果和社会效果相统一的内在目的。

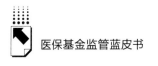

二　河南推进依法行政的主要做法

河南省医保局紧密结合本省法治政府建设创新实践成果，以依法行政为出发点和着力点，选准行政执法责任制和服务型行政执法"一刚一柔""刚柔并济"两个抓手，以基层为突破点，并通过树立标杆典型、营造良好氛围，将依法行政贯穿基金监管全过程。

（一）以培育基层示范点为引领，以点带面，示范引领，全面推进依法行政

在全省系统全面推进基金监管依法行政是河南省医保局的目标，但是实现这个目标需要分步走。这是因为，医保局作为新组建的单位，各项改革都在快步推进，人少事多的矛盾比较突出，在全省同步推进不现实；医保系统全面推进依法行政没有成熟经验可供借鉴，再加上法律专业人才短缺，全省医保系统都去探索容易走弯路，甚至影响基金监管。综合考虑实际情况后，河南省医保局选择了领导法治意识强、干部职工积极性高、依法行政基础好的部分市（县、区）医保局先行先试，培育一批示范点，树立样板标杆，然后通过组织现场会等方式，以点带面、示范引领，全面推进依法行政。

（二）全面落实行政执法责任制，规范执法行为，用"刚性抓手"严打欺诈骗保

1. 确立执法责任意识，坚持"执法者必先守法"

执法者必先守法，律人者必先律己。医疗保障部门查办基金使用违法违规行为，必须牢记"打铁还须自身硬"要求，带头遵纪遵法、守纪守法。

行政执法责任制作为"刚性抓手"，通过明确执法权责、落实执法责任、加强执法监督、严格责任追究，使各级医保基金监管队伍及执法人员真正明白能够做什么、应当如何做、做后受监督、违法受追究。医疗保障基金监管涉及利益主体多、违法表现多、法律风险点多。落实行政执法责

任制，是确保基金监管沿着法治轨道健康运行的坚实基础，是防范监管执法人员法律风险的可靠屏障，也是理直气壮打击欺诈骗保违法行为的内生动力。

2. 梳理执法事项清单，明确监管执法机构和人员权责

明确权责是落实行政执法责任制的基础和前提。河南省和示范点市（县、区）医保局积极采取措施夯实基础。

一是印发《河南省医疗保障行政执法事项权责清单》。目前，清单已经根据《医疗保障基金使用监督管理条例》更新后印发，梳理汇总医疗保障系统 20 项行政执法事项，其中行政检查 6 项、行政强制 1 项、行政处理 3 项、行政处罚 9 项、其他行政职权（失信联合惩戒）1 项。

二是依法界定行政部门与经办机构职责。医保行政部门负责基金使用监督管理工作，主要包括规范经办业务，监督服务协议订立、履行，依法查处违法行为等；医保经办机构负责通过协议规范医药服务行为，主要包括提供经办服务，建立集体协商谈判机制，督促两定机构履行协议，按照协议约定处理违约行为等。

三是实施委托执法。几个示范点针对行政编制不足、执法人员身份不清晰问题，均已依据《中华人民共和国行政处罚法》《医疗保障基金使用监督管理条例》的规定，与经办机构签订委托执法协议。如尉氏县医保局以委托执法的方式，组建了由 36 名业务骨干组成的 8 支稽查队，解决了执法力量不足的难题。

四是明确监管责任。例如，汤阴县医保局探索建立了"网格化＋全覆盖"监管模式，对全县 92 家两定机构精细划分了 5 个网格区块，对应组成 5 个网格化监督检查小组，将监管从"一根线"拓展为"一张网"。尉氏县医保局印发文件，对 8 支稽查队以乡镇为单位划分责任区域，明确执法任务，压实监管责任，对全县定点医药机构实行网格化管理，坚持"谁监管、谁负责，谁办案、谁负责"的责任制和责任追究制。沁阳市医保局成立由 18 名执法人员组成的三级基金监管队伍，构建全程化、无死角监管网络，形成了分工负责、密切配合的医保行政执法工作格局。

3. 健全执法规范制度，促进依法开展监管执法活动

河南省医保局指导各示范点强化培训、完善制度，杜绝执法随意行为。

一是严格要求行政执法人员持证上岗。结合医保部门实际情况，积极协调司法部门，推动经办机构人员申请参加执法资格考试，同时明确未取得行政执法证件人员不得从事执法活动。目前，省医保局机关和省本级经办机构从事执法工作的129名在编人员，已经全部取得行政执法证。5个示范点取得执法证人员均在30名以上，全省医保系统均已实现"亮证执法"。

二是加强法律法规培训。如沁阳市医保局、汤阴县医保局、尉氏县医保局、信阳市平桥区医保局已多次组织行政执法人员法律培训，参加法律考试，提高执法人员运用法治思维和法治方式实施基金监管的能力，带头遵守法律，维护法律权威，同时要求做到仪表整洁、语言文明、举止得体、程序合法、行为规范。

三是全面推行行政执法"三项制度"。印发了《河南省医疗保障系统行政执法公示办法（试行）》等三项制度的具体落实办法和三份配套清单，示范点单位均已完善了执法公示流程，规范了文字和音像记录制度，部分单位还实施了案件审理委员会制度。尤其在音像记录等执法装备方面，各示范点加大投入力度，配备了执法记录仪、照相机、摄像机、笔记本电脑及便携式打印机等执法专用设备。尉氏县医保局在县委县政府支持下，县财政拨付了100万元资金，购买了10台执法记录仪和5台执法车辆。信阳市平桥区财政局拨付近60万元，开发了智慧执法管理系统。

四是规范行政执法程序。印发了《河南省医疗保障行政处罚程序暂行规定》《河南省医疗保障行政执法案卷立卷规范》《河南省行政处罚案卷评查规范》《河南省医疗保障行政处罚裁量标准实施办法（试行）》，对立案、调查、检查、责令改正、法制审核、处罚告知、听证、处罚决定、送达、执行、结案等全程进行了规范。

五是健全行刑衔接机制。各示范点单位严格落实全国人大常委会关于欺诈骗保行为的立法解释，对涉嫌犯罪的案件，依法移交司法机关追究刑事责任。如宝丰县医保局两年来已向公安机关移交涉嫌犯罪案件6起，对两定机

构和参保人员起到了极大的震慑作用。

六是依法严格执法。行政执法责任制关键在于严格依法查办案件。例如，尉氏县医保局两年多来立案 136 起，已经办结并整理归档案卷 130 件，追回违规基金 1600 余万元，罚款 400 余万元，移交公安机关 10 起，刑拘 3 人。目前，作为示范点的尉氏、沁阳、汤阴等市（县）和正在培育示范点的宝丰县、通许县的医保基金，均已从年度收不抵支转为收支平衡、略有结余。

4. 加强行政执法监督，构建基金监管法制监督体系

河南省医保局指导示范点紧盯行政执法事前、事中、事后每一个环节，加强法制监督，自觉接受外部监督，构建科学有效的权力运行法制监督体系。

一是指导成立法制机构。指导示范点单位成立专门的法制机构，配备专职法制人员，考核通过后申办行政执法监督证，负责法律宣传培训、法制审核、行政执法监督等工作，部分基层医保部门还明确法制机构对案件办理具有一票否决权。

二是组织案卷评查，促进执法规范化。河南省医保局连续两年组织开展全省医保系统基金监管行政执法案卷评查活动，案卷质量得到大幅提升。2019 年度评选出 4 份优秀行政处罚案卷，2020 年评查范围扩大至协议管理案卷，评选出 7 份优秀案卷。通过案卷评查，发现了基层医保部门在行政执法和法制监督方面值得借鉴推广的经验、做法，给予了通报表彰。同时，针对存在的执法程序不够严谨、执法文书不够规范、证据固定不够全面等问题，研究制定了改进措施。

三是实行法制审核、集体讨论和定期考核机制。汤阴、尉氏两个示范点建立了案件法制审核和集体讨论制度，遇到重大、复杂行政案件，坚持法制审核、集体讨论，民主决策，确保执法公平公正。尉氏县医保局还制定了《稽查区域负责制》《稽查工作考核方案》，对监管执法工作实行月排名、季度公示制度，对落后者进行通报、约谈甚至组织处理，考核结果将作为年终奖惩和人事调整的重要依据。汤阴县医保局制定了《岗位工作规范》，建立了分工明确、职责清晰、相互制衡、运行高效的风险管理架构，实行 AB 岗

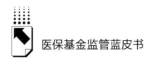

复审、三级责任负责制。

四是实行重大行政处罚备案管理。规范备案监督程序，及时向司法部门报备重大行政处罚案件，切实维护了行政相对人合法权益。

（三）大力推行服务型行政执法，帮助两定机构规范行为，用"柔性抓手"推动实现基金可持续运行目标

1.突出服务理念，促进执法"既有力度，更有温度"

提到监管，传统的行政执法方式习惯运用强制手段，强调的是医保部门的单方意志，看似重拳出击、立显成效，但如果缺乏双方的沟通理解，有可能激化医保部门与两定机构、参保人员之间的矛盾，难以达到处罚与教育相结合的良好效果。河南省医保局从医保部门与定点医药机构、参保人员都有维护医保基金使用安全的美好愿望出发，提出在医保基金监管执法中突出服务理念，坚持执法"既有力度，更有温度"。

服务性行政执法作为"柔性抓手"，其核心要义是通过转变执法理念、改进执法方式、提升服务质量、提高执法水平，采取行政指导、行政调解、行政协议等非强制方式实现执法目标，达成法律效果和社会效果相统一。首先，对于医保领域来说，服务型行政执法更有先天优势，那就是《中华人民共和国社会保险法》授权经办机构实施的医保服务协议，原本就是最合适的"柔性抓手"。其次，医药服务的特殊性使得诸如支付方式改革、集采药品落地使用、规范诊疗活动等情形，仅通过单纯的监管执法难以达成预期目标，这就倒逼传统"管制型"执法方式必须改革，柔性的集体协商谈判有利于推动诊疗行为更加合理、基金使用更加高效。大量实践也证明，正确处理医保部门与定点医药机构的关系，对基金使用中的违规苗头、轻微违法行为完全可以用更温和、更具有弹性的方式实现监管目标。最后，医保部门在监管执法过程中，充分听取当事人的陈述申辩，有助于改进医保部门自身行为。例如，河南省医保局根据监管中发现的"成本价格倒挂""以药补医"等问题及时调整有关医疗服务项目，新增和修订了369个医疗服务项目，其中新增163项、修订206项。

2. 指导自觉守法，面向两定机构解读法律和典型案例

河南省医保系统充分运用处罚与教育相结合的原则，坚决避免"不教而诛"情形。如汤阴县医保局建立以培训指导为主的监管机制，定期组织县内92家定点医药机构医保工作人员，充分利用PPT课件演示等方式进行培训指导，解析最新骗保曝光案例、医保法律法规，通报日常监管存在问题，讲解国家飞行检查要求。为取得更好效果，对于医务人员比较集中、业务比较忙的县级综合性公立医疗机构，打好时间差，采取"送训上门"的方式，安排在下午进行；对于乡镇卫生院、定点零售药店等人员比较分散的定点医药机构，采取分批集中培训的方式进行。仅2020年就开展培训22场，培训医务人员2300余人次，实现了定点医药机构课程有针对、培训全覆盖。沁阳市医保局组织医保知识大讲堂13期、法律知识讲座5期，并通过互动交流、现场解答等形式，对医药从业人员在工作过程中遇到的各类问题，现场予以解答，把"说理"运用到行政执法的全过程，引导两定机构自觉守法。

3. 实行法律风险防控，促使行政相对人预防违法行为

全面贯彻落实行政相对人法律风险防控制度，结合医保实际，及时梳理两定机构近年来受到处罚处理的违法风险点（包括风险等级、法律依据等），印发《河南省医疗保障行政相对人高发违法风险点及防控措施清单》，分析违法行为产生的原因，完善违法风险防控措施，帮助两定机构制定预防和化解措施，以柔性方式依法促使行政相对人主动预防、自觉抑制违法行为，将可能产生的违法违规行为消除在萌芽状态。如新乡市医保局研究制定了《新乡市医保系统行政相对人违法风险点梳理清单》，列举了20种高风险表现形式，通过网络、电视等多种形式宣讲，提醒经办机构、两定机构和广大参保群众欺诈骗保的法律风险。沁阳市医保局定期举办定点医疗机构基金运行分析会，对诊疗过程中存在的"过度检查、超范围用药、分解住院"等共性问题进行分析研讨，指出问题危害，分析查摆原因，提出改进建议，进行有效行政指导，帮助医疗机构对可能出现的违法行为进行隐患排查，将问题消除在萌芽状态，真正做到"服务有情"。

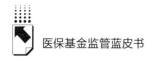

4. 实施智能监控，提前制止违法行为

基金监管事先防范的效果远胜事后处罚。河南省医保信息化智能监控系统正在加快建设，在此期间，部分基层部门结合当地实际，推出了一些成本低、简单易行的智能监控手段协助基金监管。如宝丰县医保局联合软件公司，研发出实时监控软件，利用人脸、指纹识别等手段，在参保患者首次住院时即固定其基本信息，有效杜绝冒名顶替住院现象；住院期间，能够随时由指挥中心发出指令，要求定点医疗机构在规定时限内把住院病人情况拍照上传，制止了挂床住院等行为。宝丰县实施智能远程监控系统以来，全县定点医疗机构住院病人数量明显下降，堵住了基金管理漏洞，维护了基金安全。信阳市平桥区医保局开发智慧执法和智慧档案管理软件系统，将纸质执法档案升级为电子档案，执法人员可以实时查看、随时调取医疗机构报销情况，方便复查复核；同时运用大数据对疾病类型、报销时间、地域、人口等信息进行综合分析，为监管提供数据依据，提前预防风险。

5. 建立警示约谈机制，及时解决苗头性违法问题

目前，河南省多个基层医保部门已经建成了规范化的一体化约谈室，针对医药服务行为检查中发现的苗头性、倾向性、首次轻微性问题，及时对相关单位负责人进行警示约谈，要求做到立行立改、规范管理。同时，认真倾听两定机构的合理化建议，加快建立医疗服务价格动态调整机制，落实合理超支分担要求，解决其实际困难。如汤阴县医保局已经约谈46家医药机构68人次，问题全部整改到位。信阳市平桥区医保局、沁阳市医保局有效利用现有办公场地，设置约谈室，室内悬挂约谈规程、被约谈人权利义务等制度，安装视听设备全程录像，从硬件设施夯实规范约谈基础。示范点单位还根据两定机构违法违规行为是否存在故意，是否存在法律、政策不熟悉等客观原因，建立健全了"首违不罚"制度。

三　河南省医保基金监管依法行政实施成效

"两个抓手"抓住了依法行政"一加一减"两个方面的精髓：一方面是

加，即增进服务，实现为人民服务的宗旨，让人民群众有实实在在的获得感；另一方面是减，即权力约束，把权力关进制度的笼子。"两个抓手"抓住了依法行政的根本要求，"一刚一柔""刚柔并济"在河南省医保系统推进法治建设中起到了重要的带动作用，依法行政"比学赶帮超"氛围初步形成。

（一）河南省医保局在全省依法行政年度考核和公平竞争审查中位居省直部门前列

河南省医保局通过深入贯彻落实行政执法责任制和服务型行政执法"两个抓手"，深入推进依法行政，加快建设法治医保，取得了良好的成绩。在 2020 年度河南省依法行政考核中，省医保局在 62 家省直单位中列第 8 名，现场考核列小组第 1 名，取得年度"优秀"等级，受到省法治政府建设领导小组办公室全省通报表彰；2020 年度省直部门公平竞争审查第三方评估中，河南省医保局列总分第 1 名。另外，一位同志被选拔进入全省服务型行政执法授课师资库，面向全省授课推广医保部门服务型行政执法经验。河南省医保系统推行服务型行政执法的做法得到了省委、省政府的认可，《中共河南省委、河南省人民政府关于深化医疗保障制度改革的实施意见》（豫发〔2021〕7 号）文件中，提出"加强医疗保障领域法治建设，推行服务型行政执法，强化行政执法监督"，将服务型行政执法和行政执法监督确定为医保法治建设的特色亮点。《河南省人民政府办公厅关于推进医疗保障基金监管制度体系改革的实施意见》（豫政办〔2021〕34 号）文件也提出："全面落实行政执法责任制，推行服务型行政执法，规范执法权限、程序和处罚标准。"

（二）全省系统树立的示范点起到了标杆引领作用

2021 年 1 月，河南省医保局印发《关于公布全省医疗保障系统服务型行政执法示范点和行政执法责任制示范点的通知》，确定沁阳市医疗保障局、信阳市平桥区医疗保障局为全省医疗保障系统服务型行政执法示范点，

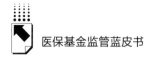

尉氏县医疗保障局、汤阴县医疗保障局、原阳县医疗保障局为全省医疗保障系统行政执法责任制示范点。在全省系统法治和规划工作会上，部分示范点做了典型经验介绍，引起强烈反响，全省医保系统掀起了向示范点学习的高潮。开封、安阳、周口等省辖市组织了现场会，已有多个县（区）党委政府领导带队考察示范点建设情况，示范点的标杆引领作用已经显现。

（三）法治意识明显增强，依法行政的"比学赶帮超"氛围初步形成

河南省医保局提出要求，各地要认真学习先进经验，严格规范公正文明执法，不断提升依法行政能力和水平。目前，省医保局部署组织了全省系统服务型行政执法比武工作，通过选拔的方式，在全省医保系统发现了一批敢负责、懂法律、有实践、会表达的同志入围全省系统法治师资库，待统一培训考核后，面向全省宣讲法治建设，指导现场依法监管。进入2021年，河南省已有多个市、县医保局对法治建设工作进行了全面改进，鹤壁市、济源市、宝丰县、通许县、信阳市浉河区等医保局正在组织和已经提出新一轮示范点的创建申请，全省依法行政的"比学赶帮超"氛围初步形成。

河南省医保局将持续加强对行政执法责任制和服务型行政执法示范点的发现、培育、指导，总结基层可复制经验做法，及时推广应用，推动全省医保系统两类示范点创建由探索型向规范化、由粗放型向精细化、由经验型向标准化转变，推动医疗保障事业高质量发展。

参考文献

[1] 河南省法治政府建设领导小组办公室：《河南省"1211"法治政府建设推进机制》，2020年8月。

[2] 曾德亚、陈红瑜：《新形势下行政执法理念与模式创新研究》，河南人民出版社，2018。

B.18
安徽省着力健全医保基金监管
制度体系的实践路径

——以 TH 县欺诈骗保案例为镜鉴

徐善坤　彭海青*

摘　要：　安徽各级医保部门自组建以来，一直将维护基金安全作为首要任务，打击欺诈骗保、查处医保违法违规行为取得显著成效。TH 骗保案被揭露后，安徽省委省政府高度重视，形成了党政直抓、高位推动，由点及面、深入排查，举一反三、专项整治的格局。针对 TH 骗保案暴露的政治意识弱化、为民宗旨淡化、担当作为缺失、监管力量单薄、监管合力缺乏等问题，聚焦"扛责任"、全面加强党的领导，聚焦"强震慑"、全面抓好日常监管，聚焦"建机制"、全面提升监管能力，聚焦"提效能"、全面创新监管方式，聚焦"抓协同"、全面汇聚各方合力。在连续两年开展打击欺诈骗保的基础上，安徽省2021年进一步强化依法监管、日常监管、智能监管、专业监管、社会监督，努力营造出全社会理解支持医保基金监管工作的良好氛围。

关键词：　基金监管　TH 骗保案　深层原因　治理对策

* 徐善坤，安徽省医疗保障局基金监管处处长；彭海青，安徽省医疗保障局基金监管处二级调研员。

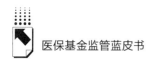

一 安徽医保基金监管工作初见成效

医疗保障基金是人民群众的"看病钱""救命钱",是维护社会稳定、解决人民群众看病就医后顾之忧的"压舱石"。安徽各级医保部门组建以来,严格按照国家医保局部署,持续组织开展打击欺诈骗保专项治理,聚焦定点医药机构、参保人员违法违规行为,重拳出击,铁腕治乱,严厉打击医保领域的违法违规现象。各级医保行政部门及经办机构通过日常巡查、协议管理、经办稽核、智能审核、视频监控等措施,加强常态化监管。同时,组织实施专项治理,组织市、县医保部门进行交叉互查、举报案件专查、省局飞行检查,每年4月份组织开展"集中宣传月"活动,出台"两定"协议示范文本和医保医师管理办法,并实施"两试点一示范"等系列举措,推动专项治理向纵深发展,形成有效震慑。

自2018年安徽省医保局成立以来,全省各级医保部门依法依规处理定点医药机构1.6万多家次,涉及个人近千人次。其中,被解除服务协议的定点医药机构300多家,被暂停、中止医保结算近1500家,累计追回医保基金20多亿元,安徽在全国医保基金监管工作综合考核中连续两年位列第一方阵。据统计,全省医保基金总支出2018年同比增加17.4%,2019年同比增加13.7%,但2020年同比增幅为3.1%,医保基金支出增幅连年增长的势头得到了遏制,基金"跑冒滴漏"的乱象得到有效扭转,专项治理成效初显。

二 TH县4家医院涉嫌骗保事件被曝光

2020年12月14日,《新京报》报道了"安徽TH多家医院疑骗保:没病变'脑梗',有人一年免费住院9次",曝光TH县第五人民医院、TH东方医院、TH普济中医院、TH和美医院4家医院涉嫌欺诈骗取医保基金。随后,各家新闻媒体相继曝光这一事件。得到舆情信息,省医保局主要负责同志当即研究部署，联系省纪委监委驻卫健委纪检组，并协调省卫健委，共同抽调人员组成省医保卫健部门联合督导组第一时间赶赴 TH 县，实地督导案件查处工作。

当日，TH 县官方微博"TH 发布"发布通告称，针对媒体报道多家医院涉嫌套取医保基金的问题，TH 县已成立由纪检、公安和医保等多部门组成的联合调查组展开调查。县医保、卫健部门连夜抽调人员组成 4 个检查小组，次日进驻各家医院检查。

三　TH 县案件查处情况与省市深挖彻查举措

（一）高位推动，迅速查处

1. 党政直抓，迅速部署

TH 骗保案被曝光后，安徽省委、省政府及省纪委监委都给予高度重视，迅速部署。省委主要负责同志要求认真调查，依纪依法依规处理，结合巡视巡查，在全省组织开展专项清理整治，严肃查处骗保行为，加大监管力度，坚决维护和保障基金安全，构建医保安全运行的长效机制。省政府和省纪委监委主要负责人多次批示，省政府分管副省长赴现场调度督促，召集专题会议，研究推进案件查处工作。12 月 15 日，省纪委监委派员赴 TH 县，指导纪检监察部门开展调查。16 日，省政府分管副省长、省医保局主要负责人和省卫健委负责同志相继赶赴 TH。国家医保局专门派出工作组，实地了解情况，指导地方开展调查工作。

阜阳市委、市政府主要负责人协调调度。12 月 14 日，市政府组成工作专班，分管副市长带领工作组赴 TH 县，连续多日坐镇 TH 县现场督导，协调推进调查工作。TH 县委、县政府先后多次召开县委常委会议、书记专题会及省市县三方工作协调会，部署案件查处工作。

2. 联合督导，压实责任

舆情发生后，省医保卫健部门联合督导组当日紧急赶赴 TH 县，跟踪督

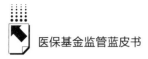
导案件的查处工作。省市医保与卫健部门联手督导，人员分组跟进，贴近指导，及时协调推动。督导组两次要求 TH 县进一步加强领导、提升调查组规格层级，增派专业技术力量，抽调业务骨干，配强专业人手，充实调查队伍。2021 年 2 月 1 日至 2 月 6 日，省医保与卫健部门联合督导组再赴 TH 县，继续督导当地开展深挖彻查工作。

3. 联合行动，全面核查

在省医保卫健部门联合督导组的跟踪指导和参与下，2020 年 12 月 14 日至 31 日，TH 县医保、卫健、公安等部门联合行动，医保、卫健部门组织业务骨干，并抽调医疗专家和信息、财务等专业人员，成立了 4 个调查组，分别进驻 4 家涉事医院进行检查和调查。重点是围绕住院病人、病历、台账、财务及进销存等方面，采取现场检查、数据排查、病例审查、查阅财务资料、调看监控录像、回访患者、问询当事人等方式，对 4 家涉事医院 2020 年度所有病历全面排查。经查，4 家医院违法违规涉及医保基金支付金额共 759.42 万元。其中，涉嫌欺诈骗取医保基金支付金额 159.72 万元，违规行为涉及的医保基金支付金额 599.7 万元。

针对被曝光 4 家医院涉嫌骗取医保基金支出的行为，县医保部门解除 4 家医院医保服务协议，追回违法违规使用的医保资金，分别扣除 14 名涉事医保医师积分 12 分。县卫健部门依法吊销了 4 家涉事医院的医疗机构执业许可证，并分别给予 5000 元的行政处罚，同时撤销了 TH 县第五人民医院医共体牵头单位资格，吊销相关责任医师执业资格。纪检监察机关严肃追责问责了阜阳市政府和 TH 县委、县政府等 7 个组织（单位）及 19 名责任人。其中，TH 县卫生健康委原主任、TH 县医保局主持工作的副局长、城乡居民医保中心主任以及 TH 县第五人民医院院长 5 名责任人因严重违纪违法或涉嫌犯罪，被立案调查，并采取留置措施。公安机关立案调查了该县 9 家医院，查证 3470 人，采取强制措施 56 人，移送审查起诉 25 人，扣押、冻结涉案资金 360.9 万元。安徽省纪委监委曝光 TH 案件处理情况，以案示警，"一案多查、一案多处"形成强大震慑。

（二）由点及面，深入排查

TH 这起事件教训深刻，令人警醒。安徽省以此为鉴，举一反三，锲而不舍地深化作风建设，安徽省委在全省组织开展警示教育，以案示警、以案为戒、以案促改，大力纠正形式主义和官僚主义，全面纠治医保领域的违法违规问题，加快构建全省医保基金监管长效机制。

1. 全面清查 TH 县内欺诈骗保问题

在对 4 家涉事医疗机构彻查的基础上，2021 年 2 月 1 日，省医保卫健部门联合督导组再次驻点 TH 县，督促指导深挖彻查工作。阜阳市从全市调集 300 名医疗专家和医保、卫健、公安等多部门的精干力量，对 TH 县 50 家定点医疗机构自 2019 年 4 月县医保局成立至 2020 年 12 月底的 31.73 万份医保结算病历进行"地毯式"排查。省医保局、卫健委从省属医疗机构抽调 50 多名临床和医保专家，逐一复审排查市级核查出的疑似骗保病历。经查，TH 县 50 家医疗机构有违法违规使用医保基金问题，涉及金额 5795.1 万元。县医保、卫健部门后续分别采取追回违法违规使用的医保基金、扣除医保医师积分处理和吊销医疗机构执业许可证等处罚措施。

2. 全面清查阜阳市欺诈骗保问题

参照 TH 县骗保案件查处方式，阜阳市组织专项治理全覆盖，检查其他 7 个县（区）定点医疗机构 96.1 万份病历，查出违规金额 4554.4 万元。全市 9 家社会办医疗机构主动申请关停或中止医保服务协议。

3. 举一反三，专项整治

按照省委、省政府要求和国家医保局统一部署，安徽省医保、卫健部门先后两次联合开展定点医疗机构专项治理"回头看"，聚焦虚构诊疗服务、诱导住院等欺诈骗保问题，对全省各类定点医疗机构实行全覆盖排查治理。

2021 年 6 月，国家医保局向全国医保系统通报安徽省组织查处 TH 县部分医疗机构骗保案做法，要求各级医保部门认真学习借鉴安徽做法经验，对欺诈骗保行为"零容忍"，发现一起，查处一起。以指导督促各地用好《医

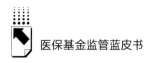

疗保障基金使用监督管理条例》，进一步健全长效监管机制，推动打击欺诈骗保工作全覆盖常态化，严防医保基金成为新的"唐僧肉"。

四　TH 骗保案形成背景与原因分析

在全国范围连续多年组织开展打击欺诈骗保专项治理的高压态势下，TH 县仍有部分医疗机构敢明目张胆地欺诈骗保，令人警醒，值得反思。从 TH 骗保案所暴露的问题来看，固然有监管体系不健全、激励约束机制不完善等因素制约，但更主要的原因是一些地方党的领导弱化、政治站位不够高，特别是形式主义、官僚主义仍然成为顽症痼疾，在个别地方和部门土壤深厚、树倒根存，必须深刻吸取教训，全面反思问题背后的深层次原因。

（一）政治意识弱化

加强医保基金监管是严肃的政治要求，习近平总书记高度重视基金监管工作，并作出重要指示批示。但从 TH 骗保问题看，当地党委、政府和相关部门未能引起应有的重视，未从讲政治的高度审视和把握维护基金安全问题，未拿出有力的贯彻落实举措，暴露了一些地方在医改和医保发展过程中党的领导不力，相关主管部门和医疗机构落实主体责任不到位，少数党员干部的政治意识不强、纪律规矩松弛，在践行"两个维护"、贯彻落实中央决策部署上搞变通、打折扣。

（二）为民宗旨淡化

维护医保基金安全就是维护广大人民群众的切身利益。从 TH 骗保问题看，有的领导对"国之大者"不关心、不重视，认为医保基金监管仅是医保部门的业务，与己无关，从不过问；有的主管部门没有站在对党和人民负责、维护群众利益的高度来看住守好群众的"看病钱""救命钱"，暴露了少数党员干部以人民为中心的发展理念还树得不牢，政绩观错位、群众观淡薄，没有坚守初心使命。

（三）担当作为缺失

打击各类欺诈骗保行为，必须敢于动真碰硬，保持高压态势。从 TH 骗保案来看，存在"日常检查走过场、问题处理挂空挡"现象，该县有关部门先后组织了多次检查，但未发现严重问题，或发现存在骗保行为并未采取处理处罚措施，有的甚至内外勾结、沆瀣一气，导致骗保事件屡查不绝、屡禁不止，暴露了一些地方和部门不敢直面矛盾，不愿较真碰硬，不担当不作为，甚至失管失察、失职渎职。

（四）监管力量单薄

维护医保基金安全，需要建立严密有效的监管体系。TH 县乃至阜阳市没有基金监管专职机构，县医保局成立以来一直仅由一名副局长主持工作，8 名行政编制长时间缺编 5 人，监管体系一直不健全。全省有两万多家定点医药机构，目前只有少数市、县（区）成立了基金监管机构，其余市、县（区）在多个科（股）合并设置的情况下仅有 1～2 人负责基金监管执法。与日益隐蔽、花样繁多的欺诈骗保行为相比，现有监管力量，专业水平和应用信息化、智能化等科技监管手段的能力明显不足。这说明，医保基金监管制度体系改革还需要加大推进力度，全面提高改革质效。

（五）监管合力缺乏

医保基金安全需要全社会共同守护。从 TH 骗保案看，当地虽然建立了基金监管部门联席会议制度，但作用发挥不明显。

五　构建基金监管长效机制，完善制度体系

安徽省委、省政府以查处 TH 县骗保案件为契机，加快建立健全医疗保障基金监管长效机制。2020 年 12 月和 2021 年 1 月，《中共安徽省委、安徽省人民政府关于深化医疗保障制度改革的实施意见》《安徽省医疗保障局关

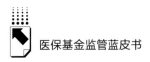

于推进医疗保障基金监管制度体系改革的实施意见》《安徽省人民政府办公厅关于建立健全医疗保障基金使用监管长效机制的若干意见》等重要文件经省委深改委会议审议通过，进一步织密扎牢制度笼子，加快构建党委领导、政府监管、社会监督、行业自律、个人守信相结合的全方位监管新格局。

（一）聚焦"扛责任"，全面加强党的领导

安徽省不断完善医保基金监管党建工作领导体制和工作机制。2月22日，省委主要负责同志带领省纪委、省委组织部主要负责同志和省政府分管负责同志全程指导阜阳市委常委班子专题民主生活会，并就 TH 县问题整改和医保基金监管专项治理召开座谈会，深入学习贯彻习近平总书记关于加强医保基金监管工作重要指示批示精神和中央关于推进医疗保障制度改革的决策部署，与阜阳市委班子一起细查问题、深挖根源，为靶向纠治、彻底整改、建立长效机制筑牢思想基础。省政府成立由分管副省长任组长、12 个相关部门负责同志为成员的省维护医保基金安全领导小组，统筹协调解决医保基金监管工作重大问题。各市按照省委省政府要求，或成立了维护医保基金安全领导小组，或建立联席会议机制，坚决扛起基金监管的政治责任。

（二）聚焦"强震慑"，全面抓好日常监管

广泛宣传、全面落实《医疗保障基金使用监督管理条例》，完善日常巡查、专项检查、飞行检查、交叉互查等相结合的多形式常态化检查制度。按照国家医保局等三部委《关于开展打击欺诈骗保专项整治行动的通知》部署与要求，持续开展专项治理，依法从严打击欺诈骗保行为，真正让监管制度通上"高压电"。2021 年全省检查定点医疗机构覆盖范围达 80% 以上，发现近 1/3 存在违规违法使用医保基金行为，通过暂停、解除协议，移送公安司法机关，移送纪委监委，追回医保基金，扣除违约金和处以行政罚款等方式对违法违规行为进行了严肃处理，并公开曝光 168 个典型案例，初步形成了高压震慑局面，有效净化了医保基金监管环境。

（三）聚焦"建机制"，全面提升监管能力

安徽省医保部门加快基金监管长效机制建设，在完善举报奖励、案件移送、行刑衔接、智能监控、网格化管理、社会监督、交叉互查等方面取得积极进展。安徽省《关于推进医疗保障基金监管制度体系改革的实施意见》对加强基金监管队伍建设、建立健全监管执法体系、配齐配强监管人员力量等提出了明确要求。省委编委专门研究医保基金监管机构的设置事项。阜阳市及所辖县（市、区）均设立基金安全监管事务中心，人员编制平均12人，淮北、安庆、宿州、亳州、合肥、马鞍山、滁州等市相继组建专职机构，其他市正在推进。安徽省还在着手建立激励问责机制，将专项治理工作纳入省和各地政府综合考核，着力构建"不敢骗、不能骗、不想骗"的长效机制。

（四）聚焦"提效能"，全面创新监管方式

一方面，着力推进省医保信息平台建设，系统开发基金运行、医保智能监管及审计监管等应用子系统，加快提升基金监管的精准化、智能化水平。另一方面，积极推进医保信用体系建设，将信用评价结果与预算管理、稽核检查、协议管理等关联。部分地市先行探索已取得显著成效，如亳州市率先建成医保基金使用智能监管平台，实现辖区重点医药机构的结算数据全面审核，定点医药机构违规行为线上实行预警。安庆市在推行医保基金监管信用体系试点，滁州、蚌埠2市推进国家医保智能监控示范点建设，为全国监管方式创新探索更多可复制、可推广的经验。

（五）聚焦"抓协同"，全面汇聚各方合力

进一步压实医疗机构主体责任，构建医保与卫健、市场监管、药监、公安等部门协调配合、协同监管的综合监管制度，将医保基金监管纳入城乡社区网格化管理，形成监管合力。推动医疗、医保行业协会和相关的学会、研究会等加强行业自律。及时通报欺诈骗保典型案例，开展警示教育。建立完善安徽省医保基金监管专家库管理办法，引入商保、财务、审计、医药和信

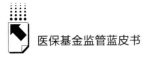

息化等第三方专家力量参与监管，提升基金监管的专业化水平。修订举报奖励实施办法，聘请人大代表、政协委员、基层群众等作为社会监督员，开展社会监督。加大宣传力度，并积极回应群众关切，树立一批典型，营造全社会关心支持和参与医保基金监管的局面。

六　以专项治理为抓手加快监管方式创新

为扎实推进新一轮"三个以案"（以案示警、以案为戒、以案促改）警示教育，确保存在的问题得到坚决整改，在之前连续两年组织开展打击欺诈骗保专项行动的基础上，安徽2021年继续对定点医疗机构开展医保违法违规行为专项整治，将坚持监督检查全覆盖与抓重点补短板相结合、坚持减存量与遏增量相结合、坚持强化外部监管与加强内部管理相结合，确保专项治理取得实效。

（一）强化依法监管

《医疗保障基金使用监督管理条例》（以下简称《条例》）（国务院第735号令）于2021年5月1日正式实施。这是国家医疗保障基金监管领域首部行政法规，是认真贯彻落实党中央、国务院强化医保基金监管、维护基金安全决策部署的重要立法成果，是当前医保基金监管工作的法律遵循。应当将贯彻落实《条例》作为一项重要使命与任务，不断提升医保基金监管法治化水平。

（二）强化日常监管

通过建立驻点督导、聘请医保社会监督员、大数据筛查、网格化管理等制度，推进监管工作常态化。将整治"三假"（假病人、假病情、假票据）贯穿融入基金监管工作全过程，做到发现一起、彻查一起、严惩一起、曝光一起，坚持"零容忍"，做到"不贰过"。针对反映强烈、违规行为特点明确、医疗机构普遍存在的突出问题，安徽省集中组织力量开展直查直处。

（三）强化智能监管

适应不断发展的全民参保和海量医保基金监管业务这一新形势，采用大数据和信息化手段提升监管能力和效率，是医保基金监管的必然要求和大势所趋。加快建立统一、高效、兼容、便捷、安全的医保智能监控系统，对各定点医疗机构医疗服务行为进行实时监控和预警提醒，实现医保基金使用事前、事中和事后全流程监管。

（四）强化专业监管

医保基金监管专业化要求高，监管人员不仅要具有医药知识，也要有经济、管理、财务、信息化等方面的知识储备。坚持"专业人干专业事"，在加强现有监管队伍业务培训的基础上，积极引入第三方力量参与基金监管，提升基金监管能力和专业化水平。

（五）强化社会监管

及时公布违法违规的典型案例和监管工作动态，让社会了解关注基金监管，培养公众参与意识。积极开展医保法制宣传教育和违法违规行为典型案例警示教育，切实增强社会公众维护医保基金安全的意识，特别是让医保基金受益人和套保骗保的受害人主动参与监管工作，发动全社会参与监督，努力营造全社会理解支持基金监管工作的良好氛围。

参考文献

［1］《管好"救命钱"安徽"在行动"》，《安徽日报》2021 年 6 月 15 日。
［2］《国家医保局对骗保现象坚决说"不"》，《金融时报》2021 年 6 月 9 日。

B.19
开封市医保基金监管信用体系
建设的实践与思考

任芳芳*

摘　要：　开展医保基金监管信用体系建设试点，是国家为创新监管方
式、提升监管效能、建设医保基金监管长效机制作出的重大
决策部署。两年来，河南省开封市按照"以组织为保障，以
制度为核心，以系统为依托，以满意度为关键，以应用为抓
手，以行业为支撑"的思路，构建了以信用体系为基础，以
智能监控、监督检查为依托的"三位一体"医保基金监管新
格局。本文总结了开封市医保基金监管信用体系试点工作经
验，进行了思考分析，提出了优化建议，可为医保基金监管
信用体系建设路径及政策扩面提供借鉴。

关键词：　开封市　信用体系　基金监管　监督检查

　　诚信体系是中国特色社会主义市场经济成熟的重要标志，是社会主义
核心价值观的重要内容，是加强和创新社会治理的重要手段和举措。2020
年2月，中共中央、国务院发布《关于深化医疗保障制度改革的意见》
（中发〔2020〕5号），明确提出要建立医疗保障信用体系，推行守信联合
激励和失信联合惩戒制度，并在随后颁布的《关于推进医疗保障基金监管

＊　任芳芳，中国医疗保险研究会理事，开封市医疗保障局党组书记、局长，研究方向为医疗保
障制度体系、治理能力建设与改革、医疗保障基金监管。

制度体系改革的指导意见》（国办发〔2020〕20 号）和《医疗保障基金使用监督管理条例》（国务院令第 735 号）等文件中，就医保信用体系建设作出重要部署。而在此之前，国家医疗保障局已于 2019 年 6 月，在全国 17 个城市同步开展为期两年的基金监管信用体系建设试点工作，开封即是其中之一。开封在被确定为医保基金监管信用体系建设国家试点城市之后，按照"一个平台、五大体系、十大主体"的建设思路，顺利推进试点工作，并取得了明显成效。开封医保基金监管信用体系建设经验成功入选河南省社会信用体系建设十大典型案例，并被国家发改委"信用中国"推广。2021 年 6 月，河南省医疗保障局印发《关于复制推广医保基金监管信用体系建设试点经验的通知》，在全省推广开封基金监管信用体系建设经验。

一　医保基金监管信用体系的内涵

"信用"一词通俗的意思是"履行成约，取信于人"，是一种普遍的行为规范，而"信用"又跟我们熟知的"诚信"和"信任"不同；"诚信"强调了人的内在品德，"信任"描述了人际关系的可靠性，而"信用"则是用于描述这种可靠性的程度，是指在人之间、单位之间和商品交易之间形成的一种相互信任的生产关系和社会关系。医保信用体系建设作为我国社会信用体系建设的重要一环，是指授信人（医保行政部门）对定点医药机构在信用交易中的风险进行识别、分析和评估，并通过制定信用评价指标标准，不断完善以信息采集、准确评价、结果运用为主体的信用积分管理和信用等级评价制度，推动相关部门共同建立守信联合激励和失信联合惩戒机制，构建医疗保障基金监管信用体系和运行机制，从而迫使定点医药机构坚持合理检查、合理用药、合理治疗、合理收费等诚信医疗服务准则，同时在全社会培育诚信执业、诚信采购、诚信诊疗、诚信收费、诚信医保理念。

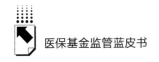
二 开封市医保基金监管信用体系建设路径

（一）建立治理体系，践行治理能力

1. 强化组织保障，高位协同推进

医保基金信用建设首先要纳入社会信用建设中，是一项需要全社会呼吁、各部门联动的工作。开封市委市政府高度重视医保基金信用建设，成立了以市委书记为组长的开封市医保基金监管信用体系建设领导小组，市医保、市发改、市公安、市财政、市人社、市卫健、市审计、市市场监管、市大数据等部门联动配合，成立试点工作专班，确保试点开展顺利有序。

2. 建立完善"1＋1＋10＋N"制度保障

第一个"1"是指信用体系建设整体方案，即《开封市医保基金监管信用体系建设国家试点工作实施方案》（汴医保监信〔2019〕1号，以下简称《实施方案》）；第二个"1"是指信用体系建设的规范性文件，即《开封市医疗保障信用管理暂行办法》（汴医保〔2020〕82号，以下简称《暂行办法》）；"10"是指针对定点医疗机构、定点零售药店、医保医师、医保药师、医保护士、经办机构、参保单位、参保人、医药生产企业、医药流通企业十大主体分别制定了信用评价暂行管理办法，指导相关主体开展信用评价工作；"N"是指后续出台的若干配套政策，包括信用修复暂行管理办法和定点机构服务协议等。从制度设计到落地执行，一系列政策有机统一，不断完善，形成一套完整的医保基金监管信用管理制度，确保信用体系建设有法可依、有章可循。

（二）构建多主体指标体系，确保公平公正

按照国家医疗保障局制定的指标维度、种类、评分规则，结合开封实际，经过数据提取，对指标进行细化，并广泛征询不同医保信用主体的意见，探索形成"机构类采用评分制、人员类采用记分制"的信用评价指标体系。具

体实施中，根据主体特性侧重不同，指标体系包括定点医疗机构6大类64项指标（见表1）、定点零售药店4大类42项指标（见表2）、医保医师4大类36项扣分规则（见表3）。以医疗机构评价指标为例，主要包括协议履行、基金绩效、基金监管、满意度评价、自律管理、社会信用六大类。在国家基础指标外，增设医疗机构满意度评价指标、场景监控指标、智能监控指标及支付方式改革相关指标，以及"失信被执行人""解除协议"等一票否决制等指标。其中，包含动态实时监测指标37项，实现评价动静结合。同时，根据不同指标对医保信用的作用特点，制定标杆最优、实际值中优、最大值高优、最小值低优、分档打分、直接打分等评分方法和标准。并根据评价主体特性，采取不同评价结果等级划分方式。如医疗机构和零售药店评价结果根据得分从多到少分为A、B、C、D四个等级，医保医师则按扣分从少到多分为五个等级。

表1　开封市医疗保障基金监管信用评价指标（定点医疗机构）

一级指标	二级指标	三级指标
1. 协议履行	（1）基础管理	①变更备案
		②标识标牌
		③宣传咨询
		④举报投诉
		⑤配合检查
		⑥药品招采
		⑦医保医师管理
	（2）信息管理	⑧数据上传
		⑨编码标准
		⑩系统对接
		⑪系统安全
		⑫监控设备
	（3）财务管理	⑬财务账表
		⑭财务记录
		⑮票据管理
	（4）医疗管理	⑯身份识别
		⑰出入院管理
		⑱异地就医
		⑲特检阳性率

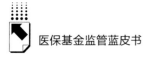

续表

一级指标	二级指标	三级指标
1. 协议履行	（4）医疗管理	⑳备药率
		㉑住院药占比
		㉒门诊药占比
		㉓住院人次人头比
		㉔平均住院日
	（5）结算管理	㉕知情同意
		㉖费用清单
2. 基金绩效	（1）费用增幅	㉗医疗费用总额增幅
		㉘住院总费用增幅
		㉙门诊总费用增幅
		㉚门诊次均费用增幅
		㉛住院次均费用增幅
	（2）费用控制	㉜门诊次均费用
		㉝住院次均费用
		㉞住院个人负担比例
		㉟门诊个人负担比例
3. 基金监管	（1）一般处理	㊱约谈
		㊲整改
		㊳警告
		㊴通报
	（2）费用处理	㊵追回费用
		㊶拒付费用
		㊷罚款
	（3）协议处理	㊸中止协议
		㊹解除协议
		㊺医保医师处理
		㊻科室处理
	（4）司法处理	㊼欺诈骗保
	（5）场景监控	㊽挂床住院
		㊾虚假住院
		㊿虚假诊疗
		51月认证率
	（6）智能监控	52智能监控违规数量
		53智能监控违规金额

续表

一级指标	二级指标	三级指标
4. 满意度评价	(1)患者评价	(54)患者问卷满意度
	(2)医务人员评价	(55)医务人员满意度
	(3)舆情评价	(56)负面媒体报道
5. 自律管理	(1)管理体制	(57)管理组织
		(58)教育培训
	(2)制度建设	(59)制度建设
	(3)风险管理	(60)风险防控
	(4)创新医疗保障管理	(61)创新医疗保障管理
6. 社会信用	(1)行政处理	(62)行政处罚
	(2)失信被执行人	(63)失信被执行人
	(3)司法处理	(64)违规移交情况

表 2　开封市医疗保障基金监管信用评价指标（定点零售药店）

一级指标	二级指标	三级指标
1. 协议履行	(1)基础管理	①变更备案
		②宣传咨询
		③标识标牌
		④举报投诉
		⑤配合检查
		⑥药品售价标签管理
		⑦教育培训
		⑧创新医疗保障管理
		⑨药师在岗
		⑩医保药师管理
	(2)信息管理	⑪监控设备
		⑫系统对接
		⑬数据上传
	(3)财务管理	⑭票据管理
		⑮库存审计
		⑯财务记录
	(4)药品管理	⑰处方药管理
		⑱超量售药
		⑲非医药商品
		⑳药品限价

续表

一级指标	二级指标	三级指标
1. 协议履行	(4)药品管理	㉑串换药品
		㉒药品安全
	(5)医疗管理	㉓处方量
	(6)结算管理	㉔费用清单
		㉕身份识别
		㉖留置、押放社会保障卡
2. 基金监管	(1)一般处理	㉗警告
		㉘通报
		㉙约谈
		㉚整改
	(2)费用处理	㉛追回费用
		㉜拒付费用
		㉝罚款
	(3)协议处理	㉞医保药师处理
		㉟中止协议
		㊱解除协议
	(4)司法处理	㊲欺诈骗保
3. 满意度评价	(1)患者评价	㊳参保人满意度
	(2)舆情评价	㊴负面媒体报道
4. 社会信用	(1)行政处理	㊵行政处罚
	(2)失信被执行人	㊶失信被执行人
	(3)违规移交情况	㊷违规移交情况

表3 开封市医疗保障基金监管信用评价指标（医保医师）

扣分分值	序号	编号	指标内容
1分	1	A1	未按病历书写规范书写门诊、住院病历,病历记录不及时、不规范或无法辨认的
	2	A2	不按规定查看既往就诊记录、记载门诊病历,导致重复配药、重复检查的
	3	A3	违反医疗保险药品配药量、限制使用条件规定,或无充分理由超药品使用说明书范围用药的
	4	A4	不执行门诊处方外配制度,拒绝为参保病人开具外配处方的
	5	A5	使用需参保人员自费的药品、医疗服务项目或医用材料等,未履行告知义务被参保人员投诉的
	6	A6	不执行首诊负责制,推诿、拒收参保病人,以各种借口使参保人员提前或延迟出院的

续表

扣分分值	序号	编号	指标内容
1分	7	A7	参保人员出院时,违规为其开具带检查或治疗项目出院的
	8	A8	不按规定参加医保经办机构或定点医疗机构举办的医疗保险业务培训的
	9	A9	其他违反医疗保障政策规定,未造成医保基金损失的
2分	10	B1	未按规定核验就诊人员身份,导致冒名门诊就医的
	11	B2	开具与疾病无关的药品、检查治疗项目的
	12	B3	未严格执行《开封市基本医疗保险按病种付费工作实施方案》,拒绝将符合条件的病例纳入按病种付费范围,或中途退出按病种付费的比例超过15%的
	13	B4	其他违反医疗保障政策规定,造成医保基金损失的
	14	B5	对因工伤、意外伤害就诊的参保人员,未如实记载受伤原因和经过的
	15	B6	将服务编码转借给被暂停、解除或未签订服务协议的医师开具医保处方的
	16	B7	冒用其他医保医师服务编码开具医保处方的
	17	B8	医疗收费与病历记录、医疗服务不符的
	18	B9	有分解检查、治疗、处方和收费等违规行为的
	19	B10	不因病施治,过度医疗造成医保基金损失的
	20	B11	收治不符合入院治疗指征的参保人员的
	21	B12	不因病施治,门诊慢性(特殊)病用药与认定病种不符,造成医保基金损失的
6分	22	C1	将医保录外药品、诊疗项目和医疗服务设施纳入医保基金支付的
	23	C2	未按规定核验就诊人员身份,导致冒名住院造成医疗保险基金损失的
	24	C3	为参保人员串换医疗保险药品、医疗服务项目,造成医疗保险基金损失的
	25	C4	故意夸大、掩盖医疗事实,造成医疗保险基金较大损失的
	26	C5	为参保人员提供医疗服务过程中,出现医疗责任事故造成参保人严重伤害的
	27	C6	未优先使用国家组织药品集中采购和试点扩围中选药品,且使用同一通用名非中选药品比例高于中选药品的
	28	C7	其他违反医疗保障政策规定,造成医疗保险基金较大损失的
12分	29	D1	拒绝、阻挠或不配合医保部门开展必要监督检查的
	30	D2	被卫生健康行政部门吊销医师、助理医师或乡村医生执业证书,或被注销注册、收回执业证书的
	31	D3	通过编造医疗文书、出具虚假医疗证明、办理虚假住院等方式,骗取医疗保险基金的
	32	D4	为参保人员提供虚假证明材料,串通他人虚开门诊、住院票据套取医疗保险基金的

扣分分值	序号	编号	指标内容
12分	33	D5	故意曲解医保政策和管理规定,挑动参保人员集体上访,造成恶劣影响的
	34	D6	经医保经办机构定期考评不合格的
	35	D7	因违规行为,造成恶劣社会影响的
	36	D8	其他严重违反医疗保障政策规定,危害参保人员利益或造成医疗保险基金重大损失的行为

（三）多源数据集成融合，确保评价效果真实客观

开封以信用体系数据中台（见图1）为中心，实现多场景数据的采集和不同系统间互联互通，通过数据中间库、数据库视图以及数据接口等不同方式实时获取信用数据，并将医保信息业务编码应用于医保基金信用体系建设中，实现医保医师、药师、护士等个人主体信息与国家医疗保障局医疗保障信息业务编码标准数据库一致。同时，采取系统权限管理分配、避免核心人员流失、签署保密协议、身份认证、数据加密、数据库备份、数据日常监测、数据脱敏显示、密码规则九大措施来严守数据安全。目前，信用评价系统已完成历史数据归集和实时数据获取，其中来源于医保结算数据约12亿

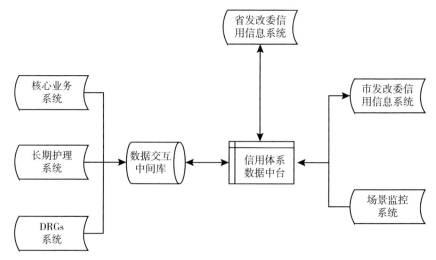

图1　信用体系数据中台架构

条、社会信用数据 434.6 万条、国家编码数据近 1.9 万条，通过多元数据融合，确保评价结果客观公正。

（四）构建信用体系平台，评价结果实时呈现

遵循国家医疗保障局网络安全和信息化领导小组办公室发布的《医疗保障信息平台建设指南》和《医疗保障信息平台信用评价管理业务流程规范》，引入第三方专业力量，共同构建具有信用主体档案、信用事件管理、信用指标管理、信用评定管理、信用报告管理、信用积分管理等基础功能的信用体系平台，并根据开封实际，开发上线满意度调查、基金运行监测分析、信用风险管理、社会监督管理等特色功能，支持全主体全链条全场景的闭环管理，实现平台系统自动归集信息、评价结果实时呈现。

（五）探索信用联合奖惩，落实信用结果应用

一方面，严格落实医保信用奖惩，依据信用评价结果，通过采取医保总额预算管理、基金考核支付、医保资格、监管频次、新闻媒体曝光等措施，提高相关主体对自身信用的重视程度。另一方面，联合相关部门成立开封市医疗保障基金监管工作领导小组，推进医疗保障基金综合监管（见表4），在医保信用奖惩的基础上探索建立联合奖惩机制，推动结果公认，部门联合奖惩，强化协调配合，更好地维护医疗保障基金安全，保障参保人员合法权益，防范和化解基金风险。

表4 开封市医疗保障基金综合监管职责分工

领导小组成员单位	各部门职责分工
市医保局	制定相关政策及打击欺诈骗保措施;监督医疗服务行为和医疗费用;牵头组织联审互查、飞行(交叉)检查;对涉嫌欺诈骗保(犯罪)案件向相关部门通报或移送司法机关;负责领导小组办公室日常工作
市发改委	指导医保部门做好信用体系建设工作;积极推动实施医疗保障等相关部门建立医保领域联合奖惩机制
市公安局	参与医保基金监管联合行动,打击医保欺诈犯罪;负责对医保部门办理欺诈骗保案件提供支持及指导等

续表

领导小组 成员单位	各部门职责分工
市民政局	加强与医保部门信息对接,主动及时提供数据信息台账,防止骗保套保
市司法局	对拟出台的规范性文件进行合法性审查,指导开展医保领域法律法规宣传,并将其纳入普法宣传内容
市财政局	负责对医保基金收支的监督;负责对医保基金监管相关经费予以保障
市人社局	与医保部门做好参保信息共享,在社保卡管理、应用和服务方面加强沟通衔接;负责将医疗机构的医务人员执行医保政策情况纳入事业单位工作人员奖惩、考核、职称评审的重要内容
市卫健委	参与医保基金监管联合行动,根据需要提供业务指挥和专业人员支持;对违规机构和人员依法依规处理
市审计局	负责对各统筹地区执行国家、河南省、开封市医保政策情况以及医保收支情况进行审计监督
市场监管局	参与辖区医药机构药品、器械购进渠道及质量安全等相关检查,对违规医疗机构和药店依法依规处理
市扶贫办	加强与医保部门信息对接,根据工作需要提供建档立卡贫困人口信息,加强信息共享
市政数局	负责统筹保障医保信用体系建设及智能监控系统建设的网络及云资源等基础环境支撑,协调推进相关信息共享及业务协同工作
市税务局	依法对参保单位、人员应缴纳医疗保险费进行征缴管理,与医保部门做好征缴信息共享

三 工作成效

(一)以评价结果"助力检查",基金监管更精准

截至 2020 年 5 月,开封市 2020 年度定点医药机构和医保医师的信用评价工作完成,参与评价的一级以上定点医疗机构 191 家、定点零售药店 650 家、医保医师 11936 名,覆盖率达到 99% 以上(见表 5)。评价结果纳入医疗机构协议管理,与医疗机构总额控制年终考核指标挂钩,在全市定点医药机构监督检查实现全覆盖的基础上,通过信用评价分级,为定点医药机构监督检查提供了重点检查方向,重点检查 C 级、D 级机构,查处率达到 100%,显著高于全口径查处,切实提高医保基金监管查处精准度。

表 5   开封市 2020 年度定点医药机构和医保医师信用评价结果

评价结果	数量	占比	数量	占比	数量	占比	数量	占比	数量	占比
定点医疗机构	A 级 (≥90 分)		B 级 (≥80 分)		C 级 (≥70 分)		D 级 (<70 分)		—	
	37	19.37%	142	74.35%	11	5.76%	1	0.52%	—	
定点零售药店	A 级 (≥95 分)		B 级 (≥85 分)		C 级 (≥75 分)		D 级 (<75 分)		—	
	404	62.15%	239	36.77%	7	1.08%	—		—	
医保医师	年度不扣分		年度扣 1~5 分		年度扣 6~11 分		年度扣 12 分		一次性扣 12 分	
	11323	94.86%	590	4.94%	23	0.19%				

（二）以信用奖惩助力整改，信用主体更自律

定点医疗机构评价结果纳入医疗机构协议管理，与医疗机构总额控制和基金支付年终考核指标挂钩，通过奖惩措施，使守信者获益、失信者受惩，医保监管的激励约束机制进一步完善。A 级医疗机构病组点数法付费年度考核清算系数中医保基金监管信用体系指数上浮 5%，年度医保预留保证金按不低于 95% 的比例支付，适度降低稽核检查抽查比例和频次，并对其进行表彰。A 级零售药店月度预留服务质量保证金上缴下浮 1%，适度降低稽核检查抽查比例和频次。D 级医疗机构病组点数法付费年度考核清算系数中医保基金监管信用体系指数下浮 10%，年度医保预留保证金按不高于 80% 的比例支付，根据基金监管政策，高度加强稽核检查抽查比例和频次。奖惩效应充分调动了各医药机构的积极性、主动性，改变了以往被动检查、消极整改的状态，从"要我改"变成"我要改"。不良医疗保障信用主体主动要求改正医疗保障失信行为，积极消除社会不良影响，重塑主体信用。目前，已有部分 C 级医疗机构和医保医师根据《开封市医疗保障信用修复管理暂行办法》完成信用修复。

（三）以满意度评价助力服务，诊疗行为更规范

将人民群众的获得感作为医药机构评价的重要考核指标，通过线上线下相结合的方式，广泛开展群众满意度调查。截至 2021 年 5 月底，共收集有

效问卷 38637 份，其中医疗机构满意度问卷 30612 份、零售药店满意度问卷 8025 份。通过开展满意度调查和调查结果反馈机制，督促医疗机构和零售药店更加注重服务质量，主动规范诊疗行为，积极开展自查自纠，杜绝违反医保药品配药量、限制使用条件规定、无充分理由超药品使用说明书范围用药、不因病施治、过度医疗等行为，主动建立诚信医疗服务体系，营造了基金监管的良好社会氛围和舆论环境，为健全完善基金监管长效机制奠定了基础，推动行业自律。

（四）以评价指标助力增效，基金使用更高效

将住院次均费用、平均住院日、医疗费用增幅等线上计算指标纳入医疗机构信用评价指标体系中，以实际值中优为评价方法，督促各级医疗机构良性发展，提升医保基金使用效率。2021 年 5 月，开封市住院 52892 人次，较上年同期增加 2740 人次，次均费用 9102 元，同比下降 6.5%，平均住院日 10.01 天，同比下降 0.95 天（见图 2）。综合来看，建立医保信用体系后，医保基金使用效率整体呈上升态势，初步实现将医保基金监管变"堵"为"疏堵"结合、变"罚"为"奖惩"结合。

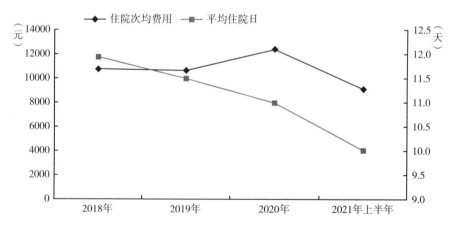

图 2　2018 年至 2021 年上半年次均住院费用和平均住院日

四 思考及建议

（一）加快推进医保法制建设，强化信用评价顶层设计

2020 年 12 月，国办下发《国务院办公厅关于进一步完善失信约束制度构建诚信建设长效机制的指导意见》（国办发〔2020〕49 号），要求依法依规、审慎适度，规范严重失信主体名单认定标准和程序。因医保信用法制建设正在进行中，信用联合奖惩面临合法性问题，不利于进一步拓宽联合奖惩适用范围，医保信用监管制度需国家顶层设计指导。

目前，各地市信用评价均采取多维度指标综合评价的方法，容易与医保协议考核、医院绩效考核以及医院满意度评价等工作混淆，建议国家层面完成医保信用监管国家顶层设计，出台国家医疗保障信用管理指导意见，统一信用主体失信目录清单，评价标准，信用信息公开范围渠道以及国家、省、市职责分工等，将医保信用管理纳入国家社会信用管理法治化范畴。

（二）多源数据采集协调难度大，信用奖惩威慑力不足

信用评价数据来源较广泛，医保内部包括医保基础业务中的医保结算数据、扣款数据，医保智能监管业务中机构和个人的违规数据，日常检查、重点检查、交叉检查、飞行检查及投诉举报案件中形成最终处理意见或处罚决定的案件信息，药品和医用耗材招采业务中机构的履约行为数据，公共服务渠道的机构和个体的满意度评价数据，医保内控业务的经办数据，医疗服务价格管理业务中机构的信用数据等。医保外部数据包括发改委、卫健委、市场监督、公安、法院等多部门数据。数据来源广泛，协调获取难度大。目前，数据实行国家和省级两级集中，数据回流机制尚未建立，市级层面获取数据难度大，数据更新及时性难以保证。因此，须尽快建立数据汇总、治理及回流机制，保证数据质量和更新及时性。

目前，各地信用奖惩结果主要应用于协议管理、资金拨付和监管频次

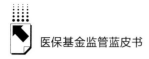

等。针对信用评级较低的医疗机构的惩戒主要包括加强监管频次、延迟医保基金拨付以及提升质量保证金等措施。针对信用评级较低的医务人员，主要措施包括暂停处方权、取消评优评先资格等。整体上看，信用奖惩的威慑力不足，且由于各地政府执法能力不均衡，信用奖惩的落地缺乏有力监管。

（三）加强科技支撑，构建综合监管模式

信用体系并非单兵作战，要构建以信用体系为基础，以智能监控、监督检查为依托的监管新格局。利用大数据和机器学习算法，建立医保大数据平台，在省级层面完成数据汇集和治理，建立风险预测模型，实时计算定点医疗机构信用风险指数，从而对定点医疗机构进行信用风险预警。

信用体系根据信用评价和风险预警确定监管方向，标识智能监控重点检查对象，提供监督检查核查线索，引导医药机构自我约束。智能监控和监督检查为信用体系提供数据来源，设置两者相关指标来影响信用评价的结果。三者构成监管闭环，共同推进，从而实现"1 + 1 + 1 > 3"的监管效果。

参考文献

[1]《国务院办公厅关于加快推进社会信用体系建设构建以信用为基础的新型监管机制的指导意见》（国办发〔2019〕35号）。
[2]《中共中央国务院关于深化医疗保障制度改革的意见》（中发〔2020〕5号）。
[3]《国务院办公厅关于推进医疗保障基金监管制度体系改革的指导意见》（国办发〔2020〕20号）。
[4]《医疗保障基金使用监督管理条例》（国令第735号）。
[5] 谭中和：《着力构建医保基金监管长效机制——基于"两试点一示范"的思考》，《中国医疗保险》2021年第4期。

B.20
长沙市"大数据 + 医保基金监管" 新模式的探索实践

高泽勋[*]

摘　要： 长沙市医疗保障局抓住"两试点一示范"基金监管方式创新试点的契机，坚持问题导向，紧扣监管方式创新要求，探索实施"行刑衔接""政企协作""警企协作"的联合治理机制，利用互联网、大数据等信息技术，搭建"反医疗欺诈大数据实验室"数据平台，探索创新医保基金监管模式，拧紧医保基金"安全阀"。

关键词： 大数据监管　反医疗欺诈　联合打击

一　背景

随着全民医保事业的不断发展，长沙市医疗保障在覆盖人数、覆盖率以及医保基金结算人次、结算规模等方面逐年增加。2020 年，职工基本医疗保险和城乡居民基本医疗保险全市参保人数 834.32 万，覆盖率达 95% 以上。定点医疗机构达到 500 余家，定点零售药店近 6000 家，年度医保基金结算 60 余万人次，基金支出 131 亿元，支出年增长率达 27%。在医保基金支付的医疗费用快速增长的同时，基金运行风险和监管压力也随之增加。

---

* 高泽勋，湖南省长沙市医疗保障局基金监管处处长。

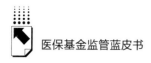
2019 年 6 月，长沙市被列入国家医保基金监管方式创新试点城市后，市医保局针对监管目标多、违规手段多，但监管力量小、监管手段少的实际困难，紧扣监管方式创新要求，在国家医保局和湖南省医保局的统一指导下，在省公安厅、长沙市公安局的支持下，探索实施"行刑衔接""政企协作""警企协作"的联合治理机制，引入第三方数据公司，与长沙市公安局刑侦支队、第三方数据科技公司签署三方合作备忘录，打破医保、公安数据壁垒，搭建起"反医疗欺诈大数据实验室"这一数据平台，通过以数据为核心，向科技要效益，积极探索医保基金监管新模式。

二 大数据监管模式的建设实践

近年来，长沙市医疗保障局坚持以行刑衔接机制为抓手，以三方联动为助力，围绕搭建好"反医疗欺诈大数据实验室"一室，搭建好医疗保障监督管理信息共享、公安反医疗欺诈大数据"两平台"，融合好政务内网、公安网、互联网"三网数据"，覆盖好基金监管预防、发现、查处、追责"四个关键环节"，建设好数据中心、共享中心、模型中心、画像中心、预警中心、行刑管理中心、线索举证中心、业务应用中心"八大中心"，编制出一个高效、严实、系统、集成的数据监督网络，构建全流程、全周期、精细化的医保基金监管体系。

（一）构建政企警三方联动协作新机制

通过探索实施联合打击机制，医保部门与公安机关形成部门联动，实现"五同一公开"，即办公同地、线索同享、数据同用、案件同查、队伍同建、统一公开。

公安机关在长沙市医疗保障局设立"工作联络室"，派专人驻守联系，定期与医疗保障局基金监管人员协商，实现办公同地。通过建立线索共享机制，保证医保行政执法、公安办案能够及时获取涉及立案标准的有关信息，实现线索同享。在保证数据安全的基础上，将医保参保人员待遇享受数据、公安居民人口数据，实时传送至第三方数据公司进行比对分析，双方数据互通共享，实现数据同用。对于疑难复杂案件的查处，如长沙东大肛肠医院、长沙望城坡春望医院欺诈骗保案的定罪量刑标准、证据规格、取证流程等法律问题，邀请公检法同步会商，共同推动案件查办，实现案件同查。开展医保部门、公安机关联合培训活动，并邀请检察、法院、高校专家学者授课，提升医保、公安执法人员线索发现、现场查处、案件移送等一线办案能力，实现队伍同建。为提升联合打击震慑力，医保部门与公安机关按照统一口径、统一途径原则，结合点对点警示制度，对欺诈骗保查办案件同步面向社会发布通报，实现统一公开。

"五同一公开"机制的构建，在为深入推进信息数据共享、联动监管提供有力保障的同时，促进医保稽核专业与公安刑侦手段相结合，实现优势互补，提升医保基金监管质量和欺诈骗保案件查办效率。

（二）建立"反医疗欺诈大数据实验室"

监管平台"反医疗欺诈大数据实验室"以大数据研判为依托，实现了监管模式由以往依靠人、人盯人向依靠数据转变。具体运转操作依托数据中心、共享中心、模型中心、画像中心、预警中心、行刑管理中心、线索举证中心、业务应用中心"八大中心"，各中心具备不同的职能作用。

1. 数据中心

负责汇聚包括医疗机构、医药机构、参保人、从业人员（医师、药师、护理人员、医技人员、业务经办人员）和第三方机构（商业保险公司、会计师事务所等）等在内的全国医疗保障基金全流程关系人信息，以及医保参保人的住院、门诊、购药、参保、缴费等信息。鉴于目前全国大多数医疗保障信息化建设项目处于未招标或者已招标未建设阶段，医疗数据来源主要涵盖已经完成全国医疗保障信息化建设的省市标准化医疗保障相关数据，以及旧的医疗保障信息化系统中的数据。

2. 共享中心

主要负责向下采集与向上汇聚医疗数据，为系统内外提供数据 API（应

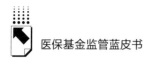
用程序接口）以及数据库服务，监控数据的流向和流量，保障数据使用。

3. 模型中心

模型中心直观展示系统所有模型的情况，包括查看模型清单、了解模型用途、对模型进行授权及启停用、查看模型运行情况。设计模型包含死亡骗保模型、住院外出模型、合理用药模型、社保卡共用模型、多次就医模型、异常就医模型、预警模型、公安模型、信用模型九大类。目前，除社保卡共用模型和公安模型外，其他模型均已建设完成。通过模型分析医疗欺诈可疑信息，为医保、公安提供线索和决策支持。

4. 画像中心

主要针对研判目标进行对象画像以及对象画像其他相关特征属性的刻画，关注对象主要包括医保行政区划画像、医保医院画像、医保药店画像、医保参保人员画像。

5. 预警中心

通过结合管控系统进行的数据分析，整合案件多发人群、案件多发人群来源地等信息，并结合互联网信息预测疑点信息，进行犯罪案件预警，将违法犯罪案件处理于萌芽阶段。主要包括足迹分析、违规行为分析等。

6. 行刑管理中心

主要负责落实公安机关与医保局"刑行衔接"工作机制，通过及时将行政执法中查办的涉嫌犯罪的案件移送司法机关处理，有效实现情报线索共享，形成合力打击欺诈骗保违法犯罪行为。

7. 线索举证中心

系统提供云搜、视频分析和线索推送、线索关联等服务，协助医保监管人员掌握查处线索，增强医保稽核工作的有效性和精准性。

8. 业务应用中心

业务应用中心分为web端和移动端，设有个人中心、任务中心、案件侦办、预警提醒功能。

"反医疗欺诈大数据实验室"包括医疗保障监督管理信息共享平台和公安反医疗欺诈大数据平台。其中，医疗保障监督管理信息共享平台通过采集医保相关业务办理系统的数据及两定机构、参保人、经办人员信息数据，分别形成诊疗报销数据库、医保监管基础库。相关数据推送至公安反医疗欺诈大数据平台形成医保信息数据库，以便进行公安一侧的主动风险研判。由公安主动风险研判、各类渠道提交、医保飞检核查获取的各类可疑线索，通过线索管理服务提交到查证系统后，利用智能审核知识库、反欺诈知识库、生物识别技术、天网公共视频监控等技术手段进行分析处置。其中，达到公安立案标准的案件将提交至刑侦业务系统，进行案件侦办，同时对于医保具有价值的线索，由医疗保障监督管理信息共享平台的现场查处功能负责处置、申诉、复核。飞检管理、市县局填报、刑侦侦办的各类医疗骗保案事件信息，将由医疗保障监督管理信息共享平台的直报管理模块进行数据统计并上报国家医疗保障局，以便开展治理工作总结。

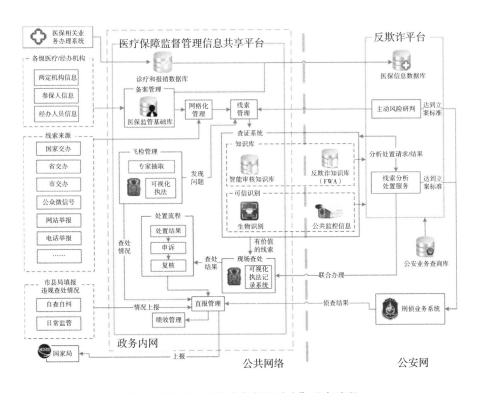

图1 "反医疗欺诈大数据实验室"业务流程

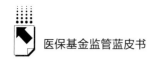

（三）"反医疗欺诈大数据实验室"的运用

一是分析人员信息，有效区分虚假身份。"反医疗欺诈大数据实验室"将门诊、住院、购药信息汇集形成医保信息数据库，并与公安系统的人口、婚姻、户籍、从业、出行等信息，通过数据采集、清洗、转换，形成主题库、专题库、数据资源目录，与各定点医药机构抓拍的患者图像，通过模型自动进行人脸数据与证件数据对比分析。如人证不一致时，及时区分虚假身份，通过预警模型报警，将冒名住院等问题杜绝在萌芽阶段。例如，通过就医人员信息分析中"关系图谱"和"亲密度"模型，发现长沙望城坡春望医院的住院患者大部分存在亲密关系，虚假住院、冒名住院、诱导住院情况严重。经查处，该院院长和副院长存在欺诈骗保行为，分别被判处有期徒刑 10 年和 3 年。

二是分析运动轨迹，有效区分虚假住院。通过探索与公安天网工程融合复用，推动反医疗欺诈大数据平台应用场景监控、人脸识别、可信身份认证等手段，结合就医人员利用飞机、高铁、公交等公共交通及日常外出的轨迹信息，建立后台运动轨迹模型，加大对挂床住院等虚假住院行为的打击力度。例如，通过运动轨迹模型分析可疑信息，并与公安系统死亡人员数据比对，发现并查处了汤某冒用已死亡人员特殊门诊资格享受特门待遇案件，判处汤某有期徒刑 10 个月，追回医保基金 1.26 万元。

三是匹配地理信息，有效区分虚假刷卡。通过将医保卡刷卡数据连接到云平台系统，识别结算记录，抓拍结算画面，将结算画面时间与医保卡刷卡流水碰撞比对，监控违规刷卡行为。试验试运行以来，通过利用反欺诈平台分析医保卡刷卡地理信息以及同一居住区集中同点就医情况，筛查出 10 余例医保卡套现行为。此外，经过分析对 5 家定点医院进行精准检查，追回医保基金 300 余万元。

三 医保基金监管成效

平台筹建以来，长沙市医疗保障局坚决贯彻落实关于开展打击欺诈骗取医疗保障基金专项行动的部署要求，利用数据平台对各级定点医药机构建立精准化管理和动态实时监控，通过大数据排查及时精准发现违法违规疑点信息，持续推动基金监管向智能化、数据化、规范化转变，有效保障了医保基金安全，净化了医疗服务市场。

（一）彰显基金监管打击威力，维护医保基金安全

通过对纳入数据平台管理的全市 6500 余家定点医药机构进行监控，共发现、填报专项治理情况 2213 条，交办处置线索 251 条；共移送 8 家医院至公安部门侦查，对包括 8 名医院负责人、95 名定点医药机构责任人和 12 名参保人员在内的 115 人采取强制措施；向社会通报涉及欺诈骗保案件的 18 家医药机构和 8 名参保人员，有效传达出打击欺诈骗保、"较真碰硬"的决心。2020 年，长沙市纪委监委充分发挥牵头协调优势，联合医保、公安、卫健部门，通过平台对全市定点医药机构的数据进行交叉碰撞比对，发现 3 家三级医疗机构、65 家二级医疗机构和 192 家一级医疗机构存在违反协议行为，涉及 6741 人次，追回医保资金 1.385 亿余元。

（二）控制不合理医疗服务行为，营造行业良好氛围

通过大数据实验室实时动态监控，医药机构的监督审核得到有力强化，大处方、违规收费等不合理医疗服务行为得到有效改善，医疗费用得到有效控制。长沙市本级医院住院总人次和基金统筹支付金额均呈现下降趋势，特别是 2019 年和 2020 年民营医疗机构职工医保住院人次较上年分别下降 29.95% 和 11.64%，职工医保基金支出分别下降 19.49% 和 10.07%。此外，基金监管推动医疗服务行业生态逐步净化的作用初步显现，一些规模小、水平差、滥用医保基金的民营医疗机构主动停业整顿，全市医疗服务行业风气明显好转。

（三）加强失信联合惩戒，助推医保诚信建设

对于"反医疗欺诈大数据实验室"查实的涉嫌欺诈骗保单位和个人信息，同步传送至医保基金监管部门，实时更新通报欺诈骗保的榜单，并同步

纳入长沙市社会信用体系建设，形成失信联合惩戒机制。目前，已有 1 家医院和 22 名个人被纳入榜单。纳入榜单的单位 5 年内不得申请医保协议定点，个人不得在医疗行业担任管理人员和临床专业人员，以明确有力的惩戒措施震慑欺诈骗保单位和个人，使其倍增"痛感"。

四　问题与思考

（一）规范基础数据仍需加强

基础数据的标准化和规范化是开展医疗服务监控的重要基础。当前，由于临床诊疗信息录入不准确导致原始数据缺失、错漏，影响医保数据库总体建设以及后续信息数据潜能的充分挖掘。今后，在数据平台建设应用过程中，将逐步规范完善基础数据，保障就医信息和医保结算数据的精准性与完整性。

（二）数据分析精准性仍需提升

目前，大数据分析主要依托第三方机构，难免因第三方机构缺少医保政策和医疗专业知识而导致认识偏差，最终影响数据分析结果的精准性和可信度。今后，须解决信息分析方面人手不足问题，加强监管队伍建设的顶层设计，配齐配强监管力量，加快业务深度融合，提升深度解析信息数据能力。

（三）部门数据共享机制仍需完善

强化部门协同配合是医保基金监管的重要手段之一。当前，"反医疗欺诈大数据实验室"建设仍面临部门间协作机制欠缺、工作机制不完善、信息共享水平不高、医保政策落实水平较低等难题，影响医保基金监管的工作效果。因此，须持续完善部门协作机制，持续增加相关部门协同配合强度，加快推进部门间数据互联互通，全面提升数据平台建设。

B.21
成都市医保协议精细化管理的
创新与实践成效

杨晓涛　狄进　曹念东　李刚*

摘　要：　随着全民医保制度的深入推进，医保事业重心逐渐由制度建
　　　　　设和人群覆盖转向强化管理服务，快速向精细化、高质量发
　　　　　展。成都市实现基本医疗保险市级统筹后，医保管理重心由
　　　　　医疗费用结算向医疗费用和医疗服务行为的监管快速转变，
　　　　　在大力推进医保领域"放管服"改革的同时，聚焦医保制度
　　　　　发展不平衡不充分，医保基金监管体制机制不健全、监管方
　　　　　式单一等突出问题，积极探索医保协议精细化管理，有效提
　　　　　升医保基金监管能力，成功探索出一条适应新时代医保事业
　　　　　发展的协议管理之路。

关键词：　基本医保　协议管理　精细化

　　"十二五"期间，全国基本医疗保险参保人数迅速突破 13 亿，覆盖
95%以上的人口，全民医保时代如期到来。为适应医保制度的快速发展，成
都市于 2009 年实现了基本医疗保险市级统筹（以下简称"医保市级统
筹"）。随后，成都市医保部门着眼于区域发展不平衡、医保管理机制不健

---

* 杨晓涛，成都市医疗保障局党组书记、局长；狄进，成都市医疗保障局党组成员，成都市医
疗保障事务中心党委书记、主任；曹念东，成都市医疗保障事务中心医管部部长；李刚，成
都市医疗保障事务中心医管部副部长。

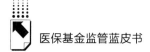

全、管理职责不清晰、监管力量薄弱等突出矛盾，聚焦参保人数多、定点医药机构多、管理任务多、经办人员少（以下简称"三多一少"）等突出问题，深入贯彻全面深化改革的总体目标和基本要求，以问题为导向，坚持先行先试，大力推进医保领域"放管服"改革，积极开展医保精细管理，持续创新医保协议管理，不断提升医保基金监管能力，成功探索出一条既适应新时代医保发展需要又具有地方特色的协议管理之路。

一　背景

随着全民医保目标的实现，国内医保制度发展不平衡不充分的问题逐渐浮出水面。在参保总人数、定点医药机构、医保基金收支规模和结算人次等方面均呈现快速增长的同时，医疗保障领域发展不平衡不充分，医保基金管理粗放，医保基金监管体制机制不健全、监管力量薄弱等问题逐渐凸显。以成都市为例，2009 年实现医保市级统筹，到 2013 年末，全市参保人员、定点医药机构数量分别达到 1259.23 万人、6695 家，而经办人员仅 659 人，参保人员与经办人员的数量比、定点医药机构与经办人员的数量比，分别达到了 19108：1、10：1，且这个比值还在随着医保事业的发展不断拉大，医保部门管理任务越来越繁重，"三多一少"问题给医保管理工作带来严峻挑战。此外，由于医保法治建设严重滞后，特别是在实行医保市级统筹初期，市县两级监管职责分工不清晰，严重影响了医保基金监管的有效推进。传统的单据核查、现场检查、人工抽查等监管方式效能低下，远远不能满足医保事业高速发展的需要。

2010 年 10 月，社会保险法颁布，明确规定"社会保险经办机构根据管理服务的需要，可以与医疗机构、药品经营单位签订服务协议，规范医疗服务行为"，为医保经办机构开展协议管理提供了法治保障。协议管理成为破解医保基金监管难题的良策，也成为医保经办机构和定点医药机构有效沟通的桥梁。2015 年 12 月，按照国务院推进"放管服"改革总体部署，《人力资源社会保障部关于完善基本医疗保险定点医药机构协议管理的指导意见》

要求全面取消两定机构资格审查，完善服务协议，强化医保基金监管，加快推动协议管理落地落实。经过多年发展，协议管理内涵和外延不断拓展，协议管理已贯穿定点医药机构的准入、协议履行、退出等全过程，并覆盖医保费用结算、审核、拨付和医保稽核、考核、监管等核心业务。相比行政监管的刚性，协议管理更为灵活，更能统筹多方力量，配置各方资源，实现从源头加强医保基金监管。①

总的来看，成都市医保协议管理起步于城镇职工基本医疗保险制度，经历四个阶段的发展，逐渐成熟完善，迈入精细化管理的轨道，成为基金监管的有力武器（见表1）。

表 1　成都市医保协议管理四个阶段

阶段	管理依据	相关成果
起步：2001～2009 年	《国务院关于建立城镇职工基本医疗保险制度的决定》	1. 制定定点医药机构管理办法 2. 制定定点医药机构服务协议
发展：2010～2015 年	《中华人民共和国社会保险法》《成都市查处骗取社会保险基金规定》	1. 建立市级统筹下的属地监管机制 2. 引入第三方商保公司开展医保协同监管 3. 开展医保"进销存"管理 4. 实现医保联动监管 5. 建成医保智能审核系统、在线监管系统
创新：2016～2019 年	《人力资源社会保障部关于完善基本医疗保险定点医药机构协议管理的指导意见》	1. 实现定点医药机构分类管理 2. 搭建"3＋1＋N"协议文本架构 3. 建立定点医药机构动态管理和退出机制 4. 建立成都市打击欺诈骗保联席会议制度 5. 开展国家医保智能监控示范点建设
成熟：2020 年至今	《医疗保障基金使用监督管理条例》《医疗机构医疗保障定点管理暂行办法》《零售药店医疗保障定点管理暂行办法》《国家医疗保障局办公室关于当前加强医保协议管理确保基金安全有关工作的通知》	1. 制定 3 个主协议文本、23 个补充协议文本 2. 推动成都、德阳、眉山、资阳 4 市医保同城化发展，统一 4 市医保主协议，形成"成德眉资医疗保障定点医药机构服务协议"

---

① 段政明：《浅谈〈医疗保障基金使用监督管理条例〉》，《中国医疗保险》2021 年第 6 期。

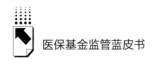

二 成都市医保协议管理的实施路径

医保协议管理是基础性、专业化的医保管理工具，对维护医保基金安全、保障群众合法权益具有重要的作用。成都市在实现医保市级统筹后，始终坚持以问题为导向，健全制度机制，创新监管方法，狠抓精细管理，积极探索和创新协议管理。

（一）建立协议管理机制

1. 开展3项管理

（1）坚持属地管理。为理顺管理机制、压实监管职责，成都市医保管理实行市级统筹下的属地管理，市县两级医保部门按照"谁签协议谁负责"的方式推进协议监管。同时，加快推行医保"管理上移、经办下沉"。市级层面重点推进制度建设、协议修订、经办规范和系统开发，县级层面具体开展政策执行、待遇支付、协议签订和日常监管，并将3000余家定点医药机构移交区县属地管理，将门诊特殊疾病认定、重特大疾病认定、医疗费用初审等业务下沉到医疗机构办理。

（2）推行分类管理。将定点医药机构细分为医院类医疗机构、门诊诊所类医疗机构、零售药店3类，实施分类管理。同时，根据医疗机构的服务能力、服务特色，将医院类医疗机构的医保服务划分为住院、门诊特殊疾病、重特大疾病等23个类别管理。对于提供门诊特殊疾病认定、治疗服务的医疗机构，进一步细化到41个病种管理。

（3）开展进销存管理。要求定点医疗机构建立药品、医用耗材进销存管理制度，台账和信息系统，保存真实完整的发票和凭证。明确进销存记录应包括药品名称、剂型、规格、数量、价格等10余项内容。并且制定了"进销存比率""申报数量与销售数量比率"2项指标，细化管理标准，量化违约行为。

2. 建立2项机制

（1）建立定点医药机构动态管理机制。通过完善定点评估流程、组建评估团队、制定3类25项指标100分值的评估量表，标准化开展医保定点评估工作，畅通医保定点"入口关"。通过推行基础信息管理，开展日常巡查、专项治理，将履约情况与协议处理、费用清算、协议续签等关联，强化协议执行"履约关"。通过将定点医药机构的违约责任由轻到重明确为约谈、限期整改、暂停支付、拒付费用、要求支付违约金、中止协议、解除协议7个层级，将中止协议量化为1个月、2个月、4个月、6个月4个梯度，标准化管理，严把违约处理"出口关"。

（2）健全退出机制。一是将《医疗保障基金使用监督管理条例》《医疗机构医疗保障定点管理暂行办法》等规定的解除协议情形，全部纳入协议管理，解除协议情形目前已增至72种，对定点医药机构形成强大震慑。二是增加定点医药机构违规成本，明确因重大违法违规违约被解除协议的定点医药机构，1~5年内不予签订协议。三是对于重大违规或多次违规的医保医师，实行退出管理。根据违规情形轻重，相应给予停止结算资格1~5年和注销医保医师备案信息处理。

3. 完善1本协议

在借鉴先行地区做法的基础上，结合成都实际，重建协议框架，梳理协议内容，形成"3+1+N"协议文本构架（3类医药机构、1个主协议、N个补充协议）。每年由市级经办机构牵头，区县经办机构参与，对医保政策、经办流程、监管环节全面排查，持续修订协议文本，动态更新协议内容。一方面，及时将协议管理新政策、新规定和行之有效的监管方法纳入协议内容进行固化，强化协议监管；另一方面，逐条逐款比对、修改协议，保持约定内容与违约责任前后对应，细化内容，量化指标，落实落细违约处理。目前，已分别制定了医院类、门诊诊所类、零售药店类的主协议文本，同时制定了医院类医疗机构23个补充协议文本（见表2）。

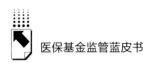

表2 成都市医保协议文本精细管理情况

机构分类	适用范围	主协议	补充协议
医院类	医院、社区卫生服务中心、乡镇卫生院	《成德眉资医疗保障定点医疗机构服务协议(医院、社区卫生服务中心和乡镇卫生院)》	一 《中医诊疗服务补充协议》 二 《外伤医疗服务补充协议》 三 《门诊特殊疾病认定服务补充协议》 四 《门诊特殊疾病治疗服务补充协议》 五 《门诊统筹(一般诊疗费)服务补充协议》 六 《按病种收付费服务补充协议》 七 《按病组分值付费服务补充协议》 八 《大学生首诊医疗服务补充协议》 九 《大病医疗互助补充保险服务补充协议》 十 《城乡居民大病保险服务补充协议》 十一 《精神类疾病住院费用定额结算服务补充协议》 十二 《慢性病老年病住院医疗费用定额结算服务补充协议》 十三 《第三方医学检验费用管理补充协议》 十四 《协议管理指标补充协议》 十五 《医疗费用审核服务补充协议》 十六 《慢性肾脏病门诊血液透析治疗服务补充协议》 十七 《生育保险服务补充协议》 十八 《医保医师管理补充协议》 十九 《护理院(护理中心)补充协议》 二十 《重特大疾病认定服务补充协议》 二十一 《重特大疾病治疗服务补充协议》 二十二 《医疗救助服务补充协议》 二十三 《异地就医服务补充协议》
门诊诊所类	门诊部、诊所	《成德眉资医疗保障定点医疗机构服务协议(门诊部、诊所)》	无
零售药店类	零售药店	《成德眉资医疗保障定点零售药店服务协议》	无

(二)创新协议监管方法

1. 实施智能监管

基于医保管理大数据审核与分析需要,建设医保智能监管系统,借助新技术新手段，提升协议治理能力。一方面，引入第三方技术公司建立医保管理知识库、规则库，开发医保智能审核系统，全面推行医保费用计算机辅助审核，倒逼定点医疗机构主动规范医疗服务。另一方面，开发医保智能监控系统，嵌入医保监控分析规则、预警规则，从宏观、中观、微观 3 个维度，开展大数据分析和疑点筛查，实施靶向稽核，提高监管实效。同时，将医保稽核任务生成与领取、现场核查与取证、违约行为确认和处理等全过程纳入信息系统管理，形成监管闭环，降低管理风险。

2. 推行多元监管

2015 年，成都市通过招标引入第三方商业保险公司，开展城乡居民大病保险经办工作，通过医保商保合署办公，探索第三方协同监管。同时，率先在全国推行委托第三方会计师事务所专项审计定点医疗机构医保费用，进一步提升医保基金监管能力。并通过组建涵盖医学、药学、法律、管理等多个学科的医保专家库，建立第三方评审机制，按照"双随机、一公开"原则，组织第三方专家广泛参与医保政策制定、医保定点评估、审核规则设置、支付标准确定等工作，不断提高协议管理公正性、科学性。

3. 开展联动监管

一是省市纵向联动。发挥省会城市医保管理示范引领作用，着力推动四川省本级、成都市实行医保监管联动检查、处理结果互认。二是部门横向联动。建立由医保部门牵头，纪委监委、公安、卫健、市场监管等 11 个部门共同参与的成都市打击欺诈骗保联席会议制度，定期召开会议，联合开展检查，互通信息线索，督办重大案件，推动监管应用，积极构建医保基金监管齐抓共管格局。三是区域协同联动。按照"贯彻落实国家重大区域发展战略部署，加快推进成渝地区双城经济圈建设"的总体要求，2020 年，成都市通过建立医保异地就医协查机制，统一成都、德阳、眉山、资阳四市医保主协议文本，采用开展医保基金监管交叉检查等方式，加快推进医保基金监管区域协同发展。

4. 延伸监管对象

为推进医保精细化管理，落实协议处理，成都市将医保基金监管由定点

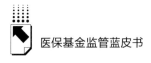
医疗机构延伸至临床科室和医务人员。一是加强科室管理，将定点医疗机构临床科室的基础信息变更、医疗费用发生、医疗服务提供纳入协议管理。二是细化协议处理，将中止协议的对象精准到具体违规违约的科室，确保协议处理落实到位，充分保障群众就医住院。三是开展医保医师协议管理，通过建立医保医师基础信息库、开展医保医师违约行为记分管理，以医保支付为抓手，加强对重大违规、多次违规的医保医师处理。

5. 探索自律管理

为探索医保社会治理、鼓励定点医药机构自律管理，成都市医保协议约定，在医保部门介入检查前以及专项检查的自查阶段，定点医药机构自查的违约行为（骗取医疗保障基金行为除外），医保经办机构给予约谈、整改、清退违规费用处理，不再给予其他处理。

三 成都市医保协议管理的初步成效

（一）夯实医保基金监管工作基础

成都市医保基金监管工作以医保协议为基础，坚持权利与义务对等、违约情形与违约责任对应，对每一种违约行为，既做到定性，又做到定量，并根据违规金额多少、对基金造成损失大小，分级分型，量化违约处理。实际操作中，依托现代信息技术支撑，将284种违约情形（医院类医疗机构112种、门诊诊所类医疗机构96种、零售药店76种）及相应违约责任植入医保智能监控系统，标准化开展协议管理。同时，大力推进日常巡查、专项治理、大数据分析靶向检查、举报投诉调查、第三方专项审计和医保联动监管，成功构建了多维度协议监管体系，夯实医保基金监管工作基础。

（二）提升医保基金监管治理能力

成都市将医保第三方专项审计、医保"进销存"管理联合运用于定点医药机构的协议监管，加大违约行为查处力度，促进基金监管效能提升。每年医保经办机构委托会计师事务所，根据医保协议独立开展医保第三方专项审计并出具审计报告，重点审计定点医疗机构的药品、医用耗材"进销存"管理情况，延伸监管触角。同时，医保经办机构又充分利用审计结果，提升监管水平。一方面，根据审计发现的违约情形，对照医保协议严格处理违约行为。另一方面，根据审计发现的新情况、新现象，进一步完善协议内容，加强基金监管。例如，根据第三方专项审计反馈的意见和建议，创新制定了购销存比率、申报数量与销售数量比率两项指标，对药品、医用耗材以及相关诊疗行为的真实性起到了严格的监督、佐证作用，在打击虚假住院、串换药品、虚假售药、虚报费用等违法行为方面发挥重要作用，进一步维护了医保基金的安全。

（三）规范定点医药机构服务行为

按照"宽进严管"工作思路，采取"惩防并举、疏堵结合"监管措施，引导医药机构主动规范服务行为，促进医药机构健康有序发展。2013 年以来，成都市平均每年新增定点医药机构 1000 余家，其中约 98% 为门诊诊所类医疗机构和零售药店，实现了"保基本""强基层"的目标。为应对定点医药机构快速增加带来的监管压力，成都市大力推行医保费用智能审核，已累计开展医保审核 2139.92 万人次，涉及费用约 800 亿元，扣除违规费用约 6 亿元，实现全市定点医疗机构违约行为发生率较 2014 年同期减少约 30%。同时，持续加强医保基金专项治理，高压打击欺诈骗保行为。

2020 年，全市定点医疗机构开展 3 轮自查自纠，清退费用 3000 余万元。全年查处违约机构 6979 家，查处重大违规违约被解除协议的机构 24 家，占当期违约机构的 0.34%（见图 1）。

（四）确保医保基金高效安全运行

成都通过推行协议管理精细化，加强对定点医药机构的监管，确保医保基金安全、合理、高效使用，切实保障参保人员切身利益。以职工医保为例，2013～2020 年，全国职工医保次均住院统筹基金支出由 6829 元增至

图1　2013～2020年成都市定点医药机构现场检查、处理违约及解除协议情况

资料来源：成都市医疗保险信息系统。

8219元，年均增长率为2.68%；成都市职工医保次均住院费用由5565元增至6234元，年均增长率为1.63%，成都市职工次均住院统筹基金支出及增速均低于全国水平（见图2）。

图2　2013～2020年全国与成都市职工医保次均住院统筹基金支出对比

资料来源：成都市医疗保险信息系统、2020年全国医疗保障事业发展统计公报。

成都市 2020 年职工医保住院费用政策内支付比例、实际住院费用支付比例（不含职工医保大病互助补充、个人账户支付金额）分别达到 85%、61%，其中，在社区卫生服务中心、乡镇卫生院的政策内支付比例超过 90%，实际住院费用支付比例超过 85%，群众就医负担大大减轻（见表3）。①

表3　2020 年成都市职工医保各级医疗机构住院费用支付比例

单位：%

医疗机构级别	政策内支付比例	实际住院费用支付比例
三级医院	82.44	55.43
二级医院	89.37	71.67
一级医院	91.56	76.68
社区卫生服务中心	91.62	85.64
乡镇卫生院	90.64	85.47
合计	85.03	60.95

资料来源：成都市医疗保险信息系统。

四　思考

协议管理是规范定点机构医药服务行为、维护参保人员基本权益、确保医保基金安全的根本管理措施和主要抓手。② 新时代协议管理不仅要实现贯彻落实医保政策、加强医保基金监管的职责，还要承担服务广大定点医药机构的职能，尚需进一步创新和推进协议精细化管理。

（一）依法开展协议管理

最高人民法院明确医保协议统一纳入行政协议管理，确定了医保协议的

①　鉴于 2013 年起大部分统筹地区才陆续启动居民医保制度整合，相关指标受该因素影响较大，且缺少全国居民医保次均住院统筹支出数据，故未对居民医保相关情况进行比对分析。

②　《国家医疗保障局办公室关于当前加强医保协议管理确保基金安全有关工作的通知》（医保办发〔2018〕21 号），2018。

性质和效力。《医疗保障基金使用监督管理条例》（以下简称《条例》）的正式实施，进一步将协议管理推向法治化的轨道。但是，由于医保管理在法律层面存在先天不足，各地在实际管理中仍存在较大差异。因此，医保经办机构在开展协议管理时，需要运用法治思维和法治方式化解社会矛盾，加强法治建设，探索依法治理。[①] 一方面，要进一步健全法律法规、完善制度机制，推进协议管理法制化、制度化。要结合实际，制定本地化的协议管理办法及配套文件，厘清管理职责、权利和义务，明晰管理内容、标准和流程。另一方面，在实施协议管理过程中，应坚持法定权限，遵守法定程序，保障群众权益，调整各方关系，化解社会矛盾和维护社会秩序。

（二）切实做好两个衔接

一是做好医保行政执法检查与医保稽核的衔接。国家医疗保障局印发《医疗保障行政执法事项指导目录》，明确医疗保障行政部门对纳入基本医疗保险基金支付范围的医疗服务行为和医疗费用进行监督管理，与医疗保障经办机构实施的医疗保险稽核，同属于行政检查，但是两者在检查主体、程序、职责等方面又有明显不同。须进一步明确医保经办机构在开展医保稽核时，如何正确履职，做到不越位、不缺位，实现与行政执法检查有效衔接。二是做好协议处理与行政处罚的衔接。按照医保协议约定，定点医药机构发生相关违法违规行为且造成医保基金损失的，医保经办机构可以要求其支付违约金；同时《条例》规定医疗保障行政部门也可采取行政处罚，责令其退回医保基金并处以罚款。为避免"一事两罚""漏罚"等问题，须进一步完善协议处理与行政处罚衔接机制。

（三）以协议为载体实施精细管理

医保协议是医保经办机构贯彻落实医保政策、实施精细管理的最有力武

[①] 王浦劬：《国家治理、政府治理和社会治理的基本含义及其相互关系辨析》，《社会学评论》2014 年第 3 期，第 12～20 页。

器。制定并用好医保协议对医保制度的顺利实施起到至关重要的作用。①
《条例》明确由国务院医疗保障行政部门负责制定服务协议管理办法，制作
并定期修订服务协议范本。各地在贯彻执行医保协议范本的基础上，还应着
重完善本地协议，充分发挥协议的载体作用。一是实施定点医药机构分类管
理，分别制定协议文本，针对性开展管理。二是推行主协议附加补充协议的
管理方式，实现共性、普遍的内容放在主协议，个性、特殊的管理纳入补充
协议。三是细化内容、量化指标，定性定量违约行为、分级分型违约责任，
推进协议管理精细化。

---

① 王霞、郑雪倩、高树宽、睢素利、李敬伟、刘方、田献氢、陈定伟：《基本医疗保险服务
协议存在的问题及政策建议》，《中国医院》2012 年第 1 期，第 13～17 页。

B.22
厦门市以智能监管为核心构建医保基金长效监管机制的实践探索

花育明　方晓梅[*]

摘　要：　厦门医保部门从全面综合施策、提升精准监管水平的视角，以智能监控为核心，注重定点规划，着眼建章立制，打造信息平台，织牢织密监管网，探索构建医保基金长效监管机制，推进基金监管常态化、专业化、现代化，实现医保基金使用安全可控，促进医保服务行为趋向合理。

关键词：　医保智能监管　全面施策　长效机制

厦门是福建省副省级城市、计划单列市，下辖 6 个区，总面积 1700.61 平方千米。截至 2020 年，常住人口 516.39 万人。厦门启动基本医疗保险制度改革 20 年，目前已形成"保障基本、覆盖全民、统筹城乡"的多层次全民医疗保障体系，并以门诊和住院全病种通道式统筹管理的待遇支付模式出台了许多惠民便民政策，提升了广大参保人的获得感。

一　厦门市医疗保障改革发展现状

（一）医保体制改革情况

2017 年，厦门市在福建省统一部署下开展医保管理体制改革试点，成

* 花育明，福建省厦门市医疗保障局党组书记、局长；方晓梅，福建省厦门市医疗保障局基金管理和稽查处负责人，研究方向为医保基金监管。

立了厦门市医疗保障管理局，挂靠在市财政局。2019 年，按照国家机构改革部署，厦门市医疗保障局作为市政府直属工作部门正式挂牌成立。市医保局成立以来，扎实推进医疗保障改革发展各项任务，制度建设更加健全，多层次保障体系更加完善，医保治理体系和治理能力进一步提升，以较低的征缴收入实现了较高的医疗保障。在监管方面持续通过体制、科技、合作模式、沟通机制的"四大创新"，打造基金监管"厦门模式"。2019 年，厦门被列为国家医保智能监控示范点建设城市。2020 年，厦门医保智能监控示范点建设在中期考评中得到 100.2 分，名列全国前茅，多项工作全国领先，并得到国务院副总理孙春兰等多位国家、省部级领导的批示肯定，"三位一体"医保现代化治理模式先后获得省、市改革创新项目评审第一名。

（二）医保总体运行情况

截至 2020 年底，厦门市基本医保参保人数达 445 万，定点医药机构 1970 家，基本医疗保险基金运行平稳。职工基本医保政策范围内报销水平达 85%，居民基本医保政策范围内门诊、住院报销水平分别达 55%、75%。

（三）智能监管的发展历程

高保障、高待遇的同时也伴随着一些医保违规问题。为提高监管效率，厦门市医保部门自启动职工基本医疗保险制度之初，就高标准地建立医疗保险信息系统，以信息化推进医疗服务监管智能化。

第一阶段开发网上预警稽核监测系统。2006 年结合网上预警工作实际需要，建立预警监测工作机制，从费用、参保人、医疗服务人员、医疗服务行为等角度，科学构建预警指标体系，开发层进式预警分析系统，加强数据研判和预警管理。

第二阶段建设智慧医保信息管理平台。2014 年在完善基础知识信息库的基础上，健全规范监控审核规则库，搭建实时监控智能审核平台，对接全市定点机构医生工作站，建立事前提醒、事中监控、事后审核机制，实现智能审核全流程监管，同时逐步建立综合评价分析等模块，完善数据挖掘

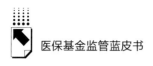

模型。

第三阶段丰富智能监控维度，完善医保基金风控体系。2017年，厦门市医保局以信息化为抓手，通过创新人脸核身技术、智慧医保平台、视频云监控、移动稽查平台、考核评价系统等提升智能监控功能，丰富智能监测维度，对定点医药机构、医保服务人员、参保人多维度分类管理，完善医保基金风控体系，扩大智能监控覆盖面和精准度，达到预防为主、防治结合、综合治理的监管效果。

二 厦门医保监管主要做法

（一）注重区域定点医疗资源配置

按照国务院《关于第一批取消62项中央指定地方实施行政审批事项的决定》要求，全国所有统筹地区于2015年底前全面取消社会保险行政部门实施的定点医药机构资格审查项目。遵循习近平总书记指出的"放管结合、并重，只放不管必有后患"的重要指示，为进一步做好"放管服"背景下的定点医药机构管理，厦门医保部门以需求为导向，联合厦门大学，根据区域内参保人数量、医疗需求和定点医药机构资源分布情况，于2018年出台了《厦门市基本医疗保险定点医药机构发展规划》（以下简称《规划》）。《规划》以参保人群基本就医购药需求为导向，以调整布局结构、提升服务能力为主线，坚持"调整存量、优化增量、提高质量"的原则，科学引导定点医药机构合理布局。2020年，国家医保局印发《医疗机构医疗保障定点管理暂行办法》（国家医疗保障局令第2号）、《零售药店医疗保障定点管理暂行办法》（国家医疗保障局令第3号），明确要求各地要进行定点资源配置，充分肯定做好区域定点医疗资源配置的必要性。

（二）注重建章立制，推进监管规范化

针对"点多面广链条长、行为隐秘监管难"的问题，全面系统梳理医

保制度。一是健全医保相关管理体系。针对定点医药机构、医保服务人员（包括医生、药师、护士等卫生技术人员，医药机构医保管理人员，收费人员）、参保人，分别制定出台相应管理办法，实现政策引导，开发医保服务人员培训在线考试系统，提高实务操作水平。二是创新监管体制机制。创新建立"三函、四化"制度，推进医保监管关口前移，提升监管效能。建立基金运行风险"一提醒、二约谈、三稽核"的"三函"管理机制。依托医保智能监控系统，对全市医疗费用的各项指标进行监控，对日常费用增长进行风险提醒；对经提醒后费用仍增长异常的医疗机构进行重点约谈；对经约谈后费用仍增长异常的医疗机构，启动稽核程序；对严重违反医保规定的，从严从重予以顶格处理。参照纪检部门监督执纪四种形态，在医保协议管理中，根据定点医药机构违规情节、配合监督检查态度、危害程度和社会影响等因素，提出了医保基金监管"四化"分类处置原则，即"扯袖红脸常态化、违规轻处理多数化、严重处理少数化、解除协议个别化"，旨在抓早抓小、防微杜渐，推进医保监管关口前移。

（三）注重医保"两库"建设，提升监管专业化程度

组建1156人的专家库和覆盖多行业的社会监督员库。一方面，市医保局将具有较强理论水平和丰富实践经验的各类专业技术人员、医疗保障领域管理人员纳入专家库管理，在市医保局统筹管理和安排下，为医保政策调整、技术标准体系建设提供咨询和建议，为医保基金监管、两定机构医保考核、评估和医疗行为合理性界定等方面提供方向性、专业性综合咨询指导和决策支持；另一方面，市医保局选聘公道正派、公正廉洁，热心医疗保障事业，熟悉医疗保障法律法规和医疗保障部门职能，具有一定的政策水平和工作经验的社会各界人士进入社会监督员库，监督医保经办机构、定点医药机构及其工作人员医疗保障服务管理情况，发挥行业专家力量和社会监督的作用，提升监管专业化水平。

（四）注重打造智能监控平台，实现监管精准化

率先开展基于大数据分析基础上的医保智能监管体系建设，打造涵盖基

础信息、精准管理、决策支持三大板块的 15 个子系统的智能监控平台，实现"防、管、治"全流程、立体化监控（见图 1）。

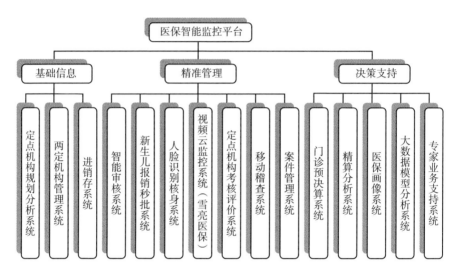

图 1　医保智能监控平台构架

1. 搭建基础信息板块，加强源头管理

一是针对定点医药机构结构不合理等问题，建立定点医药机构分析系统，引导社会办医有序发展。二是引入区块链技术打造机构签约管理系统，确保机构信息真实性。三是建立两定机构药品耗材进销存监控系统，加强药品及耗材的全流程监控。

2. 搭建精准管理板块，加强靶向监管

一是创新人脸识别技术的医保应用，在全国率先将人脸识别核身技术广泛运用于患者就医、医师认证、移动查房领域，通过"刷脸＋定位"双重认证，防止"假病人""假医生""假住院"。二是创新建立视频云监控系统，对接全市政法系统"雪亮工程"，打造"雪亮医保"。通过在定点医疗机构安装监控系统，验证医疗行为真实性，既实现有效震慑，又解决违规取证难问题。三是首创新生儿医疗费报销秒批系统，实现新生儿参保报销即时结算，杜绝重复报销。四是建立全流程智能审核系统，实时动态审核门诊及住院全量医疗费用单据的合理性。五是开发移动稽核系统，实现对重点监控对象持续在线监控。六是开发案件管理系统，加强内控。七是建立定点机构考核系统，实现医保服务行为线上线下全过程考核管理。

3. 搭建决策支持系统，加强风险管理

一是建立大数据模型分析系统，通过大数据挖掘技术，对医药机构刷卡数据进行统计分析及建模运算，找出异动点。二是建立医保画像系统，通过建立参保人、医师等多维度的画像分析系统，加强业务风险管理。三是建设门诊预决算系统，实现对门诊预决算的全流程管理。四是研发精算分析系统，通过对参保人、疾病、费用等多维度的精算研判，增强基金运行风险管理。五是建立专家业务支持系统，提高医保监管工作的专业性和公正性。

（五）注重构建多部门共建共治格局

一是跟政法委共建，实现全市公共安全视频监控跟医保视频监控对接；二是跟公安局、检察院签订三方合作备忘录，联合出台《厦门市医疗保障基金诈骗案件移送和查处工作实施办法》，完善行刑衔接机制，被福建省公安厅誉为警政合作的典范；三是跟卫健委、市场监管局签订合作备忘录共同监管，实现数据共享和联合执法；四是跟纪委监委共建，建立"1 + N"线索移送机制；五是建立联合考核机制，与发改委、审计局、财政局、卫健委联合考核，将考核结果关联院长年薪、全院工资总额和综治奖系数，促进医院主动进行成本控制，减少违规，实现共建共治。

三 厦门智能监管工作的特点

（一）智能监控起步早，监控系统覆盖率高

厦门1997年开始着手医保信息化建设，经过20余年磨合，信息化软硬件设施建设完备。从2015年开始，智慧医保信息管理平台在厦门定点医疗机构全面铺开，持续保持与全市所有定点医疗机构100%的医生工作站实现无缝对接。

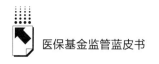

（二）信息化基础牢固，标准化程度高

厦门市从 1997 年起实现门诊住院刷卡即时结算，2016 年开始实行病种分值结算方式，参保人门诊就医及数字化病案信息实时、准确、完整上传，为智能监管打下了坚实的信息化基础。同时，厦门紧密对接国家医保局信息系统及业务编码，为医保的精细化管理奠定了标准化数据基础。

（三）知识规则库完整，实时维护更新

已创建覆盖医保三目录规则、医保经验规则、合理用药规则、诊疗服务规则、医用材料规则、检验检查规则 6 大类 148 小类审核规则库，包括 30 余个子数据库、27 万条知识点。规则分别应用于全市所有医疗机构事前提醒、事中监控及事后审核。知识库和规则库随着监管需要不断更新完善。

（四）新技术创新使用，科技化程度高

率先在全国将人脸识别技术广泛运用于患者就医、医师认证、移动查房等领域，全面应用视频监控、移动稽核、案管系统、区块链技术等，加强技术防控。

（五）部门协同密切，智能监控基础好

通过部门联动充分发挥部门间数据融合发力优势，事半功倍。一是与公安联合查办多起医保骗保案；二是与市场监管局、卫健委、人社局、民政局等多部门数据共享；三是与纪委监委等多部门建立协作常态化工作机制。

（六）多系统协同，多举措同频共振

厦门市大数据智能监控平台以专业化为前提、系统化为保证、数据化为标准、信息化为手段，通过多个系统协同，向纵深推进基金多维度智能管控，实现"用数据说话、用数据决策、用数据管理、用数据创新"，实现"防治结合、纠建并举"，有效提升监管效率。

四　厦门医保基金监管成效

（一）减少虚假费用发生，防范化解重大基金风险

通过实时监控结合医保刷卡数据，抓取人脸照片进行比对认证，剔除1000余人次"挂证"医生，暴露冒卡及空刷的参保人，减少虚假费用的发生。2020年实时提醒2700万余次，其中事前提醒2573万余次、"剩余药量"提醒197万余次；实时监控依从率达92%，将大量违规苗头遏制在费用发生之前。目前，厦门市医药市场保持平稳增长，以往查处的收卡套药、倒卖药品等违法违规行为近两年未再出现，筛查显示浪费、滥用、不合理用药等行为也明显减少。

（二）规范医疗服务行为，控制医疗费不合理增长

"互联网＋监管"通过全场景、全时段自动监控，极大地提高了监管效率，进一步规范了医疗服务行为。低门槛收治住院过度治疗等问题得到有效控制，不合理住院减少。2018～2019年，厦门市城乡居民医保参保人年住院率从8.25%下降至7.02%，下降了1.23个百分点，职工医保年住院率基本稳定在7.8%左右，均远低于全国平均住院率（见表1）。统筹基金支出增幅明显降低，2015～2019医保年度（医保年度为每年的7月1日至次年的6月30日）全市定点医药机构医疗费用增幅、医保费用增幅呈现"四连降"，医疗费用增幅由20.28%降至1.37%，医保费用增幅由19.29%降至0.04%（见图2）。

表1　2018～2019年厦门市基本医保参保人住院率

单位：%

医保年度	居民医保参保人平均住院率		职工医保参保人平均住院率	
	厦门市	全国	厦门市	全国
2018年	8.25	15.20	7.77	18.30
2019年	7.02	16.60	7.83	18.70

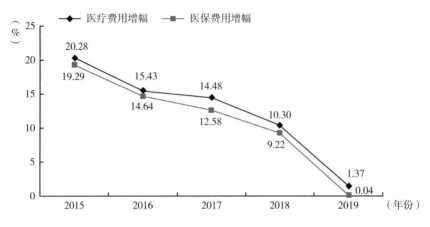

图 2 2015～2019 年厦门市医疗费用与医保费用增幅变化趋势

（三）合理布局定点资源，引导医药市场理性竞争

定点医药机构布局根据区域服务人口分布进一步优化，更好地满足群众不同层次的医药服务需求，营造良性市场竞争环境，促进医药产业健康发展。实现同一区域中设置不同等级的定点医疗机构，儿科、精神卫生、老年护理等短板资源定点医疗机构有补充，岛内外服务可及性较弱的地区，定点医疗机构有所增加。定点零售药店布局优化，填补了空白和不足地区，95%以上的参保人群步行 10～15 分钟可到达定点零售药店购药，原定点零售药店相对饱和地区，布局和密度按照常住参保人口购药需求逐步优化，恶性竞争减少。同时，基金监管力量的加强，对欺诈骗保形成强大震慑作用，违规违法套取医保基金发生率降低。

五 思考与建议

（一）推动系统升级，向智能监管要效率

目前各地的系统建设均在开展，但各种互联网医疗的发展，DIP、DRG等支付方式的广泛应用，对监管系统提出了更高要求。应遵循国家医保信息

化、标准化建设总体要求，升级智能监控系统，丰富智能监控维度，总结日常监管、飞行检查、专项治理发现的欺诈骗保行为，扩充完善知识库、规则库，将 DIP、DRG 等支付方式改革和全国异地就医联网刷卡等新业态纳入智能监控范围，完善风控体系。

（二）加强信息共享，加大打击惩处力度

多部门联合、共建共治是医保领域综合治理的必然方向。须进一步完善医保、卫健、公安、市场监管等多部门信息共享机制，推进医保智能监控平台横向与纵向、内部与外部信息共享。一是强化信息共享和业务协同机制。鉴于各部门业务的内在特点，政务信息资源需要横向整合、纵向联动，建立跨地区、跨部门和跨层级的信息资源共享机制。对信息资源的性质、采集、归属、权益、存储、发布、共享、交换、安全等进行统一规范。二是制定以需求为导向的信息资源规划，完善信息资源交换目录体系。规范数据更新策略，引入多源碰撞验证机制，提高数据的完整性、鲜活性和权威性。确保数据质量，提高资源共享效能。三是加强共享数据筛查和比对。通过部门协作、信息共享，加强对定点医药机构监管，控制医疗费用不合理增长。通过协议处理、行政执法、行刑衔接加强对违法违规行为的处理。

（三）抓好日常监管，打击违法违规行为

充分发挥智能监控平台作用，把打击欺诈骗保、维护基金安全放在首要位置，抓好日常监管。一是继续点面结合精准研判可疑线索。通过反欺诈人工智能研判系统、大数据模型、医保画像系统、基金稽查系统等深度挖掘，重点分析频繁就医、异常就医行为轨迹，筛查可疑线索。二是继续利用视频监控及人脸识别固化违规证据。通过将实时监控、刷卡数据、人脸抓取照片三者相互比对认证，实现案件线索串并分析，精准识别"假病人、假医生、假住院"，提供案件线索，固化违规证据。三是加大医保领域信用管理力度，将医保领域涉骗行为纳入信用管理体系，发挥联合惩戒威慑作用，实现"一处违规，处处受限"。

B.23
南通市医保基金一体化智能
监管体系建设实践

张 兵 陈春柳 孙 华*

摘 要： 南通市以国家医保智能监控示范点建设为契机，持续构建医
保基金数字化智能监控系统，形成内具自身特色、可复制可
推广可借鉴的"1627"智能监管新体系，实现了防范化解医
保基金运行风险、规范医疗服务行为、提升基金监管效能的
管理目标。下一步，南通将继续着眼于完善一体化智能监管
体系，全面筑牢医保基金监管防线，为确保医保基金安全运
行提供智能监控保障。

关键词： 南通 智能监管 一体化

　　江苏省南通市是国家医保基金监管"两试点一示范"医保智能监控示
范点建设城市之一。其以大数据运用为引擎推进医保治理体系和治理能力现
代化，整合融通基础数据库，构建起"1627"智能监管体系，实现了对医
保数据管理的实时性、持续性、逻辑性、完整性以及对医保服务过程全天
候、全过程、全环节、全覆盖的精准监督管理，全面助推监管工作质量变
革、效率变革、动力变革，有力保障了医保基金安全平稳运行。

---

* 张兵，南通市医疗保障局党组书记、局长；陈春柳，南通市医疗保障局党组副书记、副局
长；孙华，南通市医疗保险基金管理中心主任。

一 智能监管体系的建设历程

南通医保智能监管体系建设经历了起步、完善、创新三个阶段。

（一）起步阶段（1996～2013年）

1996年，南通被确定为全国第二批医疗保障制度改革扩大试点城市。随着参保覆盖范围由职工扩大到城乡居民，单一的人工监管方式难以与日益增加的医保医疗费用支出、就诊人次相匹配，构建以数字化为支撑的智能监控系统势在必行。2013年，南通开始探索建设远程视频监控系统，建起了远程视频监控室，在315家定点零售药店、一级医疗机构、社区卫生服务站、门诊部、诊所分别安装了1套标清摄像头。2014年，在全市建立了统一的医保信息管理系统，统筹管理医保数据，为应用大数据构建智能监控系统奠定了信息平台基础。

（二）完善阶段（2014～2018年）

2016年1月，南通实施全市统一的职工医疗保险制度和居民医疗保险制度。随着市级统筹、城乡居民医保整合的实现和跨市跨省异地结算平台的开通，就诊人次、基金支出快速增长，基金运行风险增大。因此，南通市医保中心加快大数据智能监控系统本地化改造步伐，当年实现大数据智能监控系统全市一体化，通过对各县（市、区）的医保智能监控系统设置不同权限，实现对本地区全区域的智能监控管理。同时，开展医院端智能监控系统部署试点，将知识库植入医生工作站，实现院端事前提醒、事中控制、事后审查一体化管理。2017年，完成远程视频监控系统的版本升级改造，2018年扩大医院端智能监控系统布点至二级以上医院。

（三）创新阶段（2019年至今）

2019年，随着药品进销存预警监控系统、移动稽核等平台的上线和人

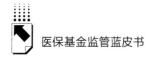

脸识别等新技术的应用，以及照护保险管理模块、单病种管理模块的新增拓展，南通市智能监控系统实现了对所有险种、所有机构、各类涉及人群的全覆盖，形成了事前提醒、事中控制、事后处理以及线上监控、线下稽查相结合的一体化智能监管新体系。

二 "1627"一体化智能监管体系的实践内容

经过多年的实践探索，南通运用系统观念，着眼于系统集成，以智能监管系统建设为着力点，构建起"1627"全市一体化智能监管新体系。具体内容是：制定一套长效规范的制度体系，建设六大智能监控系统，联通两个应用平台，成立七支专业基金监管队伍。通过一体化智能监管体系的有效融合、协同运用、合力共治，达到全量数据筛查、全部疑点审核，形成线上线下稽核闭环管理，实现监管效能全面增效、治理能力全面提升。

（一）1套长效规范的制度体系

为使制度体系适应医疗保险新形势的发展需要，切实保障基金安全、有效、规范运行，南通坚持制度先行。结合本地实际，以 ISO 9001 质量管理体系为管理标准，不断对涵盖制度建设、岗位职责、智能监控审核操作规范和工作流程、风险控制等内容的内控管理制度进行修订、完善，形成了贯穿智能监管整个业务链的完整长效、系统有效的制度体系，实现全市监管事项、监管标准、监管流程、监管时限、监管文书的"五统一"。例如，出台了定点医疗机构和零售药店诚信服务信用等级管理办法、医疗保险基金及医疗服务行为管理办法、医保医师管理办法、举报奖励实施细则、联合稽核、意外伤害住院数据定期筛查等一系列规范制度，建立了针对市级统筹基金管理及支付效能的"双评估"办法，明确规定数据审核、视频监控、现场稽核、病历稽核、举报投诉、违规处理等业务操作规范和工作流程，并划分一类、二类经办风险点，定期针对风险点进行内部审计检查等（见图 1 和图 2）。目前，南通市已形成 14 项工作职责、15 项岗位职责、65 项相关制度、

140 项业务操作规范，覆盖中心所有人员、岗位和部门，贯穿于基金管理全过程，以确保应用智能监控系统开展各项监管业务行为有章可循，最终建成规范化、标准化、高效能的智能监控工作模式。

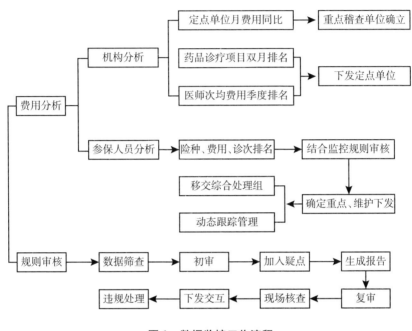

图 1 数据监控工作流程

（二）"6 + 2"智能监控管理系统

目前，南通已经全面建成涵盖医保管理、大数据智能监控、远程视频监控、药品进销存预警监控、特药管理信息、住院清单智能审核 6 个系统，联通移动稽核、定点单位交流 2 个平台的智能监管系统。各个系统、平台的监管功能各有侧重且互为补充，其有效融合运用，实现了信息数据线上线下共用，疑点筛查、任务推送、跟踪核查、明确问题、告知反馈、认定处理等工作全流程、可追溯的闭环管理，提升了医保基金监管的精准性和针对性。

1. 医保管理系统

该系统设有医疗待遇审批、医疗待遇封锁、医疗审核扣款、医疗报销、

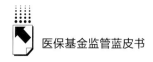

现状、了解问题以及确定管理目标等。

首先，综合评估医院现状。如前所述，受工作任务和医院性质等客观因素影响，"质优价高"的药品耗材使用普遍，导致医院住院和门诊次均费用一直维持在较高水平，超过北京市全市平均水平20%以上。此外，医院每年住院和门诊次均费用增速均高于北京市平均水平。通过分析医院统计数据，发现急性心肌梗死、急性胰腺炎、结肠恶性肿瘤、老年性白内障等大部分疾病次均费用较高，增速较快。较高较快增长的次均费用，给患者造成较大费用负担，同时增加了医院医保支付费用的控制压力。这要求医院转变管理目标和方向，做到保证医疗服务质量，有效控制医疗费用，实现医保基金的节约和合理使用的统一。

其次，依据实际状况合理确定目标。围绕"高价用药多、次均费用高"这一问题，医院设定"强化合理用药、降低次均费用、合理使用医保基金、保障服务质量"的总体目标，并按照"目标化实施策略"，即依据医院近几年的大数据，充分考虑临床诊疗的规范流程，设定具有客观性、科学性及可持续的分期目标，分步实施。近期目标：实施PDCA管理的3年内，在保证医疗质量的前提下，逐步减少高价药品耗材的使用，替换为价格适中的药品材料，降低次均费用增速；中期目标：在3～5年内，促进次均费用接近社会平均成本，强化院内用药管理，保障医院合理用药；远期目标：在长期建设中逐渐形成医院医保管理文化，促进医院医务人员价值取向一致，自觉以"价值医疗"为准则，实现医保基金价值最大化。

（二）执行（D）

在PDCA循环管理模式的执行阶段，医院始终围绕总体目标逐步实施落实，具体包括以下几方面的实践措施。

1. 健全组织管理体系

成立工作领导小组。由院长总体领导，其他职能部室与临床科室主任作为小组成员，围绕目标相互配合、形成合力。例如，医保处负责具体实施医保工作，医务处负责管理临床路径和诊疗规范，门诊部配合实名就医管理，

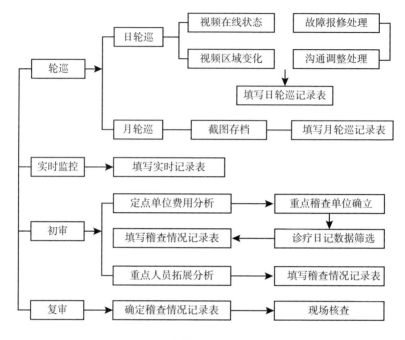

图 2 视频监控工作流程

异地就医对账等 6 个核心功能模块，包含定点单位基本信息、科室基本信息、医保医师基本信息、三目录基本信息、病种基本信息、结算费用及明细等所有基础数据，能够为其他系统提供数据支持。

2. 大数据智能监控系统

南通是国家医保智能监控示范点城市，"医疗保险智能监控体系管理规范"列入了首批南通市地方标准项目。该系统由监控审核、稽核管理、照护审核、单病种管理、诚信管理、责任医师、统计分析、规则配置、系统管理 9 个功能模块构成，具有费用趋势分析、稽核对象分析、异常数据筛查、诚信服务管理、医院端管理等多维度分析功能，监控分析范围覆盖定点医药机构、经办管理内容、参保人员就医诊疗信息，并延伸到所有医保医师。目前，全市 7 个统筹区所有定点医疗机构和定点零售药店均覆盖使用。

系统重点监控住院、门诊统筹、门诊大病等就诊数据，并以频繁就医、过高费用、过度诊疗、分解住院、各类临床经验规则等为基础，设置了 16

大类 280 条监控规则，涵盖知识库数据 636 万条。通过在定点医疗机构部署医院端系统，把临床知识库和医保政策知识库等植入医师工作站，实现事前提醒、事中控制、事后处理一体化管理。同时，将就诊购药存在明显异常的参保人员列入重点关注人员库，帮助定点单位实施事前干预，变以往"大海捞针"式稽核为"精确制导"式稽核。

此外，通过建立领导指挥舱，动态展示全市及各统筹区参保基本情况、基金结算情况、财务指标运行情况、定点单位违规处理、信用记分情况。每季度定期和不定期将费用等异常情况形成报告，建立数据监控与基金分析、基金预警、风险研判联动机制，为基金平稳运行、政策研究和决策提供支撑。

3. 远程视频监控系统

该系统具有云台、红外、360°旋转、声音采集等功能，将轮巡、实时监控、重点回放等几种视频监管方式组合应用，月筛查数据达 130 余万条。

目前，远程视频监控系统已实现县、区与市本级平台对接，对全市定点零售药店和一级定点医疗机构、定点社区卫生服务站、定点门诊部、诊所、村卫生室等基层医疗机构进行 24 小时实时实景全程在线抓拍，实现参保人员就医购药行为、医疗信息全部纳入远程视频监控范围。与智能监控系统的融合运用，实现了视频监控与结算数据"一机双屏"同步抓取，实时比对，联动监控。通过利用人脸识别技术，挖掘非本人刷卡、无服务对象刷卡、同一人像持不同社保卡刷卡、同一人社保卡被多人像持有刷卡等异常刷卡行为，实现"人证核对"的监测预警，有效防范人证不符诊治、筛查收集留存社保卡、串刷社保卡等违规行为。

4. 药品进销存预警监控系统

通过实时采集定点医药机构的药品进销存和价格数据，并进行动态统计分析，及时筛查疑点，实现对定点医药机构"库存异常监控、价格异常监控、虚假销售监控、销售异常监控"四大类风险预警，同时为宏观决策提供数据支撑。

5. 特药管理信息系统

该系统具有特药待遇申请、特药复查评估、电子处方开具、特药待遇查

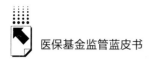

询、告警信息查询五大功能，设有医生端、医保办端、药店端、中心端四个端口，采用特药责任医师在系统中为参保人员提交申请，并交由医保办审核的管理模式，进一步强化了特药监管。

6. 住院清单智能审核系统

通过将纸质住院费用清单进行扫描系统识别，转换形成电子文档的医疗费用明细，同时与系统内的药品、诊疗、医疗服务设施三目录进行自动对照，形成各个具体项目的编码，完成审核、复核，生成最终的结算数据，有效防范人工审核报销单据可能带来的风险。

7. 移动稽核平台

作为江苏省内首个医保 App 移动服务平台，移动稽核平台设有现场调查、远程查房、在院监控、线索登记等功能模块，实现了中心端数据远程调取、现场稽核信息上传、经办业务移动办公，建立起线上线下任务闭环管理模式，实现现场稽核与大数据智能监控系统的联通。

8. 定点单位交流平台

平台设有结算、管理、稽核、照护、告知、备案六大业务模块。通过覆盖"所有险种、所有医疗费用、所有定点单位"，实现医保经办机构与各定点单位之间电子化智慧结算、电子章直接认证和电子化交流，实现定点单位经办业务全流程线上留痕，构建稽核查处告知、反馈、认定等全环节线上闭环稽核经办模式，有效防范传统线下经办模式可能带来的风险。

（三）7支专业基金监管队伍

市本级、通州区、海门区、海安市、如皋市、如东县、启东市 7 个统筹地区各组建一支成熟专业的医疗保险专业稽核队伍，以全市一盘棋、统一稽核管理、协同地区调度为原则，采取集中学习理论、交叉以查带训、智能监控轮训和实际操作指导、跨区域联动稽核等模式，提升地区整体稽核水平。同时，在全市 7 支医保基金监管队伍基础上打造专业化智能监控专职团队，根据参保人员统筹区、就诊统筹区分配各统筹区稽核数据，并围绕数据监控、视频监控、现场稽查、病历审核、举报受理和违规处理开展具体稽核工作。

三 基金监管的实践成效

南通市构建的"1627"应用智能监管体系在基金监管及打击欺诈骗保中发挥着显著作用。

（一）有效提高基金监管效能，促进基金平稳运行

智能监控系统的全面推进改变了原来单一依靠人力的传统基金监管模式，提高了监管效率和精准化、科学化管理效能。2019～2020年，依托智能监控体系，南通市共处理定点机构5156家，追回违规费用及违约金1.15亿元，暂停医保服务190家，移送公安机关5家；处理参保人员65人，追回违规费用34.85万元，移送公安机关12人。在2019年度全国职工医保基金运行绩效评价中，南通市位列江苏省第一、全国第五。

（二）有效减少虚假费用发生，防范化解重大基金风险

通过智能监控系统事前提醒和"重点关注名单"提醒功能，将大量违规苗头遏制在发生之前，减少虚假费用的发生；通过实时监控，结合人脸识别核对，发现冒用他人医保卡和空刷的参保人；通过结合视频监控系统筛查异常就诊人群，及时发现套购药品苗头。2021年上半年，触发事前提醒502240条，利用系统及时发现违规行为216人次。2016年以来，重点关注参保人员数量从412名降至2020年的75名。

（三）有效规范医疗服务行为，控制医疗费用不合理增长

南通构建的全过程、全环节、全覆盖智能监控系统，通过建立基金运行分析处置机制、科学有效的排名公示制度等，进一步规范了定点医药机构医保服务行为，及时控制了不合理费用的增长，监控规则触发的违规数据明显下降，医疗费用快速增长趋势得到有效控制，基金运行效能稳步提高。近年来，市本级定点医药机构数量持续增加，但门诊费用持续三年负增长，住院

费用近四年来一直稳定在 6% 左右。2014 年以来，南通市区医保支付费用增幅由 20% 以上降至 8% 以下，且增速保持稳定。2021 年上半年，市本级定点机构串换药品查处数量同比下降 65%，二、三级医疗机构住院前 20 位药品金额同比降幅达 9.8%。

四　问题与思考

南通市通过先行试点，促进了智能监控体系的全面建立，在基金监管上取得了一定成效，为国家层面的医保智能监控示范试点提供了"南通样本"，但仍有以下三个方面难题待研究解决。

（一）持续完善智能监管系统建设

医保智能监控体系建设是新形势下医疗保障事业发展的必要保障，需要持之以恒，不断探索创新。当前，智能监控系统在功能模块、规则设计、系统建设方面仍存在发展空间。下一步，南通将继续紧抓医保智能监控国家示范点建设这一契机，着眼于"规范、智能、融合、高效"应用智能监管系统，充分应用 15 项信息业务编码贯标工作成果，继续完善各系统运用功能，持续提升智能监控系统的规范化和标准化。

一是持续强化"6+2"智能监控体系。进一步完善医院端预警监控系统，探索"中心布控模式"与定点机构内部信息管理系统建设相融合的建设模式，提高适配性和时效性管理效能；完善药品进销存预警监控管理系统，通过完善定点单位端、经办机构两个监管端口功能，实现定点单位进销存系统与医保结算系统的无缝对接，对药品和耗材的采购、退货、期初库存、进销存单据、药品销售等进行动态综合分析，实时对药店的进销存全过程进行监管，并实现对异常数据的快捷识别、定性定量和违规查处。

二是加强对监控规则引擎和管理功能等的设计。例如，完善人脸识别视频监控，增加实时监控和异常警告等功能，嵌入重点关注名单智能管理机制，实现系统自动识别重点关注名单人员并预警提醒；优化特药管理信息系统备案功能，完善用药准入、评估等管理功能；新增电子票据核验功能，实现电子票据与系统对接，自动预警票据重复报销信息。

三是加强对反欺诈风控模型的应用。进一步提高难以通过人工发现的隐蔽性强、关联度深的监管难点风险排查能力，拓展智能计算模型的设计和应用，提升对散在点波及面广、群体式关联线长等欺诈骗保行为的智能审核和抓取能力，全面提升智能监控的广度、深度和精准度。

（二）打破部门间信息壁垒

当前智能系统建设仍存在大数据"孤岛"问题，与公安、卫健、行政审批等部门之间数据共享共用不足，数据采集不够全面。例如，报警数据、死亡人员信息、医师护士注册信息、医药机构注册注销信息等，不能全部纳入医保数据智能监控系统进行实时分析监测，影响监控的时效性。未来，进一步依托市域治理现代化指挥中心，加快推进与卫健、公安等部门之间的数据共享和互联互通，打造最强"医保稽核大脑"。

（三）破解信息技术和专业人才短缺瓶颈

目前，医保部门信息化建设面临硬件设施老化、技术人员紧缺的实际困难，数据智能审核、数据信息采集的效率受到严重影响。此外，还存在基金监管人手力量不足，缺乏医学、信息等专业人才的问题。为解决这些问题，南通市拟在建设专业化信息队伍的同时，健全完善涵盖多部门、多机构、多学科优秀专家的全市医保专家库，以便更好地开展医保日常管理和疑难问题评审工作。

医院医保管理

Medical Insurance Management of Hospital

B.24
运用 PDCA 管理模式助力实现
医院医保管理目标

——北京医院医保管理实践

张群 张蕙 孙烨*

摘　要：　北京医院切合当前实际和发展目标，应用 PDCA 循环法建立
完善医院医保管理模型，以问题为导向，持续提高医保管理
水平，强化院内合理用药，有效控制次均费用增速，并向社
会平均成本靠近，实现了医保基金的节约和合理使用，助力
医院和医保制度高质量发展。

关键词：　北京医院　PDCA 循环　医保管理

* 张群，北京医院医疗保险管理处处长、副研究员；张蕙，北京医院医疗保险管理处主任科
员、助理研究员；孙烨，北京医院医疗保险管理处科员。

一 实施背景

北京医院是一所以干部医疗保健为中心、老年医学研究为重点，面向社会全面开放的医、教、研、防全面发展的现代化综合性医院，是直属国家卫生健康委的三级甲等医院。受工作任务和医院性质等客观因素影响，医院服务意识远胜于医疗费用成本管控，诊疗中倾向使用原研、进口等高价药品耗材。虽然有效保障了医疗服务质量，但容易给患者造成较重的就医负担，不利于医院实现经济效益最大化，同时容易造成医保基金浪费，影响医保基金的合理使用。如何在确保医疗服务质量的同时，加强合理用药管理，降低医院运行成本，有效控制医疗费用，节约并合理使用医保基金，成为医院亟须解决的难题。为此，北京医院以问题为导向，坚持将医保精细化管理融入医院建设中，自 2011 年起创新运用 PDCA 管理模式，探索形成医疗服务质量与医保管理水平同步发展的道路。

PDCA 循环由美国质量管理专家休哈特博士首先提出，之后由戴明博士进一步完善、普及，又称"戴明环"，涵盖从计划制订到实现目标的整个过程，包括计划 P（plan）、执行 D（do）、检查 C（check）、处理 A（adjust）四个阶段。PDCA 循环的管理模式是一种能够促进活动有效进行的合乎逻辑的工作程序，要求各项工作按照制订计划、执行目标、检查实施效果、处理总结的步骤进行操作，从而使管理思想、方法和工作过程更加条理化、系统化和科学化。目前，PDCA 循环管理模式在医院医保管理中应用广泛，对实现医院医保管理目标具有积极作用。

二 PDCA 循环理论在医院医保管理中的运用

（一）计划（P）

根据 PDCA 循环管理模式，计划阶段的主要任务包括分析医院医保管理药学部抓处方点评和特殊药审批，感染管理处抓降低院内感染发生率（缩短住院平均日），器材处抓耗材入院的审批和议价，信息中心配合智能化管理的建设，财务处和病案室保证准确结算和上传结果等。

设置医保管理人员。按照中国医院协会医保分会行业编制建议，每100张床安排一个医保管理人员。目前，医保管理人员编制12人，其中硕士研究生占比50%，涵盖临床医学、医院管理、卫生管理、医保管理等专业背景。除咨询解答和费用审核由医保管理人员承担外，在医保总额、DRG 支付、异地就医、特病申请、工伤就诊、目录库维护、医保拒付管理、商业保险等事务管理方面均设置兼职管理岗，围绕管理目标开展全方位管理工作。

2. 建立医保管理指标

医务人员是否做到合理用药，需要依靠次均费用等指标来体现。为便于掌握科室内部用药情况，了解患者经济负担，医院以临床科室三年数据为基础，重点关注上一年的申报费用及增速，利用信息化程序进行三年费用的统计与测算，结合北京市医保中心的12个考核因素（即住院参数：人次、次均费用、药占比、材料占比、自费比、CMI；门诊参数：门诊量、次均费用、药占比、检查检验（治疗）占比、自费、拒付率），分析测算后确定住院次均费用、门诊次均费用和自费比例三个指标值。

3. 落实科室主任岗位责任

科室主任作为科室建设的第一负责人，对规范科室诊疗行为起到关键性管理作用。医院在聘任每届科室主任的考核责任书中专门设置医保管理的具体标准，旨在强化科室主任遵循国家医保政策的意识和自觉性，促进科室发展，提升患者满意度。如科主任考核责任书规定，科室主任须认真贯彻执行医保各项政策和管理规定；重视医保指标的完成情况，保证住院及门诊次均费用达到医保经办要求，能够根据医保新政策调整科室管理方向，确保医保患者的诊疗质量；能够根据科室疾病特点，按照具体考核指标制定管理方案；重点关注科室内 DRG 的模拟和实际运行情况，做到合理诊疗及合理使用医保基金，以保证全院完成好医保总额下的病组支付工作等。

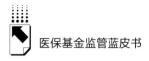
4. 加强实效宣传培训

落实管理制度的关键是有效执行，这与医务人员对政策的认知理解有直接关系。只有将医保政策宣传讲解到位，保证医务人员充分理解政策，并在此基础上自愿按照此计划执行，医院目标才能够得以实现。因此，医院深入各个临床科室、病区，分析科室医保数据，实地了解诊疗用药问题、科室不合理费用情况和医保政策认知情况，并开展有针对性的培训和座谈，提出合理化建议，促使医务人员加深对医保政策理解，提高对新形势下医保基金使用管理意义的认知。同时，利用全院周会宣讲机会，分析外院和本院医保管理案例，强化全体医务人员坚守医德、依法行医的意识。通过综合宣传和培训措施，促进医务人员观念转变，主动规范诊疗行为，实现自我管理，从而达到医保基金合理使用的目的。

（三）检查（C）

对照目标检查执行情况，评价科室是否达到预期实施效果，总结经验及存在问题，是保证管理目标逐步实现、工作有效落实的重要一步。通过建立监测反馈、考核评价等制度，客观评价各科室管理行为，以便掌握执行效果情况。

1. 统计分析数据及跟踪反馈

医保处定期统计住院、门诊费用，并按病区及时进行详细追踪分析，次月 10 日向相关科室主任反馈上月数据，对数据的"异动"点进行重点提示，使科室主任全面了解本科室的费用使用情况，从而有针对性地改进管理。同时以半年为期，在院办公会上进行总结汇报，院周会进行通报和分析。

2. 建立医保管理考核体系

为更好地落实考核指标，达到激发科室人员形成自觉执行医保政策、合理使用医保基金、提升医院服务形象的目的，在原考核标准的基础上，医院采取 KPI 平衡计分法原则，从费用情况、过程管理、满意度情况、学习与成长四个维度出发，结合实际情况构建临床科室医保工作全方位考核体系。同时根据医院的考核细则，结合医保经办当年对医院的评比考核指标，评估各科室实际完成医保工作指标的情况，汇总制定奖惩方案报院办公会审议，并在科室下月的劳务绩效中进行体现。

3. 实践成效

一是合理用药水平提升。医生能够遵循"保证质量的前提下，选择价格适中的产品"的原则，减少对高价药品耗材的使用。例如，神经内科作为药品使用占比较高的科室，通过加强合理使用药品管理，有效降低药品次均费用，2014 年以来，门诊药品次均费用年均下降 5.91 元。次均费用较高的骨科，利用指标考核管理，引导科室合理控制耗材使用，在保证质量的前提下，替换选择价格适中的耗材，使住院次均费用明显降低。

二是次均费用控制良好。实施目标化管理以来，次均费用控制成效明显。2014 ~ 2019 年，住院人次从 1.9 万增长到 2.5 万，门诊人次维持在 117 万左右，但次均费用分别稳定保持在 23000 ~ 24000 元、490 ~ 500 元，且增速基本维持在低于 4% 的水平（见表 1）。

表 1 2014 ~ 2019 年北京医院次均费用增速

项目	2014 年 增减幅	2015 年 增减幅	2016 年 增减幅	2017 年 增减幅	2018 年 增减幅	2019 年 增减幅
门诊	- 1.31	- 5.40	1.73	3.96	- 10.53	1.41
住院	- 2.19	5.8	8.55	- 0.03	2.06	- 3.15

三是医疗成本管控水平提高。在医疗服务量增长的同时，医疗成本得到有效控制和合理增长。2019 年 8 月，在北京市医保局对"DRG 模拟运行情况分析"中，医院受到"成本控制"良好单位的表扬。2014 ~ 2019 年，医院总额结余持续保持在理想范围（见图 1），既不影响次年总额的增长幅度，又能够实现医院结余，为医院科研项目开展、教学培训进修、医院医保管理信息化建设等提供了有力支持。

四是医师执行医保政策意识增强。通过管理，医务人员参加医保政策培训和医保知识答题的积极性大幅提高，主动学习掌握医保政策、沟通医保问

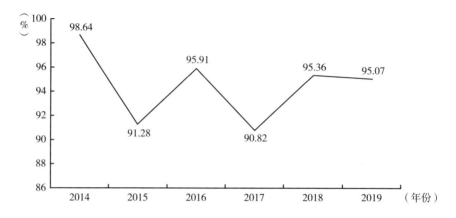

图1　2014～2019年北京医院医保总额指标完成情况

题的主动性增强。2020年，医院开展培训等活动5次，参与人数达2500余人。同时，医务人员执行政策准确性提高，能够较好地执行告知患者的义务并提供服务，医院医保拒付现象减少。与2014年相比，2019年医保拒付金额减少64362元，降幅达45％。此外，科室落实医保管理指标工作持续改进，从2014年至2019年医院落实管理指标的奖惩情况来看，第一年处罚科室多于奖励科室，第二、第三年奖励与处罚科室基本持平，第四至第六年奖励科室远多于处罚科室（见表2）。

表2　2014～2019年医院科室指标完成情况奖惩

年份	奖励数量	扣罚数量
2014	11	18
2015	13	9
2016	9	11
2017	16	0
2018	15	0
2019	17	0

（四）处理（A）

总结有效工作经验、分析存在的问题是做好下一步管理工作的重要基础。在医保管理工作不断深入的过程中，围绕管理目标，医院考虑综合医改影响下门诊和住院人次变化、谈判药品纳入医保、特种病病种增加、封顶线提高影响总额费用等多重因素，定期修订医保指标，以便更全面、更真实地反映临床科室实际使用医保基金情况。在具体执行医保管理政策时，面对临床一线的突发问题及实际需求，第一时间进行整理分析，找出方法，制定方案，和临床操作共同实施完善。

三　讨论

PDCA 循环作为一种全面有效的管理方法，是标准化、程序化的工作模式。将 PDCA 循环运用到医保管理中，能够提高管理工作的规范性与系统性，有利于及时发现医保管理中的不足，及时调整下一步管理工作方向和方法，提升管理水平和管理效率，使得医保管理工作更加有效。本次建立的医院医保 PDCA 循环管理模式，始终围绕明确具体的管理目标，遵循制订、实施、检查、调整计划这一程序化、系统化的实施步骤，表现出明确性、可及性、显效性和持续性特点，实现了稳增速并向社会平均成本靠近，强化院内合理用药的近期和中期目标，做到了节约和合理使用医保基金。

同时，PDCA 循环是一个持续改善、不断前进、循环不止的过程。医院的终极目标是在提高医疗服务质量的同时，形成医保管理文化，与管理部门达成价值取向的一致，追求医务人员自觉维护医保基金的合理、安全和有效使用。下一步，医院将基于 PDCA 循环管理模式，不断地修订院内制度政策，持续改进管理，围绕"加强合理用药、提高医疗服务质量、合理使用医保基金、提升参保患者就医满意度"等方面继续努力，不断提高医保管理水平，实现患方、医方、保方"三方共赢"。

B.25
医院医保物价一体化管理提高
医保管理绩效的实践

—— 以阜外医院为例

鲁 蓓*

摘　要： 近年来，随着全民基本医疗保障制度的实施，医保参保人群
　　　　　逐渐成为医院接诊患者的主要来源。同时，公立医院综合改
　　　　　革全面推开，药品、耗材加成全部取消，医保资金逐渐成为大型
　　　　　公立医疗机构的主要收入来源。医改大背景下，提升医院医保
　　　　　管理绩效，确保医院收益，推动建立与医保管理相适应的医
　　　　　疗管理和科学可行的物价经济管理方式是大势所趋。本文结
　　　　　合阜外医院组建医保物价办的做法和成效，对大型公立医院
　　　　　医保与物价统一管理的几种模式进行了分析，旨在为我国大
　　　　　型公立医院医保和物价管理提供参考。

关键词： 公立医院　医保物价管理　阜外医院

2018年3月13日，经第十三届全国人民代表大会第一次会议批准的国
务院机构改革方案公布，提出将人力资源和社会保障部的城镇职工和城镇居

* 鲁蓓，中国医学科学院阜外医院医保物价办主任，副研究员，主要研究方向为医院管理、医
务管理、医疗质量控制、医保管理等，现任中国社会保障学会医疗保障专业委员会委员、中
国心胸血管麻醉协会医保分会副主任委员、国家医疗保障局医保政策咨询专家库成员、CHS-
DRG临床论证心脏大血管组执行组长。

民基本医疗保险、生育保险职责，国家卫生和计划生育委员会的新型农村合作医疗职责，国家发展和改革委员会的药品和医疗服务价格管理职责，民政部的医疗救助职责整合，组建国家医疗保障局，作为国务院直属机构。随着国家医疗保障局的成立，各地医疗机构也纷纷尝试对应医保局的职能，调整关联科室管理架构，其中又以医院物价管理与医保管理的融合发展最为显著。中国医学科学院阜外医院（以下简称"阜外医院"）是探索医院医保物价一体化管理的先行者之一，于2020年8月成立医保物价办公室，推动医保、物价融合管理，促进医院医保管理绩效提升，进一步规范医疗服务价格管理，大幅降低医保拒付金额，有效提高医保基金使用效益与安全。

一 医院医保物价一体化管理的驱动力

（一）内在动力

在基本医疗保障制度日益完善的条件下，我国人民的医疗服务需求得到释放，医保患者是现代医院主要就医人群，医保资金也逐渐成为大型公立医院的主要经济来源。以阜外医院为例，作为一家以诊治各种复杂、疑难和重症心血管疾病而享誉国内外的国家级三级甲等心血管病专科医院，收治患者大部分为异地就医人群。近年来，随着国家跨省异地医保直接结算等工作的大力推进，医保资金在医院收入中占比越来越大，从2017年的16.8%提高到2020年的42.2%（见图1）。从发展趋势来看，未来一段时间，该占比增长态势还将延续。相应地，医院管理层对医院医保管理的重视程度逐渐提高。

2015年《全国医院医疗保险服务规范》发布，将医院医保管理纳入科学化、规范化、精细化的轨道。对医院来讲，医院医保资金的合法合规合理使用，不仅是达成患者满意、国家满意、社会满意的社会效益的需要；也是大型公立医院保证经济收入，实现可持续、高质量发展的需要。而医保总额控费、实时结算与拒付风险则是医院医保管理的三大难点，这些问题又与医

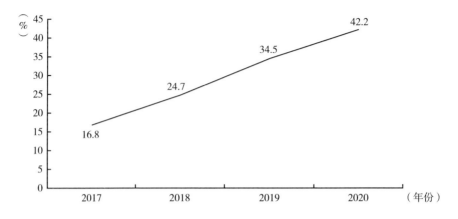

图1　2017～2020年阜外医院医保资金收入占医院收入比例

院物价管理之间的联系极为紧密。从业务流程上看，价格管理是医保管理的上游环节之一，必须先有医疗收费才能进入医保报销环节，即"先收费后报销"。二者有机衔接，相互作用。做好医保与物价的统一管理，减少因管理不善造成的经济损失对医院有积极意义。

（二）外在动力

国家医保局成立后，着力加强医保基金使用监督管理，对医院医保基金使用进行更加精细化的监管，《医疗保障基金使用监督管理条例》第三十八条（三）项"重复收费、超标准收费、分解项目收费"均为跟物价管理相关的违规情形。同时，随着医保支付方式改革的推进，按病种与诊断打包医疗服务项目的定价方式，较传统的按项目定价方式，价格管理内容更为复杂，与医保支付政策关联也更为紧密。医疗服务价格管理之漏即医保基金安全风险之源，为确保医保资金使用监管环节的上下游方向一致，形成合力，必然要在日常临床收费与诊疗行为规范管理中进行早期干预，实现医保基金风险管控关口前移，防患于未然。在三医联动综合医改的背景下，以医保管理为杠杆去撬动各方利益诉求的平衡点离不开物价管理这个有力的武器。通过"医疗服务价格动态调整""医疗新技术/项目申报"等机制，平衡院内学科间的发展与收益，平衡科室与医院间的绩效与分配，平衡患者与临床间的基本医疗保障与医疗新技术进步。物价与医保工作的系统整合，形成一体化管理可最大化利用已有的人力资源实现内部优化调配，进而实现医保基金使用监督管理效能最优。

二　医院医保物价一体化管理的目标

（一）提升医院运营管理效能

当前，国内大型公立医院通常会设立物价办公室与医保办公室两个部门（科室）。两个办公室相互独立，各司其职。物价办公室主要负责院内药品、耗材及医疗服务项目价格政策的执行与管理。医保办公室主要负责医保支付政策的执行与管理。实际上二者业务紧密关联，如新进院的医用耗材及新开展的医疗服务项目，在日常审批流程中，需要经过两个办公室以及其他多部门沟通协调。物价管理部门主要从支持临床收费的角度力争"能收尽收"；医保管理部门主要从保障基金安全的角度力主"避免拒付"。两者出发点不同，掌握审批的尺度不一致，时常令日常审批流程变得烦琐与反复，既影响了临床工作效率（新材料难进/新项目难开），又影响了医院的直接收益或者医保基金的安全。探索实行医保物价一体化管理，旨在从一个出发点考虑，以一个标尺权衡利弊，减少临床申请科室的沟通环节，降低各管理部门间的沟通成本，提高沟通效率，提升管理效能。

（二）提高医保政策执行力

从组织架构上看，物价办公室一般属于财务部门，医保办公室一般属于医务部门，两部门政策调整重心不同，内部考核的出发点也不同。探索实行医保物价一体化管理，旨在尽量避免出现物价政策调整和医保政策执行的脱节，确保医疗服务项目收费的合理性和规范性，确保临床科室相关执行要求和考核标准的一致性，提高医保政策的执行力，降低医保拒付风险。

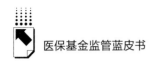

（三）缓和医患紧张关系

面对医保病人的咨询及投诉，医保办公室会从医保报销政策的角度向病人解释，物价办公室会从收费政策角度解释，临床医生则从疾病治疗需要的角度解释。棘手问题会因解释口径不一致导致问题难以解决。这很容易让病人对公立医院的医疗服务以及收费管理产生怀疑，从而引发医患关系的紧张。探索实行医保物价一体化管理，旨在规范医院内部收费和医保精细化管理水平，改善患者体验，提升患者就医的获得感。

三 医保物价一体化管理模式分析

根据医保与物价两个管理部门和职能的融合深度，一体化管理可分为以下三种模式。

（一）分管院领导统一管理模式

医保与物价部门分别独立设置，由同一个院领导负责分管，协调两个科室在工作中的矛盾，平衡双方诉求。该模式便于落地，只需医院领导层调整院领导分工即可，如北京协和医院，由总会计师分管医保办与物价办两个部门（见图2）。

优点：该模式实现难度低，各部门职责不变，工作仍按传统设计推进，如物价办承担的成本核算、价格测算等工作，便于依托财务部门开展。

缺点：医保、物价管理思想与工作内容缺乏深层次的融合，总体效率仍然较低。

（二）部门合并管理模式

将原医保与物价部门组合成一个大部门，设置医保物价办或医保物价处，由科室/部门负责人处理物价与医保工作中矛盾，将冲突化解在内部，对外（临床或患者）一个标准口径。此模式须医院内部调整部门结构，操

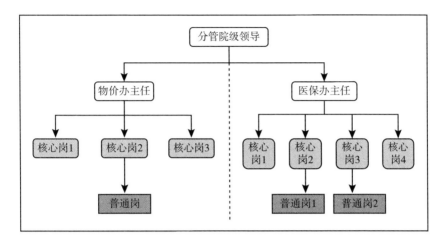

图2　分管院领导统一管理模式架构

作难度居中，对医保部门和物价部门内部人员影响较小，阜外医院已采取该模式（见图3），正在向职能融合管理模式（见图4）发展。

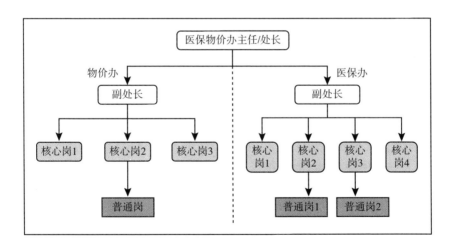

图3　部门合并管理模式架构

优点：减少物价管理工作中的财务/绩效工作属性，提高了整体管理的工作效率，且可发挥两个科室原有人员的主观能动性，能有效避免两个部门独立办公时的各种管理效率低下问题与医保基金安全风险。

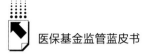

缺点：物价脱离财务管理部门后，降低了成本核算、价格测算等工作的便利性。

（三）职能融合管理模式

将价格管理作为医保管理部门的一项职责，医保与物价工作深度融合，形成全新的医保办或医保处，由科室/部门负责人统筹考虑医保管理上下游问题，确保物价、医保相关工作步调一致（见图4）。

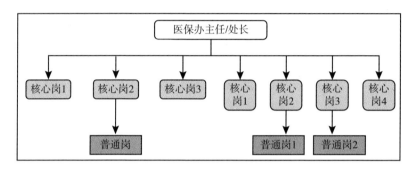

图4　职能融合管理模式架构

优点：管理扁平化、部门内管理岗位工作职责重新分配、定义，便于提高工作效率。例如，以往维护物价HIS库和医保信息库的分属2个岗位和2个不同的工作人员，深度融合后，可以设置1个岗位，从收费开始到报销结束全流程的收益与风险的把控与平衡由1个岗位来通盘考虑，1个部门全权负责。

缺点：对医保管理人员的能力素质要求高，其既要能面对繁复且重要价格改革、价格监测、成本核算等诸多工作，又要能解决来自医保部门、患者和临床各种价格与支付政策需求，对部门责任重大。此模式操作难度较大，需要从科室工作职责上重新定义，人才建设上定向培养与选拔，而非简单的两个部门人员的叠加合并，会面临人员的淘汰与分流。

四　医保物价一体化管理的阜外实践成效

阜外医院通过将原医保办与物价办合并的方式，组建医保物价办公室，促进医保物价一体化管理。办公室目前设主任 1 名、副主任 1 名、一般工作人员 12 名，较部门分设时期减员 2 名。部门组建以来，通过加强医保与物价管理政策的交叉学习，整合业务内容，调整分工安排，提升整体工作效率。在减员不减工作量的情况下，顺利完成各项医改任务，医院医保与物价管理效能均有所提高。

（一）医疗服务价格收费进一步规范

根据医保基金监督检查要求，认真开展医院自查工作，及时停止/调整了 10 余个收费项目。全面梳理门诊及住院医嘱，对容易造成误解的收费项目内涵，及时研究明确项目内容和收费标准，并开展院内培训，从基金监管与处罚追责的角度提高临床医护人员的重视与配合程度。在明确项目收费内涵的同时，与医务管理部门一起进一步规范医疗服务行为，用处方权限管理与技术准入的方式，加强对合理用药与合理诊疗的管理，进而提高诊疗服务质量。阜外医院 2019 年接待医保门急诊患者 40 万余人次，结算医保住院患者 4.7 万余人次，医疗总收入 40 亿元左右，其中医保基金支付达到 16 亿元，通过实行医保物价一体化管理，医保拒付金额从 34.4 万/年下降至 3.4 万/年。同时，患者满意度显著提高，医疗收费与医保报销相关投诉量 2021 年以来下降约 30%。

（二）医保基金风险管控关口前移

一是物价库和医保库同步维护。物价库和医保库是物价和医保工作的基础与核心，医保物价办成立后，从基金安全、管理风险防控的角度，对物价库与医保三大目录库实现一个思路、一个标准、一个口径同步维护，有效减少维护环节可能发生的疏漏，从源头上避免在临床收费和医保结算的过程中出现违规行为。

二是加强新进院项目合规审核。耗材/设备从进院时的注册证审核、确认能否收费的环节就考虑到未来可能出现的基金监管问题，在进院价格谈判之前明确告知项目申请科室不能收费的材料或操作，及早规避了不可收费项

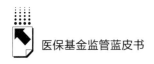

目（主要涉及不可收费的医用材料与设备在临床使用中计入收费项目）带来的政策风险。

（三）推动医保改革举措更好落地

充分发挥医保物价一体化管理优势，及时评估医保改革举措对医院及相关科室影响，推动出台积极应对策略，助力医保改革举措更好落地。在冠脉支架国家集采的改革举措落地过程中，通过及时与北京市医疗保障局相关部门沟通，争取到冠脉支架置入术手术价格调整的价格政策（见京医保发〔2020〕35号文）和按DRG病种组实际付费的支付政策（见京医保发〔2020〕385号文），为医院及科室在高值耗材改革过程中的发展获得了宝贵的医保政策支持，也为行业的可持续发展赢得了空间。

五 医保物价一体化管理的挑战与建议

医保与物价一体化管理有利于促进医疗机构长远发展，但二者融合越深，对管理的挑战越大，主要集中在以下三方面。

一是人员配备。当前不论医保工作还是物价工作，普遍存在工作人员缺编少配的情况。物价工作的人员配置在国家卫健委《关于印发医疗机构内部价格行为管理规定的通知》（国卫财务发〔2019〕64号）第七条中有了明确规定。[①] 医保工作人员目前尚未有明确的配置要求。在医保与物价工作彼此分离时，人员配备不齐的缺陷没有那么明显，但医保物价一体化管理后，人不够的难处就愈发凸显了。

二是人员素养。即便因新医改现代医院管理越来越受重视，但医保物价

---

① 第七条 医疗机构要加强内部价格管理部门建设。三级医疗机构应当明确负责内部价格管理工作的部门，并由院领导主管；二级及以下医疗机构应当在相关职能部门中明确价格管理职责。

三级医疗机构应当配备3~5名医疗服务价格工作人员；二级及以下医疗机构应当配备1~3名医疗服务价格工作人员。各医疗机构依据机构规模和医疗服务量可适当增减人员数量。各业务科室（部门）设置兼职医疗服务价格工作人员，每个科室（部门或病区）至少设1名。

的管理人员人才招聘还是被医院排在党委办公室、院长办公室、人力资源处、医务处、财务处等传统重要管理科室之后。医保物价的一体化管理是在人员工作能力提升、两方面工作彼此能替代的基础上实现工作融合发展。这对科室内部人员素质要求极高，需要既了解临床，又懂管理，还会财务，甚至能理解信息语言的综合管理人才。这类具备各种学科背景知识的综合管理人才不仅需要学校的专业知识积累，而且需要在具体工作中不断轮岗、实践，才能做到临床、物价及医保的知识融会贯通。

三是人员培训。如果一名普通的医院管理人员培训需要经过1年，那么能胜任医保物价一体化工作的员工培训至少需要3年：主要管理部门（院长办公室、人力资源处、物资设备处、财务处）轮岗培训各3个月，医务处医政管理学习半年，医保物价内部物价知识学习半年，医保管理学习1年。人才培养时间长，成本比较高。

医疗机构应根据自身情况（医保物价管理可配备的人员数量、专业程度、能力素养、当地医保监管力度与压力等），选择合理的医保物价一体化管理模式，形成医保物价一体化管理的工作内涵（核心），确保上游（物价）管理策略与下游（医保）监管措施的管理思路一致，统一对患者和临床的前后规范/解释口径，统一对临床诊疗流程、临床路径等关键环节的管控步调，提高工作效率，减少矛盾和损失。同时，适应深化医疗服务价格改革和医保支付方式改革要求，调整医院内部运营管理思路，助力医院高质量发展。

参考文献

［1］国家医疗保障局、国家卫生健康、国家发展改革委等：《深化医疗服务价格改革试点方案》，2021年8月27日。

［2］国家卫健委、国家中医药管理局：《关于印发医疗机构内部价格行为管理规定的通知》，2019年12月26日。

［3］国家卫健委、国家中医药管理局：《关于印发公立医院成本核算规范的通知》，2021年1月26日。

［4］国务院办公厅：《关于推进医疗保障基金监管制度体系改革的指导意见》，2020 年 7 月 10 日。

［5］刘馨：《加强物价管理和规范医疗服务收费的问题与对策》，《中国城乡企业卫生》 2020 年第 7 期。

［6］彭小飞、祁虹、赵晶等：《新医改对医院物价管理工作的要求与对策》，《当代医学》2021 年第 2 期。

［7］戴小喆、王轶、郑大喜等：《DRG 付费体系下医院成本核算探索》，《中国卫生经济》2020 年第 12 期。

［8］许冠吾、吴涛：《SPD 供应链下医院耗材收费规范研究》，《卫生经济研究》2016 年第 12 期。

医院医保管理中的沟通与合作

占伊扬*

摘　要：　医院医保管理工作处在医、保、患利益共同体的交点，在建
　　　　　立三方和谐关系中发挥着重要的沟通桥梁作用。本文从沟通
　　　　　与合作理论切入，结合江苏省人民医院医保管理实践，详细
　　　　　阐述医院医保工作中，医保管理部门、参保患者、院内职能
　　　　　部门以及临床科室等相关主体之间的沟通与合作，梳理各主
　　　　　体之间沟通合作的基础、主要内容、沟通方式和预期目标，
　　　　　为建立三方和谐关系做出积极探索和有益尝试。

关键词：　医保管理　沟通与合作　三方共赢

　　随着全民医保时代的到来，构建和谐医保关系成为关乎医保全局的关键和重点。医院医保管理工作处在医、保、患利益共同体的交点，面临着新的挑战和机遇。在当前形势下，如何发挥医院医保部门的沟通桥梁作用，在为参保人员提供优质高效的医疗服务的同时，获得良好的经济效益和社会效益，实现三方共赢，是医院管理者必须重视和思考的问题。[①]

　　有效的沟通与合作是各组织机构为共同的目标及时取得相互连通，以期

---

* 占伊扬，江苏省人民医院党委委员、副院长，主任医师，教授，博士生导师，江苏省医院
　协会医保专委会主任委员，江苏省医疗保险研究会院保专业委员会主任委员，主要研究方
　向为医院医保管理和卫生经济学。

① 李兰翠、董虹：《沟通＋配合 公立医院才能适应医保发展的趋势》，《天津社会保险》2015
　年第 5 期，第 45～46 页。

互相配合、相互协调完成任务或实现目标；沟通与合作是协调各组织要素并使之成为有机整体的凝聚剂，其核心问题在于双方建立共同的规条、信念、价值。① 达成有效沟通须具备两个必要条件：首先，信息发送者清晰地表达信息内容，以便信息接收者能确切理解。其次，信息发送者应得到充分反馈并根据反馈及时修正信息的传递，两者缺一不可。有效的沟通与合作并不是简单的信息传递，而是要确保信息的内涵被充分理解，并且形成动态双向互动机制；只有沟通主、客体双方都充分表达观点和态度并追求一致性的目标，才真正具备有效沟通的意义。

近年来，江苏省人民医院（以下简称"医院"）医保处在发挥管理职能的同时，主动沟通，积极协调，在建立三方和谐关系方面作出了积极探索，并取得了一定成效（见图 1）。

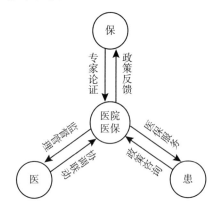

图 1　医院医保管理中的沟通合作机制

一　与医保管理部门之间的沟通与合作

（一）沟通与合作基础

以人为本、健康至上是医保事业与医疗事业共同的宗旨和目标，院、保

---

① 李枝端：《加强沟通 重视团队合作》，《中国医药报》2013 年 5 月 8 日。

双方共同承担着保障人民健康、推动国家医保体系完善的重要职责，两者互赢共生、共同发展。实现全民健康和全面小康的目的是双方沟通合作的出发点和落脚点，也是双方有效沟通合作的共同思想基础和奋斗动力，建立良好互动的沟通合作关系是双方的必然选择。

（二）沟通与合作的主要内容和方式

1. 加强事前沟通，保障医保政策合理制定

医保行政管理部门在制定医保新政过程中，需要引入医院方参与；需要"院保"双方共同加强对患者甚至全社会的宣教。近年来，国家医疗保障局在信息标准化建设、医疗保障立法、药品目录调整、支付方式改革、药品耗材带量采购等重点新政制定过程中，充分征求全国范围医院管理及临床专家意见，将院方重要观点纳入政策制定中，同时通过开展新政试点，确保政策来源于实践，完善于实践。

2. 加强事中沟通，健全良性互动沟通机制

面对当前医保基金监管和支付方式改革新形势，维护基金安全、提升基金效率是"院保"双方管理的核心工作。"院保"双方通过信息支撑，实时关注医保服务行为及费用管理情况，在监管中实现实时沟通，有效精准响应、完善管理，不断健全良性沟通交流机制，共同推进地区医保支付政策、行为监管机制不断完善。

3. 加强事后沟通，共同探索医保改革新思路

医保政策实施效果需要实践检验。当前，医保新政直接影响着医院运行和临床工作，医院以临床实际为基础，保方、院方共同参与，持续开展真实国际政策跟踪评价，形成药物经济学、统计学等理论工具与医保政策研究结合的新方向，为今后实现基于价值医疗的医保战略购买提供思路。

（三）沟通预期目标

医院通过与医保管理机构建立良好的沟通合作机制，为参保患者提供优质的医疗服务和健康保障，促进医疗技术的发展和医疗机构的平稳运行，不断提

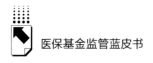

高医保基金使用效率，充分发挥全民医保在健康中国战略中的制度性功能和基础性作用，从而实现医、保、患三方共赢局面，持续提升人民群众的健康水平。

二 与参保患者之间的沟通与合作

（一）沟通与合作基础

患者的医保咨询和政策宣教是医院医保管理的主要内容，树立"患者至上"的理念、以追求患者健康为目标是与参保患者进行沟通合作的基础①。在沟通过程中努力让参保患者更具体、准确地了解医保政策，获得充分的就医信息，着力提升医务人员因病施治、合理医疗的保障意识，努力达到双方认识上的和谐统一，从而有效保障患者医保待遇和权益，让参保患者充分享受医保惠民政策。

（二）沟通与合作的主要内容和方式

1. 加强事前沟通，强化政策宣传，寻求患者支持

在政策落地实施前，医院加强对患者的政策宣教，寻求患者对医保政策和医保工作的支持与理解。2021 年 4 月，医院开展《医疗保障基金使用监督管理条例》宣传月活动，通过微信公众号、医院官网等多途径多角度让患者知晓医保基金的管理规范，提高参保人遵守医保法律法规的自觉性。

2. 加强事中沟通，促进就诊协调

在与患者沟通过程中，充分听取患者建议，不断优化服务流程，努力为患者提供方便快捷的医保服务。医院通过信息化手段推进"住院患者自费转医保身份""门慢智能审批""门特标记审批""医保退费线上审批"等智能化程序，简化医保服务流程，便捷患者医保待遇享受，提高医保服务体验。

---

① 王晶、马天宇、李艳丽：《医院医保办的沟通术》，《中国社会保障》2015 年第 9 期，第 86~87 页。

3.加强事后沟通，监督医保使用行为，强化医保服务

为切实加强就医行为监督，规范患者就诊行为，提升患者法律意识，维护医保基金安全，医院每周对门诊、住院高费用数据进行核查，杜绝违规行为发生；同时，设立医保服务窗口，对患者医保待遇未使用或报销政策不理解等问题进行协调沟通，帮助患者正确享受医保待遇。

（三）沟通预期目标

坚持"精准务实，高效服务"，在医院和患者之间建立起良好的信任桥梁，提高医院的服务水平和信誉，提升就医满意度，营造出和谐融洽的医患关系。

三　与院内职能部门之间的沟通与合作

（一）沟通与合作基础

在国家全民医保背景下，医保作为医药市场最大的战略购买方，为医院发展提供了稳定的资源。医院内部医疗行为监管、费用管理等方面均涉及多个相关职能部门的管理内容，更需要各部门在医保政策背景下通力合作，推动院内精细化管理，以强化院内"三医联动"，促进医院的长远、健康发展，为医院医保部门与各职能部门开展沟通合作奠定良好的基础。

（二）沟通与合作的主要内容和方式

1.加强事前沟通，各职能部门联动协调，保证医保政策落实

加强部门间的协调合作，保证医保政策能在复杂的医院环境中有效实施。医院在江苏省特药管理中是强化职能部门沟通与合作的典范：一是明确部门职责。医保处负责江苏省特药政策解释，药学部负责特药专科核定，医务处负责审核医生资质。二是责任到人。规范建立特药责任医师专家库，保障特药政策精准落地，为大病患者享受特药待遇做好保障。三是

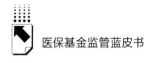

建立联动体系。在院内用药行为管理中，医院建立由医务处制定制度规范、医保处强化医保政策管理、药学部提供监管技术支持的"三位一体"院内联动体系。

2. 加强事中沟通，各职能部门协同监管

部门间形成联动合力，全方位实现质量监管，保证医疗服务提供的安全、合理、规范、高效。医院各职能部门协同联动，共同开展医保临床巡查，实时监管医疗服务行为，合理管控医疗费用，促进提升运营效率。同时，设立职能部门MDT，对医保新政落实实行责任分工，统筹推进政策实施。通过多部门协同管理，规范医保服务行为，做好医保患者服务。

3. 加强事后沟通，部门联动，促进医院资源合理配置

以医保支付方式改革为引导，强化绩效管理，规范医疗行为，控制医疗成本，提升医疗服务质量，促进医院资源合理配置，提高医保基金使用效率。通过信息处提供支持，医保处、药学部、医务处联合对患者医保支付适应证药品、医保智能审核主要扣减项目开展专项检查，实现医保支付适应证选择错误率、智能审核扣减金额显著下降；通过医院医保处、医务处、质控处、药学部联动，实现院内辅助药品、耗材的规范使用。

（三）沟通预期目标

通过建立医院医保与职能部门沟通协调机制和院内部门联动监管合作机制，实现医院医保管理的科学化、规范化、精细化，全方位优化院内资源配置，提升医院现代化、高质量管理水平和核心竞争力，促进医院良性运营和可持续健康发展，实现医院战略发展目标。

四　与院内临床科室之间的沟通与合作

（一）沟通与合作基础

国家医保制度完善与全民覆盖，带来患者医疗需求释放，医保始终以费

用支付引导着医院的各个层面得到优化，为临床科室运营和学科长远、健康发展提供支持，为医疗技术更新发展、优化临床路径创造空间。医保作为医疗质量的监督和引导机制是医院医保与院内临床科室沟通和合作的基础。

（二）沟通与合作主要内容和方式

1. 加强事前沟通，多渠道、多方式加强政策宣教和知识培训

通过临床宣教、医保早查房、医保临床巡查、重点人员宣教、直播培训等线上线下相结合的方式开展政策宣教，加强医保职能与定位宣传，促进临床科室政策掌握。针对南京市医保即将开展的 DRG 支付方式改革，医院开展 DRG 医保付费系列宣教；针对《医疗保障基金使用监督管理条例》，开展医保服务行为规范系列宣教；针对重点政策通过企业微信线上直播宣教，对全员进行政策培训并进行线上全员覆盖考核。

2. 加强事中沟通，基于实时监控数据及时反馈

对医疗费用及服务行为通过监控数据进行实时监督与沟通，促进临床及时了解医保政策的贯彻落实情况以及出现的问题：医院每 10 天对医保基金支付费用运行情况进行分析，对重点科室基于数据支撑开展实时沟通；针对发现的医疗行为问题，及时与临床科主任、当事医生进行沟通，督促修正，提升医疗服务水平。

3. 加强事后沟通，共同开展基于临床场景的医保研究

医院医保处与临床科室开展科研合作，整合医院资源，以临床数据为支撑，运用卫生技术评估等手段持续评估药品和医疗技术的临床价值，推进药品价格谈判机制的完善，为国家医保目录动态调整提供循证支持，为国家及省市医保政策、卫生管理政策制定与完善提供研究支持。

（三）沟通预期目标

通过医院医保管理部门与临床科室有效沟通与合作，实现医保支付费用、服务行为精细化管理；确保医疗行为规范化，提升科室医疗服务效率，从而控制医疗成本，有效防范医保基金风险；保障基本医疗资源利用最大

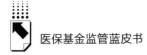

化，实现科室良性运营和学科建设发展，有效提升医院的信誉和形象；促进医保支付方式改革和多层次医疗保障体系完善，实现"价值医疗"，最终实现我国医疗事业的蓬勃发展和全民健康战略。

医疗保障基金的使用和监督管理，涉及保方、患方、医方三方权益，处于三者交点位置的医院医保管理工作，其重要性毋庸置疑，未来还需进一步发挥好沟通桥梁作用。医保改革的不断深入、政策体系的逐步完善、管理制度的持续改进，加强了医保管理部门与医院之间深层次沟通，促进了双方关系融洽，配合密切①，将有效规范医疗服务行为，提升医保基金使用效率，给百姓带来更多的利益，实现医、保、患三方共赢，从而推进医疗保障高质量发展和卫生事业持续健康发展。

---

① 褚晓静、陈玉强、李愉：《浅谈和谐医、保、患关系的构建》，《中国医学伦理学》2012 年第 1 期，第 138～139 页。

B.27
借助现代信息技术降低医保
拒付的院端探索

—— 以浙江省人民医院为例

朱佳英*

摘　要：　定点医疗机构对医保基金的使用加强内部管控，需要创新管控的方式方法，充分利用现代信息化手段，致力于精细化管理，即将基金使用环节的管控深入到检查、化验等日常医疗活动中，细化到每一张处方的每一个项目中。因此，需要建立合理用药审方体系、全流程实时智能监管体系、SPD 规范管理模式，将不规范的医疗行为作为基金监管的突破点，对违反医保药品适应证使用、药品超量、重复收费、超频次收费、材料与诊疗项目不匹配等不规范医疗行为实施智能监控等。公立医疗机构应承担维护医保基金使用安全的社会责任。政府相关部门和机构也应从规范医保拒付、信息化建设等方面给予大力支持。

关键词：　定点医疗机构　医保基金使用　智能化管控

2021 年 5 月 1 日，我国首部《医疗保障基金使用监督管理条例》（下称《条例》）正式实施。《条例》明确规定定点医疗机构应当建立医疗保障基金

---

* 朱佳英，浙江省人民医院医保物价办公室主任，高级经济师，研究方向为医院医保物价管理。

使用内部管理制度，按规定提供医疗服务，保证医保基金安全。这是国家法律法规为医保定点医疗机构规定的法律义务，具有很强的现实针对性，对加强医保基金使用安全、促进医疗机构发展、维护参保人员权益等方面具有重要现实意义和长远历史意义。

《条例》对医保定点医疗机构的现实针对性，集中体现在医疗服务供给方在为参保患者提供医疗服务的过程中，存在着不合理诊疗、不合理用药、不合理收费甚至违反医保目录规定的"三不一违"行为，导致已经发生的医疗费用被医保经办机构拒付。[①] 这对医疗机构、医保制度的可持续发展都会产生负面影响，亟待采取切实有效措施加强事前、事中防范和事后跟踪分析。

对定点医疗机构而言，规范医疗行为、管住管好医保基金使用这个关键环节，有许多切实有效、管用高效的措施可以运用。将现代信息技术应用于医疗机构的医保管理，[②] 对贯彻实施《条例》，提升医院医保精细化管理水平具有支撑性重要意义。本文以浙江省人民医院为例，通过实证分析，集中研究"互联网＋"信息化背景下，定点医疗机构怎样充分利用现代信息化手段，加强院内管控，规范诊疗行为，降低医保拒付，维护基金安全，实现医保、医疗共同发展，为实现国家"十四五"规划和二〇三五年远景目标纲要提出的"健康中国"这个目标而共同努力。

一　创新医保基金监管的方式与方法

在许多定点医疗机构制定的内部基金监管制度中，以"加强医保基金使用安全"为主题，组织医务人员开展培训教育是最常见、最普遍的做法。实践证明，这种柔性措施虽然也能发挥一定的积极作用，但由于其培训的题

---

① 朱佳英、任晋文、陈建英等：《医保精细化管理无止境》，《中国医院院长》2018年第Z1期，第90～92页。

② 朱佳英、祝菁菁：《医院内控信息化建设及成效分析》，《中国医院》2015年第7期，第54～58页。

目过大、涉及的内容宽泛，缺乏较强的针对性，没有从医务人员接受能力存在差异的实际出发搞"一刀切"式的培训等因素，其收效往往有限。医疗机构要打破这种相对粗放的做法，加强针对性，提升实效性。浙江省人民医院的做法是，紧紧围绕医保收费项目，充分利用现代信息化手段，致力于精细化管理，精细到医保药品收费、医疗服务项目收费、医用耗材收费等不同的收费种类，实施差异化、针对性的基金监管模式，即将基金监管深入到检查、化验等日常医疗活动中，细化到每一张处方的每一个项目中。

（一）建立合理用药审方体系，加强药品监管

根据医保药品目录，从药品适应证、重复用药、超量用药三个维度整理出医保药品合理性使用规则，根据规则建立起合理用药审方体系，并将审方体系嵌入医院 HIS 医生工作站。浙江省人民医院将这套做法归纳为"311"嵌入监管法，即从"三个维度"入手，整理出一套合理用药规则，建立起一套用药审方体系，并嵌入 HIS 医生工作站。在适应证的管控上，当医生为参保患者开具药品时，HIS 系统首先向医生提示该药品是否具有医保规定的适应证，防止医生因对医保适应证掌握不到位、不准确导致违反医保适应证规定用药现象的发生；在重复用药的监管上，对最小分类项下的药品联合使用进行合理性审核，审核不通过的进行实时提醒，避免重复用药造成的基金损失；在超量用药的管控上，根据急性病不超过 3 天用量、慢性病不超过 7 天用量、长期慢性病一次性不超过 30 天用量等规定，对用药天数进行管控，避免医疗资源不必要的浪费和医保基金的无形流失。

（二）建立全流程实时智能监管体系，助力医疗服务项目监管

根据医疗服务目录中的项目内涵，建立事前提醒、事中审核、事后追踪分析的全流程实时智能监管体系。事前提醒，在医务人员收取医疗服务费用时，将医疗服务的项目内涵、疗程限制、除外内容等规范进行实时提醒，避免不符合项目内涵、超疗程限制等问题的发生；事中审核，对医务人员的收

费进行实时审核，具体审核其是否存在重复收费、超频次收费、超限定流程收费等不规范行为，避免"一重两超"问题的发生；事后追踪分析，对造成医保拒付的医疗服务项目收费进行系统分析，归类总结拒付原因，不断完善审核规则。事前提醒、事中审核、事后追踪分析各有其侧重点，共同构成全流程实时智能监管的完整体系，缺一不可。

（三）建立 SPD 规范管理模式，规范耗材使用和监管

在耗材使用监管方面，浙江省人民医院逐步建立起 SPD（Supply - 供给/Processing - 分拆加工/Distribution - 配送）规范管理模式，运用信息化手段实现医用耗材在供应、分拣、配送等环节的一体化、精细化管理。同时，采用消耗后结算模式，实现医疗机构耗材零库存管理。实行一耗材一条码，规范耗材管理，降低医用耗材套收风险。坚持做到对应与匹配，即建立医用耗材与医疗服务项目的对应规则，耗材费用的收取必须匹配相对应的医疗服务，避免医用耗材多收、套收，造成医保基金的浪费。

二　将不规范的医疗行为作为基金监管的突破点

医疗机构作为医疗服务的提供者，直接影响医保基金的支出规模，是保护医保基金安全的重要一环，而不规范的医疗行为是造成基金浪费的重要原因之一，医保基金监管要将不规范的医疗行为作为抓手和切入点。

对于不规范的医疗行为，首先逐条逐项分析其产生的原因。这是利用合理用药审方体系、全流程实时智能监管体系、SPD 规范管理模式等基金监管体系进行有效管控的基础和前提。下面，对违反医保药品适应证使用、药品超量、重复收费、超频次收费、材料与诊疗项目不匹配等不规范医疗行为进行实证分析。

（一）违反医保药品适应证的智能监管

随着医保药品目录范围的不断扩大、医保药品适应证的动态调整，再加

上医疗活动的繁忙，医生对最新医保药品适应证的掌握存在不准确、不及时的现象，容易导致违反医保药品适应证使用的不规范医疗行为发生。在不影响医生医疗服务活动效率的前提下，降低或避免违反医保药品适应证使用的现象发生，就是合理用药审方体系建立的意义和价值。

将药品适应证嵌入到合理用药审方体系中，当医生开具有限定支付的药品时，将限定支付条件（即适应证）显示在开单界面实时提醒，帮助医生适时判断是否符合条件。只有在提醒的合理用药审方体系不全面、医生明显违反限定支付条件时，合理用药审方体系才强制阻止医生的不规范行为。例如，浙江省医保药品目录中规定药品"人纤维蛋白原"的医保适应证为"限低纤维蛋白原血症"，限定疾病为"后天性纤维蛋白原缺乏血症、纤维蛋白原缺乏血症"。当合理用药审方体系监测到医生开具"人纤维蛋白原"时，首先跳出医保适应证的提醒框，在医生点击确认继续保存操作后，合理用药审方体系进行限定疾病的审核，如发现缺乏"后天性纤维蛋白原缺乏血症"或"纤维蛋白原缺乏血症"中的任一诊断，则强制阻止医生开药行为，从而避免不规范医疗行为的发生。

（二）药品超量的智能监管

由于大处方、"人情处方"的普遍存在，药品超量这种不规范的医疗行为不仅造成医疗资源的浪费，也造成医保基金的流失。对于药品超量的信息化管控，需要在合理用药审核体系中根据药品的规格、用法用量，结合疾病诊断计算出该药品的实际可使用天数，分别设定3天、5天、30天等用量的强制管控，通过信息化手段杜绝大处方、"人情处方"。

例如，浙江省医保药品目录中规定，氨氯地平（络活喜）的门诊最大处方天数是30天，合理用药审核体系中对其的最大处方天数应该进行30天的合理审核。若医生一次性开具超过30天的用量时，合理用药审核体系就会出现药品超量提醒，医生必须修改到不超过30天用量才可以顺利开具出药品，从而有效地避免了药品超量这种不规范医疗行为的产生。

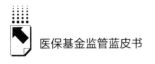

（三）重复收费的智能监管

重复收费主要是指同时收取某医疗服务项目及其项目内涵中已包含的项目，或明确规定不得同时收费的项目。这种不规范医疗行为的出现不外乎以下因素：一是临床收费人员对医疗项目的内涵不清楚，导致重复收费；二是不排除存在主观多收费的心理。针对这种类型的不规范医疗行为，医疗机构应当采取有效措施做实防范工作，最好的办法是将医疗服务目录中各医疗服务项目的内涵整理为合理性智能审核规则，构建起针对医疗服务项目收费的事前提醒、事中审核、事后追踪分析的全流程实时智能监管体系。

比如，临床收费人员在收取"气管切开护理"费用时，智能审核系统首先会提醒其项目内涵为"含吸痰护理、药物滴入、定时消毒、更换套管及其材料"。当临床收费人员收取"气管切开护理"费用的同时再收取"吸痰护理"费用，智能监管系统会进行强制管控，提示当天已经收取的"气管切开护理"费包含了吸痰护理费用，临床收费人员无法单独收取"吸痰护理"费用。这样，利用信息化智能审核体系，在收费阶段就减少了重复收费行为的发生。

（四）超频次收费的智能监管

超频次收费主要是指在某一时间区间内收取超过医保限定报销次数的费用，是比较常见的不规范诊疗行为，主要是临床收费人员对各医疗服务项目的计价单位掌握不清楚造成的。不同的医疗服务项目有"次""人次""日"等不同的计价单位，只有真正理解不同计价单位的内涵，才可以做到规范收费。而智能审核系统就是要把不同的计价单位转为审核规则，对收费行为进行实时监管，让临床收费人员按规则收费，清晰兼具规范的规则可以避免超频次收费。

例如，等级护理的计价单位是"日"，也就意味着24小时（每日0时至24时）之内只能收取1次护理费，当收取2次的时候，智能监控系统就会进行阻止；再如，静脉输液的计价单位是"人次"，意味着每人每日只能收取 1 次"静脉输液"费用，当收费超过 1 次时，智能审核系统同样会进行实时提醒，从而杜绝超频次收费的现象。

（五）材料与诊疗项目不匹配的智能监管

材料与诊疗项目不匹配，主要体现在无诊疗项目收取材料费或者收取费用的材料型号与诊疗项目不对应，存在套收材料费的嫌疑。在 SPD 规范管理模式中，除了在供应、分拣、配送等环节实现一体化和标准化，还应建立材料与诊疗项目相对应的审核规则，当收取材料费时，必须与诊疗项目相对应，防止套收、多收材料费用的现象发生。

例如，浙江省物价政策中明确规定，功能性敷料需要与皮肤溃疡清创术等诊疗项目相匹配，在缺乏诊疗项目的前提下收取功能性敷料的费用，智能监控系统会提醒该材料的使用需要与"皮肤溃疡清创术、慢性溃疡修复术、烧伤复合伤抢救、烧伤冲洗清创术、烧（灼）伤换药"进行匹配，如该患者无相应诊疗费用，便无法收取功能性敷料的费用。

三　公立医院探索基金监管的意义与实践

从社会责任的角度来看，公立医院积极探索医保基金监管的有效对策，不仅是贯彻实施《医疗保障基金使用监督管理条例》等政策法规的要求，而且是公立医院坚持以人民健康为中心，为参保患者提供适宜医疗服务，保障广大参保人员权益的体现。从医保管理的角度来看，加强医保基金监管不仅能够规范医疗行为，也能够降低医保拒付，减少医疗机构不必要的经济损失。[①]

公立医疗机构加强医保基金监管的方式和手段经历了几个不同的阶段。第一阶段是制度层面的完善，主要是医疗机构建立基金内部管理制度，为医

---

① 董恒进：《提高医保基金绩效评价科学性需解决三大问题》，《中国医疗保险》2020 年第 9 期，第 40～41 页。

保基金管理提供制度依据；第二阶段是采用人工审核方式，对高额医疗费用、重点医保项目进行事后审核，发现问题时整改比较滞后；第三阶段是利用现代信息化手段构建医保智能审核体系，对医保基金支付的医疗费用进行全面、实时、精细化的事前审核，及时纠正不规范的医疗行为，在有效降低医保拒付的同时，也提升了自我监管效率，维护了医保基金使用安全。

浙江省人民医院从2014年开始利用信息化手段探索构建医保基金智能监管体系，以医保药品目录、医疗服务项目目录、医用耗材目录以及医保物价政策和医学知识库为基础，结合参保人个体诊疗信息，建立起了合理用药审方体系、全流程实时智能监管体系、SPD规范管理模式等差异化基金监管体系，在减少不规范医疗行为、降低医保拒付方面取得了很好的效果，医保拒付率从2011年的2.12%下降到了2020年的0.13%，如图1所示。

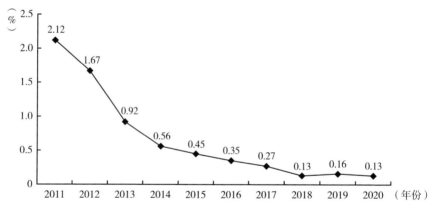

图1　2011～2020年医保拒付率

四　医疗机构医保基金内控机制的推广与复制

浙江省人民医院通过搭建合理用药审方体系、全流程实时智能监管体系、SPD规范管理模式三位一体的基金内控机制，实现了医疗机构对医保基金的信息化监管，提高了监管效率，有效减少了不规范医疗行为，降低了医保拒付率，维护了基金安全，在定点医疗机构具有一定的推广借鉴意义和价值。

实现医疗机构对医保基金的智能监管，需要做大量的前期准备工作。浙江省人民医院在构建医保基金智能化内控体系的过程中，重新梳理了本院药品、诊疗、耗材以及疾病编码等数据库，并对院端上传到医保局的数据名称、单位剂量、计价单位等进行规范化处理；同时，对医疗机构信息和医保医师信息库进行实时维护，力求实现医院基础数据库、标准规则库等的统一，保证医保数据上传的标准化。只有在前期准备工作到位的情况下，医院才能利用信息化的基金监管体系对各项医保基金支付费用实现实时、高效、同质化的规范审核。当然，信息化的医保基金智能监管体系需要跟随国家政策制度的变化而动态调整时，也需要不断查漏补缺，才能因地制宜、与时俱进地建立一套符合自身特征的医保基金监管体系。

五　政府相关部门在医疗机构基金监管中发挥作用的思考

公立医院建立医保基金智能化内控机制，维护基金安全，需要政府相关部门和机构的大力支持。一是医保经办机构在制定医保拒付规则时，需要充分参考临床一线医生的意见和建议，在明确不规范医疗行为的基础上，制定医保拒付规则。二是医保经办机构制定的医保拒付规则应该公开透明，让医疗机构更加全面地开展自查自纠，自我规范。毕竟，医保拒付的本意是纠正不规范的医疗行为，促进医疗机构提供规范的医疗服务，维护医保基金使用安全。三是在定点医疗机构进行医保基金智能化监管系统建设过程中，地方相关行政部门如财政、医保、卫健等在经费上应该给予大力支持，提高医疗机构信息化建设水平，守住医保基金使用安全的最后一道防线。

B.28
基于临床实际的医保基金支付费用合理控制系统研发路径和初步成效

—— 以华西医院为例

孙　麟*

摘　要： 四川大学华西医院从医疗的特殊性出发，聚焦参保患者和临床最关心、最现实的问题，研发基于临床实际的医保基金支付费用合理控制系统，以大数据和人工智能为支撑，以医疗合规、临床合理、医保报销三大知识库为基础，实现覆盖医疗全过程的全方位、智能化、精细化的动态监管，妥善解决医保基金使用安全与医院合理利益之间的问题和矛盾。本文详细介绍了该系统构建的背景、实现路径和实践成效，总结提出医院医保管理先行理念，供同行借鉴。

关键词： 临床合理　医保基金　控制系统

一　背景及目的

医保基金是人民群众的"看病钱""救命钱"，国家一直高度重视医保基金使用安全，基金监管力度不断加大。目前，统筹地区基本上建起医保智

---

* 孙麟，四川大学华西临床医学院副教授，硕士生导师，四川大学华西医院医保办公室主任，主要研究方向为医院医保管理、医学信息与医院管理，以及生物统计大数据应用。

能监控系统，实现了传统的人工抽单审核向计算机辅助智能审核的转变，建立了申报费用逐单逐项的全面审核机制，以及包括日常巡查、专项检查、飞行检查、重点检查等多种监管方式的制度体系，取得了较大成效。

但现有的监管方式可能存在一些不足：一是监管规则大多基于医保和卫生、物价等相关部门政策，与临床实际结合不够紧密，在控制医疗费用不合理增长、促进医疗技术发展和提升医疗质量方面可能存在不足。二是以事后监管为主，对医疗行为发生前和医疗过程中的合理引导不足，难以及时避免不合规行为的发生和蔓延。三是监管数据以结算数据为主，来源单一，导致筛查出大量"假阳性"结果，监管效率不高。再加上受疾病的复杂性、医疗服务的专业性、医疗手段的多样性等因素影响，对医保基金支付费用的监管难以做到"恰到好处"。

因此，《国务院办公厅关于推进医疗保障基金监管制度体系改革的指导意见》要求全面建立智能监控制度，加快推进医保标准化和信息化建设，建立和完善医保智能监控系统，加强大数据应用。加强对定点医疗机构临床诊疗行为的引导和审核，强化事前、事中监管。针对欺诈骗保行为特点，不断完善药品、诊疗项目和医疗服务设施等基础信息标准库和临床指南等医学知识库，完善智能监控规则，提升智能监控功能。加快建立省级乃至全国集中统一的智能监控系统，实现基金监管从人工抽单审核向大数据全方位、全流程、全环节智能监控转变。

2021 年 5 月 1 日开始施行的《医疗保障基金使用监督管理条例》明确要求，定点医药机构应当建立医疗保障基金使用内部管理制度，由专门机构或者人员负责医疗保障基金使用管理工作，建立健全考核评价体系，定期检查本单位医疗保障基金使用情况，及时纠正医疗保障基金使用不规范的行为。四川大学华西医院是中国西部疑难危急重症诊疗的国家级中心，也是世界上规模最大的综合性单点医院，在职人员超过 1 万人，床位 4200 张。2020 年，门、急诊量 560 万人次，出院病人 21 万人次，手术 12 万台次，日均结算基本医疗保险门诊（特病、特药）患者 500 余人次、住院患者 300 余人次。为贯彻落实国家要求，适应本院接诊量居高不下的现状，华西医院

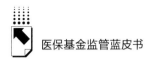

研发了基于临床实际的医保基金支付费用合理控制系统。该系统以大数据和人工智能为支撑，以医疗合规合理为基础，结合医保政策，建立了覆盖医疗全过程的全方位、智能化、精细化的动态监管体系。

二 实现路径

（一）医疗大数据的集成

通过 ETL（Extract-Transform-Load）数据仓库技术从医院业务系统（HIS、电子病历系统、LIS、PACS、超声报告系统等）抽取出监管所需的历史数据，经过初步的数据校验、清洗，将数据加载到数据仓库，实现医疗大数据的集成和初步标准化。

（二）搭建人工智能平台和大数据挖掘与共享平台

搭建人工智能平台和大数据挖掘与共享平台，基于数据仓库的历史数据建立 AI 训练资料库，运用自然语言处理、知识图谱、深度学习等人工智能技术对医疗大数据（尤其是自然语言描述的临床诊断、电子病历中非结构化数据）进行标准化处理，以支撑系统对临床诊断、手术操作的智能编码和医疗业务数据的智能识别，以及知识库的建立和运用。

（三）建立三大知识库

1. 医疗合规知识库

基于卫生、药监等部门政策规定和医疗真实性、逻辑性规则，建立医疗合规知识库。如错误对照医保编码、超标准收费、分解项目收费、有计费但无对应医疗文书记录、计费数量异常超高、男性使用女性特有诊疗项目、有耗材费用但无对应的手术操作项目等，以解决医疗费用真实性、合规性问题。

2. 临床合理知识库

基于临床指南、临床路径、药品说明书、医疗耗材说明书等权威资料以及一线临床专家经验及共识，结合疾病画像细分组（使用标准化的医疗大数据，在 DRGs 基础上结合治疗方式、病情严重程度、病人个体特征等因素进行细分，使组内病例的同质化水平更高、可比性更强）提炼出各组"标准"诊疗方案，建立临床合理知识库，以解决疾病的复杂性、医疗手段的多样性导致的医疗费用合理性判断难的问题。

3. 医保报销知识库

基于各统筹地区医保报销政策及定期与医保局沟通、确认结果，建立医保报销知识库，以解决医保政策的多变性。针对不同统筹地区、不同险种的患者，系统自动调用对应的医保报销规则进行管控，以解决医保政策的差异性。

（四）监管系统嵌入医疗业务系统

第一，结合实际医疗业务流程，逐一梳理每个诊疗项目在院内的发生过程和对应的管控点，基于三大知识库设计并研发三大规则引擎和管控系统。

第二，开发接口，实现管控系统与医疗业务系统在各管控点的实时数据交换，将管控系统嵌入医疗业务系统。

第三，监管系统首先在医保办出院审核环节（最末环节）上线，旨在对规则准确性、系统效率等方面进行磨合和优化。实现计算机代替人工审核的管控规则，逐步向事前提示、事中控制环节推进，最终建立覆盖医疗全过程的智能管控体系。

（五）形成闭环，持续进化

对于管控过程中产生的提示信息和医生操作、反馈等数据全面留痕，并进一步进行挖掘、聚类，相关问题与院内职能部门和医保局进行数据共享，并根据其反馈意见持续优化知识库，形成医疗费用管控"知识"闭环，支撑系统持续进化。

三　管理理念

新研发的医保基金支付费用合理控制系统充分体现了华西医院先进的管理理念。

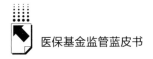

（一）全方位

1. 监管规则全方位

系统以医疗合规、临床合理规则为基础，兼顾医保报销规则，实现了全方位的审核、管控，且更贴合临床实际。不符合医疗合规、临床合理规则的医嘱，原则上不允许发生，有特殊情况的必须备案，保证医疗安全和质量，同时避免不合理医疗费用的发生；对于符合医疗合规、临床合理规则但不符合医保报销规则的医嘱，系统及时通知患者，在保障患者知情权的同时不干扰临床，且相关费用不纳入医保报销，保证医保报销政策的精准执行。

2. 监管数据全方位

系统不仅基于医保结算数据，而且基于全方位、标准化的实时医疗业务数据进行规则判断和监管，保证审核结果更加准确。例如，下达"白蛋白"医嘱时，系统会自动调取 LIS 中病人最近白蛋白的指标数据，以自动判断是否符合使用白蛋白的标准；下达"沙库巴曲缬沙坦"医嘱时，系统会自动调取超声报告系统数据，以自动判断病人射血分数（EF）是否符合药品说明书适应证的要求。

（二）全过程

管控系统全面嵌入医疗业务系统，实现覆盖事前、事中、事后的全过程管控。为了从源头上避免不合规不合理医疗行为的发生，管控系统尽可能把管控关口放在事前，当数据不满足规则判断要求时（依据不足），系统会在治疗过程中持续监控规则判断所需数据，一旦数据满足判断要求，系统会及时进行提示、管控。例如，对于"注射用盐酸万古霉素"，药品说明书的适应证之一是"甲氧西林耐药的葡萄球菌引起的感染"，下达医嘱时如药敏试验尚未出结果，医生可结合临床实际情况经验性使用，但系统会持续跟踪药敏试验结果，有药敏试验结果时系统会自动判断患者是否有"葡萄球菌"类细菌感染且是否对甲氧西林类抗生素耐药，如不符合，系统会及时提示医生，医生可考虑及时换药，或虽然药敏试验结果不符合要求但疗效明显，医生也可选择备案后继续使用。

（三）智能化

管控系统自动抓取并标准化审核所需数据，动态调用三大知识库代替人工进行智能化审核和提醒，大大提高了审核的质量和效率，保证了审核标准的统一，让医务人员在诊疗全过程都有"监管人员"陪同、提醒，减少医务人员记忆监管规则的负担。

（四）精细化

针对每一个医疗行为、每一条医嘱、每一笔费用，管控系统逐项在需要管控的环节进行审核，并基于审核不通过的原因、面向的对象和重点注意事项，更加准确、有针对性地进行提示和引导，最大限度避免错、漏，保证医疗行为合规和费用合理。仍以"注射用盐酸万古霉素"为例，下达医嘱时，如药敏试验结果尚未出来且未下达药敏试验医嘱，或结果为未查到任何病原体，临床合理规则会提示医生须尽快做药敏试验，医保报销规则会给患者推送信息，告知患者该药品可能需要自费；如药敏试验结果查到病原体但不是葡萄球菌，或查到葡萄球菌但对甲氧西林类抗生素敏感，临床合理规则会提示医生考虑是否换药，医保报销规则会给患者推送信息，告知患者该药品需要自费。

（五）动态化

事前、事中：管控系统首先调用医疗合规、临床合理知识库进行审核，如发现异常则实时弹窗提醒，医师需备案说明理由或取消医嘱；备案后或符合医疗合规、临床合理规则时，系统再调用医保报销知识库进行审核，如不符合报销规则，系统实时给患者推送自费告知消息，不干扰临床；如医疗合规、临床合理、医保报销规则均审核通过，直接进入下一环节，临床和患者均无感知。

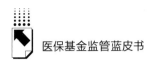

事后：管控系统同时调用医疗合规、临床合理、医保报销知识库进行审核。在医生办理出院手续环节，系统针对可能是因为诊断不全（如未下与药品适应证相关的诊断）、医疗文书不完善（如使用了二线药品，但未描述既往一线药品的使用情况；有手术医嘱和费用但手术记录无相关描述）导致的问题进行提醒；在护士扎账环节，系统会针对可能是因为多记、错记、漏记费用导致的问题进行提醒。

四　初步成效

管控系统自 2019 年 10 月上线至今，筛查出"异常"医嘱 10 万余条，通过对管控过程中的审核结果、医生操作、反馈数据的挖掘、聚类，总结出以下几种情况。

不符合医疗合规/临床合理规则，取消医嘱的 30000 余条，涉及金额 500 余万元，及时避免了问题医嘱的发生，在保障医疗质量和安全的同时，促进了医保基金的高效使用。

符合医疗合规/临床合理规则，不符合报销规则的 75000 余条，涉及金额 400 余万元，相关费用未纳入报销且及时向患者推送了自费告知信息，保证了医保报销政策的精准执行。针对涉及的 159 项医保报销规则，通过 60 余次临床专家意见咨询，向医保局反馈临床专业意见 89 条，其中 46 条得到了采纳，为患者争取了合理权益。

不符合医疗合规/临床合理规则，符合报销规则的项目 3 项，涉及金额 50 余万元，其中有 2 项向医保局进行了反馈，2020 年药品目录已更新，保证了医保基金的高效、合理使用。

不符合医疗合规/临床合理规则，但临床实际需要的项目 20 项，向医务部、药剂科、物价部等部门共反馈信息 14 次，各部门均采取了整改措施，建立以大数据为支撑的多部门协同管理机制，优化了院内管理制度。

综上，基于先进管理理念研发的医保基金支付费用合理管控系统实现了价值医疗、患者治疗需求与医保基金支付费用监管之间的平衡，最大限度确保了临床合规、合理，保障了患者权益，同时确保了医保基金的安全、高效使用。

五　几点体会

在医改新形势下，医院医保管理面临一系列新挑战。对参保患者和临床最关心、最现实的问题，对涉及医保基金安全以及医院合理利益的问题，我们的体会是：一定要植根于思想，落实到行动。同时，在实践中秉持以下原则。

（一）以患者为中心

"以患者为中心"应该作为宗旨贯穿医院医保监管和服务体系的始终。基于医疗合规、临床合理规则，首先是保证医疗质量和安全，让患者看好病，其次是避免不合理费用发生，减少病人负担；基于医保报销规则，首先是实现实时给患者推送自费告知信息，保障患者知情权，其次是通过计算机自动审核，避免人工审核时审核标准不统一、错审问题，实现"应报尽报"，保障患者权益。

（二）以医疗安全、质量为根本

医疗质量直接关系到人民群众的健康权益和医疗服务体验。持续改进质量、保障医疗安全，是卫生事业改革和发展的重要内容和基础，也是医院管理的核心和根本。监管体系的建设不应该只是以减少医保扣款为主要目的，仅仅以医保报销规则进行监管，而应该以医疗合规、临床合理规则为基础，在保障医疗安全和质量、费用合规合理的前提下，再考虑是否符合医保报销政策的问题。不合规、不合理甚至可能造成不良后果的医疗行为的发生本身就是错误，如果再将相关费用纳入医保报销，就是错上加错。

（三）以服务临床为导向

医院医保管理应减少医保业务对医生的干扰，让医生专注于医疗业务。

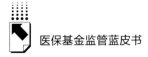

在医疗合规、临床合理前提下，对医保报销问题系统自动给患者推送自费通知，不干扰临床，实现对医保报销政策"零感知"的精准执行；在医保业务中，医生只需在系统中录入患者病情、治疗方案等与医疗相关的数据，其余办理医保业务所需的数据和表单均由系统自动生成。目前，华西医院医保业务需要医生进行的操作，住院和门诊特殊疾病业务减少约95%，特药减少约75%，未来可实现医生对于医保业务"零操作"。

（四）以多部门协同管理机制为保障

对医疗费用的监管工作不是医院医保管理部门一个部门能够独立完成的，必须建立和医务、药剂、物价等职能部门的协同管理机制。在知识库（尤其是临床合理知识库）建设之初，一起进行规则梳理和医疗大数据分析等工作；系统上线后，定期对管控过程中产生的大数据挖掘、聚类结果进行共享、分析，持续优化知识库。

B.29
网格化管理织密医保基金"安全网"

——首都医科大学三博脑科医院医保管理实践

徐向英*

摘　要： 近几年，首都医科大学三博脑科医院针对医保基金使用规模不断扩大、对医院医保管理水平的要求不断提高这一实际情况，坚持将医保管理工作融入医院全面建设，探索形成了"横纵结合、联动负责、无缝对接"的网格化医保管理模式，在保障医院医保基金合理、安全使用的同时，促进医院管理水平提升，实现了医院现代化管理与医保基金监管的互赢共生。

关键词： 医保管理　网格化　基金监管

一　概述

首都医科大学三博脑科医院（以下简称"医院"）创建于 2004 年，是一家以神经外科为特色的三级专科医院，其神经外科是国家临床重点专科。医院目前设置床位 256 张，累计完成各种神经外科手术近 4 万台。2009 年 2 月，医院被批准为北京市医保定点医疗机构。医院年均门诊统筹结算 9000 多人次，约占全年门诊量的 30%，年均住院医保实时结算 4000 余人次。北

---

* 徐向英，三博脑科医院管理集团副总经理、首席医疗官，首都医科大学三博脑科医院院长。

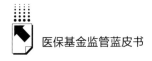

京本地医保门诊患者 6000 余人次，住院患者 600 余人次。

医院医疗服务范围辐射较广，异地就医患者逐年增多。2017 年被批准为异地实时结算定点医疗机构，异地实时结算患者 3300 余人次。纳入医保定点医院后，医保基金支付的医疗费用在医院收入中的占比越来越高。随着医院医保基金使用规模的扩大，医院医保管理水平也应不断提高。为此，医院将医保管理工作融入医院全面建设，将认真落实医保政策、提供规范化服务作为院内医保管理的着力点，探索形成了具有自身特色的网格化医保管理模式，同时借助信息化手段提升医保监管效能，通过网络化的严密管理和信息化的技术支撑织密织牢医保基金"安全网"，确保医保基金在医院提供的医疗服务中得到安全使用、高效利用，提升参保患者获得感。

二　医院网格化医保管理模式的构建

为切实保障医保基金安全、高效使用，医院引入社区网格化管理模式，着力构建医保基金使用管理的网格化模式。医院将医保管理工作列为全院的中心任务，实施纵横协同的管理方略，即建立三级垂直管理架构，以医院医保管理工作领导小组、管理部门、工作人员为网格纵线，以多科室为网格横线，以医保专员、物价专员、临床科室医保管理员为纽带，构建工作责任落实的网格化管理体系，并明确各层级各岗位的工作职责，以规范化职责推动责任制的落实（见图1）。

（一）建立由院长为第一责任人的组织领导机构

医院成立医保管理工作领导小组，作为医保管理体系中的管理决策指挥中心，全面组织领导医院医保管理工作。其中，院长担任组长，作为第一责任人，主管副院长任副组长，协助院长落实各项医保工作。

医保管理工作领导小组每月召开专题会议，主要内容有以下几项：一是及时组织传达学习最新医保政策和管理部门的新规定，并就政策的贯彻落实工作进行分析指导；二是对全院医疗保险总额预付的使用情况、医保支付的

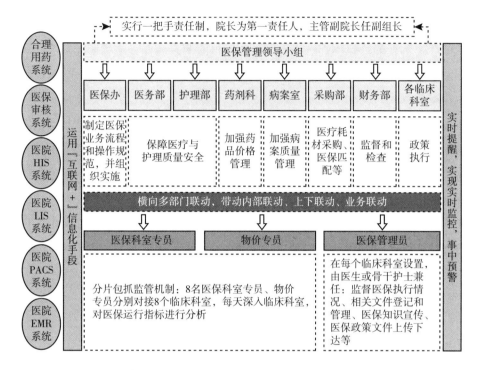

图1 首都医科大学三博脑科医院构建的网格化医保管理模式

结算情况、医疗数据的运行情况进行汇总通报，及时掌握、分析医疗保险指标运行及审核过程中存在的问题等，并针对发现的问题提出对策；三是开展细化与深化分析，即对参保患者次均费用、药占比、耗材占比等指标逐科室统计分析，以便及时发现临床执行医保政策过程中的问题，从而为做好医保管理工作完善医院顶层设计。之所以明确提出领导小组每月专题会议的主要内容，主要目的是让有关人员、相关各方都做好准备，确保会议开出效率和效果，真正达到促进医院医保管理和全面建设的目的。

（二）强化科室责任，提高监管执行力

在医院医保管理工作的具体组织和落实中，管理部门的相关科室处于中间环节，被业内称为"中坚环节"，发挥着承上启下的关键作用。因此，强化管理部门相关科室的责任，是提升医保管理执行力、推进医院全面建设的

关键。为此，医院明确提出，医保办、医务部、护理部、药剂科、病案科、采购部、财务部及临床各科室，都要从各自的职责做起，形成医保管理和医院全面建设的合力，包括对门诊、住院费用的管控，药品使用、耗材管理、医疗服务行为的规范等方面。其中规定，医保办负责制定全院医疗保险具体业务流程和操作规范并组织实施；医务部、护理部从医疗与护理质量安全方面保障医保政策顺利落地实施；药剂科负责加强药品价格管理，认真执行相关物价政策；病案科从加强病案质量管理、规范医疗文书书写入手，为医保支付提供重要依据；采购部负责医疗耗材采购、成本价格、医保匹配等；财务部负责制定财务运营数据统计分析以及内部财务审查，确保医疗费用结算资金与医保部门账目一致。由于责任清晰，各部门和科室都明确了抓什么、怎么抓。

（三）将医保管理触角延伸到临床末梢

一是院级层面的医保管理人员深入临床一线实施管理。医院实行医保科室专员＋物价专员分科室、分片包抓监管机制，8名医保科室专员和物价专员分别对接8个临床科室，每天深入临床一线，对处方、病案等医保合规性及收费合理性进行分析，动态化、常态化对各临床科室医保基金使用情况如患者自付比例、门诊住院人均费用、门诊特病费用等进行监督检查和管理服务。

二是每个临床科室设置一名医保管理员，由医生或骨干护士担任，负责检查监督本科室各种医疗保险规定实施情况、科内各类医保文件的上传下达、相关文件登记和管理以及医保政策知识的宣传工作。在每个临床科室形成的一个个网格单元中，通过充分发挥医保管理员在沟通联络医保科室与临床一线中的"桥梁"作用，切实推动医保政策在临床科室快速执行落地，强化医保日常管理。

三是医院有组织、有目的地开展部门联动督查和上下联动督查，形成优势互补的督查合力。在部门联动方面，医院定期组织医务、医保、病案、护理、药剂、采购、财务等多部门开展综合督导检查，及时查找院内医保基金不合理使用等问题并反馈。在上下联动方面，医院坚持以问题为导向，确保主管院长与医务、医保、病案、护理、院感、药剂、采购、财务等多部门每周深入病房开展综合督导检查和专项检查，重点对挂床住院、分解住院、高值耗材使用、多收费、超适应证用药、病历书写等情况进行检查，发现问题，立即整改。

与此同时，医院高度重视医保信息管理系统的开发和建设。建立了以院长为核心的医院信息化建设领导小组，充分运用"互联网＋"信息化手段，通过 HIS 系统、LIS 系统、PACS 系统、电子病历系统、合理用药系统、医保审核智能系统等，实现对医保基金使用的智能化、精细化监管。智能技术的应用，不仅填补了人工审核短板、助力网格化提质提效，而且可及时发现医务人员不合理的医疗行为或参保人不合理的医保行为，实现对医保基金全过程、全方位、无死角、无漏洞监管。以 HIS 系统为例，医院购买引进基于HIS 系统的智能管理模块应用，如临床路径管理系统、院感管理系统、合理用药系统、医保审核智能系统等，在 HIS 系统中完善医保医药政策的嵌入，做到事前提醒；在医生诊疗过程中，对于违反前述规定的情况，通过信息系统实时提醒，实现实时监控，事中预警。

医院推行的网格化管理模式，纵向"一竿子到底"，建立从医院到科室再到工作人员的三级垂直管理架构，实现医保管理工作下沉，充实医保管理力量。横向多部门实现协作联动，在扩大监管覆盖范围的同时，形成齐抓共管的工作合力。此外，依托信息管理手段实现精准监管目标，弥补人工监管不足，构建出"横纵结合、联动负责、无缝对接"的网格化管理体系，实现监管"无盲区"。

三 网格化管理体系的强化和保障

（一）强化制度建设，实现监管有依据

为进一步规范院内医保基金合理合规使用，强化医院医保管理机制，医院专门制定了就诊管理、物价收费等制度，为管理体系贯彻落实医保政策提

供制度保障。就诊管理制度要求严格执行医疗核心制度，严格出入院标准，对门诊、入院、出院等各流程均设有严格的医保资格审查流程，坚决杜绝挂床住院、虚构医疗服务、伪造医疗文书票据、违规收费等骗保、套保违法行为。物价收费制度则通过规范定价机制，严格审批流程，达到规范收费、透明收费、合理收费的目的。

（二）强化政策培训学习，实现监管有方略

医保政策涉及面广、配套文件多、专业性强，相关人员对于政策的准确掌握与实施至关重要。医院严密组织实施，开展多层次、多形式的医保政策培训，促进医保管理工作在学政策、知政策、懂政策的基础上顺利进行。

一是组织全员培训。不定期组织面向全体医务人员及行政职能部门工作人员的全院培训。通过解读医保政策，分析日常医保管理中的难点和重点问题，加深对政策的理解，提升合理合规使用医保基金的自觉性。

二是开展重点培训。对医保办、门诊、药械采购、财务物价等医保管理中的重点科室和人员开展重点培训，特别是开展临床业务培训，提升理论水平和专业技能，让医保管理细节落到实处。

三是组织专题培训。定期组织召开 DRG、DIP 支付方式改革，套保骗保医保典型案例分析，临床路径管理等医保专题培训，掌握医保支付改革最新进展，探索创新管理模式。

四是对特殊科室进行有针对性的培训，如对脊髓脊柱科、神经血管介入外科等术中使用的高值耗材审批进行相关培训。

（三）强化考核及奖惩，实现监管有动力

为强化内部管理，促进医院行政领导及全院职工积极、主动履行医保管理相关职责，医院结合实际情况，构建了相应的考核和追责问责机制。

一是根据医保管理工作要求，结合自身实际制定医保考核办法与考核指标，按月对科室进行考核，并将考核结果与管理层和临床医护人员绩效等挂钩。例如，在药品和耗材的合理使用上，医院根据各科室具体情况设定相应

指标，对超出指标的不合理使用科室及相关人员给予处罚。

二是强化医疗安全事件监管，针对违反医疗质量核心制度行为及违规人员建立追责问责机制。职能部门每月深入各科室对核心制度执行情况、运行病历开展现场督查，并将医疗质控结果在每月全院中层例会上进行点评分析，促使各科室及时改进完善，并对存在问题的相关科室进行追责。

四　网格化管理下医保基金监管的成效

（一）基金安全得到有效保障

医保监管是确保有限的医保基金能够用在"刀刃"上的重要抓手。高质量的医保监管能够有效确保医保基金的安全运行。在党和国家医保政策的指引下，在各级主管部门的指导支持下，医院严格落实医保政策，全面做好医保管理工作，确保基金安全。2020年6月，医院门诊医生在接诊参保人刘某时，通过严格的医保资格审查，发现其受伤陈述存在虚假问题。通过详细询问得知，刘某为谋求医保基金报销，将工伤虚构为家中受伤。查实情况后，医院及时中止了相关诊疗服务，并对刘某进行了严厉批评教育。首都医科大学三博脑科医院医保基金监管工作一直平稳有序开展，各项指标均达到医保政策要求，近三年未发生一起套保、骗保行为，在北京市和海淀区两级医保监管部门的多次督查中受到肯定。

同时，参保患者也切实享受到高质量监管带来的实惠，医疗费用个人负担较之前进一步减轻，满意度实现同步提升。2019年6月15日，医院按照北京市委、市政府有关决策部署，积极参与医耗联动综合改革，并同步加强医保管理，不折不扣落实相关政策，改革后门诊次均费用、住院次均费用双双下降。

（二）医院现代化管理水平不断提升

医保作为支付终端，向前溯源与执业准入、医疗质量安全、合理诊疗等息息相关，任何一条线出问题，都会影响医保基金支付。医院将医保管理作为医院管理的重要抓手，通过医保支付政策约束和推动各项医疗服务规范运行，在保障医保高质量监管的同时倒逼医院不断规范诊疗行为，提升服务能力，强化自我监管，推动医院现代化管理水平跃升。

一是依法执业的"红线"更加清晰。依法执业是医保正常开展的基本保障。医院在强化自我监管过程中，不断强化执业行为管理，切实落实依法执业主体责任，严格诊疗科目、医疗技术、医护人员、药品、设备和耗材的准入，切实保障了患者医保权益。

二是医疗质量与费用控制更有保证。医疗质量安全可靠、诊疗行为合理规范是医保基金合理使用的重要条件。医院严格执行 18 项医疗质量安全核心制度，强化医疗质量安全培训，加强院感、病案、抗菌药物等重点环节管理，强化过程质控、重点环节监控，多年来医院各项医疗考核指标均达国家标准，实现医疗零事故。同时在医疗质量持续改进的基础上，注重医疗费用控制，对患者病情进行合理诊疗、合理检查、合理用药，杜绝诱导医疗和过度诊疗，将医疗费用控制在合理水平，其中药品加耗材占住院总医疗费用的比例较低，减少了患者不必要的开支花费。

三是病案质量与管理更加规范。严控病案质量才能为医疗保障基金的支付和管理提供客观依据。医院在强化医保基金监管的过程中，高度重视医疗文书管理，积极落实国家有关法律法规以及病历书写、分类编码、管理与应用相关规定。临床上要求主管医生书写病历真实、准确，项目填写清楚，医嘱清晰明确。医保办病历审核做到"双审"，即在院病历实时监控，出院结算前再审核，经审核后达到有收费、有服务、有医嘱、有记录，且检查、治疗、用药均要符合病情才能办理出院结算。同时，病案管理加强质控建设，建立病案质量监控组织，将病案分为不同级别进行控制，保证病案质量监控管理，从基本上维护了医患双方的权益。

（三）现代化管理与医保基金监管互赢共生

严密有力的医保监管体系在有力维护基金安全的同时，引导医院不断规范诊疗行为、提升服务能力、强化自我监管，优化各个层面的管理，促使医院现代化管理水平不断提升，为医院的长远、健康、高质量发展奠定良好基础。2018 年，国家卫生健康委、国家发展改革委等六部门印发《关于开展建立健全现代医院管理制度试点的通知》，首都医科大学三博脑科医院作为现代医院管理制度试点单位中仅有的两家社会办医之一入选。此外，2021 年 1 月，医院被批准为开通跨省异地就医普通门（急）诊实时结算定点医疗机构，2021 年 4 月成为国家医疗保障疾病诊断相关分组付费改革试点医疗机构。这对医院管理水平与能力给予了充分肯定。同时，医院管理的现代化本身就包含医保基金监管这一内容，而且医院在法人治理结构、人事薪酬制度改革、医疗质量管控、信息化建设和改善医疗服务等医院管理方面的探索进步，同样促使医保基金监管水平不断提升。因此，医院现代化管理与医保基金监管两者互为支撑、相互促进，最终实现"互赢共生、共同发展"这一良好局面。

附　录
Appendix

B.30
附录1　2020年医疗保障基金
监管相关数据[*]

表1　2020年各地区基本医疗保险参保总体情况

单位：万人

地区	参保总人数		
	总计	职工医保	城乡居民
全　国	136131.1	34455.1	101676.0
北　京	2139.9	1741.6	398.3
天　津	1164.1	618.4	545.7
河　北	6938.8	1135.5	5803.3
山　西	3245.1	716.4	2528.7
内蒙古	2183.9	553.0	1630.9
辽　宁	3867.5	1588.4	2279.1
吉　林	2461.9	529.8	1932.1
黑龙江	2827.0	876.4	1950.6
上　海	1943.2	1587.2	356.0

＊　资料来源：《2021中国医疗保障统计年鉴》。

续表

地区	参保总人数		
	总计	职工医保	城乡居民
江 苏	7967.7	3102.3	4865.5
浙 江	5556.5	2579.5	2977.0
安 徽	6704.6	951.6	5753.0
福 建	3840.5	893.1	2947.4
江 西	4780.0	599.0	4180.9
山 东	9697.8	2323.3	7374.5
河 南	10349.5	1336.5	9013.0
湖 北	5583.0	1136.9	4446.1
湖 南	6731.8	989.8	5742.1
广 东	10991.4	4578.1	6413.3
广 西	5217.2	656.2	4561.0
海 南	934.0	250.1	684.0
重 庆	3266.7	767.0	2499.8
四 川	8591.7	1875.9	6715.8
贵 州	4194.4	475.5	3718.9
云 南	4581.3	548.4	4032.8
西 藏	342.8	50.4	292.3
陕 西	3899.8	742.2	3157.5
甘 肃	2590.4	361.9	2228.5
青 海	563.3	108.5	454.7
宁 夏	658.8	153.0	505.8
新 疆	2316.8	629.1	1687.6

表2 2020年各地区基本医疗保险基金总体情况

单位：亿元

地区	基金收入			基金支出			当年结余			累计结存			
	合计	职工	居民	合计	职工	居民	合计	职工	居民	合计	职工医保统筹基金	职工医保个人账户	城乡居民
全 国	24846.1	15731.6	9114.5	21032.1	12867.0	8165.1	3814.0	2864.6	949.4	31500.0	15327.5	10096.0	6076.5
北 京	1491.3	1380.5	110.8	1246.3	1167.0	79.3	245.0	213.5	31.5	1353.8	1297.7	1.7	54.3
天 津	370.4	324.3	46.1	340.4	294.7	45.7	30.0	29.6	0.4	413.1	184.7	127.0	101.4
河 北	998.4	511.8	486.6	868.9	410.6	458.3	129.5	101.2	28.3	1183.4	556.9	365.2	261.3
山 西	497.9	278.4	219.5	438.2	233.6	204.6	59.7	44.9	14.9	567.6	170.0	262.1	135.6
内蒙古	396.8	257.0	139.9	310.1	197.0	113.1	86.8	60.0	26.8	506.6	248.1	160.6	97.8
辽 宁	757.7	544.1	213.6	626.9	474.6	152.3	130.8	69.5	61.3	769.7	284.7	285.1	199.9
吉 林	353.1	193.3	159.9	273.8	156.2	117.6	79.3	37.0	42.3	480.6	242.4	121.0	117.1
黑龙江	545.5	370.0	175.6	414.7	284.1	130.6	130.8	85.9	44.9	708.2	274.2	243.7	190.3
上 海	1318.1	1223.1	95.0	1041.8	959.9	81.9	276.3	263.2	13.1	3207.5	1885.1	1298.4	23.9
江 苏	1798.5	1297.8	500.8	1584.9	1106.2	478.7	213.7	191.6	22.1	2303.5	998.5	1050.8	254.2
浙 江	1697.8	1221.1	476.7	1343.0	938.5	404.6	354.8	282.6	72.2	2462.7	1467.8	755.9	239.0
安 徽	803.2	326.9	476.3	735.4	286.6	448.8	67.8	40.3	27.5	778.6	317.1	225.5	236.0
福 建	624.8	377.7	247.1	554.5	314.6	239.9	70.2	63.1	7.2	866.9	324.5	439.5	102.9
江 西	623.8	248.3	375.5	555.8	202.5	353.3	68.0	45.8	22.2	675.4	239.4	149.8	286.4
山 东	1585.1	939.8	645.3	1457.1	868.4	588.7	128.0	71.5	56.5	1665.7	977.6	252.2	435.9

续表

地区	基金收入			基金支出			当年结余			累计结存			
	合计	职工	居民	合计	职工	居民	合计	职工	居民	合计	职工医保统筹基金	职工医保个人账户	城乡居民
河南	1224.4	520.5	703.8	1106.6	426.7	679.9	117.8	93.9	23.9	1053.5	351.0	407.9	294.6
湖北	943.9	579.7	364.2	780.2	433.3	346.8	163.7	146.4	17.3	933.7	254.8	401.7	277.2
湖南	894.9	416.2	478.7	800.1	339.9	460.2	94.8	76.3	18.5	910.7	297.4	364.7	248.6
广东	2205.6	1647.2	558.4	1870.0	1380.0	490.0	335.6	267.2	68.4	3664.6	2112.1	1068.9	483.7
广西	680.9	282.3	398.7	607.4	233.6	373.9	73.5	48.7	24.8	860.2	214.5	235.4	410.3
海南	152.5	95.4	57.1	130.3	77.4	52.9	22.2	18.0	4.2	222.1	167.8	9.9	44.4
重庆	539.9	327.3	212.6	469.8	273.8	196.0	70.1	53.6	16.6	515.0	75.0	259.5	180.5
四川	1356.5	779.4	577.2	1107.5	584.9	522.6	249.0	194.5	54.5	1943.1	978.9	482.7	481.5
贵州	534.3	220.5	313.7	431.1	174.4	256.7	103.2	46.1	57.1	548.3	164.9	140.7	242.7
云南	685.2	341.0	344.2	571.1	259.9	311.2	114.1	81.1	33.0	733.7	268.8	255.5	209.4
西藏	66.4	44.8	21.6	32.9	22.0	10.9	33.5	22.7	10.7	147.7	106.6	30.4	10.7
陕西	630.7	343.8	286.9	469.6	264.2	205.4	161.1	79.7	81.5	704.8	261.7	279.9	163.2
甘肃	343.3	159.5	183.9	284.0	125.0	159.0	59.4	34.5	24.9	292.5	126.2	76.6	89.7
青海	126.1	83.3	42.8	96.8	64.6	32.2	29.3	18.6	10.7	186.3	52.3	88.4	45.6
宁夏	121.3	75.1	46.3	99.5	60.3	39.3	21.8	14.8	7.0	152.0	100.9	16.5	34.6
新疆	477.9	321.8	156.1	383.7	252.8	130.9	94.3	69.1	25.2	688.6	326.0	238.7	123.9

表3　各地区职工基本医疗保险基金收入情况

单位：亿元

地　区	基金总收入	统筹基金收入	个人账户收入
2019 年全国	15119.8	9279.4	5840.3
2020 年全国	15731.6	9145.0	6586.6
北　京	1380.5	961.8	418.7
天　津	324.3	241.3	83.0
河　北	511.8	283.5	228.3
山　西	278.4	137.8	140.6
内蒙古	257.0	142.2	114.8
辽　宁	544.1	312.4	231.7
吉　林	193.3	113.2	80.1
黑龙江	370.0	214.2	155.8
上　海	1223.1	766.1	457.0
江　苏	1297.8	690.7	607.0
浙　江	1221.1	759.1	462.0
安　徽	326.9	177.8	149.1
福　建	377.7	190.1	187.6
江　西	248.3	153.3	95.0
山　东	939.8	552.6	387.2
河　南	520.5	279.9	240.6
湖　北	579.7	324.3	255.4
湖　南	416.2	225.8	190.4
广　东	1647.2	938.2	709.0
广　西	282.3	158.8	123.5
海　南	95.4	70.0	25.4
重　庆	327.3	152.0	175.4
四　川	779.4	450.3	329.1
贵　州	220.5	126.2	94.4
云　南	341.0	180.9	160.1
西　藏	44.8	29.4	15.4
陕　西	343.8	181.6	162.2
甘　肃	159.5	79.4	80.1
青　海	83.3	25.6	57.7
宁　夏	75.1	42.8	32.3
新　疆	321.8	184.0	137.9

注：2020 年起职工基本医疗保险基金收入、支出及结余均包含生育保险。

表4　各地区职工基本医疗保险基金支出情况

单位：亿元

地　区	基金总支出	统筹基金支出	个人账户支出
2019 年全国	12015.7	7291.2	4724.5
2020 年全国	12867.0	7930.8	4936.2
北　京	1167.0	748.5	418.5
天　津	294.7	216.6	78.1
河　北	410.6	234.8	175.8
山　西	233.6	124.3	109.3
内蒙古	197.0	112.5	84.5
辽　宁	474.6	277.7	196.9
吉　林	156.2	96.3	60.0
黑龙江	284.1	159.9	124.2
上　海	959.9	765.8	194.1
江　苏	1106.2	666.3	439.8
浙　江	938.5	626.5	312.0
安　徽	286.6	163.1	123.5
福　建	314.6	179.8	134.8
江　西	202.5	131.0	71.5
山　东	868.4	537.4	331.0
河　南	426.7	263.3	163.4
湖　北	433.3	249.0	184.4
湖　南	339.9	195.9	144.0
广　东	1380.0	853.8	526.2
广　西	233.6	141.3	92.3
海　南	77.4	52.7	24.7
重　庆	273.8	139.6	134.1
四　川	584.9	323.2	261.7
贵　州	174.4	98.1	76.2
云　南	259.9	135.3	124.6
西　藏	22.0	11.3	10.8
陕　西	264.2	150.0	114.2
甘　肃	125.0	62.5	62.5
青　海	64.6	24.4	40.2
宁　夏	60.3	32.0	28.3
新　疆	252.8	158.2	94.6

注：2020 年起职工基本医疗保险基金收入、支出及结余均包含生育保险。

表5 2020年各地区城乡居民基本医疗保险基金收支及结余情况

地　区	基金总收入（亿元）	基金总支出（亿元）	基金结存（亿元）		可支付月数（个）
			当期结存	累计结存	
全　国	9114.5	8165.1	949.4	6076.5	8.9
北　京	110.8	79.3	31.5	54.3	8.2
天　津	46.1	45.7	0.4	101.4	26.6
河　北	486.6	458.3	28.3	261.3	6.8
山　西	219.5	204.6	14.9	135.6	8.0
内蒙古	139.9	113.1	26.8	97.8	10.4
辽　宁	213.6	152.3	61.3	199.9	15.7
吉　林	159.9	117.6	42.3	117.1	12.0
黑龙江	175.6	130.6	44.9	190.3	17.5
上　海	95.0	81.9	13.1	23.9	3.5
江　苏	500.8	478.7	22.1	254.2	6.4
浙　江	476.7	404.6	72.2	239.0	7.1
安　徽	476.3	448.8	27.5	236.0	6.3
福　建	247.1	239.9	7.2	102.9	5.1
江　西	375.5	353.3	22.2	286.4	9.7
山　东	645.3	588.7	56.5	435.9	8.9
河　南	703.8	679.9	23.9	294.6	5.2
湖　北	364.2	346.8	17.3	277.2	9.6
湖　南	478.7	460.2	18.5	248.6	6.5
广　东	558.4	490.0	68.4	483.7	11.8
广　西	398.7	373.9	24.8	410.3	13.2
海　南	57.1	52.9	4.2	44.4	10.1
重　庆	212.6	196.0	16.6	180.5	11.1
四　川	577.2	522.6	54.5	481.5	11.1
贵　州	313.7	256.7	57.1	242.7	11.3
云　南	344.2	311.2	33.0	209.4	8.1

续表

地 区	基金总收入（亿元）	基金总支出（亿元）	基金结存（亿元）		可支付月数（个）
			当期结存	累计结存	
西 藏	21.6	10.9	10.7	10.7	11.8
陕 西	286.9	205.4	81.5	163.2	9.5
甘 肃	183.9	159.0	24.9	89.7	6.8
青 海	42.8	32.2	10.7	45.6	17.0
宁 夏	46.3	39.3	7.0	34.6	10.6
新 疆	156.1	130.9	25.2	123.9	11.4

表6 全国医保基金监管处罚总体情况

年 份	查处违法违规参保人数（人）	解除定点协议医药机构数量（家）	追回资金金额（万元）
2018	24192	1284	100779
2019	33072	6730	1155632
2020	26098	6008	2231097

表7 2020年各地区医保基金监管检查情况

地 区	监管定点医药机构数（家）	查处违法违规参保人数（人）	解除定点协议数量（家）	追回资金金额（万元）
全 国	627402	26098	6008	2231096.5
北 京	3685	1059	2	159143.5
天 津	1724	240	4	156445.0
河 北	26217	825	517	152473.4
山 西	16290	69	108	153580.9
内蒙古	18100	372	72	112648.0
辽 宁	29019	9	109	109825.4
吉 林	13499	3	31	121496.0
黑龙江	18563	819	156	115963.6
上 海	2546	5635	35	74948.8
江 苏	32021	1490	167	86333.2

续表

地 区	监管定点医药机构数(家)	查处违法违规参保人数(人)	解除定点协议数量(家)	追回资金金额(万元)
浙 江	21463	1257	215	111063.3
安 徽	19783	464	150	112294.0
福 建	13495	517	65	83343.9
江 西	27298	92	89	72157.6
山 东	66941	2538	1304	63222.0
河 南	25067	1841	223	68380.5
湖 北	26481	503	115	56659.8
湖 南	23965	140	73	64652.1
广 东	38831	884	293	58716.9
广 西	12285	163	44	65888.7
海 南	610		1	37201.0
重 庆	23248	3347	1069	41882.5
四 川	47090	942	361	39311.0
贵 州	18477	31	28	16664.2
云 南	31478	1625	92	9662.2
西 藏	1029	4	3	20994.8
陕 西	35530		68	21785.9
甘 肃	9690	41	38	8480.1
青 海	5131	2	15	2333.4
宁 夏	6331	275	76	4374.6
新 疆	11515	911	485	29170.2

表8 2018～2020年全国医保定点医疗机构和定点零售药店情况

单位：万家

年 份	定点医疗机构	非公立医疗机构	定点零售药店
2018	19.3	6.2	34.1
2019	19.9	6.6	38.9
2020	38.2	15.7	39.4

注：2019年居民医保和新农合整合，原新农合定点医疗机构纳入了基本医疗保险定点范围。

表9　2019年各地区医疗卫生事业发展总体情况

地区	卫生机构、人员及设施			卫生经费				医疗服务	
	医疗卫生机构数（个）	卫生人员数（人）	医疗卫生机构床位数（张）	医疗卫生机构总收入（万元）	医疗卫生机构总支出（万元）	门诊病人均医药费用（元）	住院病人人均医药费用（元）	医疗卫生机构诊疗人次数（次）	医疗卫生机构入院人次（次）
全国	1007579	12928335	8806956	464413777	440964157	290.8	9848.4	8719873082	265961246
北京	10336	343167	127777	27023335	26261239	561.4	23359.8	248863924	3848599
天津	5962	139232	68262	7789515	7448817	362.3	18027.6	122885315	1698810
河北	84651	647179	430079	18115221	17240724	256.5	9567.2	432278975	11923307
山西	42162	341650	218441	8847001	7954326	271.3	9698.8	131456549	5015374
内蒙古	24564	249270	161083	6589333	6416898	271.4	8861.5	107012004	3625324
辽宁	34238	396701	313847	12369736	11871406	329.0	10313.2	199875532	7082871
吉林	22198	246368	170332	7667486	7348065	289.8	10485.5	110419561	4022790
黑龙江	20375	305615	262575	9309216	8862299	281.5	9272.8	112508919	6047380
上海	5597	248653	146454	22287860	21264769	404.6	19272.3	275599946	4549400
江苏	34796	786334	516015	33861065	33142587	297.4	11803.1	617216469	15282105
浙江	34119	628000	350191	30803440	29053370	278.1	11616.7	681331526	11043284
安徽	26435	454604	347395	14741901	14071426	255.2	7822.6	333159292	10358862
福建	27788	334346	202211	11918340	10979601	281.9	9600.7	248996411	6092167
江西	37029	348273	267135	11234729	10539064	277.4	8583.1	236277434	8843742
山东	83616	1000633	629722	29528495	28650125	270.6	10081.4	674640523	18596848

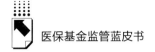

续表

地区	卫生机构、人员及设施					卫生经费			医疗服务	
	医疗卫生机构数(个)	卫生人员数(人)	医疗卫生机构床位数(张)	医疗卫生机构总收入(万元)	医疗卫生机构总支出(万元)	门诊病人次均医药费用(元)	住院病人人均医药费用(元)	医疗卫生机构诊疗人次(次)	医疗卫生机构入院人次(次)
河南	70734	887780	640147	24522849	23523256	212.0	8662.5	610202911	20217205
湖北	35515	526298	403300	18897997	17695155	265.6	9793.9	353825758	13687592
湖南	57230	618258	506330	18000065	17141208	320.2	8433.1	280980963	16161827
广东	53900	961948	545196	46798531	44453255	300.2	12394.5	891797672	18159547
广西	33679	440387	277357	13067021	12173952	221.7	9280.6	261311747	10464449
海南	5417	85927	49764	2949850	2692592	286.2	10469.9	52526284	1289357
重庆	21057	287998	231806	10238393	9613195	329.9	8527.5	175482812	7528717
四川	83756	793401	631763	25775331	24173389	269.8	8528.0	560264451	19815877
贵州	28511	347145	264986	9172488	8592514	252.6	6177.6	175797327	8600968
云南	25587	429274	311899	12369140	11393208	219.1	6480.8	282443267	10115308
西藏	6940	38840	17063	853536	663618	220.1	9314.6	16342879	305595
陕西	35404	435556	265814	11232422	10805086	256.9	7922.7	208989669	8192828
甘肃	26697	228512	181172	5993565	5329407	210.5	6168.9	126888408	5201177
青海	6513	61994	41443	1957522	1776822	235.4	9376.6	26593571	1059821
宁夏	4397	68618	40971	2221325	2107069	242.6	8086.9	43583230	1233176
新疆	18376	236374	186426	8277072	7725716	245.6	7857.5	120319753	5896939

表 10　历年中国卫生总费用筹资来源情况

年　份	卫生总费用（亿元）	政府卫生支出		社会卫生支出		个人卫生支出		卫生总费用占国内生产总值比重（%）	人均卫生总费用（元）
		绝对数（亿元）	占比（%）	绝对数（亿元）	占比（%）	绝对数（亿元）	占比（%）		
2008	14535.4	3593.9	24.7	5065.6	34.9	5875.9	40.4	4.6	1094.5
2009	17541.9	4816.3	27.5	6154.5	35.1	6571.2	37.5	5.0	1314.3
2010	19980.4	5732.5	28.7	7196.6	36.0	7051.3	35.3	4.9	1490.1
2011	24345.9	7464.2	30.7	8416.5	34.6	8465.3	34.8	5.0	1807.0
2012	28119.0	8432.0	30.0	10030.7	35.7	9656.3	34.3	5.2	2076.7
2013	31669.0	9545.8	30.1	11393.8	36.0	10729.3	33.9	5.3	2327.4
2014	35312.4	10579.2	30.0	13437.8	38.1	11295.4	32.0	5.5	2581.7
2015	40974.6	12475.3	30.5	16506.7	40.3	11992.7	29.3	6.0	2980.8
2016	46344.9	13910.3	30.0	19096.7	41.2	13337.9	28.8	6.2	3351.7
2017	52598.3	15205.9	28.9	22258.8	42.3	15133.6	28.8	6.3	3783.8
2018	59121.9	16399.1	27.7	25810.8	43.7	16912.0	28.6	6.4	4237.0
2019	65841.4	18017.0	27.4	29150.6	44.3	18673.9	28.4	6.6	4702.8
2020	72306.4	21998.3	30.4	30252.8	41.8	20055.3	27.7	7.1	5146.4

B.31

附录2 2019~2021年国家 医保局公开通报欺诈骗取 医保基金典型案件集

一 北京市通州区宋庄镇师姑庄社区卫生服务站 购买虚假进货发票骗取医保基金案

经查,北京市通州区宋庄镇师姑庄社区卫生服务站通过购买虚假进货发票、阴阳处方等方式骗取医保基金。2018年1月至8月,该服务站负责人从网上购买中药饮片进货发票8张,骗取医保基金60.23万元。医保部门依据《北京市基本医疗保险定点医疗机构服务协议书》第二条、第五十二条、第七十四条、第九十一条规定,解除医保服务协议。北京市公安局通州分局对该服务站负责人予以刑事拘留,2019年3月29日案件曝光时,该案仍在进一步侦办中,违规金额待核定后立即追回。

二 北京市昌平区北城中医医院违规结算医保基金案

经北京市医保局根据外省市提供的调查线索,发现北京市昌平区北城中医医院存在虚报异地参保人员费用、申报与实际不符、实际在院病人与登记住院病人数量不符、留存过期诊断试剂等行为,涉及医保基金28000元。当地医保部门处理如下:①依据协议约定,追回北京市昌平区北城中医医院违规结算的医保基金;②解除与该院签订的基本医疗保险服务协议。目前,该院违规结算的医保基金28000元已全部追回。

三 天津市南开康泰医院违规结算医保基金案

经天津市医保局根据国家飞检组移交线索进一步调查，发现天津市南开康泰医院存在治疗次数不合理、超医嘱及住院天数收费、超医保限制性用药、药品加成超限、进销存管理不规范等违规结算医保基金行为，涉及医保基金392199.26元。当地医保部门处理如下：①依据协议约定，追回天津市南开康泰医院违规结算的医保基金，暂停相关责任医师医保服务6个月；②要求该院限期整改。目前，该院违规结算的医保基金392199.26元已全部追回。

四 河北省秦皇岛市青龙满族自治县燕山
医院骗取医保基金案

经查，河北省秦皇岛市青龙满族自治县燕山医院于2017年5月至2018年12月，通过伪造检查报告、串换检验项目等方式骗取医保基金8.68万元。医保部门依据《河北省基本医疗保险定点医药机构协议管理办法》第二十五条，《秦皇岛市定点医疗机构医疗服务协议（2018年度）》第五十条、第五十九条、第六十条规定，追回医保基金8.68万元，处违约金19.79万元，解除医保服务协议，并将有关线索移交公安机关立案侦办。青龙满族自治县公安局已刑事拘留1人，取保候审1人，监视居住2人，2019年5月15日案件曝光时，该案相关线索仍在进一步侦办中。

五 河北省唐山市丰润区刘家营乡卫生院原医保
专管员兼药房收费员年某某贪污案

经唐山市丰润区医保局调查，刘家营乡卫生院医保专管员兼药房收费员年某某涉嫌在2018年通过虚报住院信息骗取医保基金。该案移交公安机关后，经公安机关进一步调查固定了有关证据，确定以上违法事实，追回违法

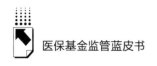
所得资金 44884.65 元。经当地法院审理判决如下：被告人年某某因涉嫌贪污罪，判处有期徒刑七个月，缓刑一年，并处罚金人民币 10 万元。

六　山西省临汾市尧都区友好医院骗取医保基金案

经查，山西省临汾市尧都区友好医院于 2018 年 1 月至 12 月，通过无医嘱收费、虚记检查收费、理疗项目多计费等方式骗取医保基金 65.71 万元。医保部门依据《中华人民共和国社会保险法》第十一章第八十七条、《山西省医保定点医疗机构服务协议》第六十一条规定，追回医保基金 65.71 万元，处违约金 197.13 万元，终止该医院医保服务协议，并将有关线索移交公安机关进一步侦办。2019 年 3 月 29 日案件曝光时，公安机关仍在侦办中。

七　山西省运城仁爱医院骗取医保基金案

经运城市盐湖区医疗保障局调查，运城仁爱医院于 2018 年通过挂床住院、虚记医疗服务费用骗取医保基金 4.86 万元。运城市盐湖区医疗保障局、运城市盐湖区医保中心依据《中华人民共和国社会保险法》第八十七条、《2019 年定点医疗机构服务协议》第八章第六十八条第七款、第六十八条第一款，拒付该院医保基金 4.86 万元，扣除三倍违约金 14.57 万元，解除运城仁爱医院医保服务协议，将该案移送司法机关处理。

八　山西省临汾市乡宁县参保人刘某某冒名就医案

经临汾市乡宁县医保局调查，发现参保人刘某某于 2019 年 5 月 30 日至 2019 年 6 月 16 日期间冒用同村参保居民苏某某医保卡在乡宁县人民医院就医报销医疗费，涉及金额 168270.29 元。当地医保部门处理如下：①追回刘某某违法所得医保资金；②根据协议扣除乡宁县人民医院违约金 841351.45 元；③责令该院限期整改；④将该案移交公安机关进一步处理。目前，刘某某违法所得医保资金 168270.29 元已全部退回，该院违约金 841351.45 元已全部到账，当地纪检监察机关及公安机关已立案，2021 年 3 月 26 日案件曝光时，该案仍正在进一步处理中。

九 内蒙古自治区呼伦贝尔市牙克石市图里河镇中心卫生院以虚假住院骗取医保基金案

经查，内蒙古自治区呼伦贝尔市牙克石市图里河镇中心卫生院存在疑似违规病历 207 份，存在过度检查、过度诊断、过度医疗等违反协议管理行为。其中 2016 年 6 月至 2017 年 10 月，虚假住院 7 例，涉及医保基金 2.2 万元。医保部门依据《中华人民共和国社会保险法》第八十七条、《内蒙古自治区城镇基本医疗保险条例》第五十四条以及《呼伦贝尔市城（乡）基本医疗保险定点医疗机构（一级综合）服务协议书》规定，追回医保基金 2.2 万元，并处 5 倍罚款 11 万元。卫计部门对该卫生院负责人作出停止工作决定，并对相关违法违纪工作人员进行处理。

十 内蒙古自治区赤峰市宁城县一肯中乡八肯中村村民李某某欺诈骗保案

经赤峰市宁城县医保局调查，参保人李某某存在通过故意隐瞒第三方责任，于 2017 年至 2019 年使用医保基金报销医疗费用 38964.66 元（该费用不应由医保基金支付）的违法事实，涉嫌欺诈骗保。2020 年 4 月 2 日，经当地法院审理判决如下：被告人李某某犯诈骗罪，判处有期徒刑一年六个月，缓刑二年，追缴被告人李某某违法所得资金 38964.66 元返还医保中心基金账户，并处罚金人民币 5000 元。

十一 辽宁省锦州市锦京医院欺诈骗保案

经锦州市医保局与公安局联合调查，发现锦京医院院长黄某某伙同医院内外多人通过借用职工、居民、学生医保卡在锦京医院医保系统刷卡办理虚假住院，骗取医保基金 2906083.15 元的违法事实，该案全部违法资金 2906083.15 元被追回并返还医保中心基金账户。经当地法院审理判决如下：①被告人黄某某，锦京医院院长，犯诈骗罪，判处有期徒刑 8 年 8 个月，并处罚金人民币 50 万元；②被告人田某某，锦京医院法人，犯诈骗罪，判处有期徒刑 9 年，并处罚金人民币 50 万元；③被告人徐某某，锦京医院医生，犯诈骗罪，判处有期徒刑 7 年 3 个月，并处罚金人民币 30 万元；④被告人段某某，锦京医院财务人员，犯诈骗罪，判处有期徒刑 5 年 6 个月，并处罚金人民币 25 万元；⑤被告人杨某某，锦州九泰药业有限责任公司职工，犯诈骗罪，判处有期徒刑 4 年，并处罚金人民币 15 万元；⑥被告人韩某某，辽宁石化职业技术学院教师，犯诈骗罪，判处有期徒刑 3 年，缓刑 3 年，并处罚金人民币 5 万元。

十二 吉林省长春市吉林安贞医院骗取医保基金案

经国家医保局飞行检查，吉林省长春市吉林安贞医院于 2017 年至 2018 年，通过收取医保卡办理虚假住院、冒名住院、挂床住院、虚增申报医保费用等方式骗取医保基金 168.87 万元。医保部门依据《中华人民共和国社会保险法》第八十七条、《长春市城镇基本医疗保险定点医疗机构管理办法》第二十三条第一款、《2018 年长春市基本医疗保险定点医疗机构医疗服务协议》第六十二条规定，追回医保基金 168.87 万元，暂停拨付医保费用 342 万元，并解除医保服务协议。

十三 吉林省长春市农安县鸿泰医院欺诈骗保案

经长春市农安县医保局调查，发现农安县鸿泰医院涉嫌通过伪造病历票据、虚假住院、冒名住院等手段骗取医保资金，涉及金额 1058991.06 元。当地医保部门处理如下：①追回鸿泰医院违法所得医保资金；②解除鸿泰医院医保定点服务协议；③将该案移交公安机关进一步处理。目前，该院违法所得医保资金1058991.06元已全部追回。

十四　黑龙江省绥化市望奎县惠七满族镇卫生院骗取医保基金案

经绥化市医疗保障局调查，望奎县惠七满族镇卫生院于2018年通过伪造病历检查报告单，骗取医保基金20.60万元，同时经医疗专家审核17份病历为诊断无依据，医药费核销医保基金3.53万元。绥化市医疗保障局依据《中华人民共和国社会保险法》第八十七条、《中华人民共和国行政处罚法》第二十二条、《行政执法机关移送犯罪案件的规定》（国务院令第310号）第三条，责令退回医保基金24.13万元，处二倍罚款48.26万元；并将该案通报卫生健康部门，移送公安机关处理。

十五　黑龙江哈尔滨市双城区达康中医医院欺诈骗保案

经哈尔滨市医保局调查，发现哈尔滨市双城区达康中医医院涉嫌通过编造假病历、串换项目等手段骗取医保资金，涉及金额97969.03元；另发现该院多种药品（注射用头孢哌酮钠舒巴坦钠、奥美拉唑注射液、骨肽注射剂等）存在超医保限定支付等违规情况，涉及72081.75元。当地医保部门处理如下：①依据协议规定，追回违法获得和违规使用的医保资金；②解除双城区达康中医医院医保定点服务协议，对违规行为进行通报；③将该案移交公安部门进一步处理。目前，该院违法违规所得医保资金170050.78元已全部追回。

十六　上海市白茅岭医院骗取医保基金案

经查，上海市白茅岭医院于2013年至2017年，通过虚记检查化验、多收费等违规行为，骗取医保基金 9.47 万元。医保部门依据《上海市基本医疗保险监督管理办法》第十七条规定，责令该院整改，追回医保基金 9.47 万元，处行政罚款 10 万元，暂停 3 名责任医师医保结算 6 个月，并将线索移送卫生部门进一步调查处理。2019 年 3 月 29 日案件曝光时，卫生部门仍在调查处理中。

十七　上海市宝山区宝济护理院违规结算医保基金案

经上海市医保局根据国家飞检组移交线索进一步调查，发现上海市宝山区宝济护理院存在重复收费、超标准收费、超支付范围、超诊疗科目、无指征化验、治疗时长不符等违规结算医保基金行为，涉及医保基金 1162686.03 元。当地医保部门处理如下：①依据协议约定，追回上海市宝山区宝济护理院违规结算的医保基金；②依据《上海市基本医疗保险监督管理办法》对该院处以行政罚款 10 万元；③要求该院限期整改。目前，该院违规结算的医保基金 1162686.03 元已全部追回，罚款 10 万元已全部到账。

十八　江苏省昆山市中医医院关节骨科
医生骗取医保基金案

经查，江苏省昆山市中医医院关节骨科医生孙某某于 2018 年 6 月 15 日至 24 日，协助他人冒用参保人社保卡骗取医保基金 2.54 万元。医保部门依据《昆山市基本医疗保险定点医药机构检查考核办法》第六条、第八条，《昆山市基本医疗保险定点医疗机构医疗服务协议》第五十七条，《昆山市定点医疗机构医师医保处方权管理办法（试行）》第十条、第十一条，《昆山市参保人员违反社会医疗保险规定处理办法（试行）》第四条、第五条规定，追回医保基金 2.54 万元，同时对该院分管领导及医保办主任进行约谈；取消孙某某医保处方资格，将科主任徐某、床位医生刘某移交卫健部门处理；将出借社保卡人员纳入医保黑名单，并将孙某某等 4 人移送公安机关进一步核查。

十九　江苏省连云港市朱某某欺诈骗保案

经连云港市医保局调查，参保人毕某某儿媳朱某某存在联合医生蒋某某故意隐瞒第三方责任并通过伪造《外伤审批表》内容等手段使用医保基金报销医疗费用22859.82元（该费用不应由医保基金支付）的违法事实，涉嫌欺诈骗保。案件移交连云港市海州公安分局后，查证以上情况属实。经当地法院审理判决如下：被告朱某某犯诈骗罪，判处有期徒刑6个月，缓刑1年，并处罚金人民币2万元，退还22859.82元至医保中心基金账户。

二十　江苏省张家港市参保人欧某某欺诈骗保案

经张家港市医保局调查，发现参保人欧某某涉嫌通过频繁在本市多家定点医院大量开取种类固定的处方药品骗取医保资金，涉及178032.28元。该案移交公安机关后，经公安机关进一步调查固定了有关证据，确定以上违法事实。经当地法院审理判决如下：被告人欧某某犯诈骗罪，判处有期徒刑2年，缓刑3年，并处罚金10000元。目前，该参保人违法所得医保资金178032.28元已全部追回。

二十一　浙江省衢州市衢州久安心血管病医院
有限公司骗取医保基金案

经衢州市医疗保障局、衢州市医保中心调查，衢州久安心血管病医院（有限公司）于2017年至2019年通过虚记药品和诊疗项目、伪造医疗文书等方式骗取医保基金142.44万元，因药品进销存不符、理疗登记管理不规范违规报销医保基金69.08万元；通过虚记、串换项目违规申报离休干部医疗保障经费44.46万元（其中本区离休干部医疗保障经费9.98万元、异地34.48万元）。衢州市医疗保障局、衢州市医保中心依据《中华人民共和国

社会保险法》第八十七条、《衢州市基本医疗保险定点医疗机构服务协议》第六十九条、第七十三条、第七十八条，责令该院退回因虚记项目和伪造医疗文书报销的医保基金142.44万元，并处三倍罚款427.32万元；责令退回因药品进销存不符、理疗登记管理不规范违规报销的医保基金69.08万元，并处二倍罚款138.16万元，责令其退回离休干部医疗保障经费9.98万元；解除该院医保定点服务协议；并将虚记费用和伪造医疗文书涉嫌骗保问题向衢州市公安局报案；向衢州市委老干部局通报相关情况；将虚记和串换项目涉及异地离休干部医疗保障经费34.48万元的情况移送西藏自治区拉萨市老干部局处理；将相关医技人员执业资格问题移送衢州市卫生健康委员会处理。

二十二 浙江省台州市仙居华仁中西医结合门诊部欺诈骗保案

经台州市仙居县医保局调查，发现仙居县仙居华仁中西医结合门诊部涉嫌通过留用医保卡、冒名使用、虚记项目、串换项目等手段骗取医保资金，涉及金额145673.18元。当地医保部门处理如下：①追回该门诊部违法所得医保资金，根据协议扣除相应违约金；②解除该门诊部医保定点服务协议；③将此案移送公安机关进一步处理。目前，该院违法所得医保资金145673.18元已全部追回，违约金223648.76元已全部到账。

二十三 安徽省淮南市毛集第二医院以虚假住院骗取阜阳市颍上县医保基金案

经查，淮南市毛集第二医院以免费体检为由，获取阜阳市颍上县参合群众信息，编造住院治疗材料，套取新农合基金。2016年8月至2018年8月，该院共编造450人次虚假住院信息，骗取新农合基金136万元。医保部门依据《安徽省基本医疗保险监督管理暂行办法》第十七条、第三十八条以及

《新型农村合作医疗定点医疗机构违法违规行为查处办法》第十四条、第十五条规定，终止与淮南市毛集第二医院医保服务协议，并将有关线索移交公安机关立案调查。经颍上县人民检察院批准，公安机关已刑事拘留6人，取保候审4人，网上追逃2人。卫计部门依据《医疗机构管理条例实施细则》第七十九条规定，吊销该院《医疗机构执业许可证》。

二十四　安徽省阜阳市阜阳双龙医院收买病人骗取医保基金案

经国家医保局飞行检查，安徽省阜阳市阜阳双龙医院采取以支付回扣形式向乡村医生收买病人、过度治疗、过度检查、超范围执业、非卫生技术人员独立开展诊疗活动等方式骗取医保基金。2016年至2018年11月，该院超范围开展手术套取医保基金38.20万元，过度治疗、过度检查18.15万元。医保部门依据《安徽省基本医疗保险监督管理暂行办法》第三十四条规定，追回医保基金56.35万元，并处罚款90.75万元，解除医保服务协议，将相关问题线索移交公安机关进一步侦办。卫健部门依据《医疗机构管理条例》第四十八条、《医疗机构管理条例实施细则》第八十一条规定，给予该院罚款4000元，并吊销其医疗机构执业许可证。

二十五　安徽省滁州市来安县参保人员杨某某欺诈骗保案

经滁州市来安县医保局调查，参保人杨某某存在通过故意伪造3张住院发票准备医保报销的事实，涉嫌骗取医疗费用15.5万元。案件移交公安后，查证以上情况属实。经当地法院审理判决如下：被告人杨某某犯诈骗罪（未遂），判处有期徒刑3年，缓刑3年，并处罚金2万元。

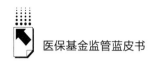
二十六 安徽省潜山市参保人肖某某欺诈骗保案

经安徽省潜山市医保局调查，发现参保人肖某某于 2018 年 12 月 10 日因交通事故受伤入院治疗，获得该事故责任方支付的交通事故赔偿款之后，其子肖某涉嫌于 2019 年 4 月 28 日以非法占有医保资金为目的，通过故意编造隐瞒事实，虚假填报《参保人员受伤情况表》，骗取医保资金 34059.50 元。当地医保部门处理如下：①追回肖某某违法所得医保资金；②将该案移交公安机关进一步处理。目前，该参保人违法所得医保资金 34059.50 元已全部追回。

二十七 福建省厦门市翔安区马巷卫生院垵边 卫生所套换医保编码骗取医保基金案

经查，福建省厦门市翔安区马巷卫生院垵边卫生所于 2017 年 7 月至 2018 年 6 月，通过套换医保编码、超医保支付范围开展诊疗项目等方式骗取医保基金 96.11 万元。医保部门依据厦门市《2017 年基本医疗保险定点医疗机构医疗服务协议》第五十五条、第五十六条，《厦门市基本医疗保险定点服务单位医保服务人员信用记分操作细则》第四条规定，拒付医保基金 96.11 万元；暂停垵边卫生所医保网络接入 6 个月；对 1 名责任医师信用扣分记 12 分，拒付医保服务费用 12 个月。

二十八 福建省漳州正兴医院违规 结算医保基金案

经福建省医保局根据国家飞检组移交线索进一步调查，发现漳州正兴医院存在多收费、分解收费、超标准收费、串换收费等违规结算医保基金行为，涉及医保基金 12739795.72 元，扣除日常监管和专项检查已扣款的违规金额 1501269.97 元后，确认违规金额 11238525.75 元。当地医保部门处理如下：①依据协议约定，追回漳州正兴医院违规结算的医保基金；②要求该院限期整改，并将其他相关问题移交卫健部门。目前，该院违规结算的医保基金 11238525.75 元已全部追回。

二十九　江西省萍乡市安源区人民大药房串换药品骗取医保基金案

经查，江西省萍乡市安源区人民大药房 2017 年 1 月至 2018 年 10 月，医保系统内销售数据大于其店内销售数据，存在替换、串换药品等问题，涉及金额 4.9 万元。医保部门依据《萍乡市基本医疗保险定点零售药店服务协议》第三十三条规定，追回违规销售药品费用 4.9 万元，并暂停其医保服务协议 3 个月。

三十　江西省上饶市铅山县广慈医院违规结算医保基金案

经江西省上饶市医保局根据国家飞检组移交线索进一步调查，发现铅山县广慈医院存在串换药品、串换诊疗项目、超标准收费等违规结算医保基金行为，涉及医保基金 107957.50 元。当地医保部门处理如下：①依据协议约定，追回上饶市铅山县广慈医院违规结算的医保基金。②针对串换药品、串换诊疗项目、超标准收费，涉及金额合计 94997.5 元，并处以 2 倍行政罚款189995 元；针对检验项目血清载脂蛋白 α 测定记录不吻合，涉及金额 12960元，并处以行政罚款 1 万元。对该院行政处罚合计 199995 元。③要求该院限期整改。目前，该院违规结算的医保基金 107957.50 元已全部追回，罚款199995 元已全部到账。

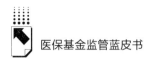

三十一 山东省淄博市精神卫生中心违规使用医保资金案

经淄博市医保局根据举报线索调查，发现淄博市精神卫生中心（第五人民医院）通过诱导参保人挂床住院违规使用医保资金，涉及金额34269.30元。当地医保部门处理如下：①追回淄博市精神卫生中心违规使用的医保资金；②要求该院限期整改；③对该院处以行政罚款171346.50元。目前，该院违规使用的医保资金34269.30元已全部追回，行政罚款全部到账。

三十二 河南省兰考县兰阳卫生院骗取医保基金案

经查，河南省兰考县兰阳卫生院通过串换诊疗项目、过度治疗等方式骗取医保基金266.83万元。医保部门依据《中华人民共和国社会保险法》第八十七条、第八十八条规定，追回医保基金266.83万元，罚款533.66万元，取消涉案主体肖某某医保医师资格，解除该院涉事科室医保定点资格。卫健部门对该院院长作出免职处理，并在全县范围内对该院进行通报批评。

三十三 河南省郑州人民医院违规结算医保基金案

经河南省医保局根据国家飞检组移交线索进一步调查，发现郑州人民医院存在重复收费、串换收费、捆绑收费、超量收费、超范围治疗、超范围用药等违规结算医保基金行为，涉及医保基金9381605.25元。当地医保部门处理如下：①依据协议规定，追回郑州人民医院违规结算的医保基金；②要求该院限期整改。目前，该院违规结算的医保基金9381605.25元已全部追回。

三十四　湖北省黄冈市蕲春县五洲医院套取医保基金案

经查，湖北省黄冈市蕲春县五洲医院于2018年8月通过挂床住院、以体检为由诱导住院、无医嘱用药等方式，骗取医保基金4.1万元。医保部门依据《黄冈市基本医疗保险医疗机构服务协议书》第五十条、第五十一条、第五十二条、第五十三条、第五十四条的规定，约谈该院负责人，责令其立即停止违规行为。从2018年11月16日起暂停该院的医保定点资格，按照违规金额的5倍从该医院医保结算款中扣减20.5万元，并移交卫计部门进一步查处。2019年1月25日案件曝光时，卫计部门仍在查处中。

三十五　湖北省黄冈市红安县七里坪镇中心卫生院国医堂曾某某欺诈骗保案

经红安县医保局与公安局联合调查，发现七里坪镇中心卫生院国医堂（康复治疗科）员工曾某某于2018年8月1日至2019年5月25日，通过伪造病历文书方式骗取医保基金的事实，该案违法所得资金被追回并返还医保中心基金账户。经法院审理判决：被告人曾某某犯诈骗罪，诈骗金额为264927.12元，判处有期徒刑3年6个月，并处罚金人民币10万元。

三十六　湖北省随州市随县唐县镇中心卫生院违规结算医保基金案

经湖北省医保局根据国家飞检组移交线索进一步调查，发现随县唐县镇中心卫生院存在不合理收费、过度检查、不合理用药、超限制用药等违规结算医保基金行为，涉及医保基金552620元。当地医保部门处理如下：①依据协议约定，追回随县唐县镇中心卫生院违规结算的医保基金；②要求该院

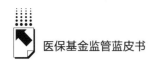

限期整改。当地卫健部门对该院当事人作出了行政处罚决定。目前，该院违规结算的医保基金 552620 元已全部追回。

三十七　湖南省茶陵县洣江卫生院虚构五保户住院骗取医保基金案

经查，洣江卫生院院长雷某指使医生联系洣江敬老院，假借为洣江敬老院五保户体检的名义，收集敬老院五保户花名册，于 2018 年 2 月对刘某、陈某等 28 名五保户以挂床住院、虚构费用的方式违规办理住院手续，并安排卫生院工作人员制作虚假医患交流记录、病历诊断书、处方等相关资料，违规套取医保基金 3.6 万元。医保部门依据《茶陵县基本医疗保险定点医疗机构管理监督办法（试行）》第二十条、《茶陵县基本医疗保险定点医疗机构服务协议书》第四十七条规定，关停该院医保报销系统，暂停医保服务，责令全面整改，追回套取医保基金 3.6 万元，并按违规费用的 5 倍拒付医保基金，并建议卫计部门对该院相关医务人员作出处理。纪检监察部门给予雷某党内严重警告处分，并给予该院 6 名相关工作人员诫勉谈话处理。

三十八　湖南省长沙市望城坡春望医院欺诈骗保案

经长沙市公安局联合医保局调查，发现长沙市望城坡春望医院副院长李某某、院长兼法人刘某某等人存在在药品、化验检查、中药封包治疗等方面骗取医保基金共计人民币 4253947.38 元的事实。涉案人李某某、刘某某已分别向长沙市医疗保障事务中心退还违法所得人民币 200 万元、10 万元，其余违法资金 2153947.38 元也已返还长沙市医疗保障事务中心。经法院审理判决如下：刘某某、李某某骗取国家医保基金，数额特别巨大，其行为均已构成诈骗罪，处刘某某有期徒刑 10 年，并处罚金人民币 10 万元；处李某某有期徒刑 3 年，缓刑 5 年，并处罚金人民币 7 万元。

三十九　湖南省岳阳市岳阳楼区居民
刘某某殷某某欺诈骗保案

经岳阳市岳阳楼区医保局调查，发现居民刘某某、殷某某涉嫌通过伪造医疗费票据报销医疗费用，分别骗取医保基金 15309.39 元和 27146.79 元。该案移交公安机关后，进一步固定了有关证据，确定以上违法事实。经当地法院审理判决如下：①被告人刘某某犯诈骗罪，判处有期徒刑一年，缓刑一年六个月，并处罚金 3000 元；②被告人殷某某犯诈骗罪，判处有期徒刑一年六个月，缓刑二年，并处罚金 3000 元。目前，刘某某、殷某某违法所得医保基金 42456.18 元已全部追回。

四十　广东省化州市化州济和医院骗取医保基金案

经查，广东省化州市化州济和医院于 2016 年 10 月至 2018 年，通过虚记多记诊疗、检查项目等方式骗取医保基金 11.86 万元。医保部门依据《中华人民共和国社会保险法》第十一章第八十七条，《广东省社会保险基金监督条例》第六十条、第六十一条，《茂名市社会保险定点医疗机构医疗服务协议》第六十条规定，追回医保基金 11.86 万元，罚款 59.31 万元，终止医保服务协议。卫健部门责令其限期整改。

四十一　广东省汕尾市海丰县彭湃纪念医院城东
分院骗取医保基金案

经汕尾市医疗保障局、汕尾市社保局、海丰县医疗保障局、海丰县社保局联合检查小组调查，海丰县彭湃纪念医院城东分院于 2016 年至 2019 年通过串换项目收费骗取医保基金 35.14 万元，将不符合医保报销条件的药品费用纳入医保违规申报医保基金 70.27 万元。海丰县医疗保障局、海丰县社保局依据《中华人

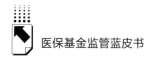

民共和国社会保险法》第十一章八十七条、国务院《医疗机构管理条例》第二十七条的规定，以及《汕尾市基本医疗保险定点医疗机构服务协议》第五章第三十七条的约定，责令退回医保基金 105.41 万元，对该院因串换项目收费处二倍罚款 70.28 万元；将该院超出登记范围开展血液透析诊疗活动、门诊处方未注明理由延长处方用量和病历书写不规范等情况，移送卫生健康部门处理。

四十二　广东省东莞市清溪友华医院欺诈骗保案

经东莞市医保局调查，发现东莞市清溪友华医院涉嫌通过"免费体检"诱骗参保人办理入院，并采取伪造医疗文书、虚开诊疗服务等手段骗取医保基金，涉及金额 139817.40 元。当地医保部门处理如下：①追回违法所得医保基金；②将该案移交公安机关进一步处理。目前，清溪友华医院违法所得医保基金 139817.40 元全部追回。该案移交公安机关后，已由东莞市第三人民检察院向当地法院提起公诉，2021 年 3 月 26 日案件曝光时，该案仍在进一步审理中。

四十三　广东省河源市东源县仙塘镇卫生院
违规结算医保基金案

经广东省河源市医保局收到审计查询函后调查，发现东源县仙塘镇卫生院存在为本院职工办理挂床住院、部分患者住院涉嫌轻病住院、小病大治等违规结算医保基金行为，涉及医保基金 866900 元。当地医保部门处理如下：①依据协议约定，追回河源市东源县仙塘镇卫生院违规结算的医保基金；②对该院处以罚款 1052400 元。目前，该院违规结算的医保基金 866900 元已全部追回，罚款 1052400 元已全部到账。

四十四　广西壮族自治区桂平市金田卫生院
骗取医保基金案

经查，广西壮族自治区桂平市金田卫生院于 2017 年 2 月通过虚构医疗服务、分解收费等方式骗取医保基金8.38万元。医保部门依据《2018年度贵港市基本医疗保险定点医疗机构医疗服务协议》第六十五条规定，追回医保基金8.38万元，责令其立即整改，同时联合卫健部门对该院院长作出免职处理，并会同纪委监察委对该院违法违规人员追究相关责任。

四十五 广西壮族自治区南宁市隆安县人民医院违规结算医保基金案

经广西壮族自治区医保局根据国家飞检组移交线索进一步调查，发现南宁市隆安县人民医院存在重复收费、串换收费、分解收费、多记费用、套餐式检查、超范围用药等违规结算医保基金行为，涉及医保基金9831778.43元。当地医保部门处理如下：①依据协议规定，追回隆安县人民医院违规结算的医保基金；②要求该院限期整改。目前，该院违规结算的医保基金9831778.43元已全部追回。

四十六 海南省中医院违规结算医保基金案

经海南省医保局根据国家飞检组移交线索进一步调查，发现海南省中医院存在重复收费、串换收费、多记费用、套高收费、超范围用药等违规结算医保基金行为，涉及医保基金15694850元。当地医保部门处理如下：①依据协议规定，追回海南省中医院违规结算的医保基金；②要求该院限期整改。2021年5月10日案件曝光时，该院违规结算的医保基金已追回10000000元，剩余部分正在进一步追缴中。

四十七 重庆市开州区普渡村卫生室骗取医保基金案

经查，重庆市开州区普渡村卫生室和智慧药品超市负责人均为李某，该村卫生室于 2018 年 2 月至 2018 年 11 月，通过刷卡报销智慧药品超市药品费用、串换药品等方式骗取医保基金 20.09 万元。医保部门依据《重庆市医疗保险协议医疗机构医疗服务协议》第二十五条和《重庆市开州区医疗保险村卫生室（社区卫生服务站）医疗服务协议》第十九条的规定，暂停其医保网络结算 3 个月，暂停李某医保医师资格 6 个月，追回违规费用 20.09 万元，并处 1 倍违约金，拒付该村卫生室 2018 年度一般诊疗费用 1.35 万元，责令智慧药品超市限期整改。

四十八　重庆市西南大学医院违规结算医保基金案

经重庆市医保局根据国家飞检组移交线索进一步调查，发现西南大学医院存在检查项目未取得资质收费、重复收费、过度诊疗、药品耗材进销存不符等违规结算医保基金行为，涉及医保基金 170488.51 元。当地医保部门处理如下：①依据协议约定，追回重庆市西南大学医院违规结算的医保基金；②扣除违约金 461283.23 元；③要求该院限期整改。目前，该院违规结算的医保基金 170488.51 元已全部追回，违约金 461283.23 元已全部到账。

四十九　四川省达州市仁爱医院诱导病人住院
骗取医保基金案

经查，四川省达州市仁爱医院于 2018 年 1 月至 2018 年 6 月，采取免收病人自付费用、车辆接送、出院赠送棉被和药品等方式诱导病人住院，通过多记、虚记费用的方式骗取医保基金 9.03 万元。医保部门依据《中华人民共和国社会保险法》第八十八条、《通川区基本医疗保险定点医疗机构服务协议》第五十六条、第五十七条规定，追回违法违规费用 9.03 万元，并处 5 倍罚款 45.15 万元，取消该院医保定点医疗机构资格。卫计部门依据《医疗机构管理条例》第四十八条规定，吊销该院《医疗机构执业许可证》，并处罚款 34.2 万元。公安机关依法逮捕 2 人、取保候审 1 人。纪检监察部门对人社（医保）、卫计部门相关工作人员给予纪律处理。

五十 四川省泸州市泸县石桥镇卫生院
违规使用医保资金案

经泸州市泸县医保局调查，发现泸县石桥镇卫生院存在低标准住院、无指征用药、超适应证范围用药、重复检查、套餐式检查、超标准收费用等多项违规使用医保基金行为，涉及金额 345039.84 元。当地医保部门处理如下：①追回泸县石桥镇卫生院违规所得医保基金；②暂停该院中医理疗科医保服务 3 个月；③将该案移交泸县纪委监委进一步处理。纪委监委经研究处理如下：①院长尹某某受党内警告处理；②副院长唐某某受党内严重警告处理；③医生梁某某和徐某某受党内严重警告处理；④医生王某某和胥某某受行政记过处理。目前，该院违规所得医保基金 345039.84 元已全部追回。

五十一 贵州省黔东南红州儿童医院
骗取医保基金案

经查，贵州省黔东南红州儿童医院于 2017 年至 2018 年，通过无床位收治住院、挂床住院、虚记多记诊疗项目等方式骗取医保基金 33.57 万元。医保部门依据《凯里市 2018 年基本医疗保险定点医疗机构服务协议（试行）》第四十三条、第四十四条、第四十九条规定，追回医保基金 33.57 万元，并处罚款 17.06 万元，拒付 2018 年年终清算保证金，解除医保服务协议，在全州范围内进行警示通报。

五十二 贵州省遵义市第一人民医院
违规结算医保基金案

经贵州省医保局根据国家飞检组移交线索进一步调查，发现遵义市第一

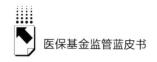

人民医院存在重复收费、多记费用、套餐式检查、重复用药等违规结算医保基金行为，涉及医保基金 15577068.76 元。当地医保部门处理如下：①依据协议规定，追回遵义市第一人民医院违规结算的医保基金；②要求该院限期整改。目前，该院违规结算的医保基金 15577068.76 元已全部追回。

五十三　云南省昭通市昭阳华欣医院骗取医保基金案

经查，云南省昭通市昭阳华欣医院于 2017 年 1 月至 2018 年 4 月，通过伪造药品进货清单、虚假住院、虚增申报医保费用等方式骗取医保基金 108.40 万元。医保部门依据《2018 年度昭通市医疗保险协议定点医疗机构服务协议》第六十七条、第六十八条规定，暂停医保基金拨付，并将有关线索移交公安机关立案侦办。昭阳区公安分局已逮捕 5 人、取保候审 1 人，2019 年 5 月 15 日案件曝光时，该案仍在进一步侦办中，违规金额待公安机关进一步核定后追回。

五十四　云南省普洱市医疗保险管理中心杨某某挪用公款案

普洱市医保局调查发现普洱市医保中心原财务统计科科长杨某某存在挪用医保基金重大嫌疑。经将案件线索移交普洱市纪委监委、公安进一步调查，锁定证据，追回全部违法所得资金并返还医保中心基金账户。经当地法院审理判决如下：普洱市医保中心原财务统计科科长杨某某挪用公款人民币947836.89 元，构成挪用公款罪，处有期徒刑二年、缓刑二年。

五十五　云南省普洱爱尔眼科医院违规结算医保基金案

经云南省医保局根据国家飞检组移交线索进一步调查，发现普洱爱尔眼科医院存在重复收费、分解收费、串换收费、过度诊查、超医保限定条件支付、违反诊疗范围开展诊疗并纳入医保报销、部分耗材进销存不符等违规结算医保基金行为，涉及医保基金2659019.71元。当地医保部门处理如下：①依据协议约定，追回普洱爱尔眼科医院违规结算的医保基金；②要求该院限期整改。2021年6月29日案件曝光时，该院违规结算的医保基金已追回680707元，剩余部分正进一步追缴中。

五十六　西藏自治区林芝中区医院违规结算医保基金案

经西藏自治区医保局根据国家飞检组移交线索进一步调查，发现林芝中区医院存在超标准收费、重复收费、套餐式检查化验等违规结算医保基金行为，涉及医保基金1178968元。当地医保部门处理如下：①依据协议规定，追回林芝中区医院违规结算的医保基金；②要求该院限期整改。目前，该院违规结算的医保基金1178968元已全部追回。

五十七　陕西省渭南市合阳福音医院无医嘱收费骗取医保基金案

经国家医保局飞行检查，陕西省渭南市合阳福音医院于2017年9月至2018年，通过无医嘱收费、超医嘱收费、过度检查等方式骗取医保基金38.86万元。医保部门依据《中华人民共和国社会保险法》第十一章第八十七条，《渭南市城镇基本医疗保险定点医疗机构服务协议》第四十四条、第四十五条，《合阳县定点医疗机构服务协议》第五章第二十五条规定，追回医保基金38.86万元，并处罚款84.95万元，同时解除该院城镇居民医保及新农合服务协议。

五十八　陕西省宝鸡高新医院违规结算医保基金案

经陕西省医保局根据国家飞检组移交线索进一步调查，发现宝鸡高新医

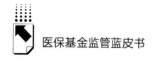

院存在重复收费、串换收费、虚记收费等违规结算医保基金行为，涉及医保基金4906579.3元。当地医保部门处理如下：①依据协议规定，追回宝鸡高新医院违规结算的医保基金；②要求该院限期整改。目前，该院违规结算的医保基金4906579.3元已全部追回。

五十九　甘肃省天水市秦安中西医结合医院诱导病人住院骗取医保基金案

经查，甘肃省天水市秦安中西医结合医院于2018年1月至2018年10月，通过过度治疗、将可门诊治疗的参保个人收治住院、以免费体检为由诱导参保人员住院等方式骗取医保基金13.62万元。医保部门依据《中华人民共和国社会保险法》第七十九条、第八十二条，《甘肃省城乡居民基本医疗保险定点医疗机构违约行为基金扣减办法（附件）》第八条、第十二条、第十三条、第十四条以及《天水市医疗保险定点医疗机构医疗服务协议》第五十条、第五十一条、第五十二条规定，从2018年12月11日起解除该院医保服务协议，取消该院医保定点医疗机构资格，追回违法违规费用13.62万元，并处5倍罚款68.1万元，追回审计发现的多收床位费、分解住院、扩大报销范围违规报销基金2.95万元。

六十　甘肃省临夏回族自治州临夏市和谐医院骗取医保基金案

经甘肃省医疗保障局、临夏州医疗保障局、临夏市医疗保障局调查，临夏市和谐医院于2019年通过虚假病历、低标准收治入院等方式骗取医保基金4.34万元。临夏州医疗保障局依据《中华人民共和国社会保险法》第八十七条规定，责令该院退回医保基金4.34万元，处3倍罚款13.02万元；暂停该院6个月医保服务协议，责令其立即整改；并将该案移送临夏州公安局、临夏州纪委监委处理。

六十一　甘肃省白银市第一人民医院
违规结算医保基金案

经甘肃省医保局根据国家飞检组移交线索进一步调查，发现白银市第一人民医院存在挂床住院、超限用药、过度检查诊疗、多收费等违规结算医保基金行为，涉及金额3113236.34元。当地医保部门处理如下：①依据协议规定，追回白银市第一人民医院违规结算的医保基金；②要求该院限期整改。目前，该院违规结算的医保基金3113236.34元已全部追回。

六十二　青海省西宁市第三人民医院
违规结算医保基金案

经青海省医保局根据国家飞检组移交线索进一步调查，发现第三人民医院存在超标准收费、重复收费、超量收费、超范围用药等违规结算医保基金行为，涉及金额1829682.81元。当地医保部门处理如下：①依据协议规定，追回西宁市第三人民医院违规结算的医保基金；②要求该院限期整改。2021年5月10日案件曝光时，该院违规结算的医保基金已追回499004.4元，剩余部分正进一步追缴中。

六十三　宁夏回族自治区银川市银川
百合堂医院骗取医保基金案

经国家医保局飞行检查，宁夏回族自治区银川市银川百合堂医院于2017年至2018年，通过挂床住院、虚假检查检验、虚记费用等方式骗取医保基金18.01万元。医保部门依据《宁夏回族自治区基本医疗保险服务监督办法》第二十一条第一款、第二款，《宁夏回族自治区医保服务医师诚信管

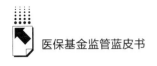

理办法》第二十三条、第二十四条、第二十五条规定，追回医保基金 18.01
万元，并处罚款 54.03 万元，同时解除医保服务协议。

六十四　宁夏回族自治区固原市西吉县
人民医院违规结算医保基金案

经宁夏回族自治区医保局根据国家飞检组移交线索进一步调查，发现固
原市西吉县人民医院存在串换收费、分解收费、多记费用、超范围治疗等违
规结算医保基金行为，涉及医保基金 4539843.3 元。当地医保部门处理如
下：①依据协议规定，追回西吉县人民医院违规结算的医保基金；②要求该
院限期整改。目前，该院违规结算的医保基金 4539843.3 元已全部追回。

六十五　新疆维吾尔自治区阿克苏地区
温宿县民康医院骗取医保基金案

经查，新疆维吾尔自治区阿克苏地区温宿县民康医院于 2017 年 5 月至
2018 年 12 月，通过伪造病历、降低住院指征等方式骗取医保基金 2.18 万
元。医保部门依据《阿克苏地区基本医疗保险定点医疗机构服务协议》第
六十二条第十八款、《阿克苏地区基本医疗保险定点医疗机构、零售药店协
议管理准入退出管理办法》第八章第十六条规定，追回医保基金 2.18 万元，
罚款 6.54 万元，终止该院医保定点协议，并取消医保定点资格。

六十六　新疆维吾尔自治区巴音郭楞蒙古自治州和
硕县和硕丝路颐康中医院欺诈骗保案

巴音郭楞蒙古自治州和硕县医保局根据举报线索展开调查，发现和硕丝
路颐康中医院法人杨某某存在伪造病历、降低标准住院、虚计费用、滥用抗
生素等行为的违法事实，涉嫌违规使用医保基金 10.44 万元。案件移交公安

机关后，该案涉案人员杨某某因涉嫌诈骗罪被公安机关刑事拘留，全部违法所得被追回并返还至医保中心基金账户。经当地法院审理判决如下：被告人和硕丝路颐康中医院法人杨某某犯诈骗罪，判处有期徒刑 3 年，缓刑 5 年，并处罚金人民币 10 万元。

六十七　新疆生产建设兵团八师石河子中医医院违规结算医保基金案

经新疆生产建设兵团医保局根据国家飞检组移交线索进一步调查，发现石河子中医医院存在超标准收费、重复收费、串换收费、捆绑收费、超范围用药等违规结算医保基金行为，涉及医保基金 3140542.52 元。当地医保部门处理如下：①依据协议规定，追回石河子市中医医院违规结算的医保基金；②要求该院限期整改。目前，该院违规结算的医保基金 3140542.52 元已全部追回。

六十八　新疆生产建设兵团第十三师新星市火箭农场辛氏中医皮肤病医院违规结算医保基金案

经新疆生产建设兵团医保局在飞行检查中发现，第十三师新星市火箭农场辛氏中医皮肤病医院存在诱导住院、伪造医疗文书等违规结算医保基金行为，涉及医保基金 1245896.90 元。当地医保部门处理如下：①依据协议约定，追回兵团十三师新星市火箭农场辛氏中医皮肤病医院违规结算的医保基金；②对该院作出行政处罚决定；③解除与该院的医保服务协议；④案件已移送当地公安机关进一步侦办。目前，该院违规结算的医保基金 1245896.90 元已全部追回。

B.32
附录3 医疗保障基金监管
相关政策法规汇编[*]

序号	公告日期	标题	文号	内容简介
1	1998 年 12 月 14 日	《关于建立城镇职工基本医疗保险制度的决定》	国发〔1998〕44 号	明确要求"健全基本医疗保险基金的管理和监督机制",其主要措施和内容:一是基金实行严格的收支两条线管理、专款专用,各级政府和部门不得挪用医保基金;二是要求各级医保(社保)经办机构要建立健全预决算制度、财务会计制度和内部审计制度,并不得从基金中提取管理费;三是明确各级劳动保障和财政部门对基本医疗保险基金实施监督管理。审计部门定期对社保(医保)经办机构进行审计。并提出统筹地区设立由政府有关部门代表、用人单位代表、医疗机构代表、工会代表和有关专家参加的医疗保险基金监督组织,实施对基本医疗保险基金的社会监督
2	2003 年 2 月 27 日	《社会保险稽核办法》	劳动和社会保障部令〔2003〕16 号	主要规定了依协议进行检查或稽核所必须遵守的程序(如第七条、第八条、第十条)
3	2008 年 3 月 28 日	《转发卫生部等部门关于建立新型农村合作医疗制度意见的通知》	国办发〔2003〕3 号	明确要加强对农村合作医疗基金的监管。农村合作医疗经办机构要定期向农村合作医疗管理委员会汇报农村合作医疗基金的收支、使用情况;要采取张榜公布等措施,定期向社会公布农村合作医疗基金的具体收支、使用情况,保证参加合作医疗农民的参与、知情和监督的权利。县级人民政府可根据本地实际,成立由相关政府部门和参加合作医疗的农民代表共同组成的农村合作医疗监督委员会,定期检查、监督农村合作医疗基金使用和管理情况。农村合作医疗管理委员会要定期向监督委员会和同级人民代表大会汇报工作,主动接受监督。审计部门要定期对农村合作医疗基金收支和管理情况进行审计

---

[*] 资料来源:网站公开材料和《中国医疗保障年鉴(2020)》。

续表

序号	公告日期	标题	文号	内容简介
4	2008 年 3 月 28 日	《关于开展城镇居民基本医疗保险试点的指导意见》	国发〔2007〕20 号	要求试点城市要按照社会保险基金管理等有关规定,严格执行财务制度,加强对基本医疗保险基金的管理和监督,探索建立健全基金的风险防范和调剂机制,确保基金安全
5	2010 年 10 月 28 日	《中华人民共和国社会保险法》（2018 年 12 月 29 日进行了修订）	中华人民共和国主席令第35 号	第六条规定:国家对社会保险基金实行严格监管。国务院和省、自治区、直辖市人民政府建立健全社会保险基金监督管理制度,保障社会保险基金安全、有效运行。县级以上人民政府采取措施,鼓励和支持社会各方面参与社会保险基金的监督 第三章规定了涉及基本医疗保险基金的缴费、待遇和支付等内容 该法还规定了社会保险行政部门和经办机构的监管职权和救济途径以及社会保险服务机构、经办机构和参保人欺诈骗保应承担的法律责任
6	2014 年 8 月 18 日	《关于进一步加强基本医疗保险医疗服务监管的意见》	人社部发〔2014〕54 号	要求强化医疗保险医疗服务监管,将监管对象延伸到医务人员;优化信息化监控手段,建立医疗保险费用监控预警和数据分析平台;明确医疗保险基金监管职责,充分发挥各方面的监督作用;分类处理监管发现的问题,妥善解决争议;加强配合,协同做好工作
7	2016 年 1 月 12 日	《关于整合城乡居民基本医疗保险制度的意见》	国发〔2016〕3 号	要求强化基金内部审计和外部监督,坚持基金收支运行情况信息公开和参保人员就医结算信息公示制度,加强社会监督、民主监督和舆论监督。要求加强医疗服务监管。完善城乡居民医保服务监管办法,充分运用协议管理,强化对医疗服务的监控作用。各级医保经办机构要利用信息化手段,推进医保智能审核和实时监控,促进合理诊疗、合理用药。卫生计生行政部门要加强医疗服务监管,规范医疗服务行为
8	2018 年 8 月 23 日	《关于印发纠正医药购销领域和医疗服务中不正之风部际联席会议机制成员单位及职责分工的通知》	国卫医发〔2018〕30 号	明确纠正医药购销领域和医疗服务中不正之风部际联席会议机制成员单位及职责分工

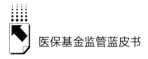

续表

序号	公告日期	标题	文号	内容简介
9	2018 年 11 月 28 日	《关于当前加强医保协议管理确保基金安全有关工作的通知》	医保办发〔2018〕21 号	明确做好协议管理有关工作部署:完善协议内容,健全退出机制;加强协议管理,加大查处力度;强化监管责任,依法严肃问责
10	2018 年 12 月 14 日	《关于印发〈欺诈骗取医疗保障基金行为举报奖励暂行办法〉的通知》	医保办发〔2018〕22 号	执行欺诈骗取医疗保障基金行为举报奖励暂行办法,列举"欺诈骗取医疗保障基金行为"
11	2019 年 2 月 26 日	《关于做好2019 年医疗保障基金监管工作的通知》	医保发〔2019〕14 号	细化部署基金监管 10 项 27 条重点任务,并明确激励问责机制,强化责任落实
12	2019 年 6 月 6 日	《关于开展医保基金监管"两试点一示范"工作的通知》	医保办发〔2019〕17 号	明确国家医保局基金监管方式创新试点、基金监管信用体系建设试点和医保智能监控示范点名单和工作方案
13	2019 年 7 月 15 日	《关于印发〈医疗保障基金监管飞行检查规程〉的通知》	医保办发〔2019〕21 号	为加强医疗保障基金监督检查,打击各种欺诈骗取医疗保障基金行为,确保医疗保障基金的安全运行,制定医疗保障基金监管飞行检查规程,明确启动、检查、处理等工作要求
14	2019 年 12 月 20 日	《关于规范医疗保障基金监管飞行检查后续处理工作的通知》	医保办发〔2019〕50 号	为完善飞行检查机制,保证飞行检查效果,明确规范飞行检查后续处理中限时办结、分类处理、联合惩处、公开曝光、组织整改有关工作
15	2019 年 12 月 28 日	《中华人民共和国基本医疗卫生与健康促进法》	中华人民共和国主席令第38 号	第七、八章主要规定医保资金保障和监督管理,规定了协议管理(第 84 条)、行政监管(第 87 条)和信用监管(第 93 条),还规定对欺诈骗保依法律和法规进行行政处罚(第 104 条)

续表

序号	公告日期	标题	文号	内容简介
16	2020 年 3 月 5 日	《关于深化医疗保障制度改革的意见》	中发〔2020〕5 号	规定要"改革完善医保基金监管体制、完善创新基金监管方式和依法追究欺诈骗保行为责任"。具体包括:落实协议管理、费用监控、稽查审核责任,建立监督检查常态机制,实施大数据实时动态智能监控,建立信息强制披露制度;制定完善医保基金监管相关法律法规,规范监管权限、程序、处罚标准等。建立医疗保障信用监管体系,推行守信联合激励和失信联合惩戒。加强部门联合执法,综合运用协议、行政、司法等手段,严肃追究欺诈骗保单位和个人责任
17	2020 年 6 月 10 日	《关于开展医保定点医疗机构规范使用医保基金行为专项治理工作的通知》	医保函〔2020〕9 号	建立和强化医保基金监管长效机制,坚决查处医保领域违法违规行为,常抓不懈纵深推进基金监管工作,开展医保定点医疗机构规范使用医保基金行为专项治理,就总体要求、治理内容、时间安排、工作要求等方面作出规定
18	2020 年 7 月 9 日	《关于推进医疗保障基金监管制度体系改革的指导意见》	国办发〔2020〕20 号	建立健全监督检查制度,全面建立智能监控制度,建立和完善举报奖励制度,建立信用管理制度,建立综合监管制度,完善社会监督制度,强化医保基金监管法治及规范保障,加强医保基金监督检查能力保障,加大对欺诈骗保行为的惩处力度,综合运用司法、行政、协议等手段,严惩重罚欺诈骗保的单位和个人
19	2020 年 7 月 17 日	《关于印发〈医疗保障行政执法文书制作指引与文书样式〉的通知》	医保办发〔2020〕35 号	为规范医疗保障行政执法行为,制定《医疗保障行政执法文书制作指引与文书样式》,供医保执法人员在行政执法中参照使用
20	2020 年 8 月 5 日	《关于印发〈医疗保障系统全面推行行政执法公示制度执法全过程记录制度重大执法决定法制审核制度实施办法(试行)〉的通知》	医保发〔2020〕32 号	明确在《办法》中提出在医疗保障系统全面落实"三项制度",包括全面推行医疗保障行政执法公示制度(强化事前公开、规范事中公开、加强事后公示),全面推行医疗保障行政执法全过程记录制度,全面推行重大行政执法决定法制审核制度,实现执法信息公开透明、执法全过程留痕、执法决定合法有效,着力提升医疗保障系统行政执法能力和质量

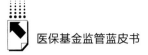

续表

序号	公告日期	标题	文号	内容简介
21	2020 年 9 月 7 日	《关于印发〈医疗保障行政执法事项指导目录〉的通知》	医保发〔2020〕35 号	对医疗保障行政执法事项、职权类型、实施依据以及实施主体进行了说明
22	2020 年 12 月 18 日	《关于开展定点医疗机构专项治理"回头看"的通知》	医保办发〔2020〕58 号	提出在全国范围内开展定点医疗机构专项治理"回头看",集中打击诱导住院、虚假住院等欺诈骗保问题,明确压实监管责任、坚持全面覆盖、强化社会监督、加大惩戒力度、加强工作调度等工作要求
23	2021 年 1 月 8 日	《医疗机构医疗保障定点管理暂行办法》	国家医疗保障局令第 2 号	明确了医保行政部门、医保经办机构和医疗机构/零售药店三者的职责和关系;随后规定了定点医疗机构/零售药店的确定,定点医疗机构/零售药店的运行管理、经办管理服务,定点医疗机构/零售药店的动态管理(提出协议变更、续约、中止和解除协议的具体情形),医疗保障行政部门对经办机构、定点医疗机构/零售药店的监督及社会监督等
24	2021 年 1 月 8 日	《零售药店医疗保障定点管理暂行办法》	国家医疗保障局令第 3 号	
25	2021 年 1 月 15 日	《医疗保障基金使用监督管理条例》	国令第 735 号	具体包括六方面内容:明确基金使用相关主体的职责;对构建行政监管、社会监督、行业自律相结合的监管体制作出规定;对建立医保、卫生、中医药、市场监督、财政、审计、公安等部门的监管合作机制作出安排;对加强医保协议管理提出要求;对监管的形式作出规范;对监督检查的措施及程序作出规定
26	2021 年 4 月 14 日	《关于开展不合理医疗检查专项治理行动的通知》	国卫办医函〔2021〕175 号	对专项治理行动中发现存在违法违规使用医保基金行为的定点医疗机构及相关涉事人员,依法依规严肃处理
27	2021 年 4 月 27 日	《关于印发2021 年纠正医药购销领域和医疗服务中不正之风工作要点的通知》	国卫医函〔2021〕85 号	针对深入开展定点医疗机构规范使用医保基金专项治理这一要点,明确坚决贯彻落实《医疗保障基金使用监督管理条例》,严查分解住院、挂床住院,违反诊疗规范过度诊疗、过度检查、分解处方、超量开药、重复开药,重复收费、超标准收费、分解项目收费,串换药品,诱导、协助他人冒名或者虚假就医、购药;依法严厉打击、严肃惩戒违法违规使用医保基金行为

续表

序号	公告日期	标题	文号	内容简介
28	2021 年 6 月 11 日	《医疗保障行政处罚程序暂行规定》	国家医疗保障局令第 4 号	规范医疗保障领域行政处罚程序,确保医疗保障行政部门依法实施行政处罚,维护医疗保障基金安全,保护公民、法人和其他组织的合法权益;具体内容包括如下七章:总则、管辖和适用、行政处罚的普通程序、行政处罚的简易程序、执行与结案、期间和送达、附则
29	2021 年 6 月 25 日	《关于印发〈规范医疗保障基金使用监督管理行政处罚裁量权办法〉的通知》	医保发〔2021〕35 号	规范了医疗保障行政部门在实施医疗保障基金使用监督管理行政处罚时,应根据法律、法规、规章等规定,综合考虑违法行为的事实、性质、情节、社会危害程度以及当事人主观过错等因素,决定具体行政处罚种类及处罚幅度的权限

后 记

经过一年多的精心筹备和编撰，在《中国医疗保障基金监督管理发展报告（2021）》全体编委和作者的共同努力下，我们顺利完成了编撰工作。出版在即，在此郑重向给予本书鼓励和帮助的所有单位和个人致以最衷心的感谢！从蓝皮书的策划构思到编辑出版，国家医疗保障局基金监管司及办公室、规财法规司等有关司室给予了大力支持和指导，特别是基金监管司对本书布局、方向、内容等给予全方位支持和帮助，并提供了弥足珍贵的资料、数据；国家医疗保障局基金监管"两试点一示范"评估专家组、首都医科大学国家医疗保障研究院、中国医疗保险研究会等机构的有关专家，以及所有参与本书编撰工作和为本书提供资料的专家学者，各级医保、医疗机构的领导和同事，或为之付出大量心血、或提供智力支持，在此一并深表感谢！此外，还特别感谢郑功成、娄洪和应亚珍三位老师作为本书的顾问和提出的宝贵意见，感谢郑功成老师为本书撰写前言并给予评价。

这是我国首部"医保基金监管蓝皮书"，我们认为本书对推动我国医疗保障基金监管工作创新和高质量发展具有较为重要的意义。我们期望借助"医保基金监管蓝皮书"这一载体，促进相关领域积极交流，营造社会共治监管新格局，更好地守护人民群众的"救命钱"。但由于编撰团队大部分成员乃是首次参与蓝皮书编撰工作，书中尚有许多不足和不成熟之处，承蒙从事医保工作的领导、前辈、专家学者及同事给予批评指正。在此，既对大家的支持再次表示感谢，同时也预祝今后的《中国医疗保障基金监督管理发展报告》的编写、出版工作一切顺利。

《中国医疗保障基金监督管理发展报告（2021）》主编

郝春彭　谭中和

2021 年 11 月 25 日

皮 书

智库报告的主要形式
同一主题智库报告的聚合

❖ 皮书定义 ❖

皮书是对中国与世界发展状况和热点问题进行年度监测，以专业的角度、专家的视野和实证研究方法，针对某一领域或区域现状与发展态势展开分析和预测，具备前沿性、原创性、实证性、连续性、时效性等特点的公开出版物，由一系列权威研究报告组成。

❖ 皮书作者 ❖

皮书系列报告作者以国内外一流研究机构、知名高校等重点智库的研究人员为主，多为相关领域一流专家学者，他们的观点代表了当下学界对中国与世界的现实和未来最高水平的解读与分析。截至2021年，皮书研创机构有近千家，报告作者累计超过7万人。

❖ 皮书荣誉 ❖

皮书系列已成为社会科学文献出版社的著名图书品牌和中国社会科学院的知名学术品牌。2016年皮书系列正式列入"十三五"国家重点出版规划项目；2013~2021年，重点皮书列入中国社会科学院承担的国家哲学社会科学创新工程项目。

中国皮书网

（网址：www.pishu.cn）

发布皮书研创资讯，传播皮书精彩内容
引领皮书出版潮流，打造皮书服务平台

栏目设置

◆ **关于皮书**

何谓皮书、皮书分类、皮书大事记、
皮书荣誉、皮书出版第一人、皮书编辑部

◆ **最新资讯**

通知公告、新闻动态、媒体聚焦、
网站专题、视频直播、下载专区

◆ **皮书研创**

皮书规范、皮书选题、皮书出版、
皮书研究、研创团队

◆ **皮书评奖评价**

指标体系、皮书评价、皮书评奖

◆ **皮书研究院理事会**

理事会章程、理事单位、个人理事、高级
研究员、理事会秘书处、入会指南

◆ **互动专区**

皮书说、社科数托邦、皮书微博、留言板

所获荣誉

◆ 2008 年、2011 年、2014 年，中国皮书
网均在全国新闻出版业网站荣誉评选中
获得 "最具商业价值网站" 称号；

◆ 2012 年，获得 "出版业网站百强" 称号。

网库合一

2014年，中国皮书网与皮书数据库端口
合一，实现资源共享。

中国皮书网

权威报告·一手数据·特色资源

皮书数据库
ANNUAL REPORT(YEARBOOK)
DATABASE

分析解读当下中国发展变迁的高端智库平台

所获荣誉

- 2019年，入围国家新闻出版署数字出版精品遴选推荐计划项目
- 2016年，入选"'十三五'国家重点电子出版物出版规划骨干工程"
- 2015年，荣获"搜索中国正能量 点赞2015""创新中国科技创新奖"
- 2013年，荣获"中国出版政府奖·网络出版物奖"提名奖
- 连续多年荣获中国数字出版博览会"数字出版·优秀品牌"奖

成为会员

通过网址www.pishu.com.cn访问皮书数据库网站或下载皮书数据库APP，进行手机号码验证或邮箱验证即可成为皮书数据库会员。

会员福利

- 已注册用户购书后可免费获赠100元皮书数据库充值卡。刮开充值卡涂层获取充值密码，登录并进入"会员中心"—"在线充值"—"充值卡充值"，充值成功即可购买和查看数据库内容。
- 会员福利最终解释权归社会科学文献出版社所有。

社会科学文献出版社 皮书系列
SOCIAL SCIENCES ACADEMIC PRESS (CHINA)

卡号：176726314545
密码：

数据库服务热线：400-008-6695
数据库服务QQ：2475522410
数据库服务邮箱：database@ssap.cn
图书销售热线：010-59367070/7028
图书服务QQ：1265056568
图书服务邮箱：duzhe@ssap.cn

基本子库 SUB DATABASE

中国社会发展数据库（下设 12 个子库）

整合国内外中国社会发展研究成果，汇聚独家统计数据、深度分析报告，涉及社会、人口、政治、教育、法律等 12 个领域，为了解中国社会发展动态、跟踪社会核心热点、分析社会发展趋势提供一站式资源搜索和数据服务。

中国经济发展数据库（下设 12 个子库）

围绕国内外中国经济发展主题研究报告、学术资讯、基础数据等资料构建，内容涵盖宏观经济、农业经济、工业经济、产业经济等 12 个重点经济领域，为实时掌控经济运行态势、把握经济发展规律、洞察经济形势、进行经济决策提供参考和依据。

中国行业发展数据库（下设 17 个子库）

以中国国民经济行业分类为依据，覆盖金融业、旅游、医疗卫生、交通运输、能源矿产等 100 多个行业，跟踪分析国民经济相关行业市场运行状况和政策导向，汇集行业发展前沿资讯，为投资、从业及各种经济决策提供理论基础和实践指导。

中国区域发展数据库（下设 6 个子库）

对中国特定区域内的经济、社会、文化等领域现状与发展情况进行深度分析和预测，研究层级至县及县以下行政区，涉及省份、区域经济体、城市、农村等不同维度，为地方经济社会宏观态势研究、发展经验研究、案例分析提供数据服务。

中国文化传媒数据库（下设 18 个子库）

汇聚文化传媒领域专家观点、热点资讯，梳理国内外中国文化发展相关学术研究成果、一手统计数据，涵盖文化产业、新闻传播、电影娱乐、文学艺术、群众文化等 18 个重点研究领域。为文化传媒研究提供相关数据、研究报告和综合分析服务。

世界经济与国际关系数据库（下设 6 个子库）

立足"皮书系列"世界经济、国际关系相关学术资源，整合世界经济、国际政治、世界文化与科技、全球性问题、国际组织与国际法、区域研究 6 大领域研究成果，为世界经济与国际关系研究提供全方位数据分析，为决策和形势研判提供参考。

基本子库
SUB DATABASE

中国社会发展数据库（下设 12 个子库）

整合国内外中国社会发展研究成果，汇聚独家统计数据、深度分析报告，涉及社会、人口、政治、教育、法律等 12 个领域，为了解中国社会发展动态、跟踪社会核心热点、分析社会发展趋势提供一站式资源搜索和数据服务。

中国经济发展数据库（下设 12 个子库）

围绕国内外中国经济发展主题研究报告、学术资讯、基础数据等资料构建，内容涵盖宏观经济、农业经济、工业经济、产业经济等 12 个重点经济领域，为实时掌控经济运行态势、把握经济发展规律、洞察经济形势、进行经济决策提供参考和依据。

中国行业发展数据库（下设 17 个子库）

以中国国民经济行业分类为依据，覆盖金融业、旅游、医疗卫生、交通运输、能源矿产等 100 多个行业，跟踪分析国民经济相关行业市场运行状况和政策导向，汇集行业发展前沿资讯，为投资、从业及各种经济决策提供理论基础和实践指导。

中国区域发展数据库（下设 6 个子库）

对中国特定区域内的经济、社会、文化等领域现状与发展情况进行深度分析和预测，研究层级至县及县以下行政区，涉及省份、区域经济体、城市、农村等不同维度，为地方经济社会宏观态势研究、发展经验研究、案例分析提供数据服务。

中国文化传媒数据库（下设 18 个子库）

汇聚文化传媒领域专家观点、热点资讯，梳理国内外中国文化发展相关学术研究成果、一手统计数据，涵盖文化产业、新闻传播、电影娱乐、文学艺术、群众文化等 18 个重点研究领域。为文化传媒研究提供相关数据、研究报告和综合分析服务。

世界经济与国际关系数据库（下设 6 个子库）

立足"皮书系列"世界经济、国际关系相关学术资源，整合世界经济、国际政治、世界文化与科技、全球性问题、国际组织与国际法、区域研究 6 大领域研究成果，为世界经济与国际关系研究提供全方位数据分析，为决策和形势研判提供参考。